밴드랩 (BandLab)
AI 음악
만들기

송택동 저

SOMUSIC

송택동 Song Taick Dong

서울교육대학교 외래교수 역임
교육인적자원부 음악교과서 집필위원 역임
서울시맑고밝은노래부르기 합창대회 1등
전국교육자료전 1등급 교육인적자원부장관 수상(푸른기장상: ICT음악교실)
ICT 활용 교구학습과정안 개발 최우수상(한국교원대학교 총장)
조선일보소년소녀합창단 지휘자 역임
한국어린이음악연구회 대표
자유기독학교(대안학교) 강사
K-아름다운노래상(작곡상) 수상 2024년(색동회)

저서: 〈밴드랩 AI음악 만들기〉, 〈나혼자 영상 만들기-베가스프로(Vegas Pro)〉,
〈나혼자 영상 만들기-다빈치리졸브(DaVinci Resolve)〉, 〈나혼자 악보 만들기-뮤즈스코어(MuseScore)〉,
〈뮤즈스코어 뮤직메이킹(MuseScore Music Making)〉, 〈Finale와 ICT음악〉, 〈MuseScore 작곡 쉽게 따라하기〉,
〈시벨리우스7&뮤즈스코어(송택동 컴퓨터음악 따라하기)〉
 음악교과서 수록곡: 봄의노래, 우주자전거, 이슬열매, 고운꿈, 날개의씨앗, 대장간소리, 어여쁜친구, 나의친구에게, 소방차가족
Http://cs79.com (소리둥지), YouTube(유튜브) 채널: 소리둥지song79, 다음카페: 아름다운노래교실

밴드랩(BandLab)은 무료 음악 작곡 프로그램으로 설치할 필요 없이 온라인에서 바로 이용하여 음악 작업이 쉽다. 구글, 네이버, 핸드폰 번호를 입력해서 바로 접속하거나 플레이스토어에서 앱으로 사용 가능하다.

밴드랩(BandLab)은 악기를 바꾸어 녹음하고, 컴퓨터와 연동하여 추가 작업이 가능하다. 가락에 드럼 패턴을 만들고 기존의 음악을 불러와 적용하면 AI가 반주음악(MR)을 자동으로 만들고,노래를 더빙하여 나만의 음악을 쉽게 만들어 유튜브에 올릴수 있다.

돌비 온(Dolby On) 고음질 실황 녹음 녹화, YouTube 생방송

리퍼(Reaper) 음악 녹음, 편집, 더빙, 스트림 방송

크롬뮤직랩(Chrome Music Lab) 보이는 음악 만들기하고, 그림을 소리로 변환

골드웨이브(GoldWave) 사운드 녹음 편집, 볼륨 일괄 적용

믹스오디오(Mix.Audio) 텍스트로 배경음악 생성

뮤지아원(Musia One) 가사와 코드로 배경음악 자동 생성 편집

오디오박스(Audiobox) 효과음(Sound Effects) 자동 생성

일레븐랩스(ElevenLabs) 영상에 효과음 자동 생성

컨버티오(Convertio) 동영상 음원(사운드) 추출

오디오 커터(Audio Cutter) 오디오 편집 변환

픽사베이(Pixabay) 음향효과 무료다운

Cakewalk by BandLab(케이크워크) 음정 보정 보컬싱크 펀치 녹음, 미디 파일을 악보로 변환

수노(Suno) 텍스트로 음악 자동 생성하고, 내목소리로 노래 생성

Samplab 오디오(Audio)를 미디(MIDI)로 변환하고 악보 생성

CONTENTS(목차)

BandLab(밴드랩)

Cakewalk by BandLab(케이크워크)

Clip Down(클립 다운)

Chrome Music Lab(크롬 뮤직랩)

GoldWave(골드웨이브)

밴드랩 (BandLab)
AI 음악
만들기

[1] 밴드랩(BandLab) 다운 설치와 온라인 실행

밴드랩(BandLab)을 스마트폰(태블릿)에서 온라인으로 바로 열고, 앱을 설치하고 실행하기

<스마트폰에 밴드랩 앱을 설치하고 열기>

1. 구글에서 '밴드랩' 검색하고 **BandLab-Make Music Online** 터치하고. [Download] 누른다.

2. 앱 화면이 보이면, [설치] 누르고, [열기] 터치한다.

<스마트폰에서 무설치 온라인 실행하기>

밴드랩 앱(어풀)을 설치하지않고, 웹사이트에서
 '**bandlab.com**' 적고, 온라인으로 실행한다.

1. 밴드랩 홈페이지 첫화면이 나오면, Get the App(It's Free)
아래에 [Cancel] 누른다. [Download] 누르면 앱이 설치된다.

2. [**Get Started(시작하기)**] 누른다.

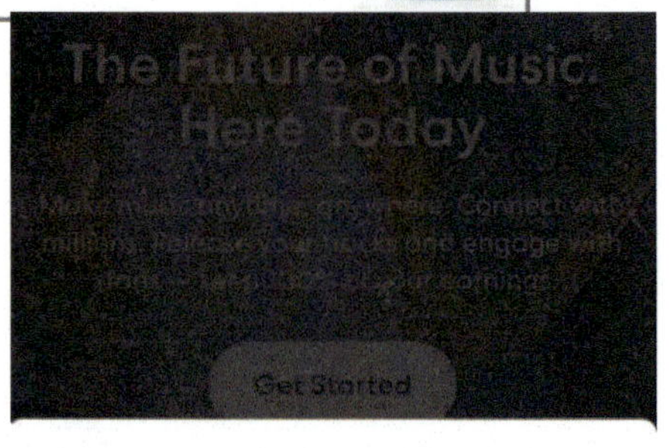

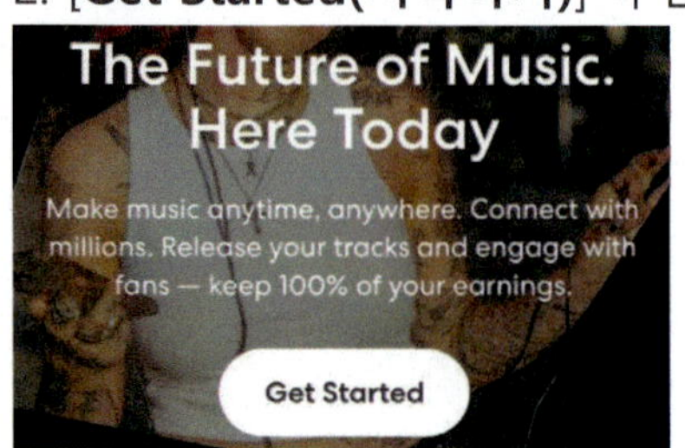

3. Create an Account 로그인

   1) Name, Email, Password 적고

[**Sign Up(가입하기)**] 누르거나

   2) 구글(Google)로 바로 로그인한다.

4. 밴드랩이 열리고 하단에 **탭(Tab)** 메뉴가 보이고,
내피드(Feed) 탭이 검게 선택된다.

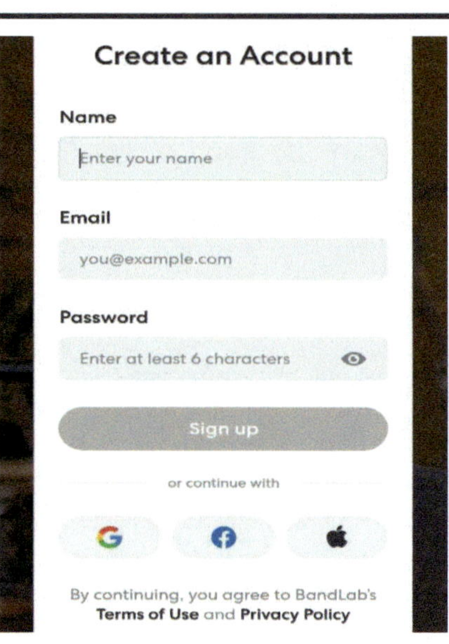

5. 상단에 Feed(내피드)가 보인다.

Feed   Get

****스튜디오** 열기 : 구글에서 'bandlab' 검색하고, **bandLab.com/studio** 누른다.

<스마트폰에 밴드랩 앱을 설치하고 가입하기>

1. 구글(Play 스토어)에서 '밴드랩' 검색하고, **BandLab-Music Making Studio** 의 [설치] 누른다.

2. BandLab-Music Making Studio 하단의 [설치] 누른다.

3. 설치가 완료되면 [열기]를 누른다.

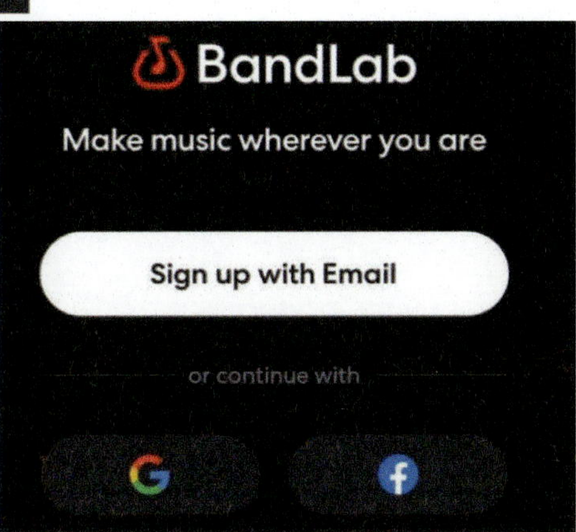

4. [Sign up with Email] 탭하여

   가입하거나 아래 G(구글)로 로그인한다.

5. BandLab 을 이용하려면 계정을 선택한다.

6. Username 창이 나오면, 영문으로 4 글자 이상 적고, 아래 Next 가 파란색이 되면 누른다.

* Next 가 파란색으로 활성화되지않으면 Username(사용자 이름)를 변경한다.

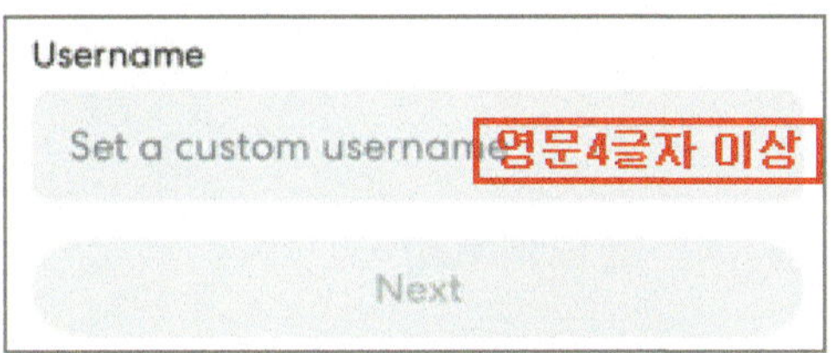

7. Pick up your Genre(장르) 창이 나오면, [Other] 2 회 선택하고 [Next] 누른다.

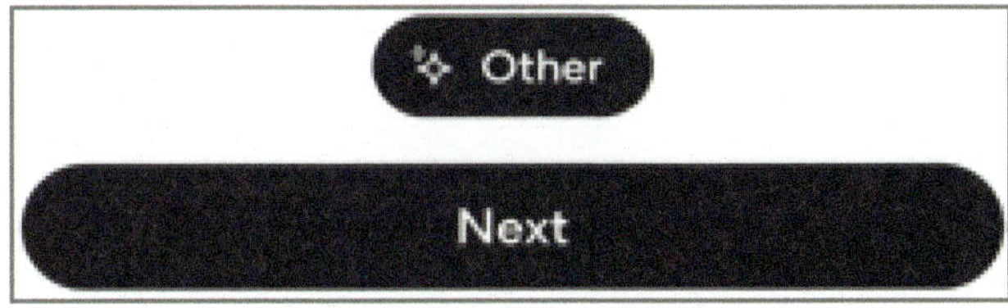

<네이버에서 밴드랩 앱 스마트폰에 설치하기>

1. 구글 계정이 없으면, [Sign up with Email] 누르고,

2. 계정 만들기(Create an Account)에서 이메일 정보를

   넣고, [신규 계정 등록] 누른다.

3. 설치가 완료되면 스마트폰에 생긴

   BandLab(밴드랩) 앱을 터치하여 실행한다.

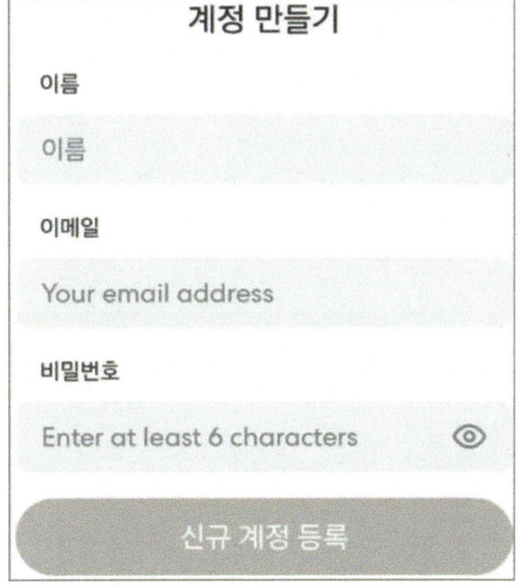

[2] 밴드랩 어시스턴트(BandLab Assistant) 설치와 실행

PC 에서 밴드랩 어시스턴트(BandLab Assistant)를 온라인에서 바로 열고,
무료버전을 다운로드하기위해 **밴드랩 어시스턴트** 소프트웨어를 다운받아 설치한다.

<온라인에서 바로 열기>

1. 구글에서 '밴드랩' 검색하고, 아래 사이트(BandLab-Make Music Online) 클릭한다.

2. Your privacy preferences 창이 나오면 닫고, [Get Started] 클릭하거나

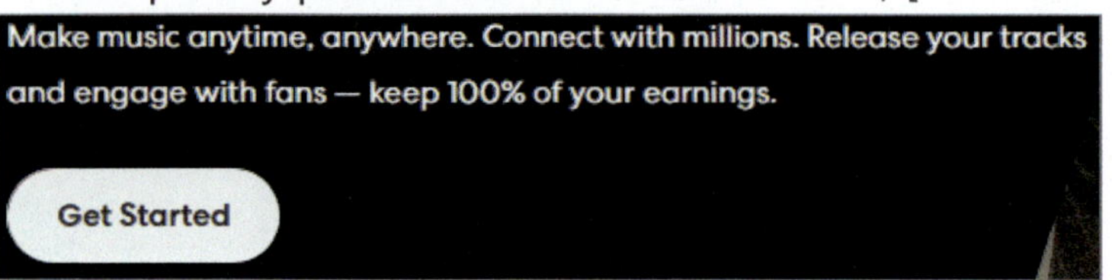

3. [Sign up(가입하기)] 클릭한다.

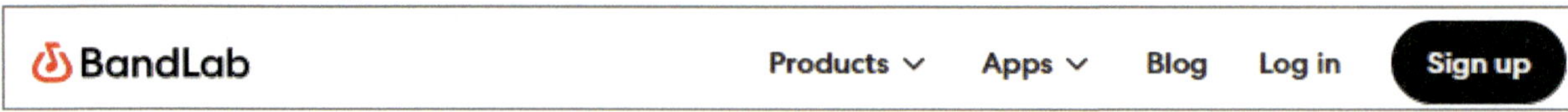

4. 구글로 로그인한다.

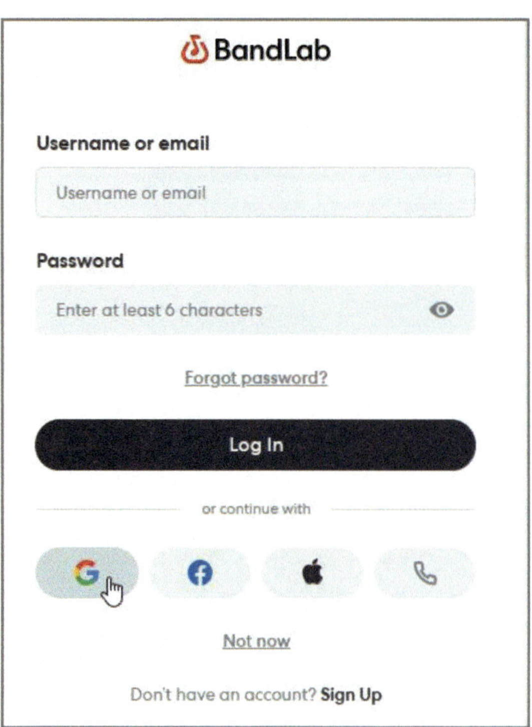

   1) 계정(네이버, 다음)이 있으면 email 적고,
      Password 적고, [Log In] 클릭한다.
      구글 계정 로그인은 스마트폰에서 인증을 한다.

   2) 구글 계정이 있으면 구글 로고를 누르고,
      [Log in] 클릭한다.

   3) 로그인한 후에는 재로그인을 하지않아도된다.
      * 밴드랩을 사용하렴 이메일 계정이
       꼭 있어야 한다.

   4) Create an Account 창이 나오면
      계정 만들기 한다.

5. BandLab 실행하면 첫화면에 내피드(Feed) 탭이 선택된다.

BandLab(밴드랩)

<밴드랩 어시스턴트 설치하기>

1. 구글에서 '밴드랩 어시스턴트' 검색하고, **Bandlab Assistant I Bandlab Products** 클릭한다.

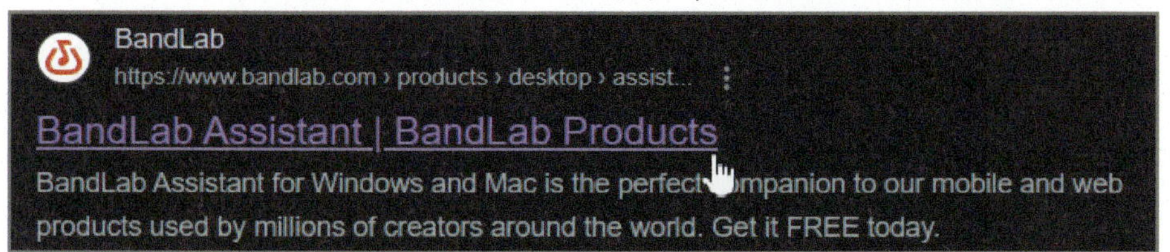

2. 크롬에서 'BandLab Assistant' 검색하여 열고, [Download Free for Windows] 클릭한다.

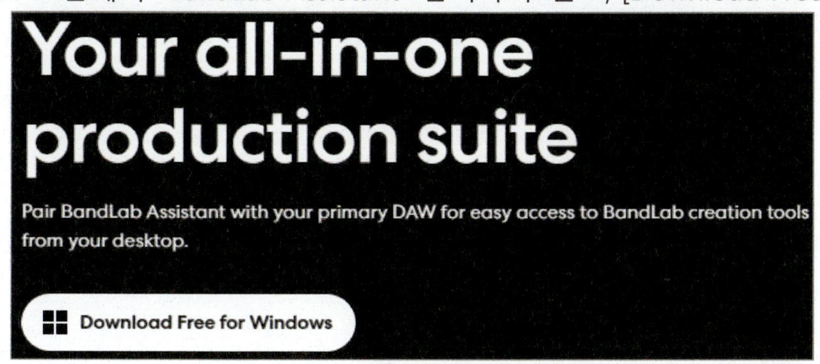

3. 다운 받은 [BandLab Assistant Setup]을 더블클릭하여 설치한다.

<밴드랩 어시스턴트 실행하기>

1. 바탕화면의 BandLab Assistant 더블클릭하여 실행하고, [+ Create] 클릭한다.

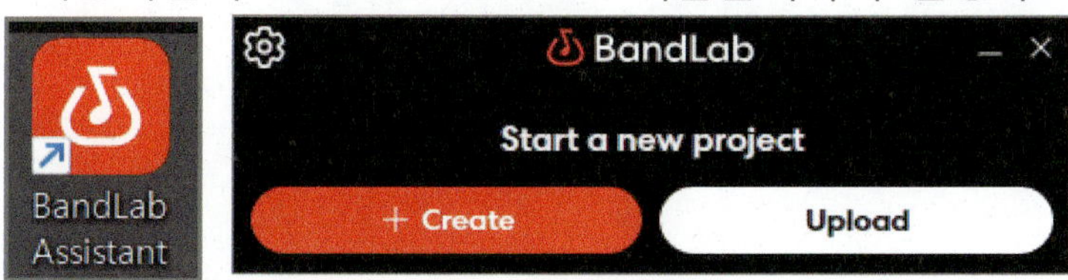

2. Quick Start 와 New Track 창이 보인다. *Quick Start 에 **Song Templates** 이 있다

스튜디오(믹스오디오) 바로 열기: 구글에서 '밴드랩' 검색하고, **bandlab.com/studio 누른다.**

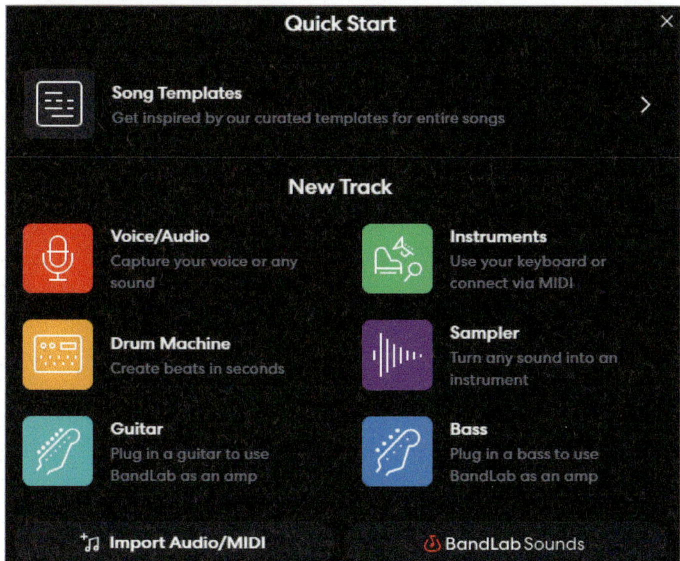

[3] New Project 인터페이스와 Instruments

PC 에 BandLab Assistant 실행하고, New Project 인터페이스와 Instruments 열기

1. BandLab Assistant 의, [Library]의 [+Create] 클릭하고, [New Track 의 [Instruments] 클릭하면,

2. New Project 의 인터페이스와 **Instruments(인스트루먼트)** 건반(keyboard)이 보인다.

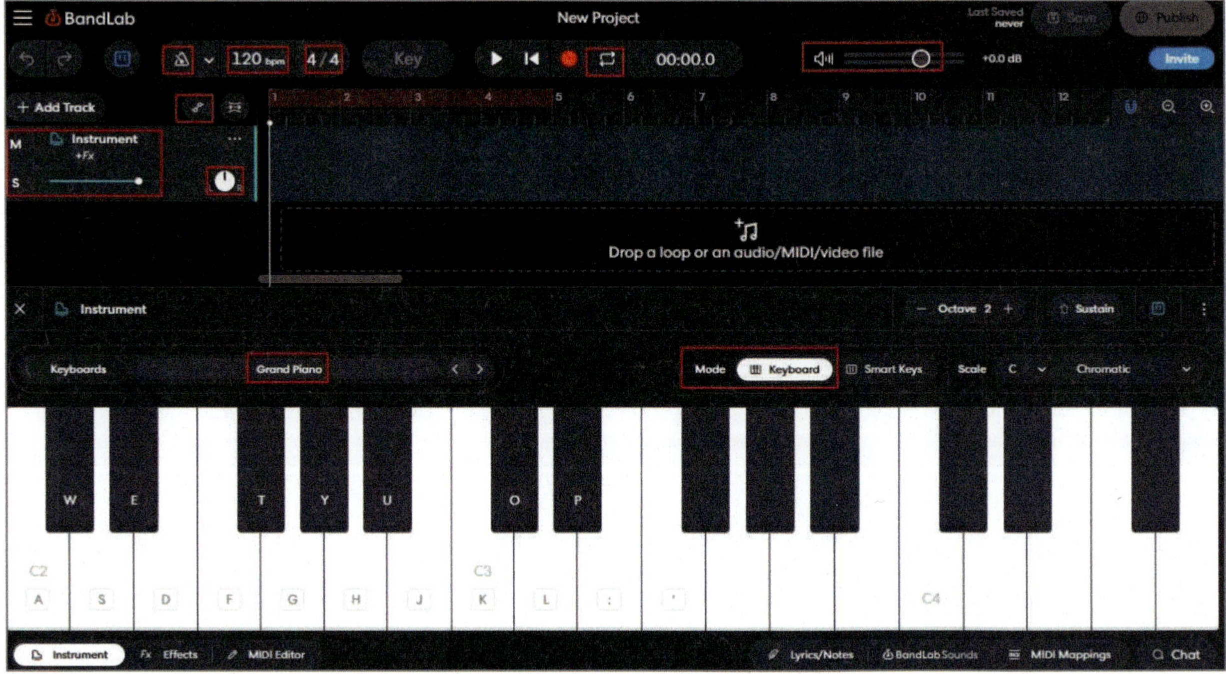

1) 루프(Cycle) : 지정한만큼만 계속 구간 반복

2) 키(조) : 곡의 키

3) BPM : 곡의 속도(120bpm)

4) 박자 : 곡의 박자 4/4 박자

5) 메트로놈 : 박자에 맞게 소리가 난다.

6) 마스터 볼륨 : 전체 트랙의 볼륨

7) 트랙(Track) : 악기의 볼륨 및 팬(왼쪽 오른쪽 조절), M(뮤트), S(솔로)

8) Keyboard: 방향키로 악기들 선택, Octave 의 +누르면 왼쪽 아래 건반이 C3 으로 시작

9) 건반(피아노): 누르면 연주되고 컴퓨터 키보드로도 칠수도 있다. C2 는 A 키로 연주

10) Instruments(인스트루먼트), Effects(Fx), MIDI Editor 클릭하여 키보드 창을 열고 닫는다.

11) BandLab Sounds: 클릭하여 샘플 음악을 불러온다.

12) Keyboard(키보드)의 Octave 의 + 키 누르면, 왼쪽 아래 건반 시작이 C3 로 바뀐다.

[4] 탭(Tab), 라이브러리, 프로젝트, 밴드, 커뮤니티

밴드랩(BandLab)은 스마트폰, 컴퓨터, 노트북 등 기기에서 각 트랙에 보컬이나 악기를 녹음하거나, 악기 소리를 불러와서 직접 연주하고 미디노트를 찍을 수 있는 프로그램이다. PC 에서 밴드랩 어시스턴트(BandLab Assistant) 실행하여 프로젝트 수정하고 협업한다.

<탭(Tab)의 종류>
스마트폰에서 밴드랩을 열면, 시작화면 하단에 탭이 있고, **내피드(홈)** 탭이 처음 열린다.
좌측에서부터 내피드(Feed), 탐색(Explore), 만들기(Create), Beats, 라이브러리(Library) 탭이 있다.

<라이브러리>
1. 라이브러리(Library) 탭 열기
   스마트폰에서 밴드랩 앱을 열고, 하단의 **라이브러리** 탭 누르고, 각 메뉴를 연다.
   1) [Projects(프로젝트)]: My Project, Collaborations, Band Projects, Liked Music

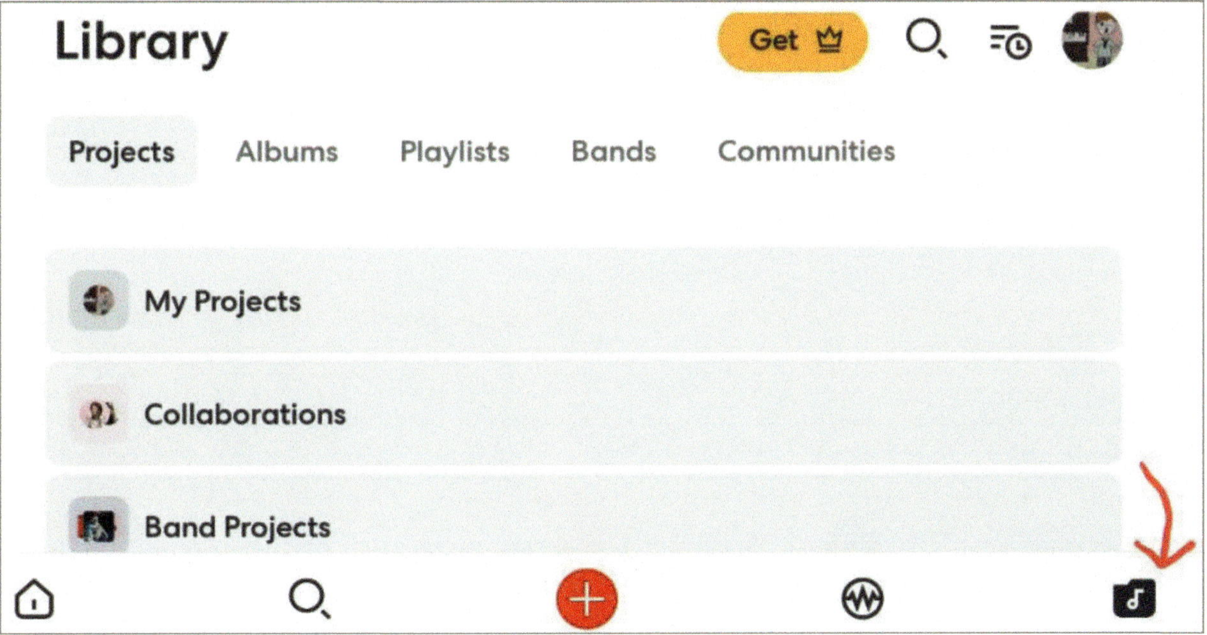

   2) Albums
   3) Playlists
   4) Bands
   5) Communities

2. PC 에서 [밴드랩 어시스터트: BandLab Assistant] 실행하고, [+ Create] 클릭한다.

3. BandLab Assistant 홈 메뉴 탭이 보인다.

4. 무설치 웹사이트에서 밴드랩을 검색하여 열면, 초기화면이 아래와 같이 보인다.

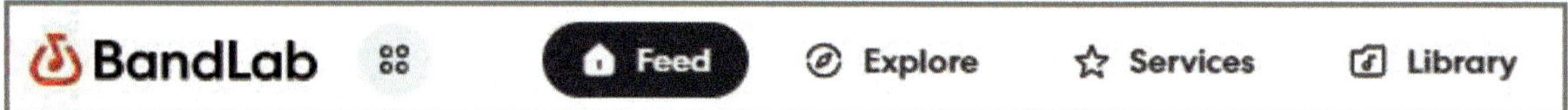

5. 라이브러리 열어 프로젝트 수정하기

  1) [라이브러리] 탭 클릭하고, [Projects] 탭 누르고 My Projects 를 열기한다.

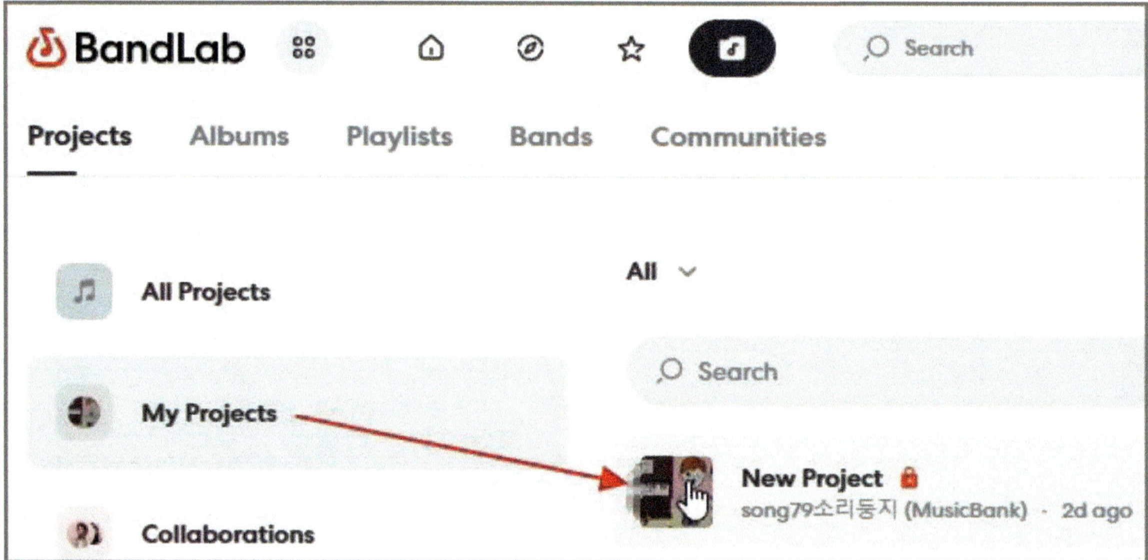

  2) [Studio] 클릭한다.

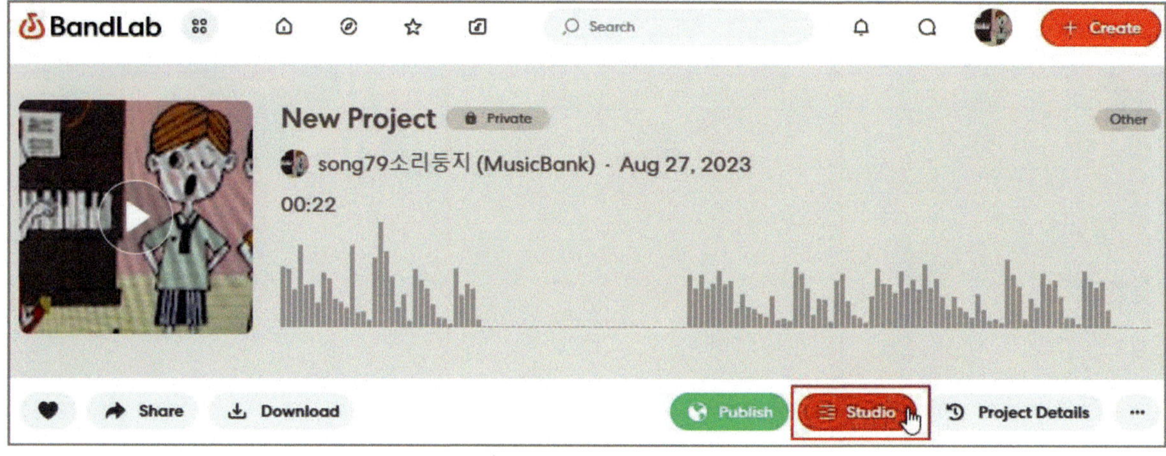

3) 프로젝트의 멀티트랙 창이 열린다.

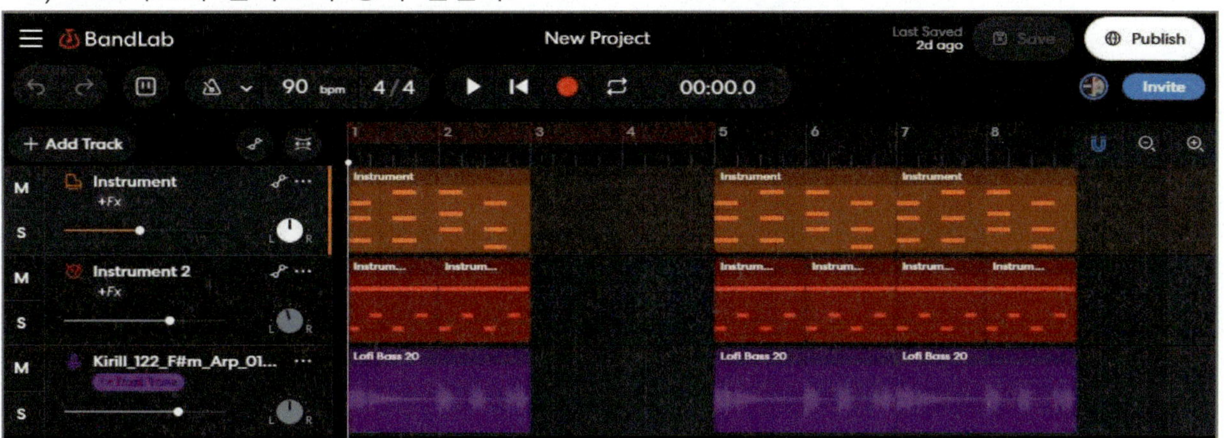

6. Bands(밴드)로 협업하기

라이브러리 탭의 [밴드: Bands] 클릭하고, [+New] 클릭하여 Band Name 을 '동요편곡'으로 적고, 협업자 순서 터치하여 프로젝트 수정한다.

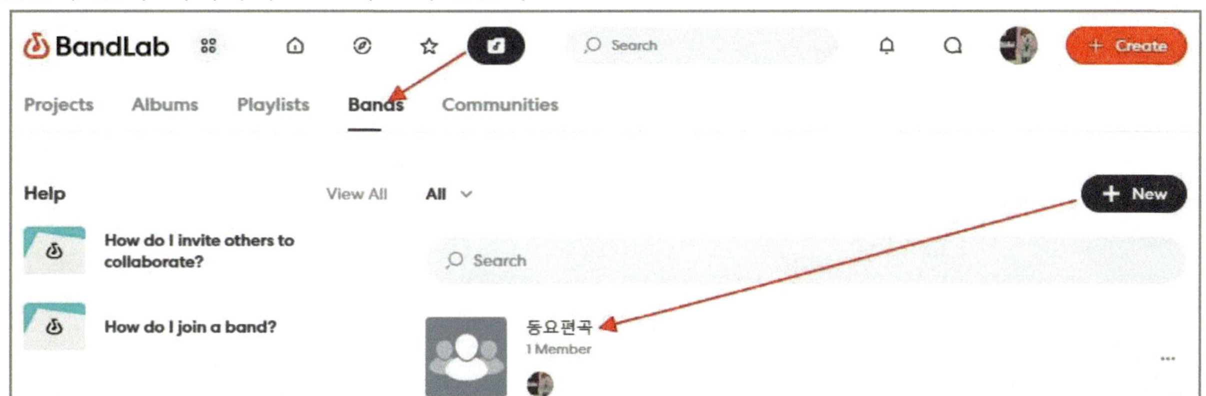

7. **커뮤니티(Communities)로 멤버 구성하기**

[Communities] 클릭하고, https://www.bandlab.com/library/communities

1) [+New] 클릭하여 name 에 '자유학교' 적는다.

2) 자유학교 커뮤니티 생기면, [더보기]에서 [Invite Members] 클릭한다.

3) People 에서 email 주소 넣고, [Send Invite] 클릭하여 멤버를 구성한다.

[5] 밴드랩 탭, Track Type, BandLab Sounds

밴드랩(BandLab)은 핸드폰 어플리케이션으로 컴퓨터의 웹 페이지 방식과 연동한다.
밴드랩 탭의 구조를 알고 음악 샘플이 있는 BandLab Sounds 의 Samples(샘플)을 추가한다.

<밴드랩 탭 기능>

1. Feed 와 탭: 밴드랩을 프로그램 실행하면 하단에 탭이 열리고 Feed 가 선택이 된다.

  1) 탭(Tab): Feed(내피드), Explore(탐색), Create(만들기), Beats(비트), Library(라이브러리)

  2) 내피드(Feed)는 집모양으로 사용자의 작품을 감상하는 곳이다.

2. Explore: 다른 사용자의 음악을 검색한다.

3. Create(+): **Track Type** 에서 프로젝트 만들기를 한다.

Create

4. **Beats**: Hip Hop, Pop, K-Pop, 등 장르가 있다.

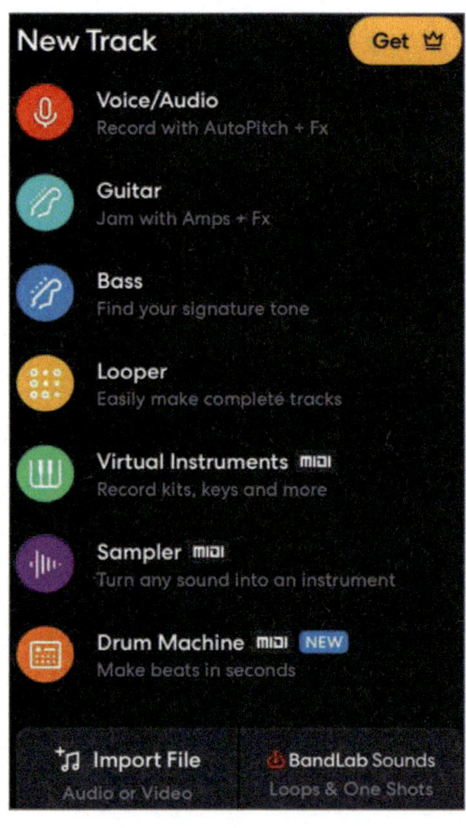

<Track Type 기본 기능>

Create(+) 누르고, [Open Studio]누르면,

New Track 에 Track Type 가 있다.

1. Import Audio/MIDI: 오디오, 미디 파일 불러온다.

2. Voice/Audio: 목소리, 악기 소리를 녹음한다.

3. Sampler: 패드에 소리를 지정하고 넣는다.

4. Looper: 샘플 들을 모아서 리듬을 만든다.

5. Instruments: 가상악기를 미디로 녹음한다.

6. Guitar: 기타 소리를 오디오 파일로 녹음한다.

7. Bass : 기타 소리를 녹음한다.

8. Drum Machine: Drum Kit 에서 드럼 입력

9. BandLab Sounds: Samples 을 불러와 악기를
추가하고 효과음을 넣는다.

5. Library: 프로젝트, 앨범, 플레이리스트, 밴드, 커뮤니티를 저장한 곳

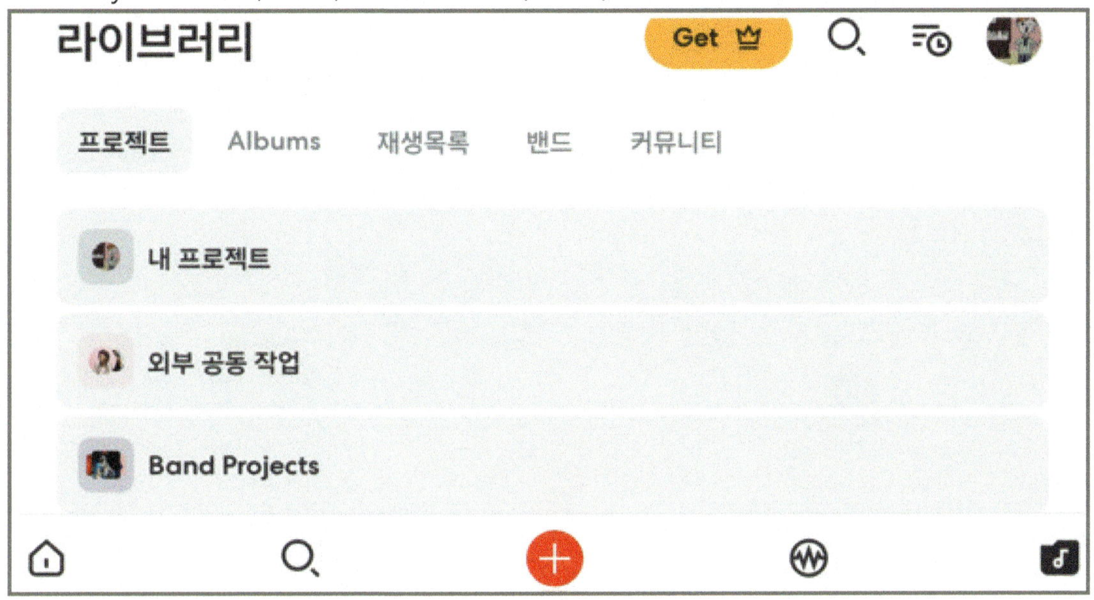

<BandLab Sounds 바로 열기>

1. 구글에서 '밴드랩사운드' 검색하고, **Browse Sounds** 나오면 [One Shot] 선택하고,
   [Packs] 탭하고 샘플음악 골라 눌러서 [**Open in Studio**] 누른다. 믹서 에디터 창 하단의
   [**Add Sample(샘플추가)**] 탭하고, [**Browse Sounds**]에서 BandLab Sounds 의 샘플을 추가한다.

2. BandLab Sounds 의 샘플(**Samples**) 추가하기
   1) 검색창에서 Packs 탭의 샘플을 재생하고 탭하여 열기한다.
   2) All Samples 의 더보기 눌러 [**Add to Favorites**] 누르고 My Sounds 에 담는다.
   3) [+] Add Sample 눌러 [Browse Sounds]의 샘플을 채널(트랙)에 추가한다.

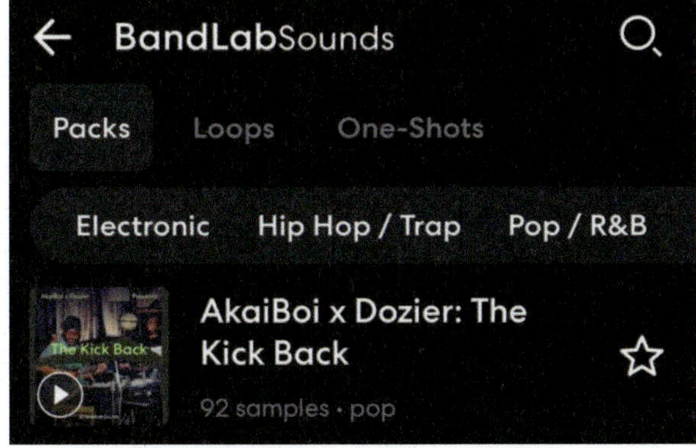

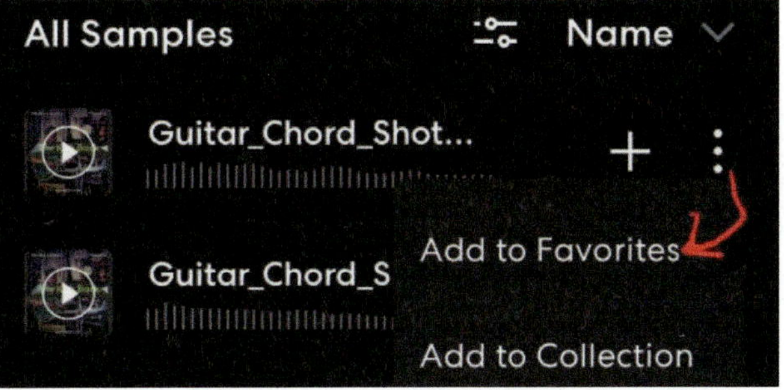

[6] 음원 업로드(Quick Upload) 지연시간(Latency)

밴드랩(앱)을 설치하지않고, 바로 실행하여 음원 업로드하고 대기 지연시간 테스트하기

1. 스마트폰 열고, 구글(Google)에서 '밴드랩' 검색하고, [BandLab-Make Music Online] 탭하면, 밴드랩이 바로 실행된다.
2. 로그인(Sign up)을 하기위해 **구글(Google)** 로고를 누른다. 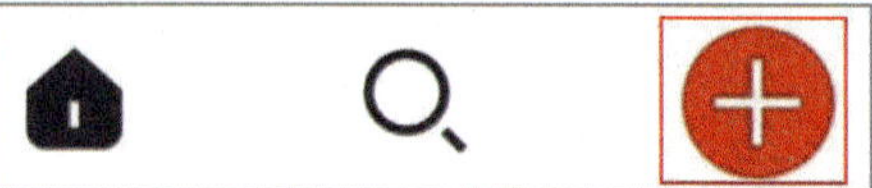
3. 밴드랩의 첫화면에서 내피드(Feed) 탭이 선택되면, 하단의 +(만들기: Create) 누르고,

4. [**Quick Upload**] 누르고, 스마트폰의 [내파일]에서 오디오 파일을 불러온다.

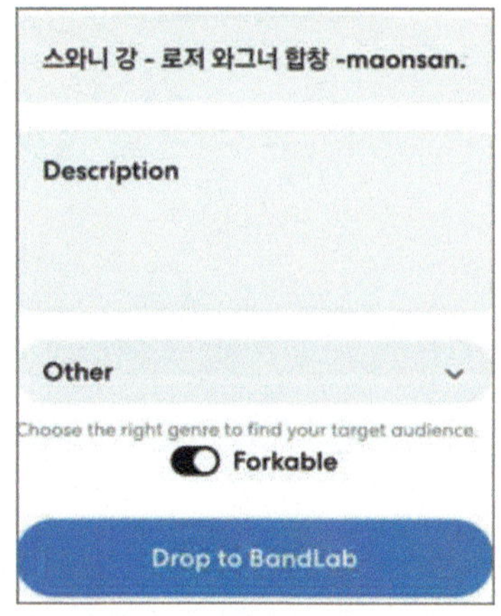

5. [Describe] 칸에 음원 정보(작곡자)와 장르(Other)를 적고, [**Drop to BandLab**] 누른다.

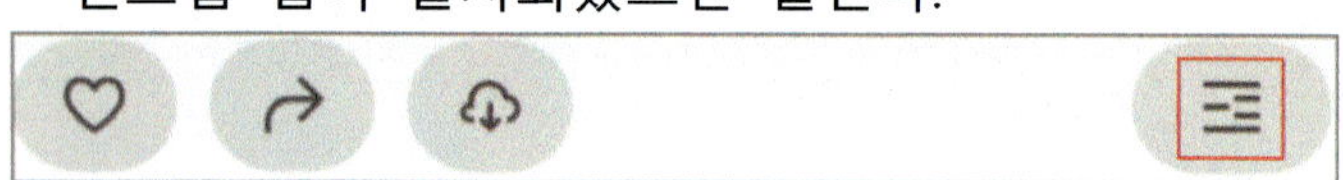

6. 음원이 올라오면, [**View Project**] 누른다.

View Project

7. 우측 하단의 [**스튜디오(Studio)**] 누르고 편집한다.
   밴드랩 앱이 설치되었으면 열린다.

<밴드랩 Tools 바로 열고 Latency 테스트하기>
1. 스마트폰에서 BandLab 앱을 꾹 누르고
   아래에 서부메뉴가 열리면,
   [**New Project**] 눌러서 믹스에디터를 열고 녹음한다.

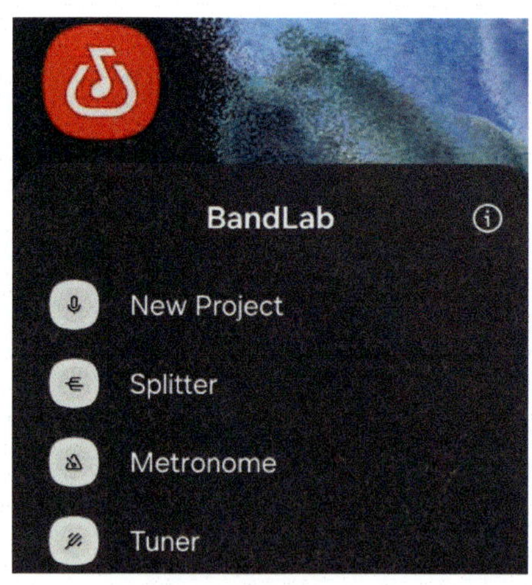

2. 오디오 녹음 허용에서 [앱 사용중에만 허용] 선택한다.

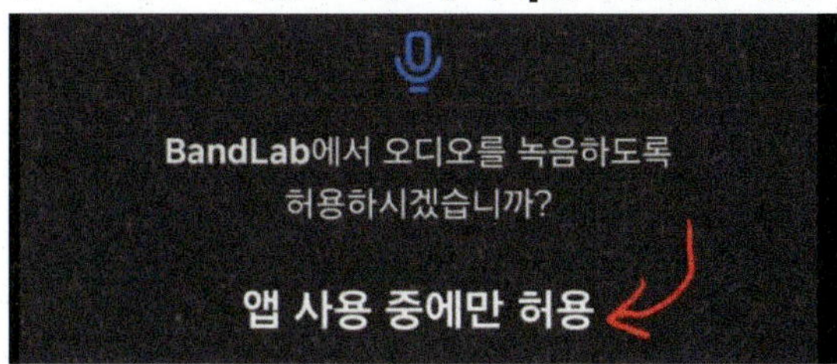

3. Latency test 에서 [**Perform test**] 누른다.

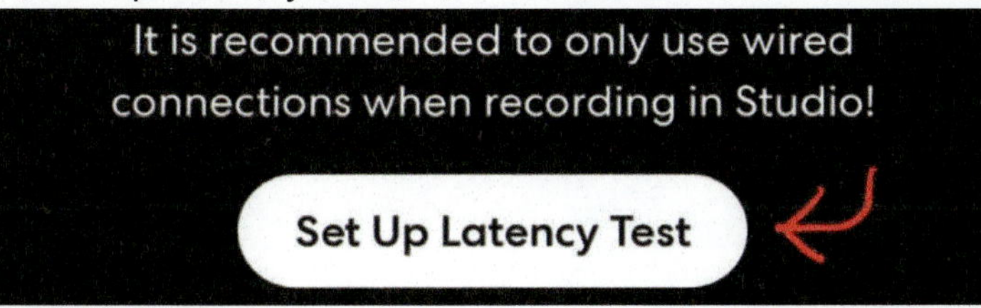

4. 대기시간(지연시간) 테스트 설정하기:

[Set Up Latency Test] 누르고 Studio 에서 녹음할 때는 유선 연결(wired connection)이 좋다.

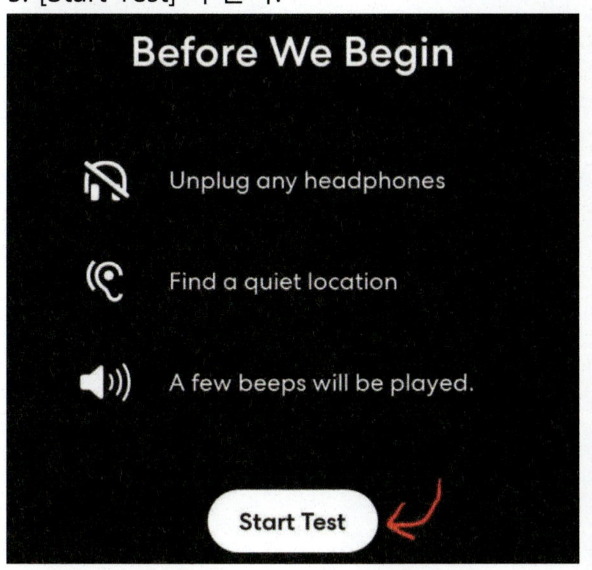

5. [Start Test] 누른다.

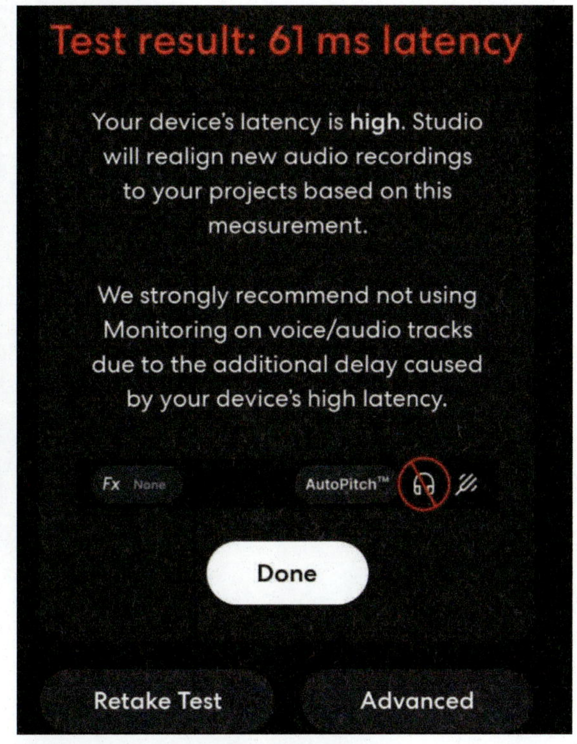

6. 녹음 지연시간(Latency)이 61ms 로
높게 나온 상태에서 오디오를 녹음할 때는
모니터링(Monitoring)을 사용하지않는다.
Done 누르고 완료한다.

7. [Advanced] 눌러서 수동으로 Manual Adjustmen 에서 레이턴시 수정하고 Save 누른다.

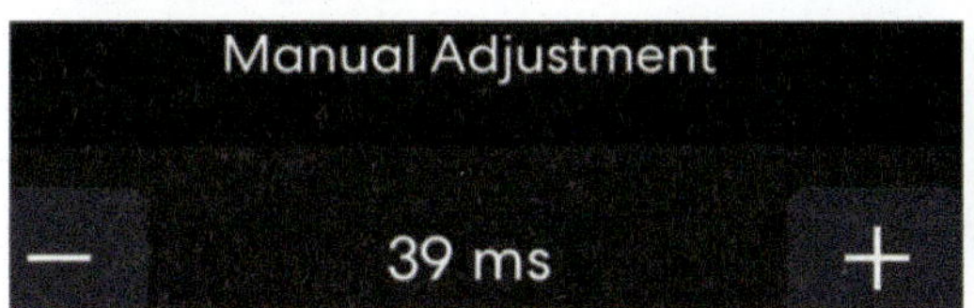

[7] Splitter(스플리터) 음원 추출

스플리터(Splitter)는 AI 인공지능 구동 도구로 음원을 보컬, 베이스, 드럼, 기타 악기의 네 개의 트랙으로 나누고, 효율적으로 연습할 수 있도록 분리하고 저장한다.
PC 에서 스플리터의 드럼 추출기를 사용하여 하나의 트랙으로 모든 타악기를 걸러내고,
키 파인더를 이용해 음정과 키, 템포를 조절한다.

<스마트폰에서 Splitter 시작하기>

1. BandLab 앱을 실행하고

2. 하단 메뉴의 [+] 눌러 만들기 창을 열고, **Tools(보조기능)**에서 [Splitter] 누른다.
  *SongStarter 는 AI 추천음악을 편집한다.

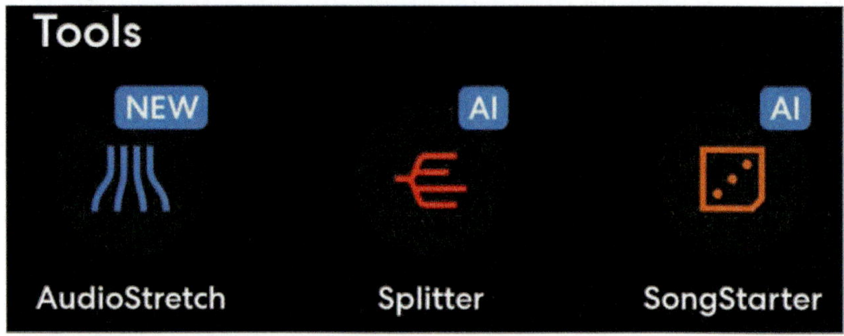

3. [Import new track] 누른다.

4. [Import a Song :+] 클릭하여 음원 파일을 불러온다.

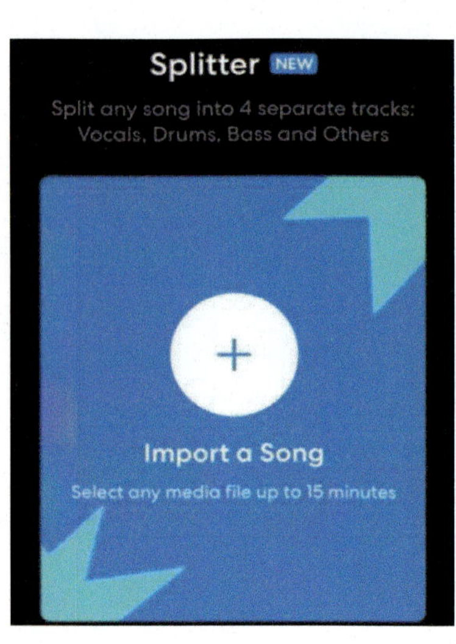

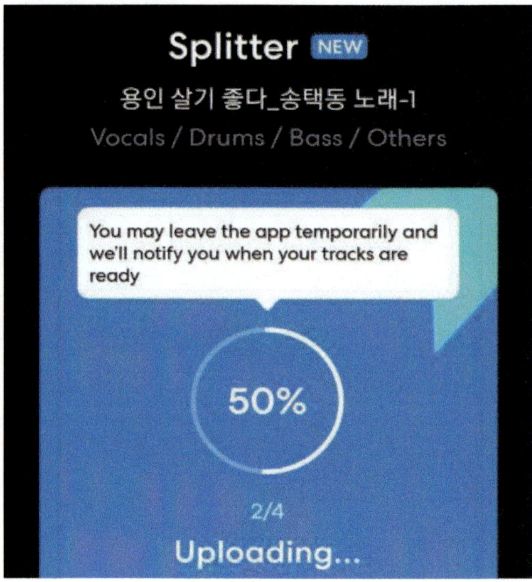

5. Ai 가 트랙별로 음악을 분리하면, [Vocals] 선택하고 재생하면 노래만 들린다.

  Vocals 의 볼륨을 조절하여 MR 을 만든다.

  1) [왼쪽 하단의 [**Open Studio**] 누르고,

  2) **[Open in Studio] 누른다.**

  3) 밴드랩이 열리면, 믹스에디터 창에서 편집한다.

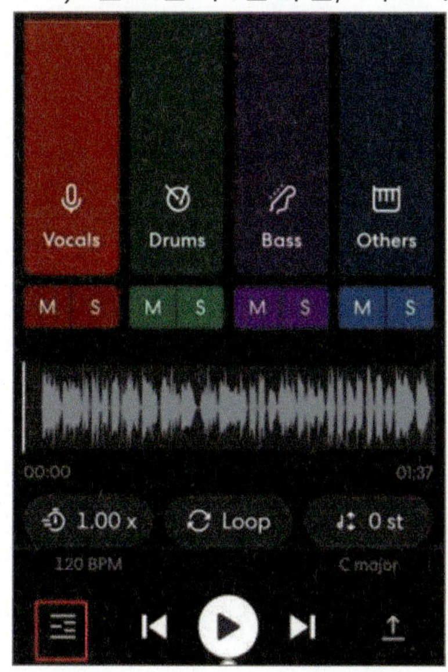

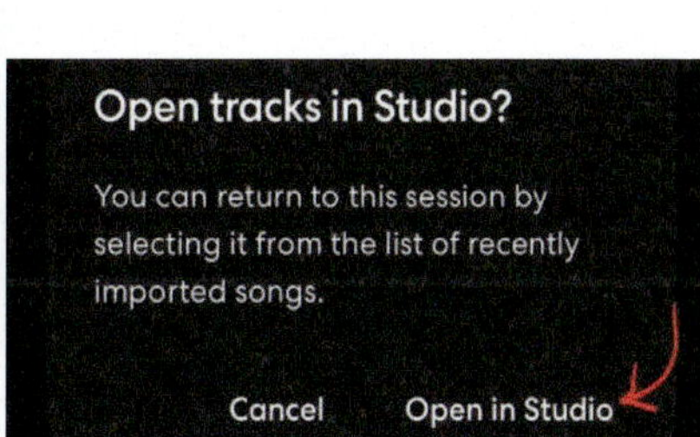

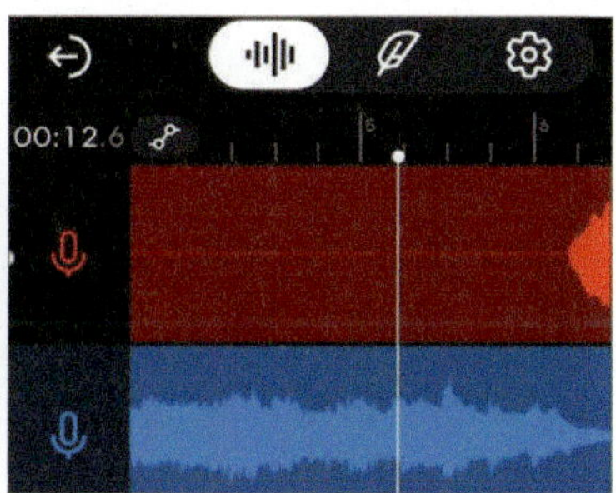

<PC 에서 BandLab Splitter 시작하기>

1. Splitter 열기

  1) 구글에서 'bandlab splitter' 검색하여 [Splitter Free Vocal Remover Tool] 클릭하거나

  2) 아래 사이트 누른다.

    https://www.bandlab.com/splitter

2. [Import a Song] 클릭하여 반주음악 파일을 불러온다.

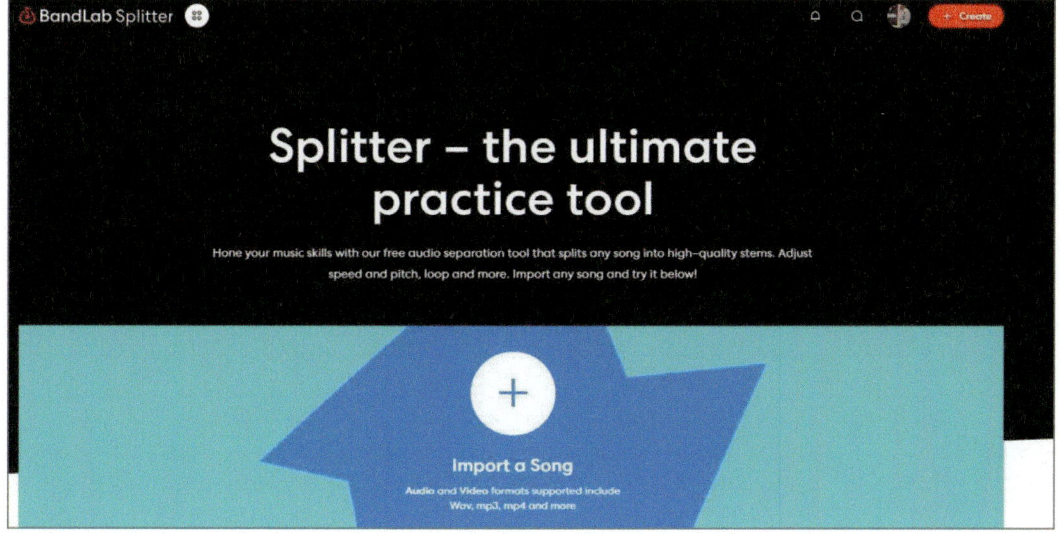

3. Vocals, Drums, Bass, Others 의 4 개 채널이 생기면 채널별로 재생하고 원하는 채널만
   선택하여 분리하고, [**Download stems**] 클릭하면 음원이 저장된다.

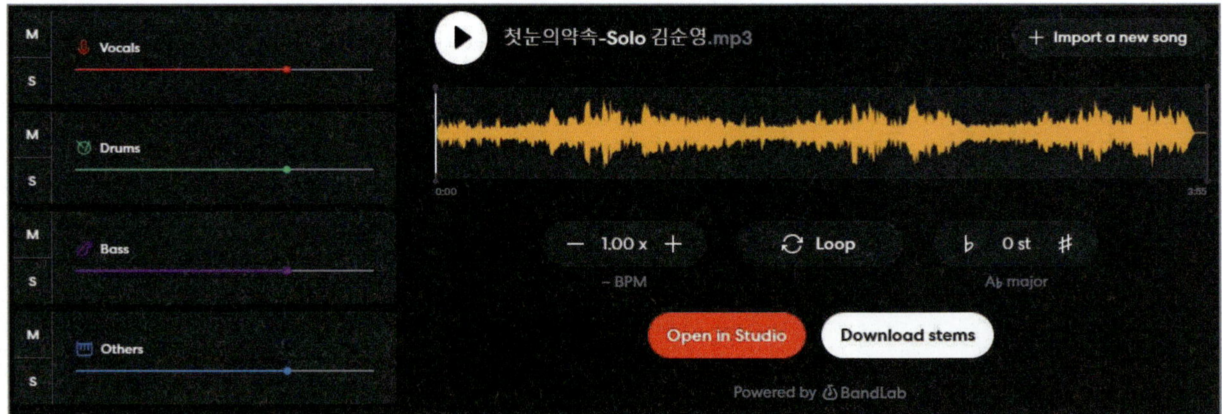

4. Vocals 의 볼륨을 줄이고, Others 의 볼륨을 크게하면 반주음악만 들린다.
   타악기(Drum)를 걸러내고 키 파인더로 음정과 키를 조절하고, BPM 으로 템포를 조절한다.

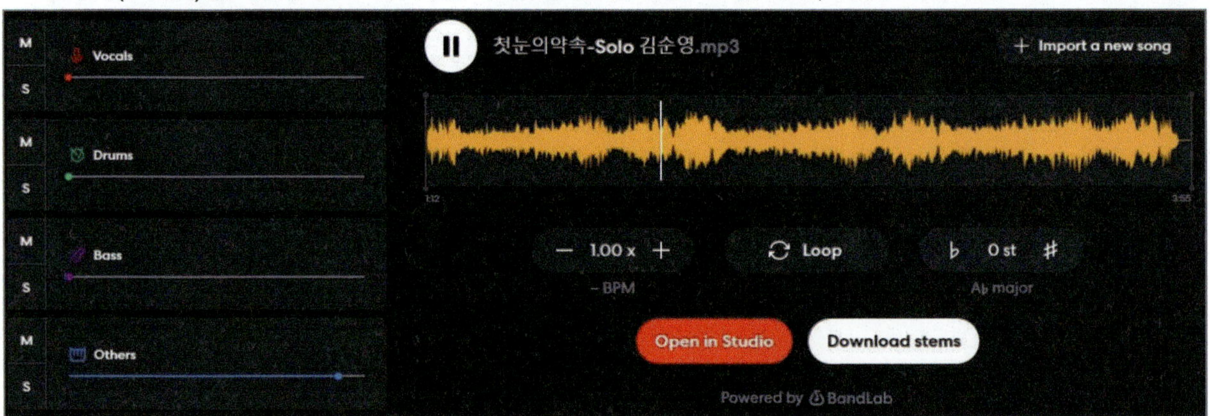

5. [S: 솔로] 클릭하면 Others 의 반주음악
   소리만 들린다.

6. 스플리터에서 템포(131BPM), 조성(F major)
   확인하고, [**Open in Studio**] 클릭한다.

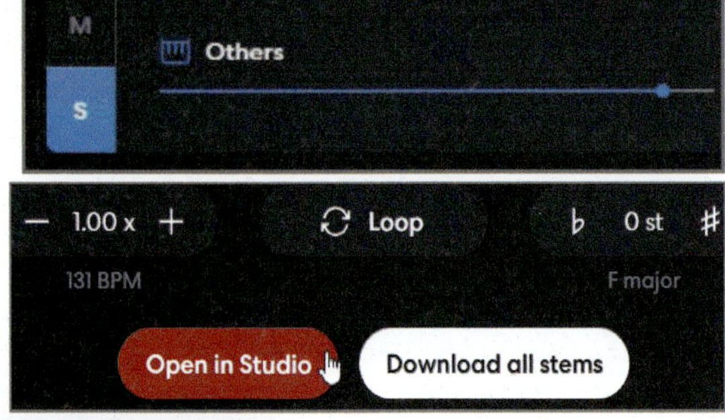

7. 멀티트랙에서 Pan, Volume, 악기를 조절한다.

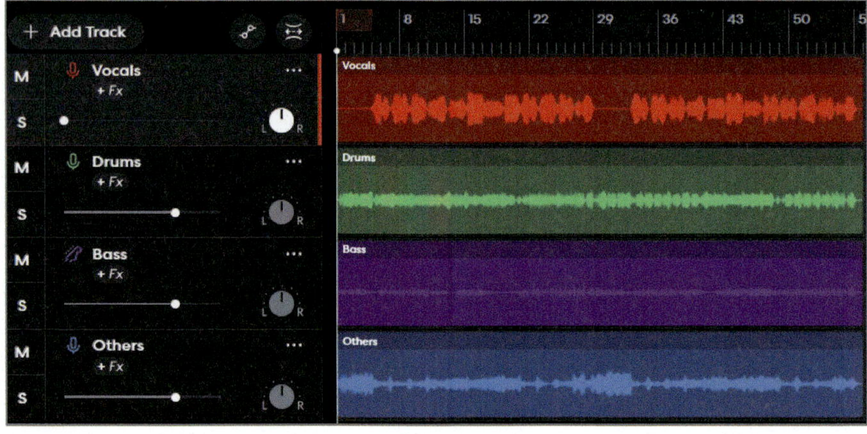

[8] 샘플러 국악기로 음악 제작

스마트폰에서 국악기 음원 다운 받아 샘플러(Sampler)에 넣어 국악기로 음악 만들기

1. 구글에서 '국악 디지털음원' 검색하고, 사이트에서 다운 받는다.

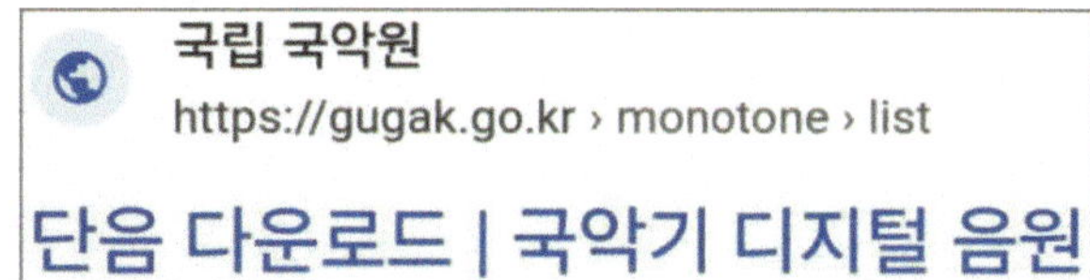

(https://www.gugak.go.kr/digitaleum/front/phrase/list.do)

2. [단음] 선택한다.

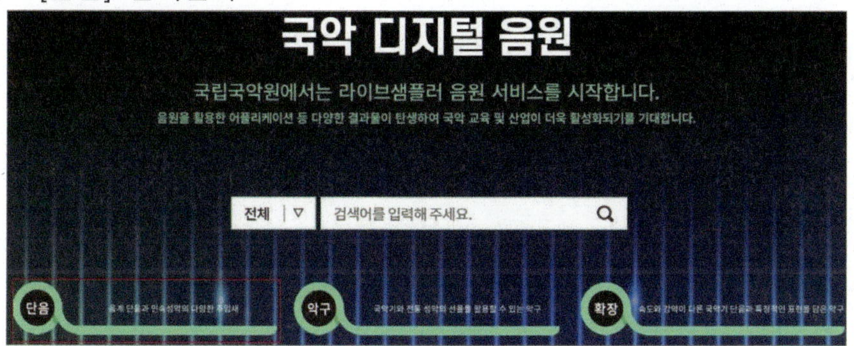

3. [현악기->해금->강] 선택하고 [선택 다운로드] 누른다.

4. 밴드랩 실행하고 **Sampler(샘플러)** 트랙 열고, 1) 편집(연필) 버튼 누르고, 2) Pad1 선택하고, [**Import Audio or Video**] 탭하고, 3) 스마트폰의 내파일에서 해금 음원을 불러온다.

[9] Editor(에디터) 기능

밴드랩 어시스턴트의 Editor(에디터)는 곡에 맞게 오디오 파일을 편집하는 것으로 음정을 바꾸고, 재생 속도를 조절하고, 소리 크기를 조절한다.

1. PC 에서 BandLab Assistant 실행하고 [Voice/ Audio] 클릭하여 녹음하고, 리전을 선택하고 더블클릭하면, 트랙 하단에 [Editor] 보인다.

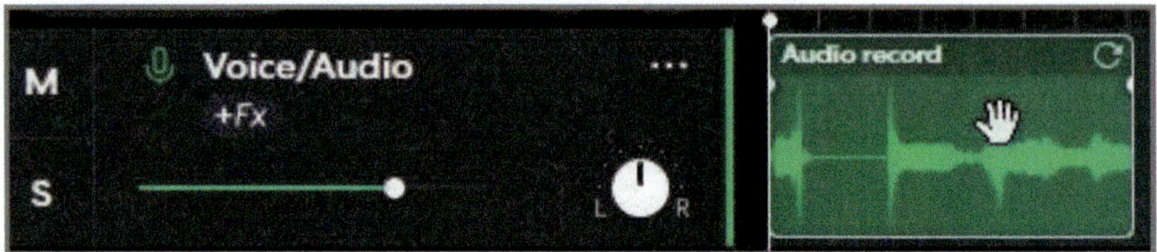

2. Editor 기능

트랙 하단에서 [**Editor**] 클릭한다.

1) Pitch Shift: 음정을 바꾸는 기능으로 + 누르면 반음이 올라가고 -누르면 반음이 내려간다.

2) Playback Rate(Speed): 재생 속도를 조절한다.

3) Region Gain: 리전을 더블클릭하여 소리 크기를 조절한다.

4) Reset: 초기 상태로 되돌린다.

5) Reverse: 거꾸로 재생한다.

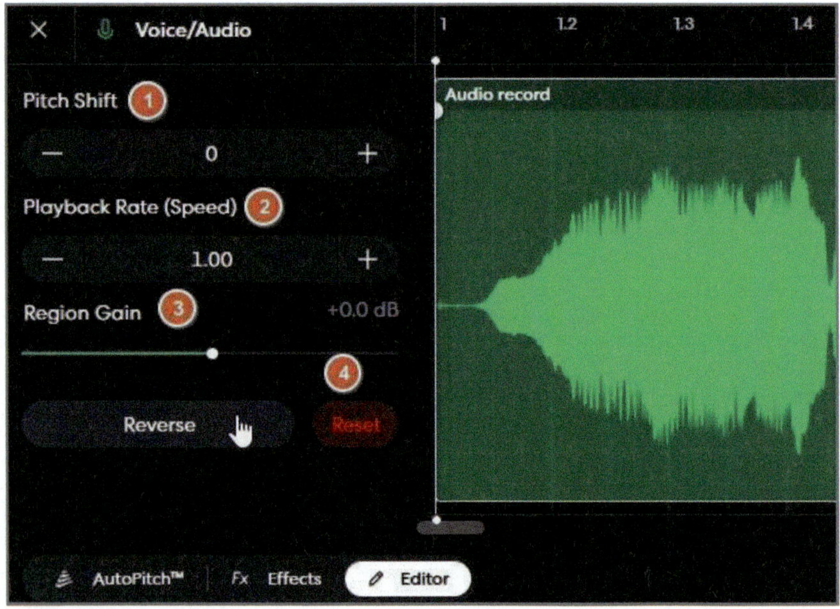

3. PC 에서 샘플을 조합하여 사용할 때 키를 조절하여 활용하기

1) New Track 의 [Sampler] 클릭한다.

2) 샘플을 불러오기위해 [Browse One-Shots] 클릭한다.

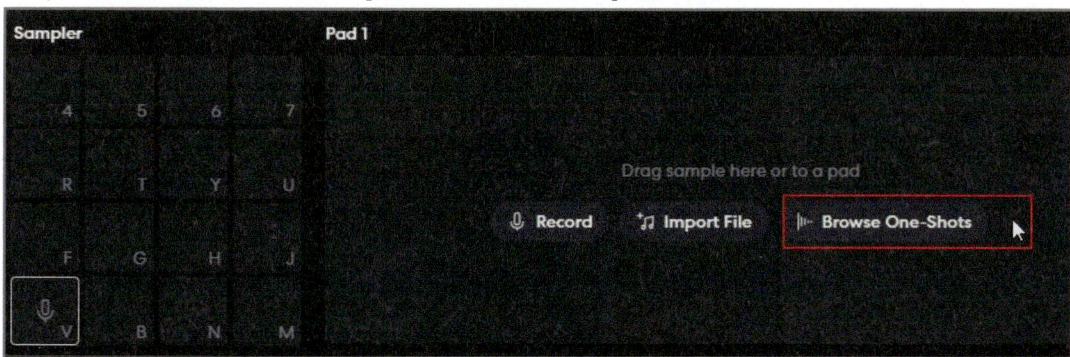

3) Packs 의 음악을 클릭한다.

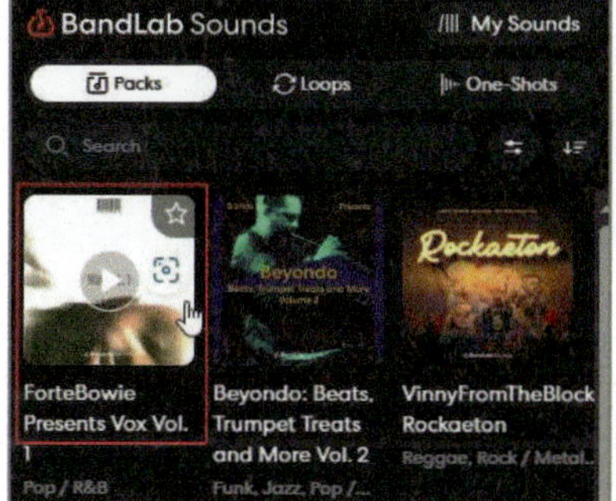

4) 샘플을 클릭하여 Drop 칸에 드래그한다.

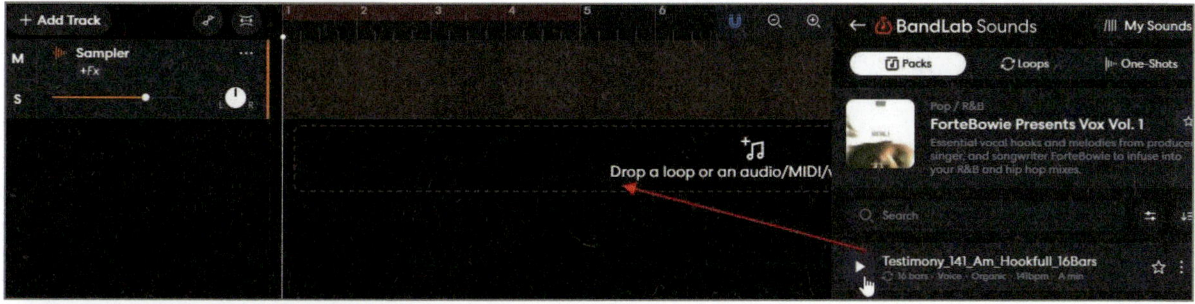

5) Set 클릭하여 조성(Project Key)을 세팅한다.

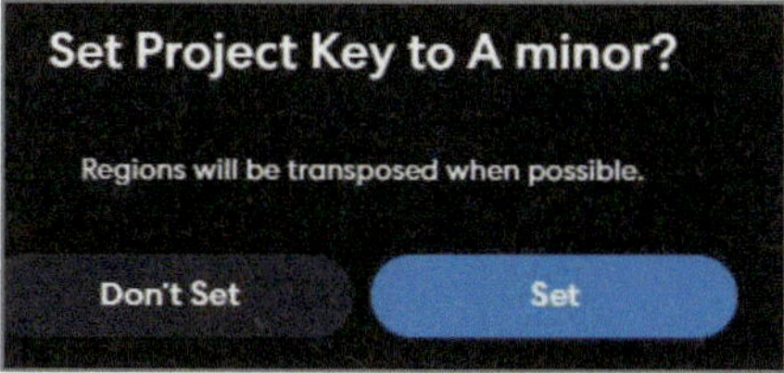

6) [Editor] 메뉴 클릭하고, 리전을 드래그하여 필요 없는 곳 삭제하고, Pitch Shift 로 음정,
    Playback Rate 로 속도를 조절한다.

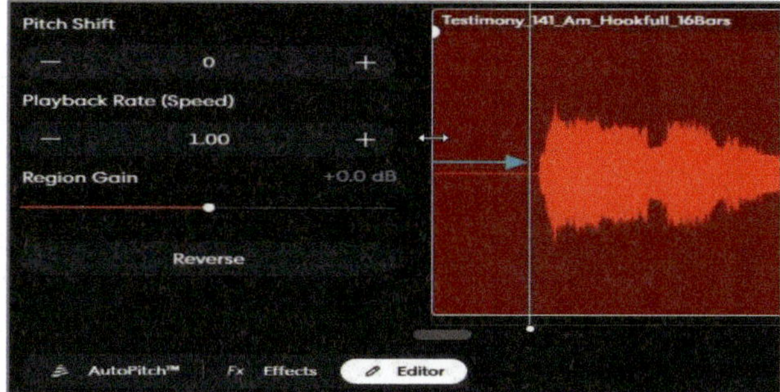

[10] FX Effects(효과) Presets(프리셋) 종류

PC 에서 밴드랩 어시스턴트 실행하여 녹음하고, 프리셋(Presets)으로 효과를 넣기

1. BandLab Assistant 실행하여 [+ Create] 클릭하고, New Track 의 [Voice/Audio] 클릭하고,

2. 목소리를 녹음하고 [+Fx] 클릭하면, 하단에 [FX Effects]가 선택이 된다.

3. [Add Effect] 클릭하면 효과를 선택하는 창이 보인다.

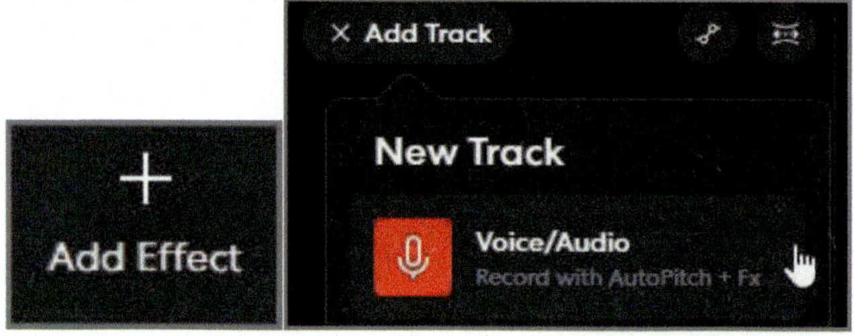

1) Amps & cabs: 기타에 사용하는 효과
2) Pedals: 기타에 사용하는 페달
3) Delay: 소리를 지연하고 내보내기
4) Distortion: 일그러진 소리 변형
5) Dynamics: 소리의 양
6) Modulation: 소리 변조
7) Pitch Shift: 음의 높이를 올리거나 내려 떨리는 효과
8) Reverb: 울리는 소리
9) Tone: 높고 낮은 소리
10) Utility: 피드백 소리 시그널, 스테레오 확산 효과 등

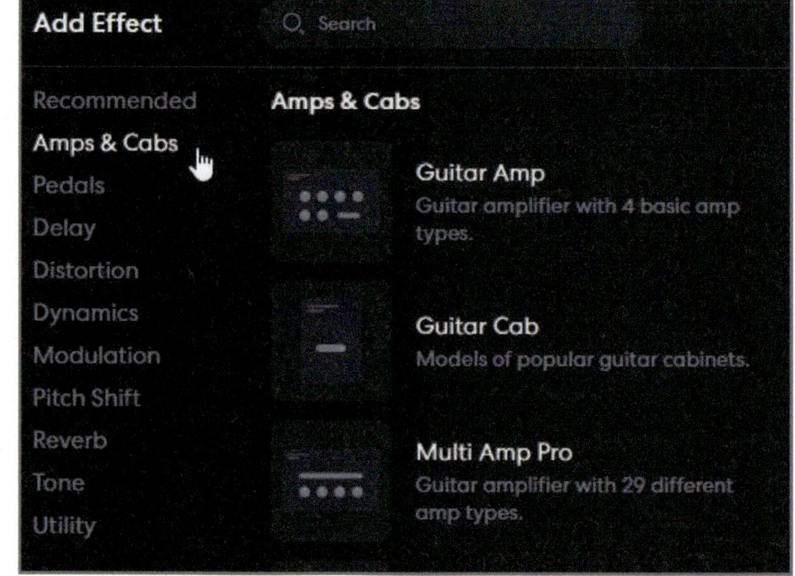

4. [**Fx Presets**] 클릭하면 프리셋을 선택하는 창이 보인다.

   None 옆의 [**Select an Fx Presets**] 클릭하여 **프리셋(Presets)**을 선택하기도한다.

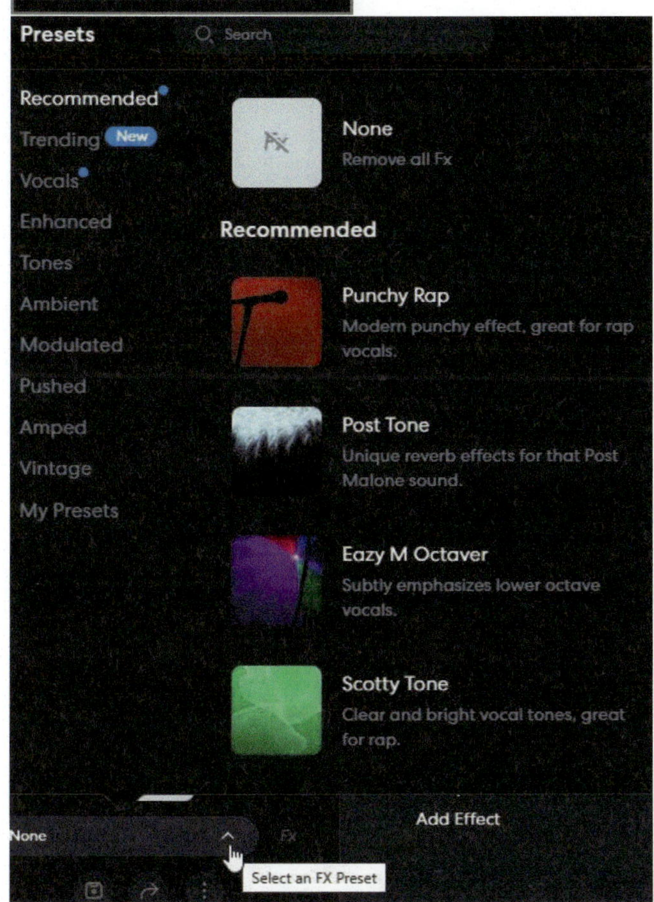

5. Presets 옆의 방향키(>) 눌러 효과를 적용한다.

1) 효과를 추가하고 싶은 트랙을 선택한다.

2) 프리셋을 선택하거나 화면 왼쪽 하단의 효과를 클릭한다.

3) 효과를 추가하여 나만의 사용자 정의 사전 설정을 만든다.

[11] 리전(Region) 녹음 편집

스마트폰, PC 에서 리전에 오디오를 녹음하고, 리전의 메뉴를 사용하여 오디오를 편집한다.

<스마트폰에서 리전(Region)에 녹음하고 편집하기>
1. 밴드랩 실행하여 만들기(+) 누르고, Track Type 의 [Voice/Audio] 탭하여 목소리를 녹음한다.

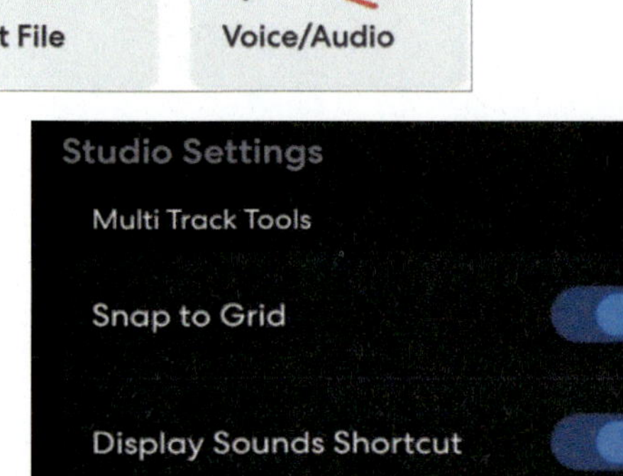

2. 설정(Settings) 탭하고 Studio Settings 하기
   1) Snap to Grid: 활성화로 미디노트 정렬
   2) Display sounds shortcut: 단축키 활성화
   3) Count In: Off 에서 **1bar** 으로 변경하면,
   녹음할 때 메트로놈 예비박이 들린다.

3. 믹스에디터에서 리전 편집하기
   1) 녹음하고 × 눌러 창을 닫고, 믹스에디터가
      열리면, 리전 선택하고 [**Cut**(분할)] 버튼을 누른다.
   2) 리전의 전주로 사용할 부분에 인디케이터를 놓고 분할한다.
   3) 분할된 부분을 선택하고 [복사]하고, 인디케이터를 리전 앞으로 이동하고, 리전을 4 마디
      우로 이동하고, 리전의 빈 곳을 탭하여 [붙여넣기] 버튼을 누르면 전주가 삽입된다.

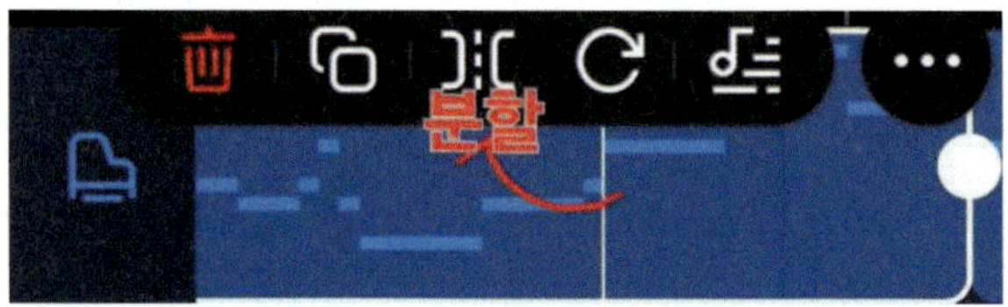

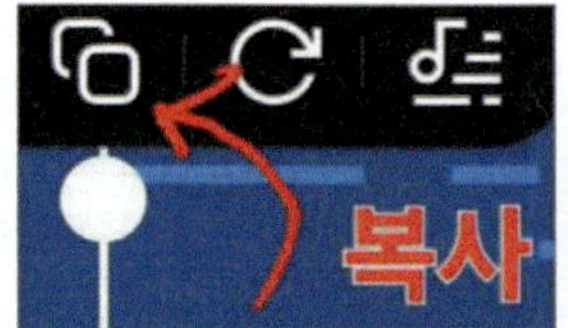

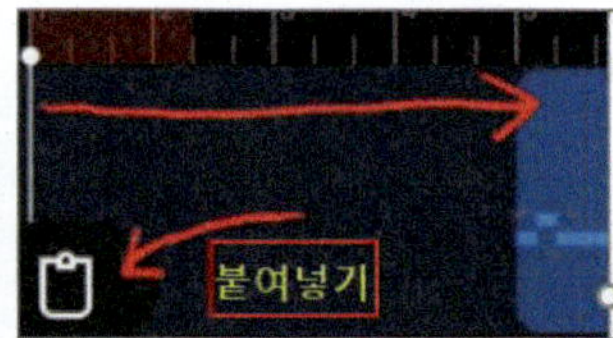

3. 오디오 녹음하고 트랙의 리전을 선택하고 더보기(...) 누르면, 리전 옵션 메뉴가 아래로 보인다.

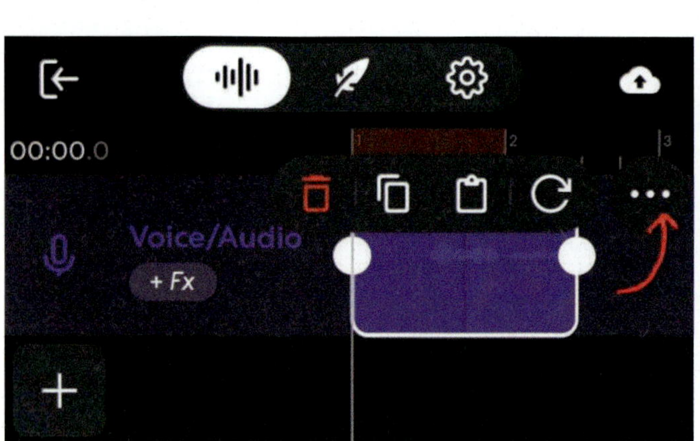

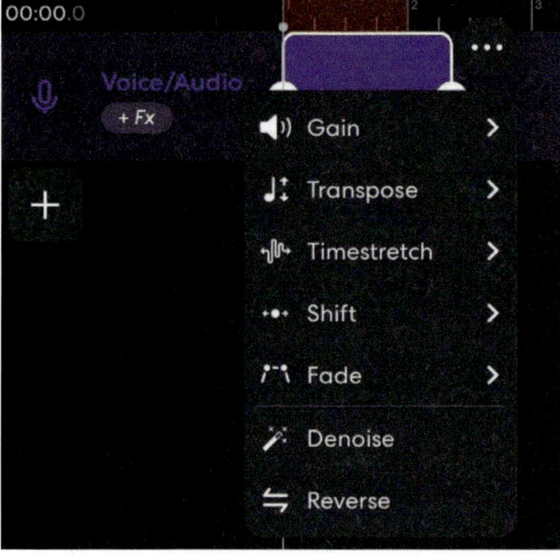

<PC 에서 리전(Region) 편집하기>

BandLab Assistant 열고, Create 누르고, [Voice/Audio] 눌러 녹음하고 리전의 [더보기...] 누른다.

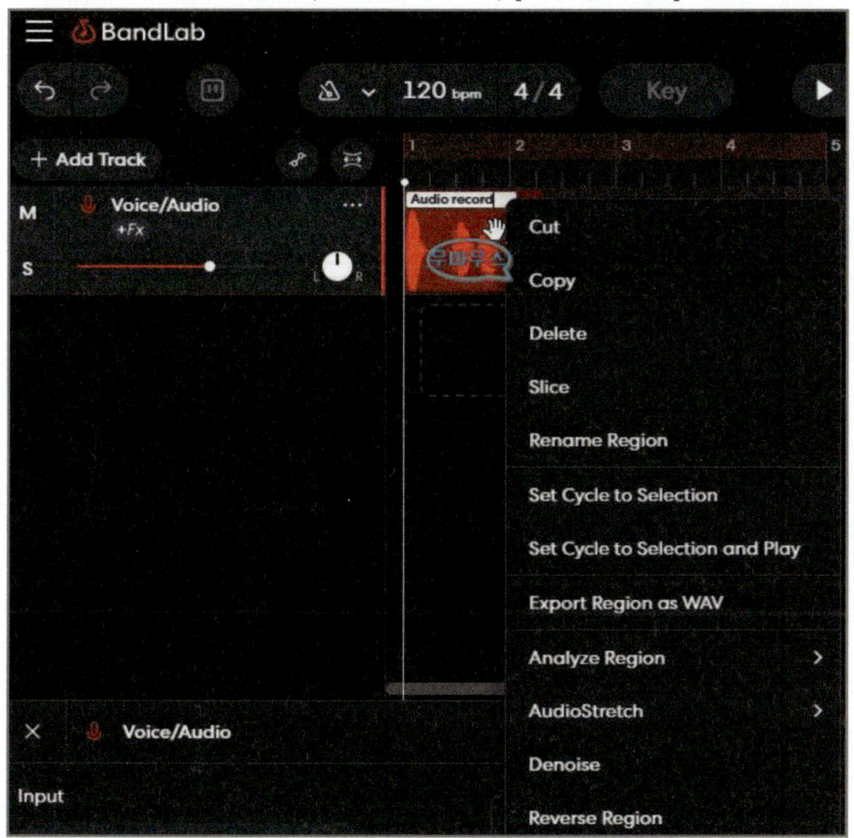

1. Cut: 선택한 리전 자르기

2. Copy: 선택한 오디오, MIDI 영역을 복사

3. Delete: 선택한 오디오 MIDI 영역을 삭제

3. Loop: 선택한 영역을 루프

4. Slice: 중앙 마커에서 영역(리전)을 절단

5. Edit: MIDI Editor 로 MIDI 영역 편집

6. More Options: 더 많은 편집 기능을 표시할 수 있는 추가 옵션

7. Shift: 지연 시간을 보상하는 Shift 영역

8. **Region Gain**: 영역의 볼륨을 조정하기위해 리전을 더블클릭한다.

9. **AudioStretch**(오디오), Transpose(미디): 음정 조정, *Pitch, Shift 로 반음을 위 아래로 바꿈

10. Times stretch: 영역의 속도를 조정

12. Fade: 오디오 영역을 안팎으로 페이드

13. **Denoise**: 낮은 볼륨의 배경 잡음을 제거

14. **Export Region As Wave** 로 오디오 저장

15. Analyze Region/Get Tempo 클릭하면 Tempo Analysis 화면에 78 BPM,8/8 이 생성된다.

<스튜디오에 영역이 없는 공간을 누르면 다음 옵션이 나타난다>

1. Paste: 오디오 MIDI 영역을 마커에 붙여넣기

2. Sample: 선택한 트랙에 무료 루프 라이브러리의 루프를 추가

[12] 리전(Region) 미디노트 입력 편집

리전(Region)은 트랙에 음을 입력하는 곳이다.
트랙에 미디악기 입력하기위해 리전(Region)을 생성하고 미디노트 입력하고 편집하기

<PC 에서 밴드랩 어시스턴트 실행하기>

1. BandLab Assistant 실행하고, [Start a new project]의 [+Create] 클릭하고,
   트랙의 [+Add Track] 클릭 후 [**Virtual Instruments**] 클릭한다.

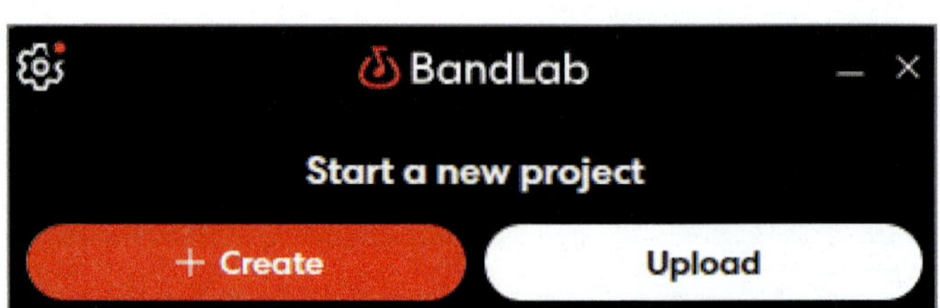
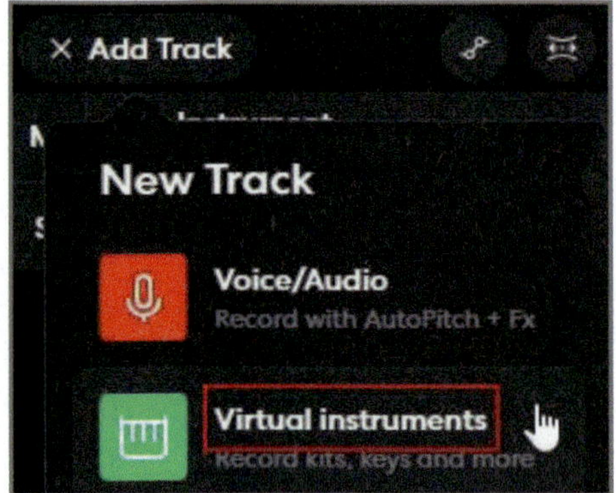

2. 빈 트랙에서 마우스 우클릭하고 **크리에이트 리전(Create Region)** 클릭한다.

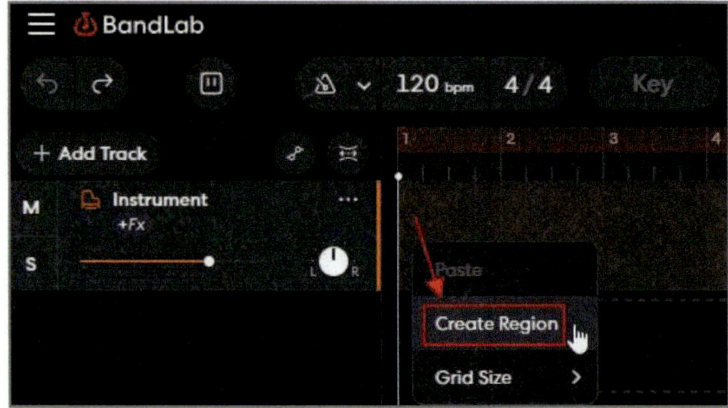

3. [MIDI Editor]가 선택 되고, Region 생기면 빈 공간을 더블클릭하여 미디노트를 입력한다.

   1) 미디노트가 입력이 안되면,
      Ctrl 누르고, 입력한다.
   2) 미디노트를 삭제하려면,
      미디노트를 더블클릭하거나
      Delete 누른다.
   3) 미디노트가 선택된 상태에서
      상하 방향키로 음정을 반음씩
      이동한다.

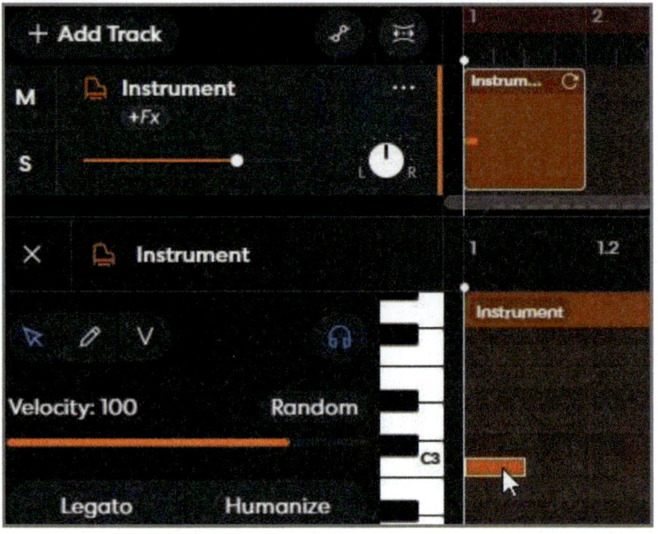

4. 리전(Region) 편집하기

리전에서 우마우스 클릭하여 Quantize 를 1/4 로 선택하면 미디노트가 정렬된다.

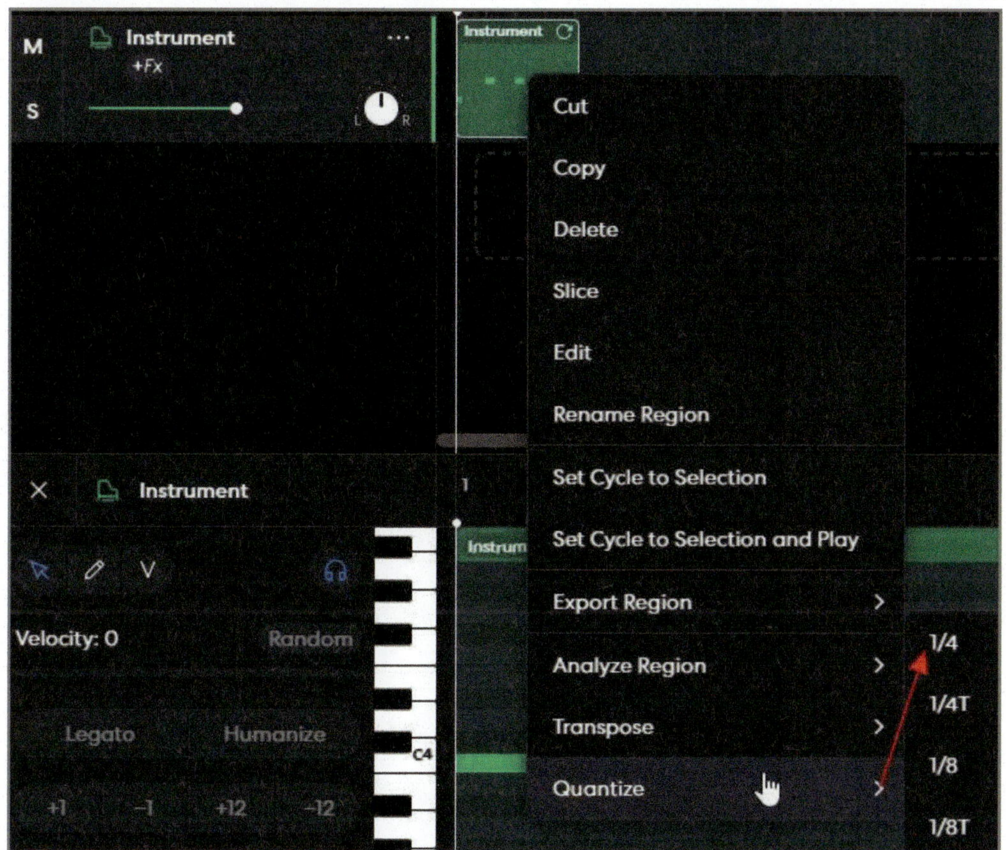

5. 우측 상단의 Loop 를 잡고 좌우로 드래그하여 리전을 늘리고 줄인다.

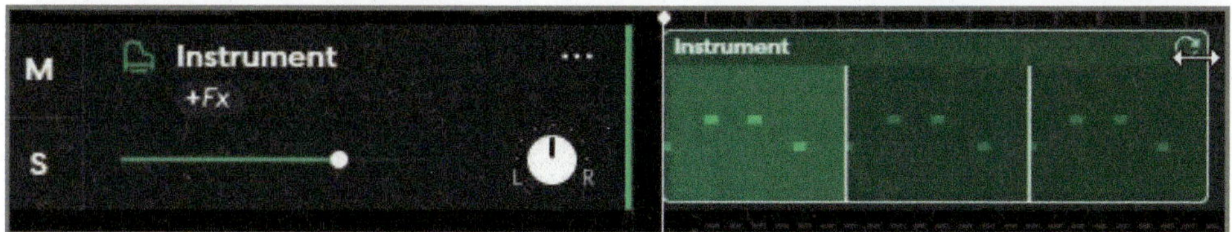

6. 건반으로 미디노트 입력하기

1) 왼쪽 하단의 [Instrument] 클릭하고, 인디케이터를 이동하고

2) Start Recording(R) 누르고, 건반을 누르면 리전에 미디노트가 입력된다.

7. **Smart View**

1) Create 누르고 Instruments 클릭한다.

2) [MIDI Editor] 선택하고, C, D, E 미디노트를 입력한다.

3) Smart View 를 활성화하면 미디노트가 C4, D4, E4 로 표기가 된다.

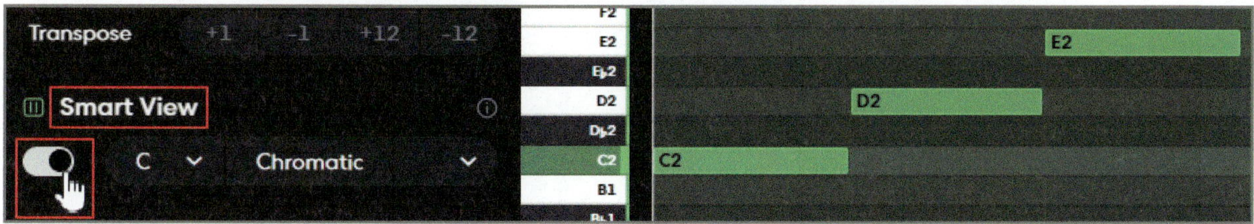

[13] 프로젝트 설정(project Settings)

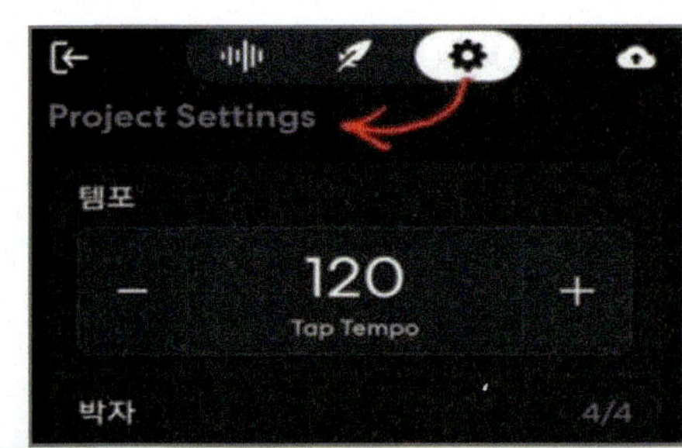

스마트폰에서 밴드랩 실행하고,상단의 설정(Settings)
누르고, PC 에서 Settings 눌러 프로젝트 설정하기

1. Project Settings
   템포: 120, 박자: 4/4, Project Key: C Major
2. **Studio Settings**
   1) **MIDI Overdub(미디 오버더빙)**:특정 영역에 연주 녹음
   2) **Quantize MIDI recordings**: 비활성화
   3) **Audio Safe mode(오디오 안전모드)**: 녹음을 스크리닝
      못할 때 비활성화하면,지연 시간(latency)이 길어진다
   4) 실시간 입력 모니터링: MR 에 노래 녹음시 비활성화
   5) **오디오 지연시간 보정(Latency Fix)**:
      마이크 녹음 타이밍 조절
   7) **Count In**: [1bar] 선택하면 1 마디 예비박이 들린다.

<PC 에서 프로젝트 설정(Settings)하기>

1. [메뉴]의 [**Settings**] 클릭하면 설정 창이 보인다.

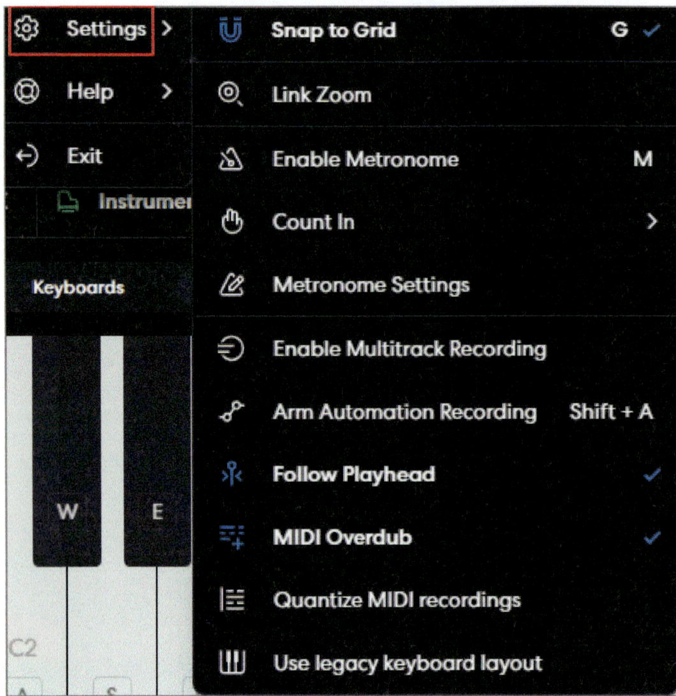

2. You can also select [+Fx] under the track
   name to quickly open Effects. (Fx Effects)

[14] 타임스트레치(Time Stretch), 트랜스포즈(Transpose)

타임스트레치(Time Stretch)는 오디오 파일의 길이를 늘여서 오디오의 속도를 늘린다. 트랜스포즈(Transpose)로 음정을 조절한다.

1. 스마트폰에서 밴드랩 앱 실행하여 하단의 만들기(Create:+)누르고, [Open Studio] 누른다.

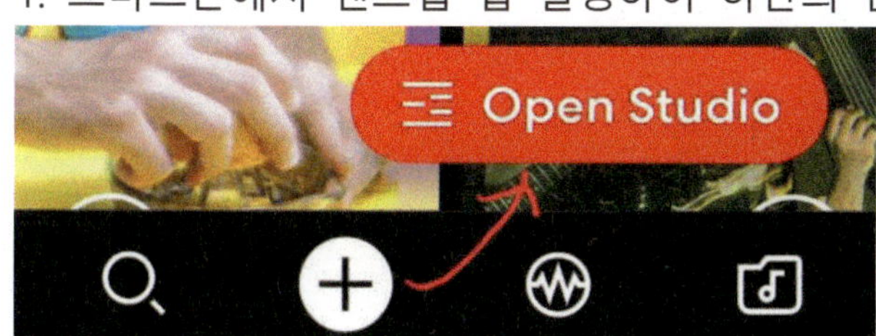

2. [Voice/Audio] 누르고 녹음하여 사운드 파일 생기면 우측의 [×] 눌러 닫는다.

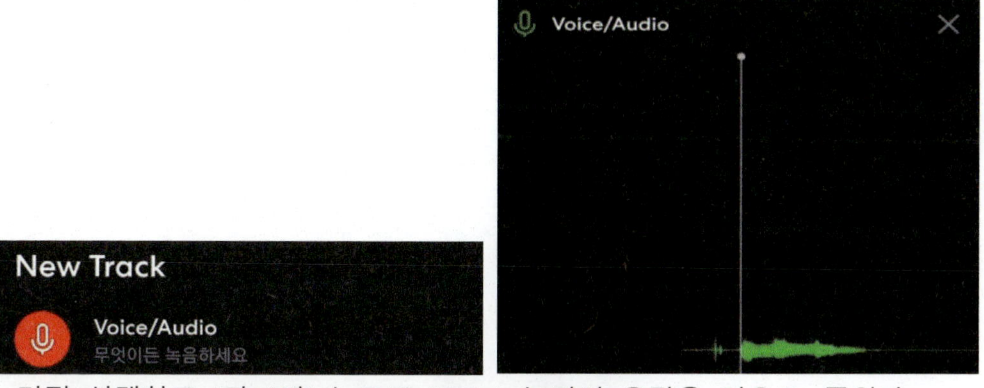

3. 리전 선택하고 [더보기] 누르고, [**Gain**] 눌러서 음량을 키우고, 줄인다.

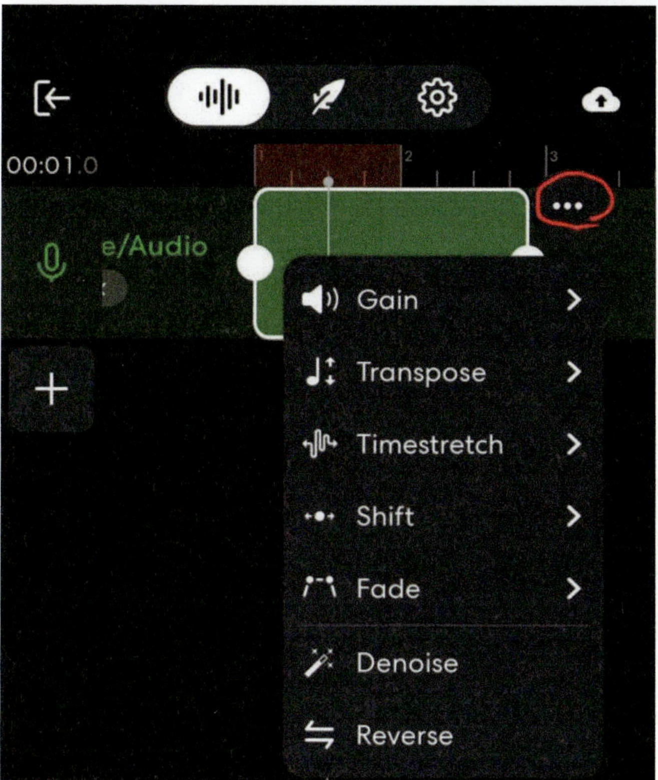

4. **타임스트레치(Timestretch)**를 우로 드래그하여 사운드 속도를 늘린다.

5. Transpose 로 음정을 올리거나 내린다.

트랙의 [더보기]에서 [Transpose] 눌러 +1 하고, 적용하면 음정이 올라간다.

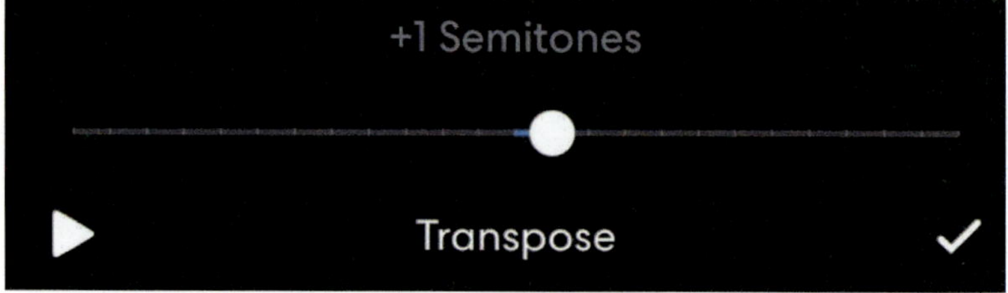

6. 디노이즈(Denoise)는 잡음을 제거한다.

7. Shift 는 트랙의 타이밍을 앞뒤로 조절한다.

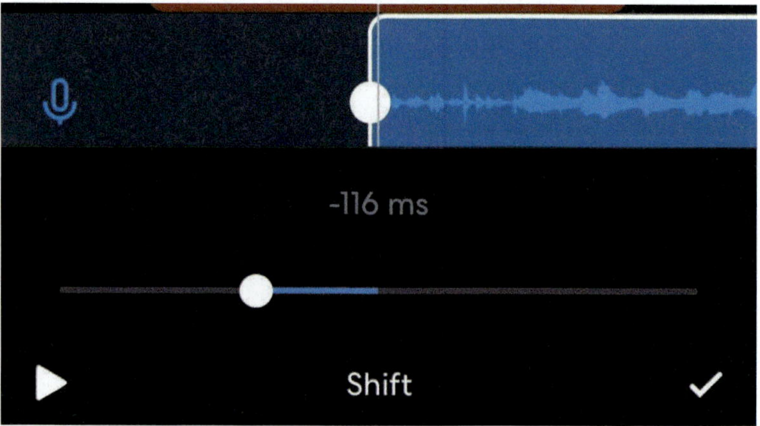

8. Fade

Fade In 은 볼륨이 커지고 Fade Out 은 볼륨이 작아진다.

1) Fade 선택하고 우에서 좌로 드래그하면

2) Fade Out 이 되어 음량이 작아진다.

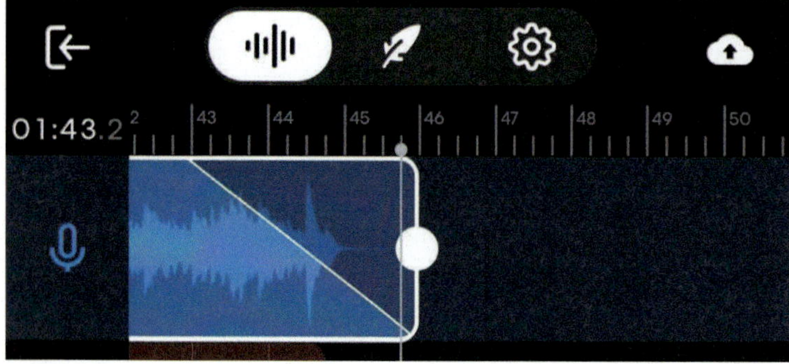

[15] 루퍼(Looper) 녹음 스마트폰과 PC 프로젝트 교환

스마트폰에서 루퍼(Looper)를 활용하여 음악을 만들고 저장한 프로젝트를 PC 에서 불러와 수정하여 상호 호환하고 협업한다. 루퍼는 반복되는 샘플 소리들을 이용해서 리듬을 만들고 배경음악을 만들어서 랩 만들기를 할 수 있다.

<스마트폰에서 루퍼로 음악 만들기>

1. 스마트폰에서 밴드랩 앱을 처음 실행 시 녹음 허용을 묻는 메시지(녹음 허용하시겠습니까?) 나오면, [앱 사용 중에만 허용]을 누른다.

2. 하단의 [+ 만들기] 누르고, Track Type 에서 [Looper] 선택한다.

3. 루퍼 팩(Looper Packs)

   1) Looper Packs 창이 보이면 장르에서 (Bass)를 선택하고, [**Explore**] 누르고

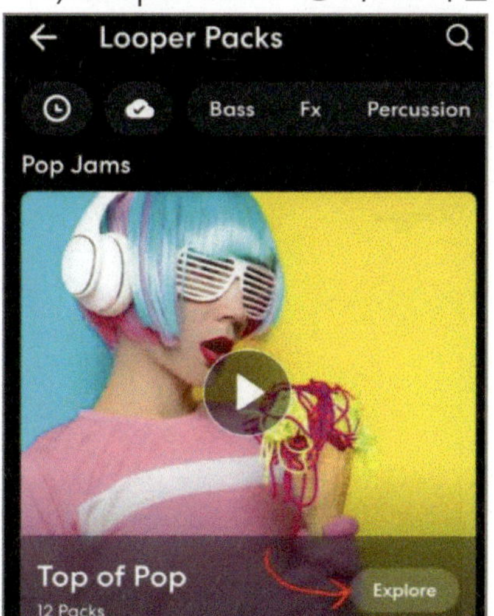

2) K-Pop Mobile 의 [+] 누른다.

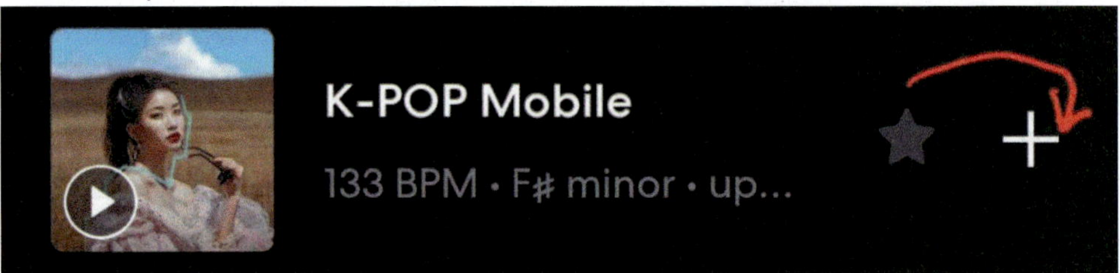

3) 다른 루퍼 팩(Heavy Disco) 앨범을 들어보고, [+] 누르면 트랙에 사운드가 생긴다.

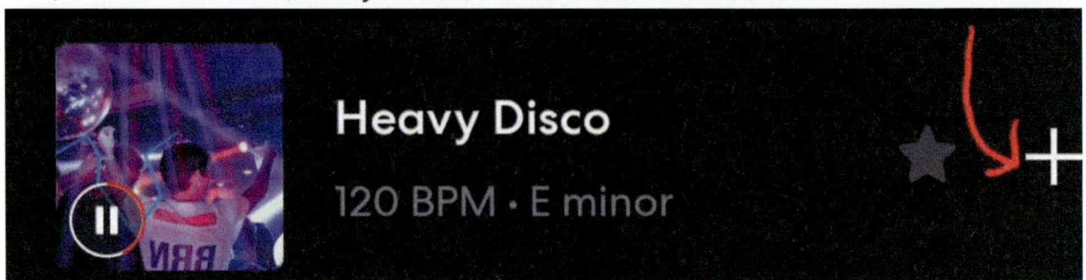

4. 루퍼 트랙에 샘플 녹음하기

   1) 패드에서 샘플 악기(Drum)를 누르면 반복해서 재생이 된다.

   2) 녹음 버튼을 누르고 샘플 패드 누르면 녹음이 되고, 정지 버튼 누르고, [**멀티트랙**] 누른다.

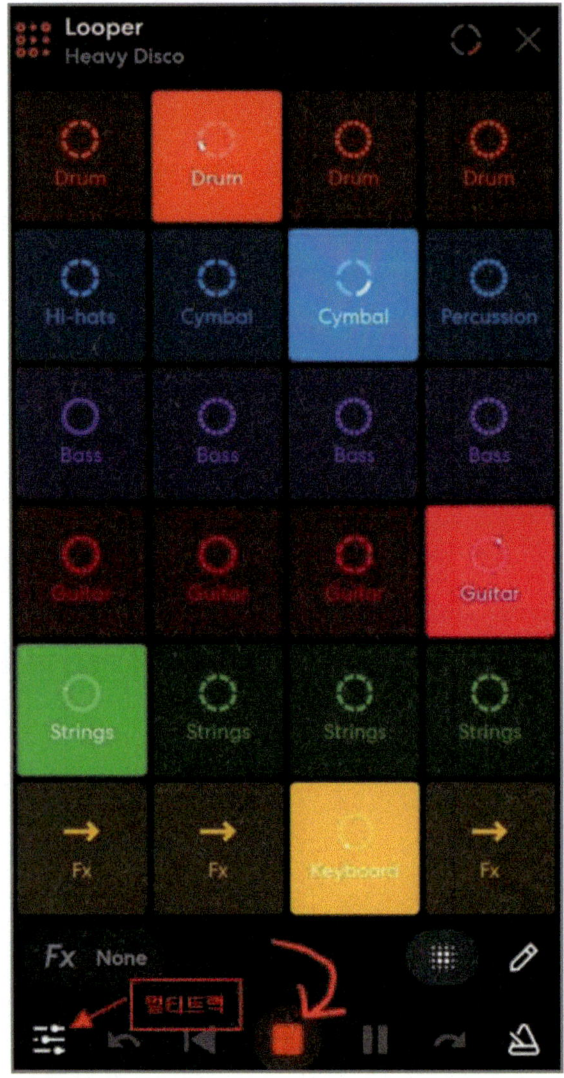

5. [×] 눌러 화면을 닫으면, 믹스에디터 창의 Looper 트랙에 오디오 리전(클립)이 생긴다.

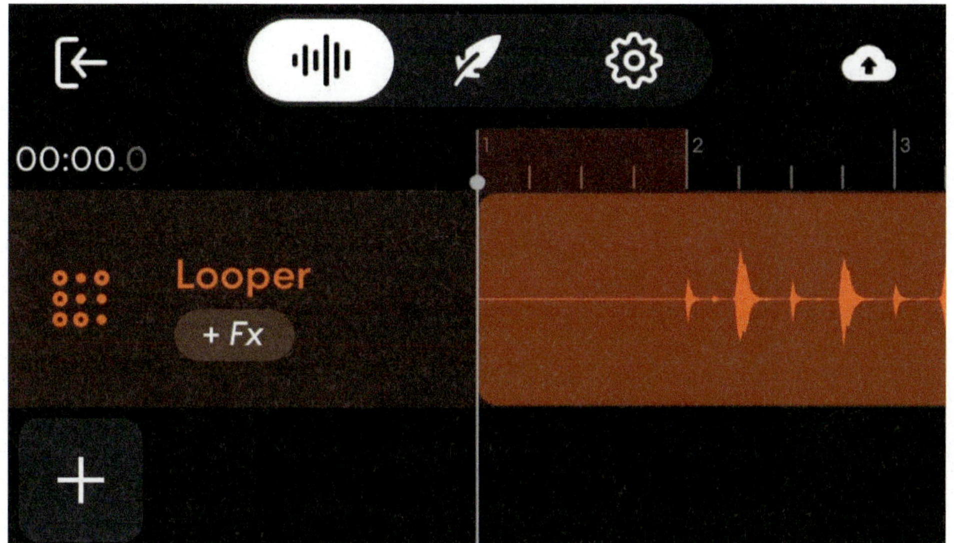

6. 루퍼 팩 상단의 [설정(Settings)] 누르고 Project Settings 에서 설정한다.

   1) 템포 100

   2) 박자 4/4

   3) 조성(Key) C minor

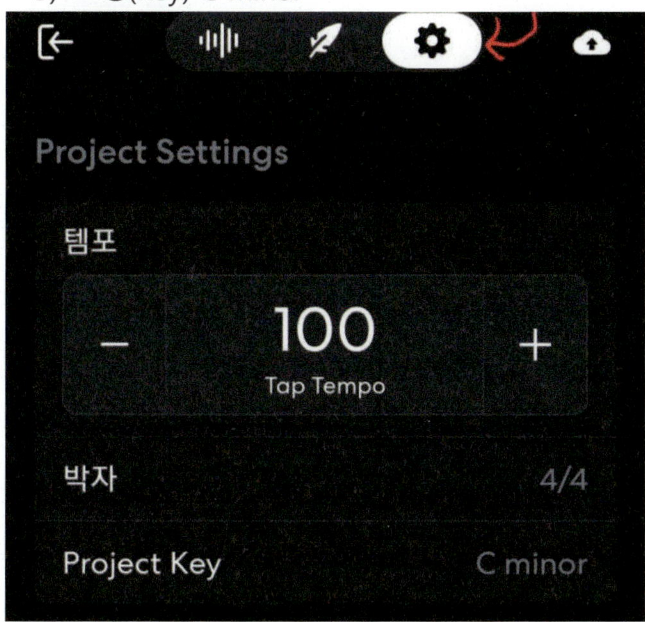

7. 왼쪽 하단의 멀티트랙 누른다.

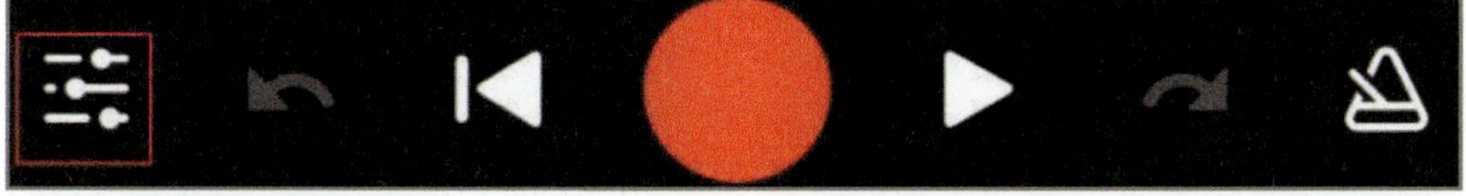

8. 믹스에데터에서 우측 상단의 **업로드(Upload)** 버튼 누르고, 프로젝트 저장(P1)을 한다.

<PC에서 프로젝트 불러오기>

1. PC에서 크롬을 열고 구글에서 '밴드랩' 검색하여 **BandLab-Make Music Online** 로그인하거나,
   BandLab Assistant 실행하고, Recent Projects에서 New Project 클릭한다.

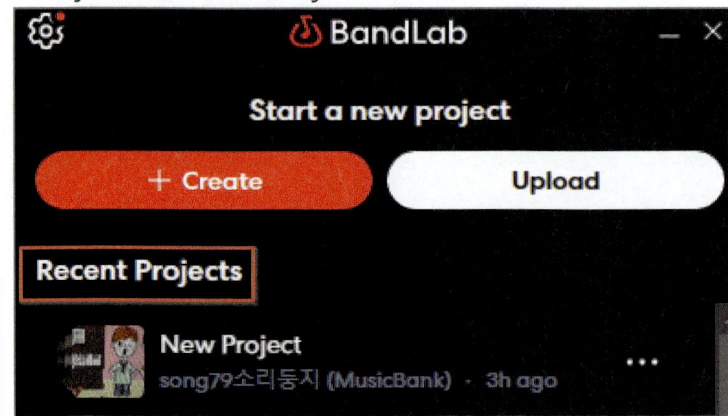

BandLab
https://www.bandlab.com
BandLab - Make Music Online

2. [Studio] 클릭한다.

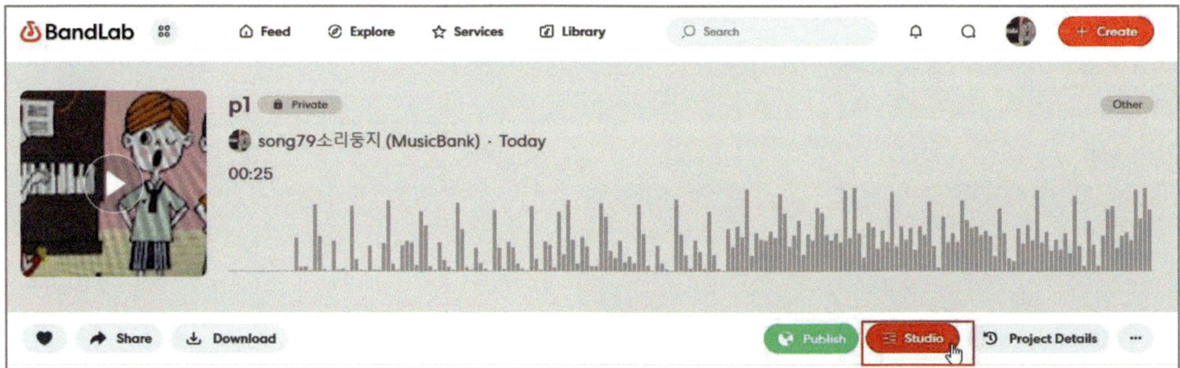

3. 프로젝트의 루퍼 트랙이 보인다. 수정이 가능하다.

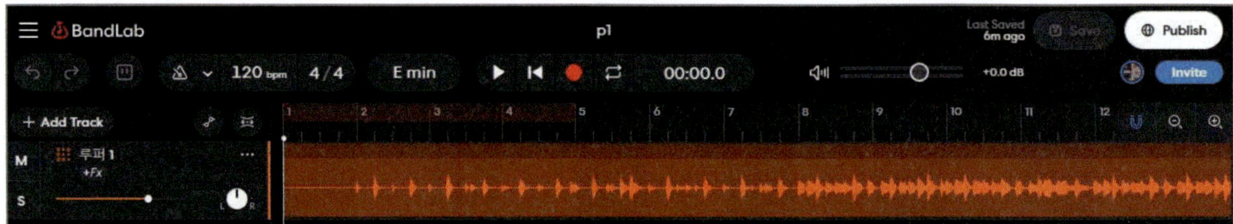

4. 스마트폰에서 저장한 프로젝트가 보이지않으면, [Library(라이브러리)] 열고 스마트폰에서
   저장한 프로젝트(P1)를 불러온다.

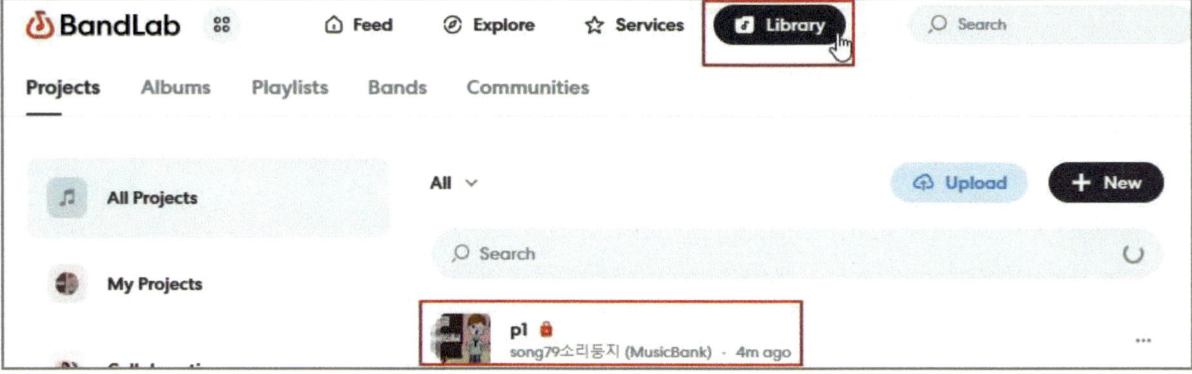

<밴드랩 앱의 루프 재생 방식 설정>

1. 스마트폰에서 밴드랩 열고,
   Track Type 에서 [Looper] 누르고,
   [**Loop Properties**] 누른다.

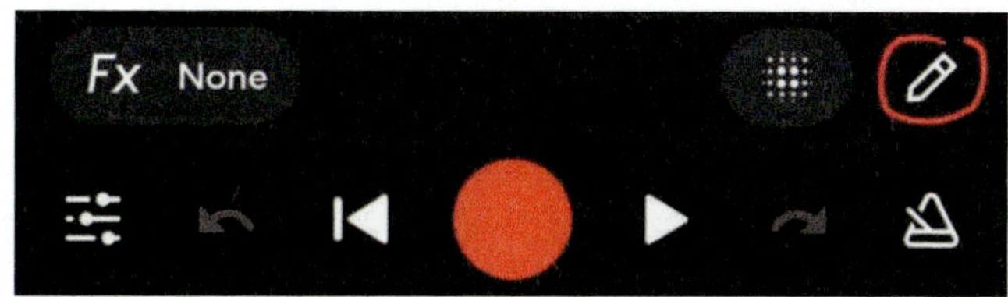

2. 루프 재생 세부적 설정하기
   1) Loop: 반복 재생
   2) One Shot: 사운드 소스의
      길이만큼 한번 재생
   3) Gate: 누르고 있는 동안 재생
   4) Retrigger: 누를 때 마다 재생

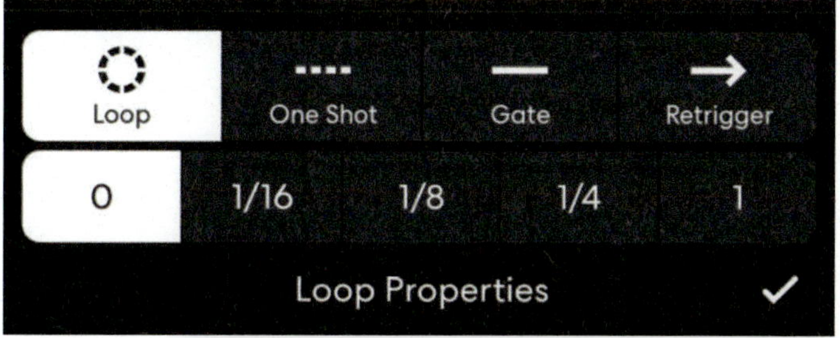

<필터와 게이터>

1. 루퍼 팩 하단의 [필터와 게이터] 누른다.

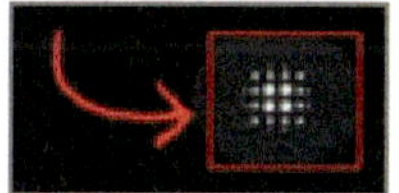

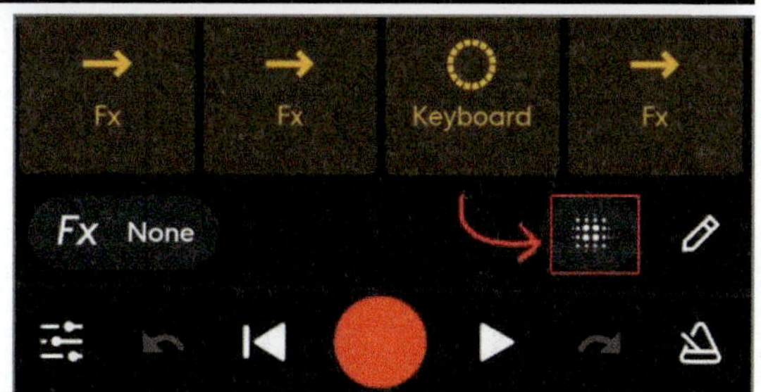

2. 필터(Filter)와 게이터(Gater)에서
   사운드 믹싱을 한다.
   1) Looper 에서 재생하며 **Filte**r 패드에서
      드래그하며 음질을 고른다.
   2) **Gater** 패드에서는 드래그하여 작은
      소리를 줄여 숨소리 나는 것을 줄인다.

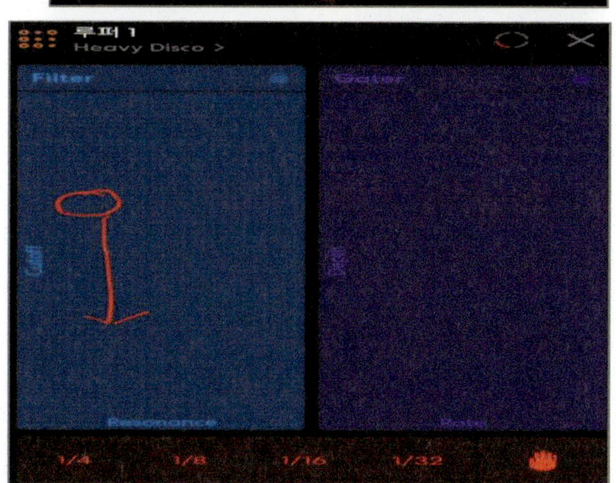

<Sonitus Gate 플러그인으로 숨소리 줄이기>

PC 에서 케이크워크 밴드랩 실행하고,
트랙에서 [FX] 클릭하고,
[Insert Audio FX/Dynamics/
Sonitus Gate] 클릭한다.

1. **Gate** 는 큰 소리는 놔두고,
   Threshold 이하 소리를 줄인다.
   Threshold(Input) 페이더를 올려서
   -36.1dB 보다 높게 잡으면,
   그 이하로 나는 작은 소리들은
   없어진다.

2. 어색하게 들린다면
   Depth 노브를 조금 올린다.

[16] MIDI Editor(미디에디터), Edit Note Velocity, Quantize

PC 에서 **BandLab Assistant** 실행하고, Instruments 트랙을 열고, 미디 에디터(MIDI Editor)에서 노트를 입력하고 편집한다. 스마트폰에서 밴드랩 열고 미디에디터에서 미디를 정렬한다.

<PC 의 MIDI Editor 에서 미디노트 입력하고 편집하기>

1. BandLab Assistant 실행하고, **Create** 클릭하고, New Project 의 [Instruments] 클릭한다.

2. [MIDI Editor]를 누르고, Select Note(1), Add Note(2), **Edit Note Velocity**(3)로 노트를 입력한다.

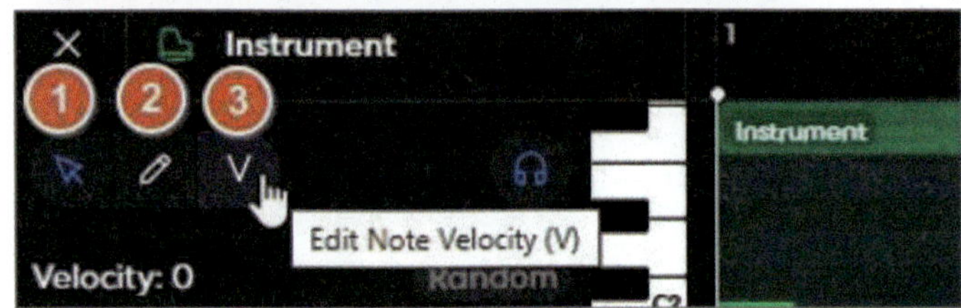

3. **셀렉트 노트(Select note)**는 노트를
   입력하고 삭제하고, 중복 선택하여 복사,
   이동한다. Select Note 를 선택하고
   빈공간을 더블 클릭하여 노트를 입력한다.
   1) [MIDI Editor] 클릭하면, 셀렉트 노트가
      선택이 된다.
   2) 노트(Note)를 선택하고 노트의 길이를
      조절한다.

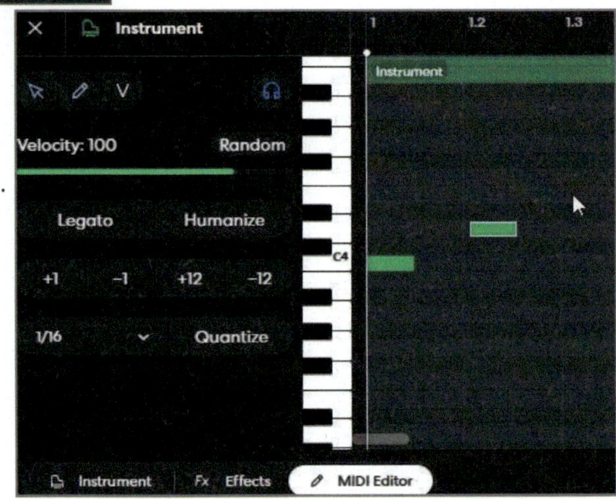

4. **애드 노트(Add Note)** 툴은 한번 클릭으로 노트를 입력한다.
   셀렉트 노트(Select Note) 상태에서 Ctrl 누르고 있으면, 애드 노트(Add Note) 툴로 바뀐다.

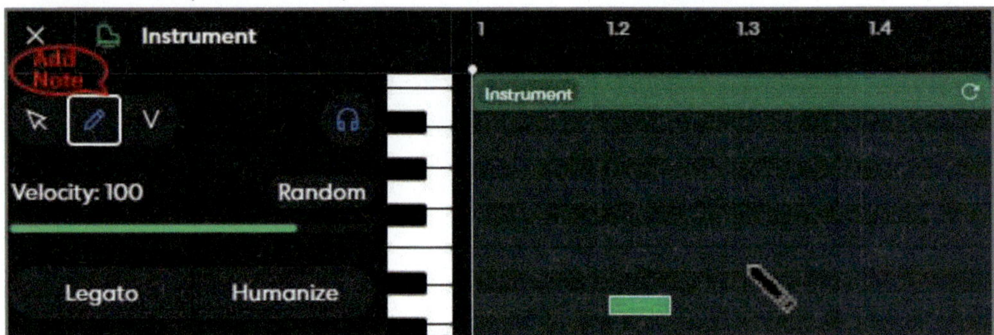

5. **Edit Note Velocity** 는 음의 강약을 나타내는 노트를 입력한다.

[Edit Note Velocity(**Toggle Velocity Mode**): V]
클릭하고, 노트를 선택하면, 노트에 흰줄이 생기고,
MIDI Notes 의 **Velocity** 바를 드래그하면 흰줄이
늘어난다. * Edit Note Velocity(Toggle Velocity Mode)

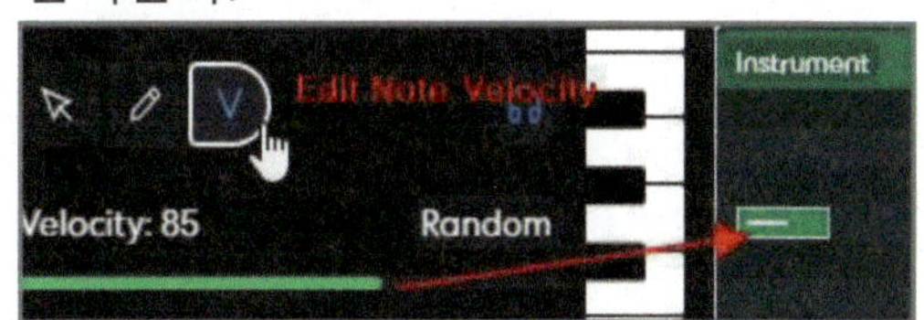

<스마트폰의 미디에디터에서 미디 입력하고 정렬하기>

1. 만들기(+Create) 누르고 Track Type 의[Virtual Instruments(버츄얼 인스트루먼트)] 누른다.

2. 녹음(Record) 버튼을 누르고, 건반을 눌러 미디노트를 입력한다.

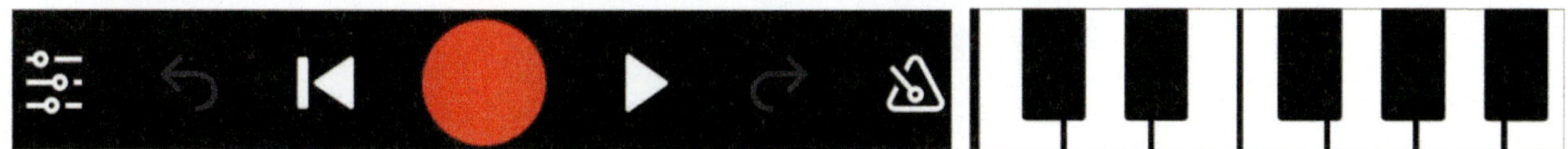

3. 미디노트 선택하고, 리전의 더보기 탭하고 **미디에디터** 누른다.

4. 1/8 선택하고 **퀀타이즈(quantize)** 체크하면, 미디노트가 박자 선에 맞게 정렬이 된다.

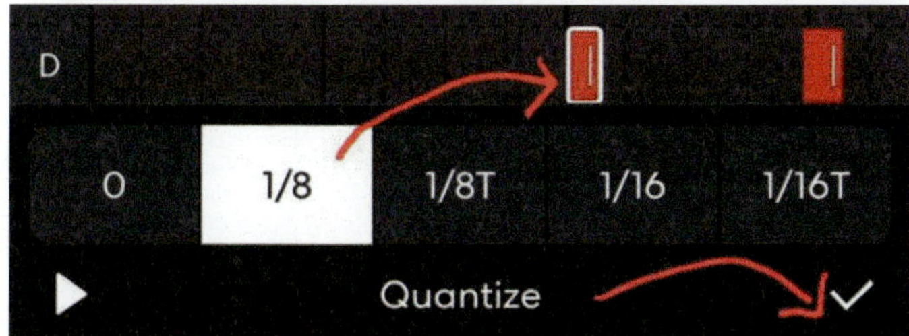

5. 우측 상단의 Publish(업로드) 눌러 프로젝트를 저장한다.

6. 왼쪽 하단의 [멀티트랙] 누르고, 믹스에디터의 트랙에서 더보기(...)를 눌러서
[Export as MIDI] 누르면 미디파일로 저장된다.

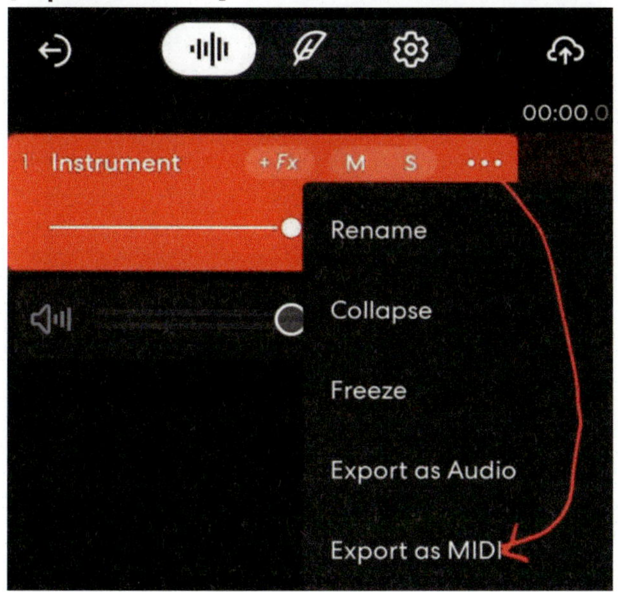

[17] AudioStretch, Tools

스마트폰에서 밴드랩의 Tools 를 바로 열고, AudioStretch 로 소리의 음정과 템포를 조절하며, 피치에 영향을 주지 않고 템포를 변경하고, Tuner 로 음정 맞추기

1. BandLab 앱을 꾹 누르고,
   아래에 바로가기 창이 열리면,
   [**AudioStretch**] 탭한다.
2. [+] 눌러서 오디오 파일을 불러오고,

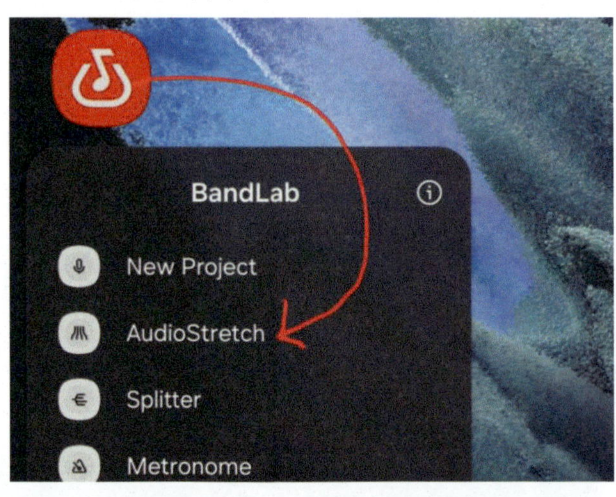

3. [SPEEFD]의 [-, +] 눌러서 템포를
   조절하고, [PITCH]의 [b, #] 눌러서
   음정(조성)을 조절한다.

3. Loop 로 반복 재생하기
   1) 플레이바를 이동하여 [A]와 [B] 포인트
   2) [AB] 누르면 영역이 선택되고, 플레이 ~
   3) [AB] 버튼을 1 초간 다시 누르면 A, B 포~
4. 오디오 편집하고 다운로드하고,
   밴드랩의 스튜디오로 내보내기한다.

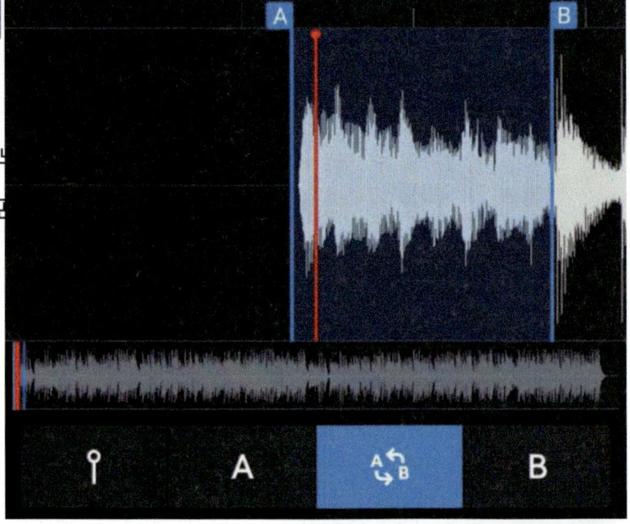

<Tools 에서 튜닝하고 템포 조절하기>
1. Tools 의 **튜너(Tuner)**를 선택하고,
2. 목소리 녹음 튜닝(음정 맞추기)
   (F)에 맞추기위해 음정을 낮추려면, 빨간선을 이동한다.
3. 녹색선이 가운데 'You're tune' 보이면 튜닝이 완료된다.
4. Guitar(기타) 튜닝하기
   1) [Chromatic] 클릭하고, Modes 의 [Guitar] 선택하고
   2) 기타의 4 번음을 소리 내고 A 음에 맞춘다.
5. Tools 에서 **AudioStretch** 선택하고
   1) SPEED 에서 -, +을 눌러 템포를 조절한다.
   2) PITCH 에서 b, #을 눌러 음정(Pitch)을 조절한다.

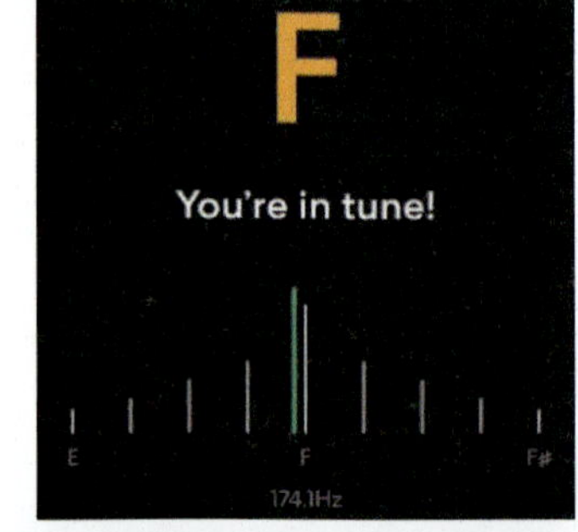

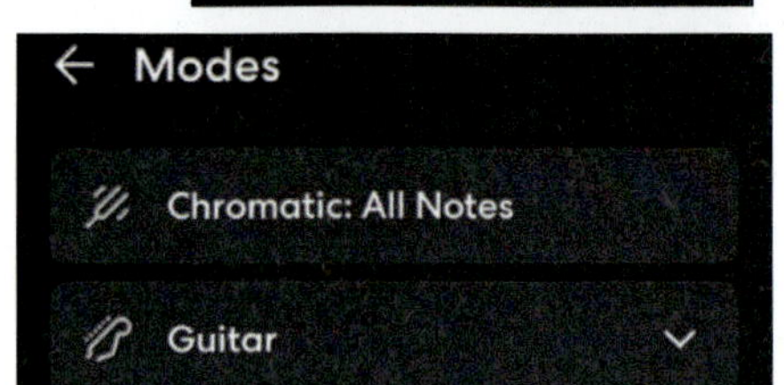

[18] 더빙(Dubbing) 녹음(Recording), 스테레오 믹스(Stereo Mix)

BandLab(밴드랩)은 믹스를 공동으로 파일을 공유하고, 스마트폰에서 엠알(오디오, midi)을 넣고 노래(보컬)를 녹음하는 더빙(Dubbing) 작업을 하고, 스테레오 믹스로 PC 의 소리를 녹음한다.

<스마트폰에 반주음악 불러와 편집하기>

  스마트폰 앱, 밴드랩(BandLab-Music Making Studio)을 실행한다.

1. 만들기(Create) **[+]** 버튼을 누르면, 만들기 창이 나온다.

2. 만들기 창의 **Track Type** 에서 [Import File] 눌러서 반주 음원(오디오 혹은 midi)을 불러온다.

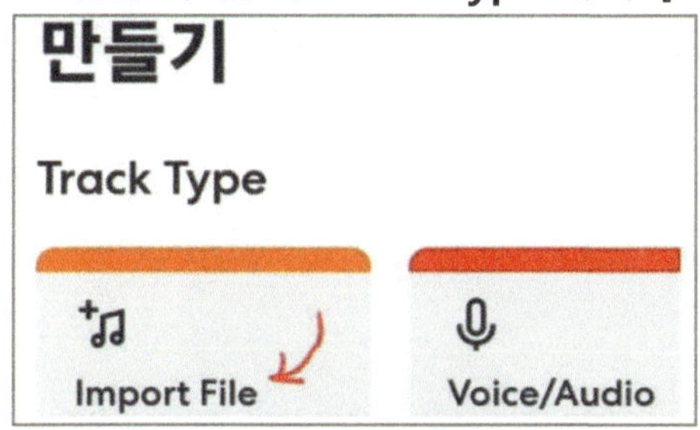

3. Gain 으로 음원 소리 확장하기

  1) 음원의 리전을 선택하고 모서리의 0 누르고, 더보기(...) 누르고 [Gain] 누른다.

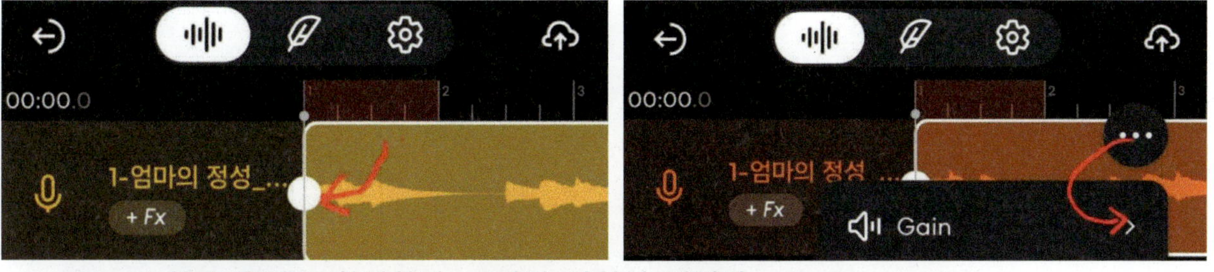

  2) Gain 수치를 올리고 확인하면, 소리의 파형이 커진다.

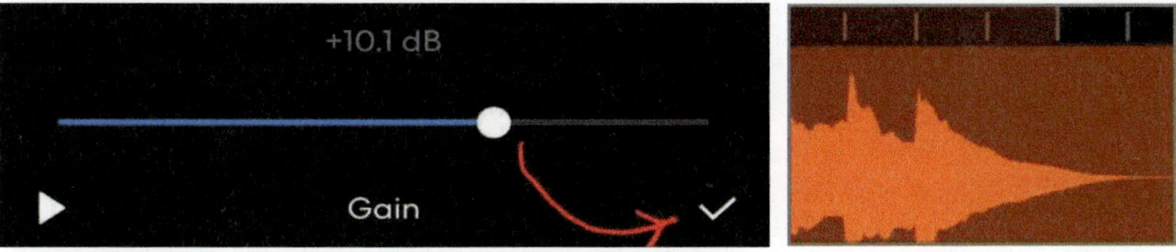

4. 반주트랙이 생기고, 노래 녹음하기위해 트랙에서 [+] 버튼을 누르고 오디오 트랙 추가한다.

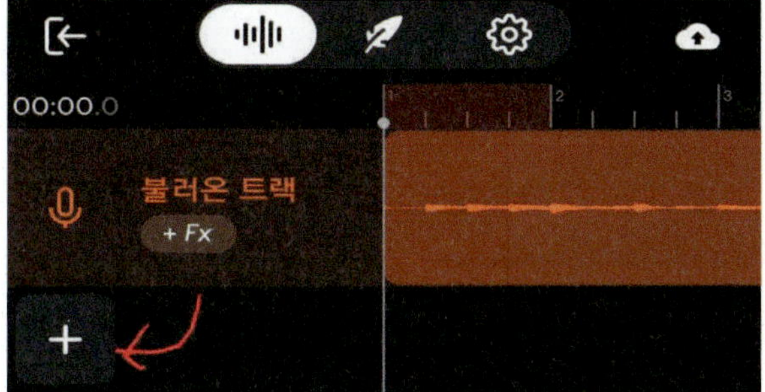

5. [Voice/Audio] 누르고 목소리를 녹음하면, 믹스에디터에 음성 녹음 리전이 생긴다.

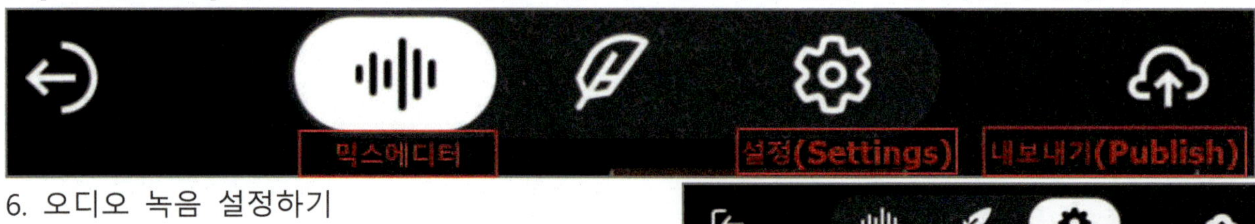

6. 오디오 녹음 설정하기

  1) [설정] 버튼을 눌러서 '**실시간 입력**

    모니터링(Monitoring)'을 **비활성화** 하고,

    메트로놈을 끄고 메트로놈 볼륨도 0%로한다.

  2) **Latency Fix(오디오 지연시간 보정)**하기

    (1) [Latency Fix(오디오 지연시간 보정)] 누르고, [Advanced] 탭한다.

    (2) Advanced Settings 창에서 500ms 로 올리고, Save 하고 [Done] 누른다.

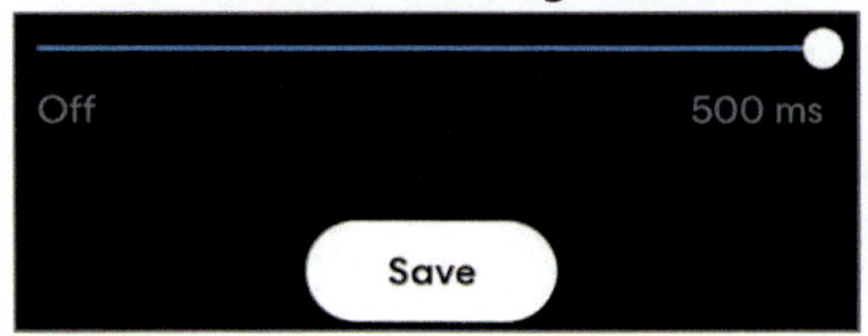

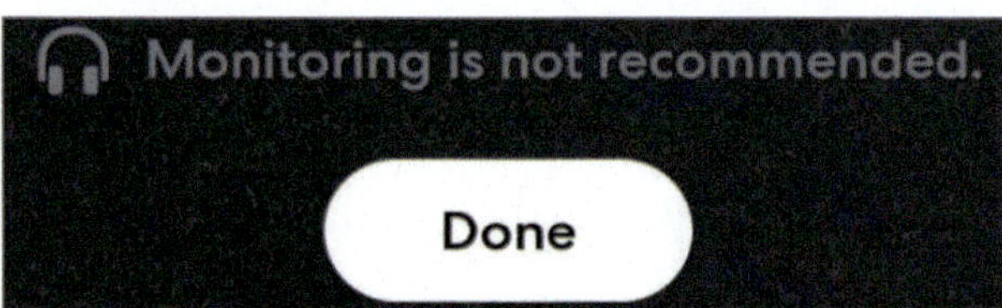

<목소리 녹음하기>

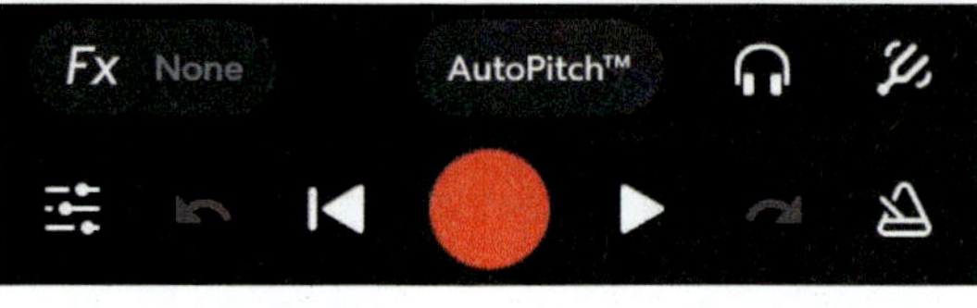

1. **블루투스 이어폰**을 스마트폰에 연결하고,

   목소리를 녹음한다.

2. 반주음악 트랙 아래의 [+] 눌러 트랙을 추가하고 목소리를 녹음한다.

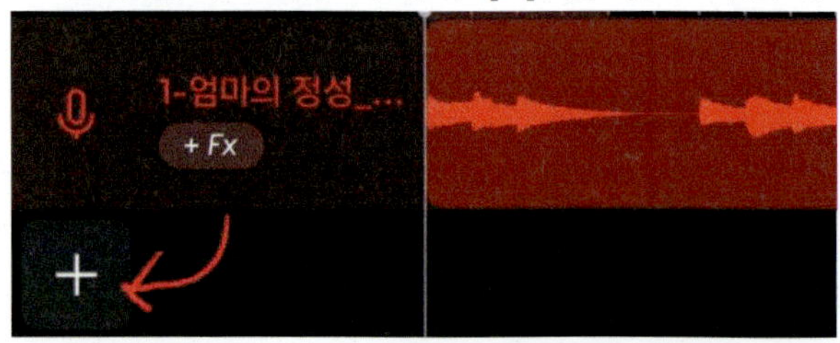

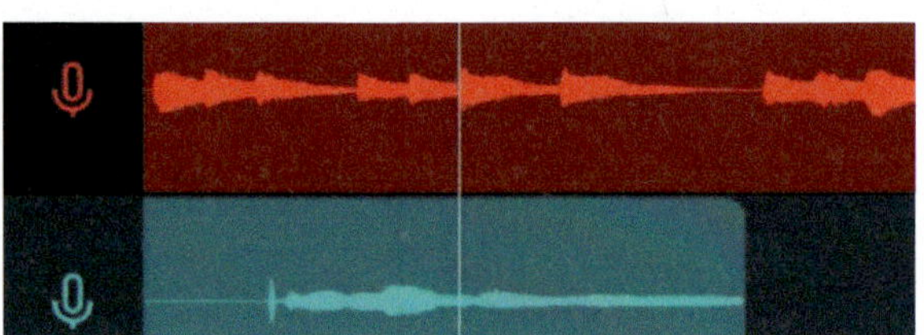

3. 왼쪽하단의 [멀티트랙] 탭하고, 반주음악은 L, 목소리는 R 채널로 밸런스와 볼륨을 조절한다.

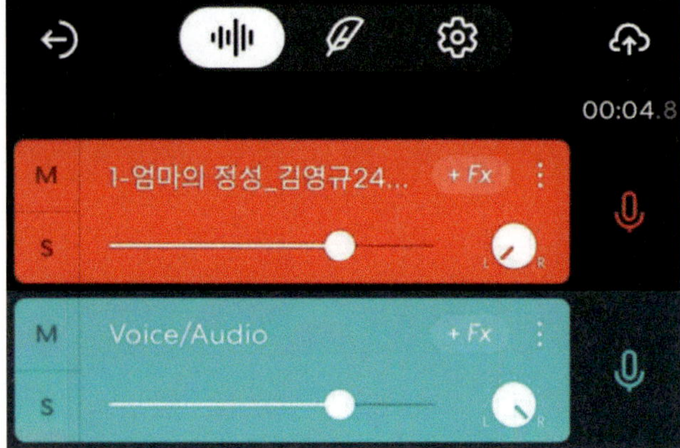

<스테레오 믹스(Stereo Mix)로 컴퓨터 소리 녹음하기>

PC 에서 재생되는 소리를 녹음하려면 입력을 스테레오 믹스(Stereo Mix)로 설정한다.

<Windows11 에서 스테레오 믹스 설정하기>

1. 컴퓨터에서 [스피커/소리 설정] 클릭하고, 2. 고급의 [더 많은 소리 설정] 클릭한다.

3. [녹음] 탭 클릭하여 [스테레오 믹스]의 우 클릭하여 [사용] 선택하여 기본장치로 설정한다.

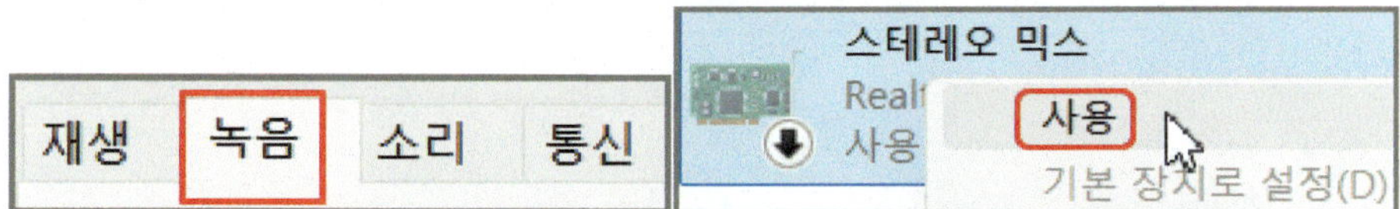

4. [시스템] → [소리] 항목으로 이동한 후, 입력에서 [스테레오 믹스]를 선택한다.

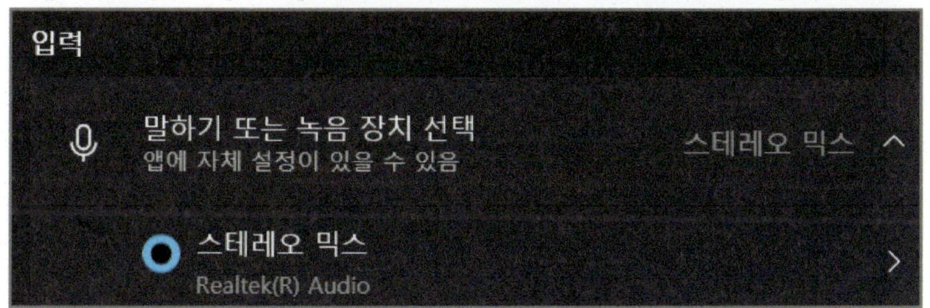

5. [스테레오 믹스]를 더블클릭하고 [수준] 탭에서 스테레오 믹스 바를 84 로 올린다.

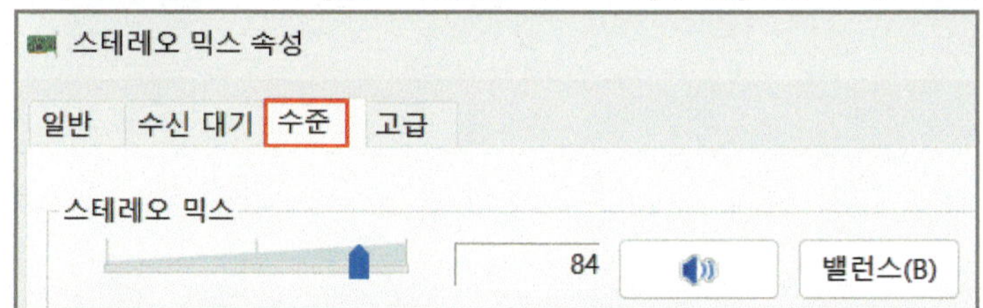

5. 고급의 [모든 사운드 장치] 클릭하여 [스테레오 믹스], [일반]의 [오디오]에서 [허용]을 클릭한다.

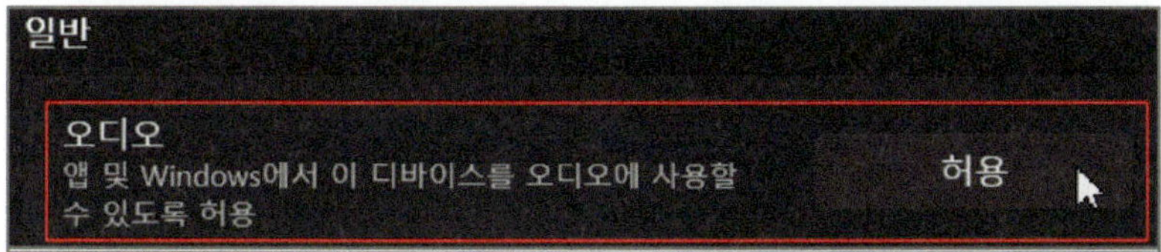

6. 밴드랩을 실행하고,
   [Voice/Audio] 트랙 추가하고,
   [Input]을 [**스테레오 믹스**]로
   설정하고 레코딩하면, PC 의
   소리가 녹음된다.

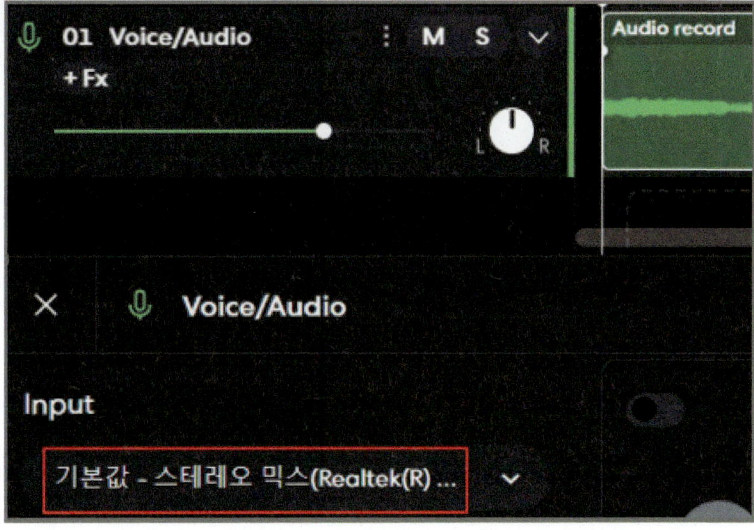

[19] 자동 반주음악, AudioStretch, BandLab Sounds

PC 에서 **BandLab Assistant** 로, 스마트폰에서 **밴드랩**으로 음원에 악기(노래) 녹음하고,
AudioStretch 로 음정을 조절하고, BandLab Sounds 에서 샘플 추가로 자동으로 반주음악 만들기

<PC 에서 반주음악 음정 조절하기>

1. **BandLab Assistant** 열고, [Create] 클릭하고, New Track 의 [Import Audio/MIDI] 클릭하고
   오디오 파일을 불러온다.

2. 오디오 트랙의 클립을 선택하고 우마우스로 [AudioStretch] 클릭하고, [-1Semitone] 클릭하면
   반음이 내려간다.

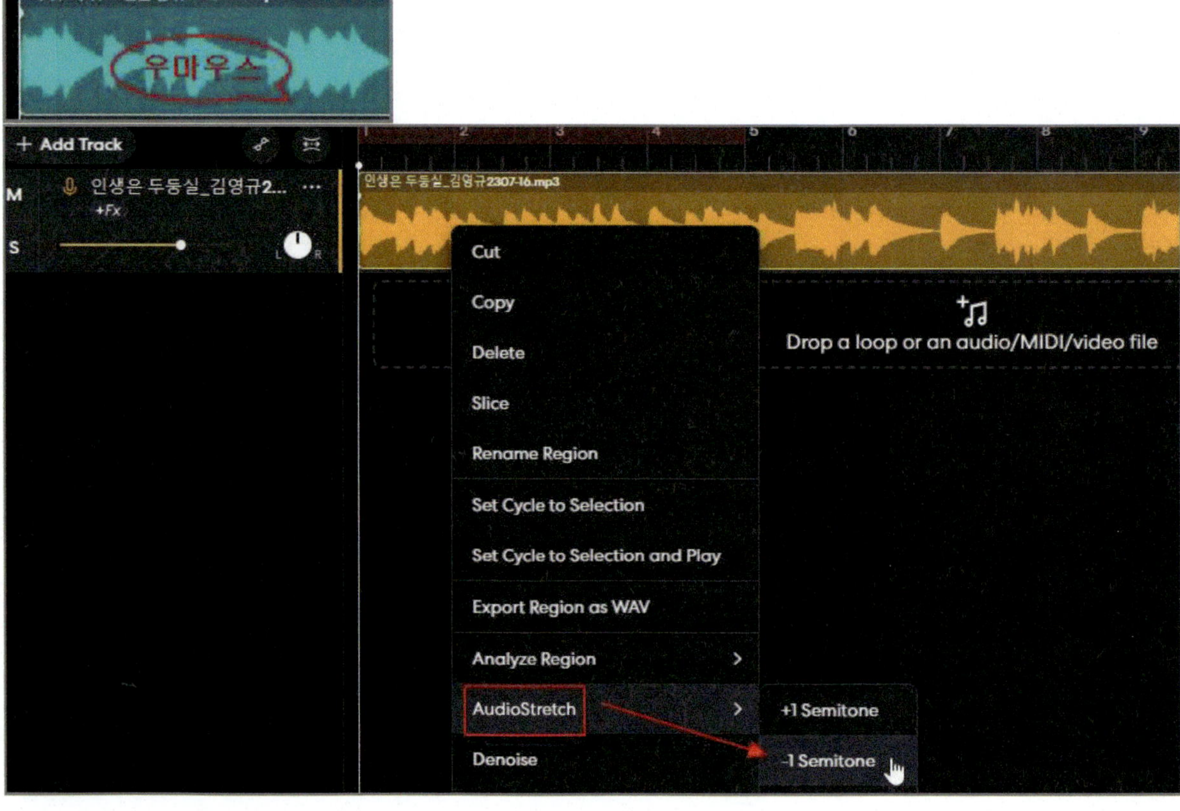

<스마트폰에서 음원에 자동으로 반주음악에 악기추가하기>

1. BandLab 앱 실행하고, 하단의 [+만들기(Create)] 버튼을 누른다.

2. Track Type 의 [Import File] 누르고, '용인살기좋다' 음원(미디, 혹은 MP3 파일)을 선택한다.

Track Type

3. 하단의 [+] 누르고 Tools(보조기능)의 [**AudioStretch**] 눌러
   SPEED, PITCH 로 곡의 속도와 음정을 조절한다.

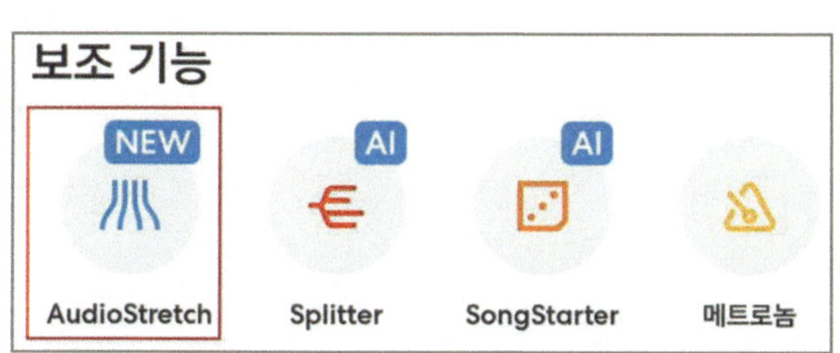

4. 불러온 트랙에 사운드 클립이 생기면, [+] 눌러 트랙을 추가한다.

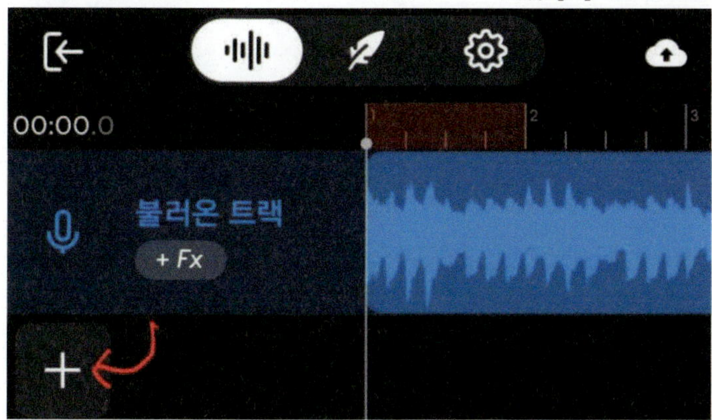

5. 샘플 음악(드럼)을 불러오기 위해 [BandLab Sounds] 누른다.

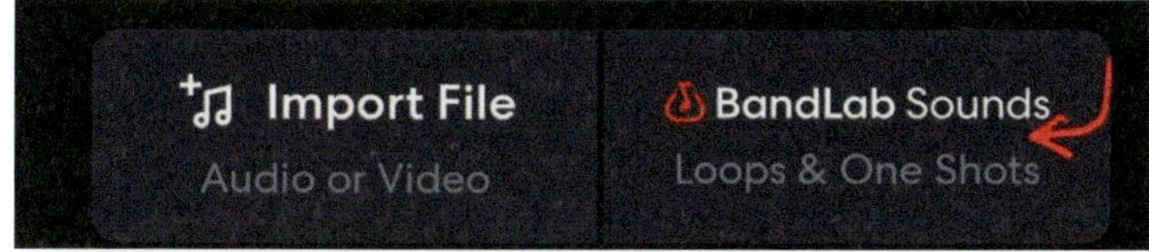

6. Packs 에서 'Hip Hot Percussion' 선택하고,

7. 'Percs_115BPM...'의 [+] 누르면, 음원에 맞추어 드럼이 들어가 자동으로 반주음악이 생성된다.

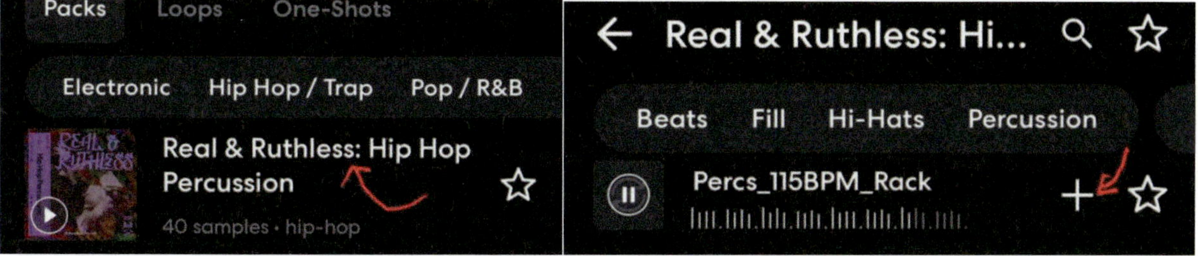

8. 믹스에디터의 [Voice/Audio] 트랙에 사운드 클립이 생기면, [+] 눌러 트랙을 추가한다.

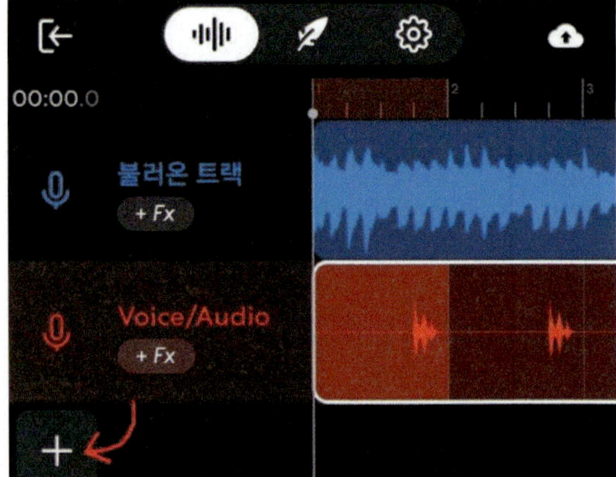

9. 믹스에디터 창에 클립이 생기면,

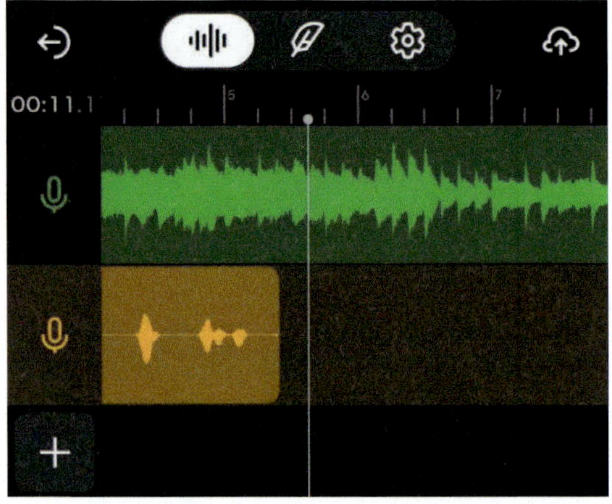

10. 믹스에디터 우측 위 [BandLab Sounds] 눌러
    샘플을 불러오고, 왼쪽 하단의 [**멀티트랙**] 누르면,

11. 멀티트랙 창이 보인다. 트랙 우측의
    [더보기] 클릭하면 Option 이 보인다.
    1) Move Up: 해당 트랙의 위치를 위로 이동
    2) 다운로드: 해당 트랙의 사운드만 다운로드
    3) 사본 만들기: 같은 내용의 트랙을 추가
    4) 삭제: 해당 트랙을 삭제
    5) Export as Audio: 오디오 파일로 저장
    6) Export as MIDI: 미디 파일로 저장
    7) BandLab 눌러 샘플을 불러온다.

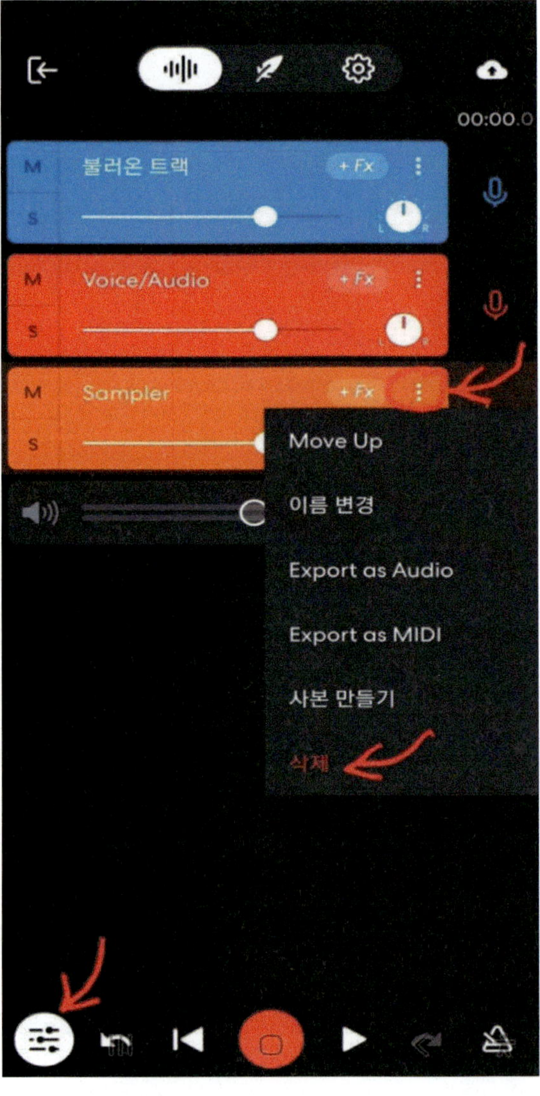

10. 드럼악기 추가하기위해 'Top_90BPM+Dap'의 [+] 누른다.

11. 트랙의 사운드 클립을 선택하고 루프를 우측으로 드래그하여 반복한다.
   트랙을 눌러서 나온 메뉴 중 빨간색 픽토그램 부분(휴지통)을 눌러 지우고 다시 녹음한다.
   녹음할 때는 [설정] 클릭하여 Project Settings 에서 '**실시간 입력 모니터링**' 기능을 반드시
   비활성화한다. * 파란색은 활성화 상태이므로 눌러 해제한다.

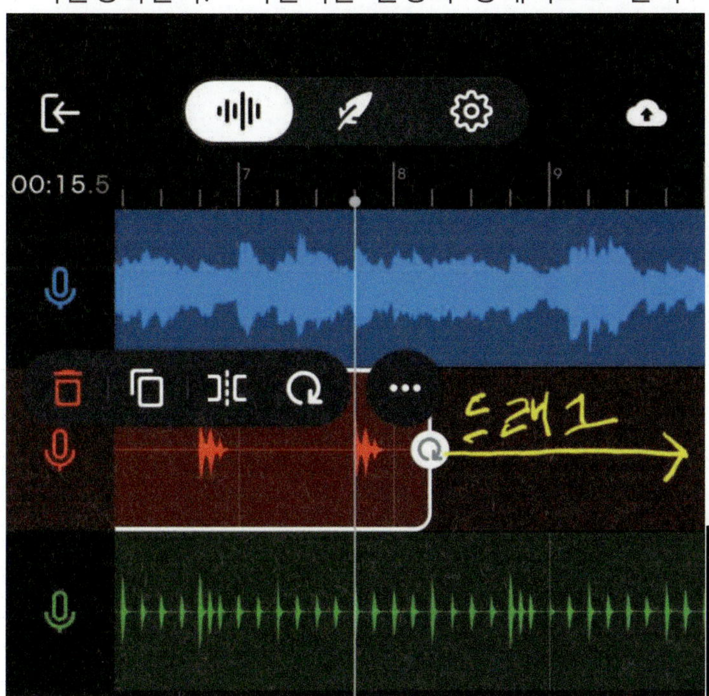

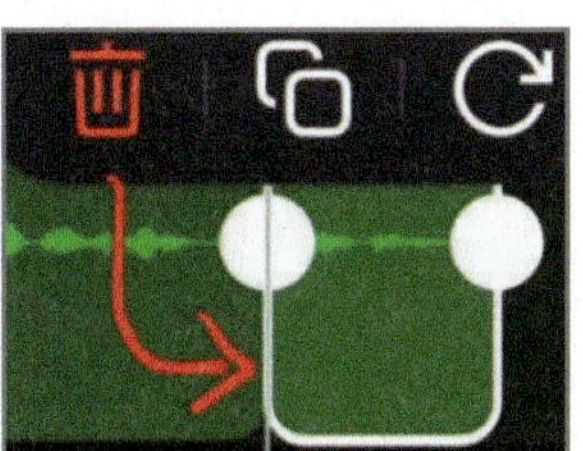

<미디를 편집하고 오디오를 저장하기>

스마트폰에서 미디를 입력하고, 내보내기하여 미디를 편집하고, 오디오 파일로 저장하기

1. 밴드랩을 실행하고, 만들기(Create)에서 [Virtual Instruments] 선택하여 녹음 누르고, 건반으로
   미디노트를 넣고, 노트가 박자보다 늦게 입력되면, 노트를 선택하고 [**Quantize**] 버튼을 누른다.
2. 미디노트를 1 초이상 눌러서 [Quantize] 버튼을 누르고, [1/8] 선택하여 노트가 왼쪽으로
   이동하여 박자에 맞게 정렬되면, Quantize 의 체크를 누른다. [X] 눌러 미디노트 창을 닫는다.

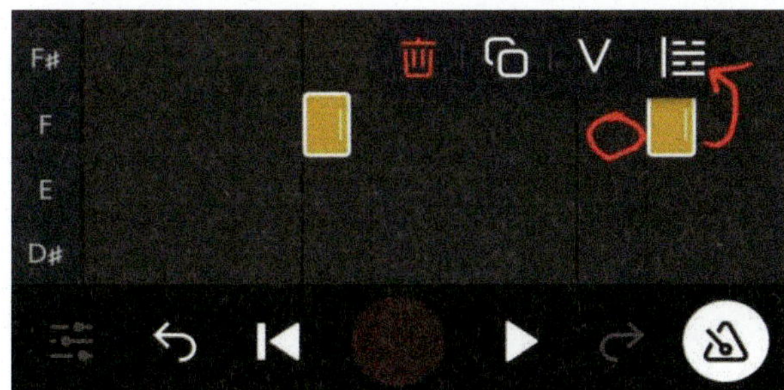

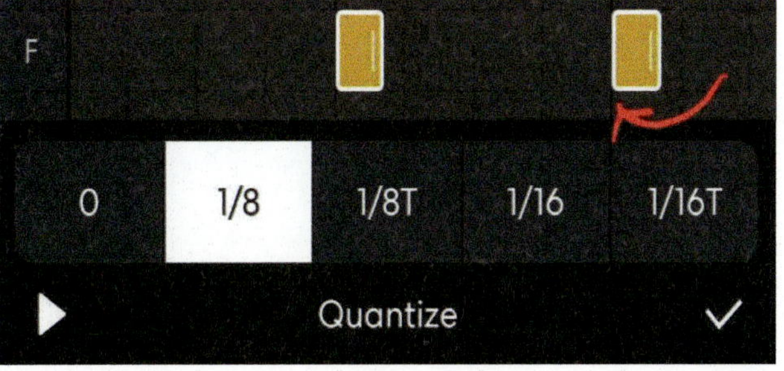

3. [Publish] 누르고 [저장(Save)] 누르고, 새프로젝트(New Project) 이름(Name)을 적고 저장한다.

4. 프로젝트(123) 창에서

스튜디오(Studio: 편집하기) 누른다

5. 믹스에디터(스튜디오) 창에서 악기 건반(Instrument)의 [×] 눌러 건반을 닫는다.

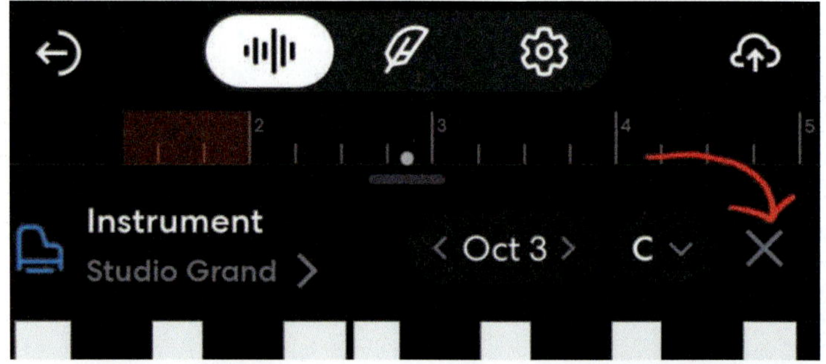

6. [+] 눌러 트랙을 추가하고, [**Drum Machine**] 선택하고 누른다.

7. [A] 선택하고 재생하면, 트럼 트랙에 미디가 입력된다.

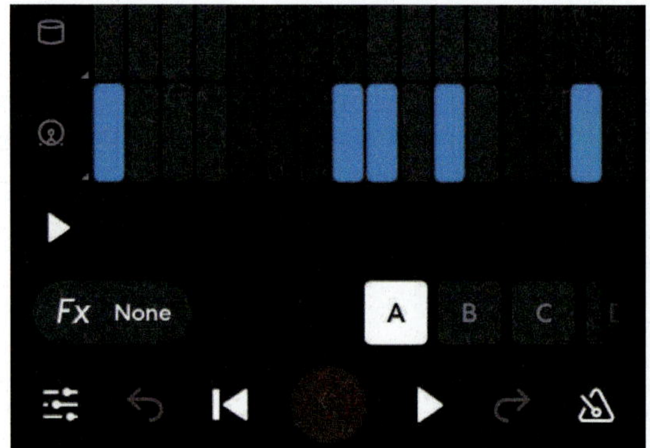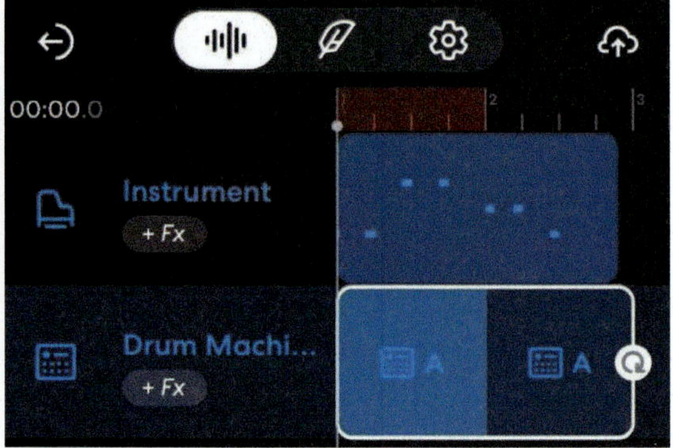

8. 트랙에서 [더보기]의 [Export as Audio] 누르면 오디오 파일로 저장된다.

[20] 미디의 오디오 추출과 시퀀싱(Sequencing)

PC 의 온라인에서 미디파일을 편집하여 효과를 주고, 퀀타이즈(Quantize)로 미디노트 정렬하고, 미디를 편집하는 시퀀싱을 통해 오디오 파일로 내보내기

1. 구글에서 '밴드랩' 검색하여 온라인으로 밴드랩을 열기위해 **BandLab-Make Music Online** 클릭하고, [Create] 클릭하고, [New Project] 클릭한다. 혹은 Bandlab Assistant 클릭하여 실행한다.

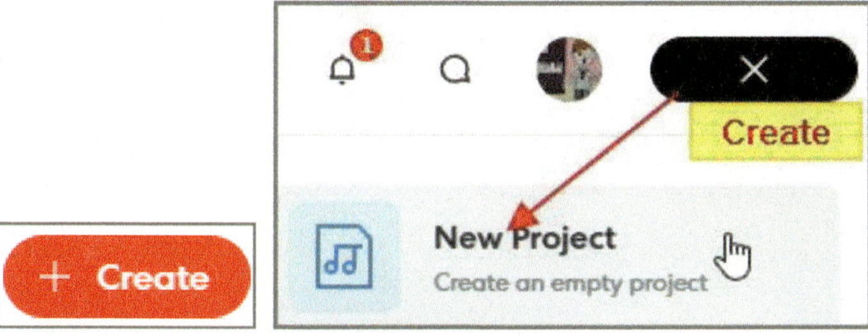

2. [Import Audio/MIDI] 클릭하여 미디 파일(midi)을 불러온다.

3. 악기(Instruments)변경하기

　　1) 트랙의 Synth Voice 악기 모양 클릭하고,

　　2) 아래 'Ahh Synth' 클릭하고

Harpsichord 선택한다.

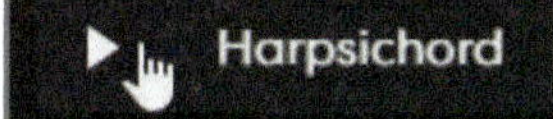

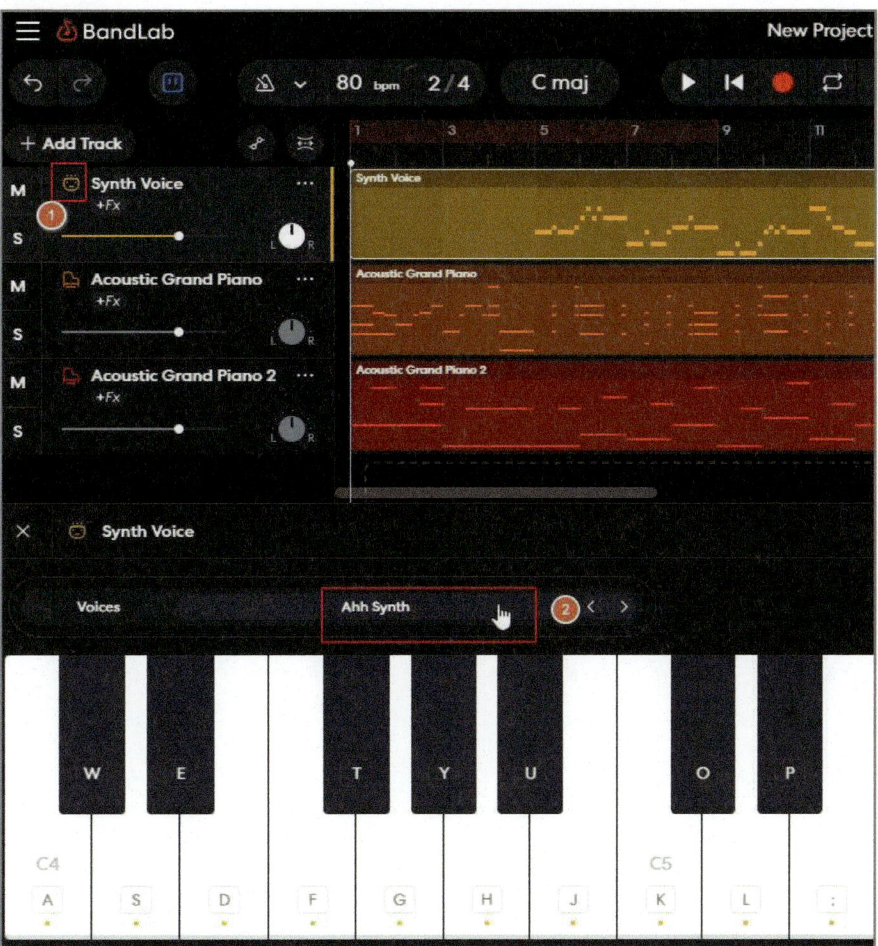

4. 효과(Effect) 주기

　1) Synth Voice 에서 [Fx] 클릭하고 [+Add Effect] 클릭하면,

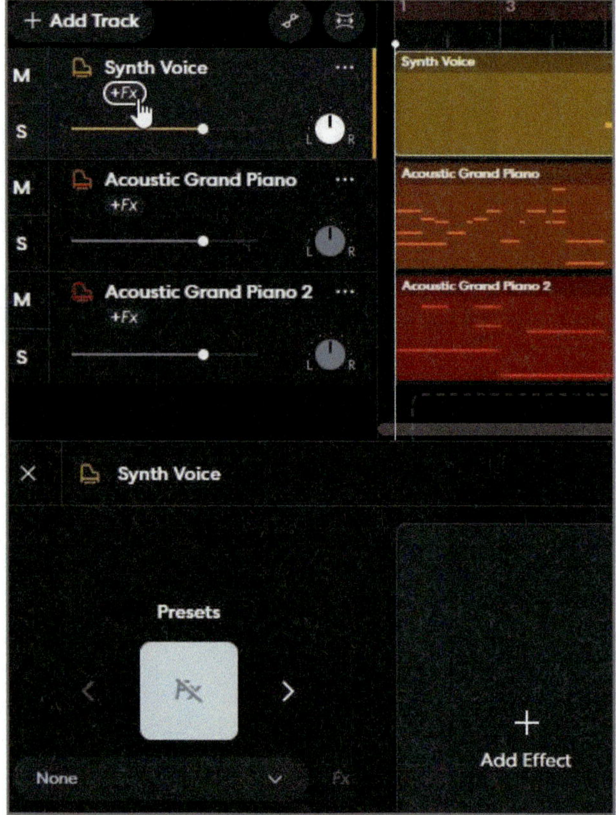

　2) Effect 설정 창이 나온다.

　3)　Presets 에 효과를 적용하고, [+Add Effect] 클릭하여 Studio Reverb 효과를 준다.

5. 미디악기로 미디를 입력하고 편집하여 **시퀀싱(Sequencing)**하기

  1) New Track 에서 [Virtual Instruments] 클릭한다.

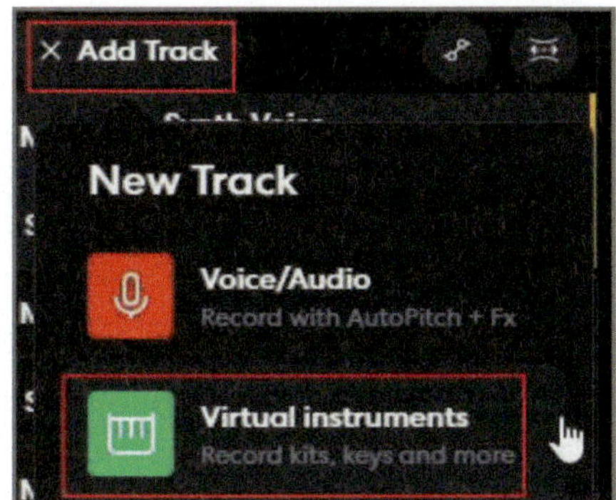

  2) Strings 의 [Cello Section] 선택한다.

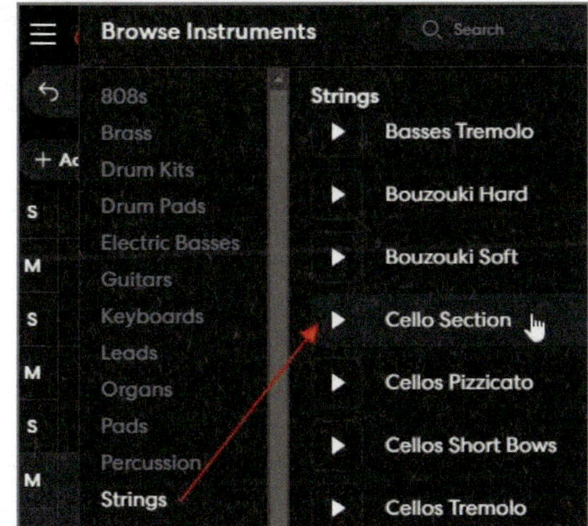

  3) **Metronome Settings** 클릭하여 Tempo, [**Count-in Duration**]을 1Bar 로 설정한다.

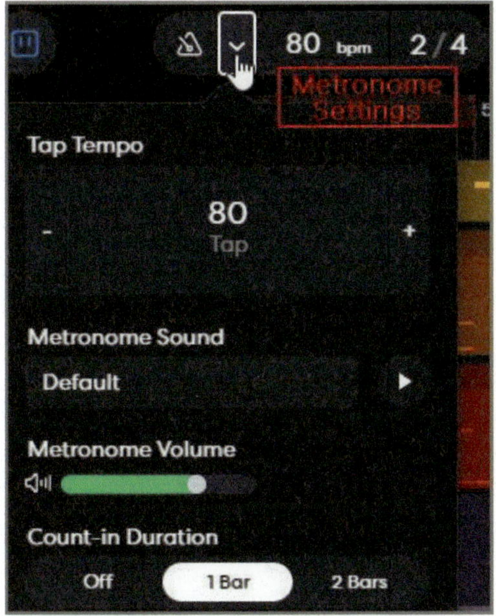

  4) 녹음(Start Recoding) 버튼 누르고 건반으로 미디를 입력한다.

5) 리전(노트) 클립을 더블클릭하고, 입력된 미디노트를 선택하고 [Quantize(퀀타이즈)] 눌러 박자에 맞춰 노트를 정렬한다.

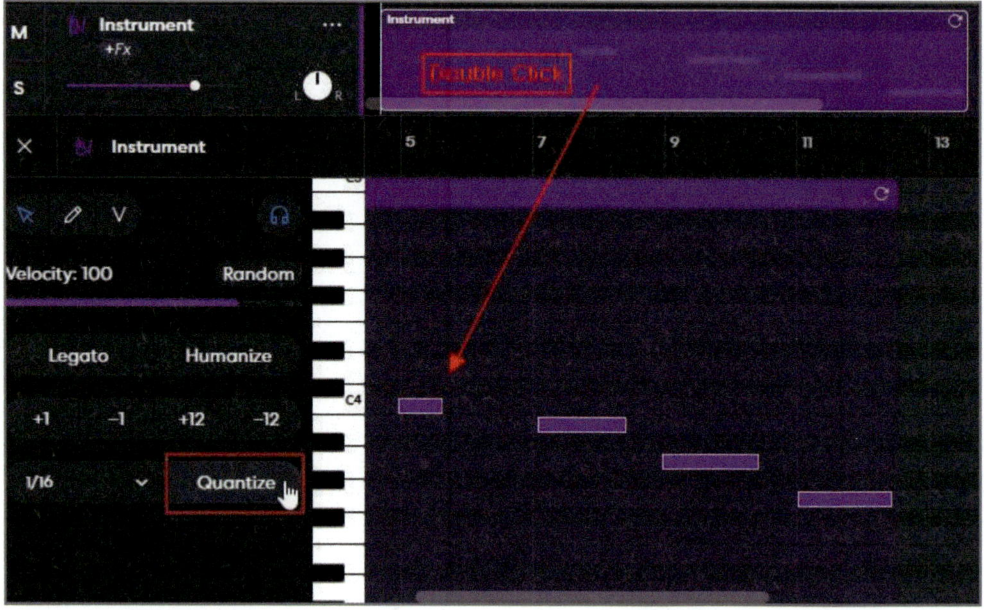

6) Humanize(휴머나이즈): 노트의 시작점 위치를 바꾸어 자연스런 느낌이 오게한다.

7) **Snap to Grid**(스냅투 그리드: G) 누르면, 미디노트가 박자에 맞춰 입력되고 정렬된다.

6. 내보내기(Publish)

1) [ProjectNew] 클릭하여 프로젝트 이름을 바꾸고, [Publish] 클릭한다.

2) Bandlab 사이트에서 **Download** 클릭한다.

3) MP3 로 저장한다.

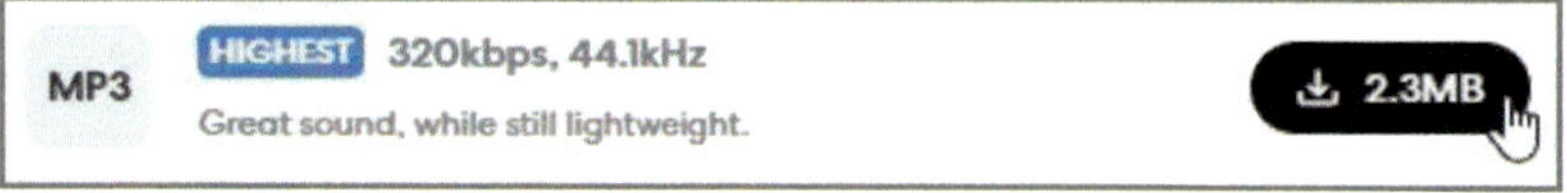

[21] BandLap Sounds 의 Loops 조성 자동 변경

 PC 에서 밴드랩 어시스턴트(BandLap Assistant) 열고 밴드랩에 내장되어 오디오 샘플이 있는 BandLap Sounds(밴드랩사운드)의 Loops 샘플을 검색하고 오디오 기능을 알고 활용하기

1. BandLap Assistant 실행하고, [Library] 탭에서 [+ Create] 클릭한다.

2. New Track 하단의 [BandLap Sounds] 클릭한다.

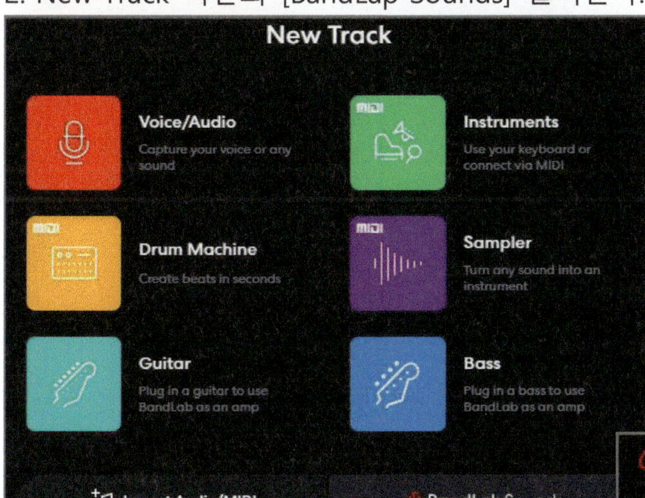

3. [Loops] 장르 선택하고 Search 의 세부 검색을 클릭하고, Key 클릭하여 조성을 [Major, C]로 선택한다.
Packs 에는 앨범에 포함된 사운드가 들어있고, Loops 에는 반복된 사운드가 있다.

  1) Instrument: 악기

  2) Genre: 장르

  3) Character: 특성

  4) BPM: 빠르기

  5) Key: 조성

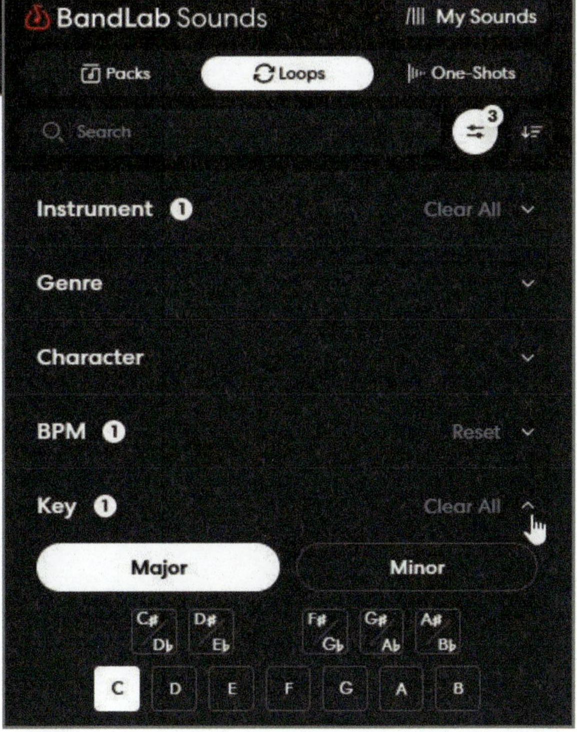

4. 트랙에 샘플 사운드를 불러오고 트랙에 샘플 추가하여 아래와 같이 [Set]가 보이면, 프로젝트 키에 맞춰 샘플도 음정 변화(Set Project Key to C Major)를 물어보는 것이다. 모든 악기의 조성을 같게하기 위해 [Set] 클릭한다.

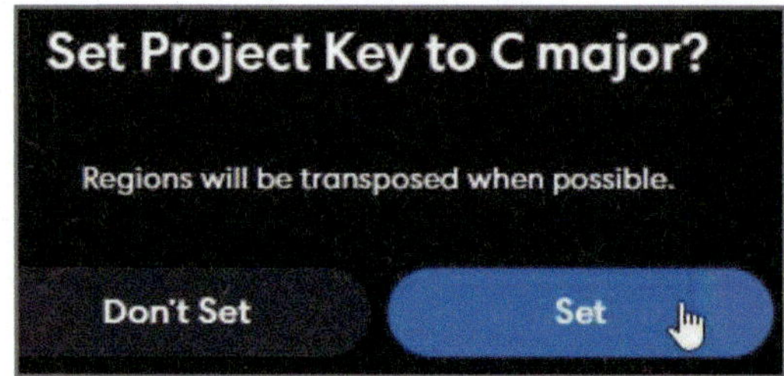

5. 프로젝트에서 [C maj] 클릭하여 조성을 [G major]로 변경한다.

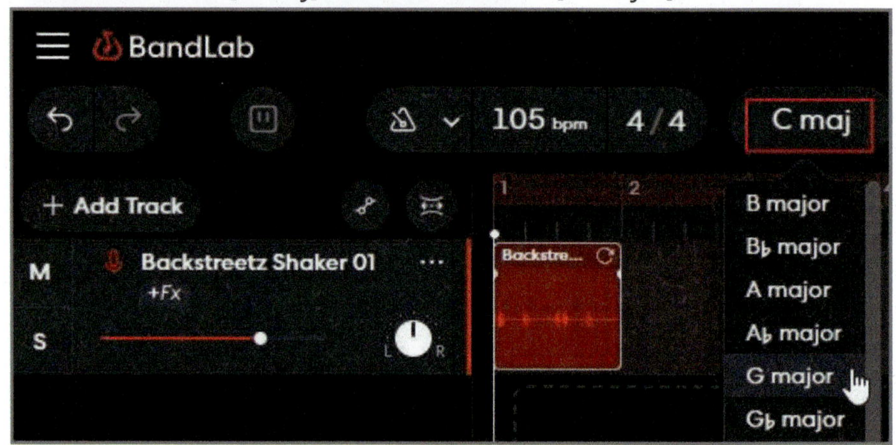

6. 샘플을 추가하면 샘플이 프로젝트 키로 [C maj]로 조성이 자동으로 변경된다.

<스마트폰에서 온라인 튜너(Musicca)로 튜닝하기>>

1. 구글 검색에서 '튜닝' 검색하고 Musicca 의 **온라인 튜너**를 탭한다.

2. **듣기** 버튼을 탭한다.

3. 아래로 음을 내리면, 조율(튜닝)이 완료된다.

[22] 샘플러(Sampler) 키트, 패드(Pad) 녹음 믹싱

스마트폰에 여러소리를 녹음하여 샘플러(Sampler)에 넣고, 비디오에서 오디오 추출하여
키트(Kit) 만들고, 미디파일에 샘플러 키트를 넣어 녹음하여 편집하여 반주음악 만들기

1. Track Type 의 [Sampler] 탭한다.
2. Sampler 패드가 보이면, Sampler Starter(샘플러 스타터)에서 [**Build From Scratch**] 탭한다.
   [Browse Sampler Kits]는 미리 만들어진 키트로 시작한다.

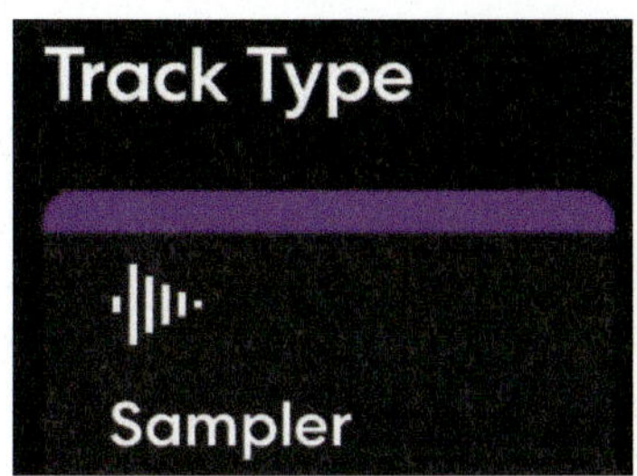

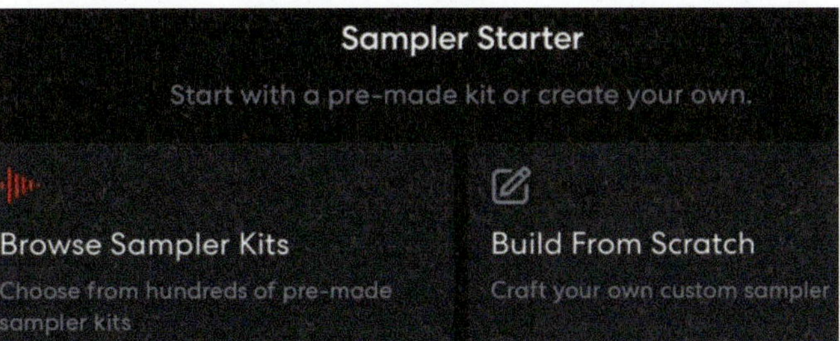

3. [샘플 추가] 버튼을 누르고, [Browse Samples] 탭하고, Packs 탭의 샘플(Hip Pop)을 탭한다.

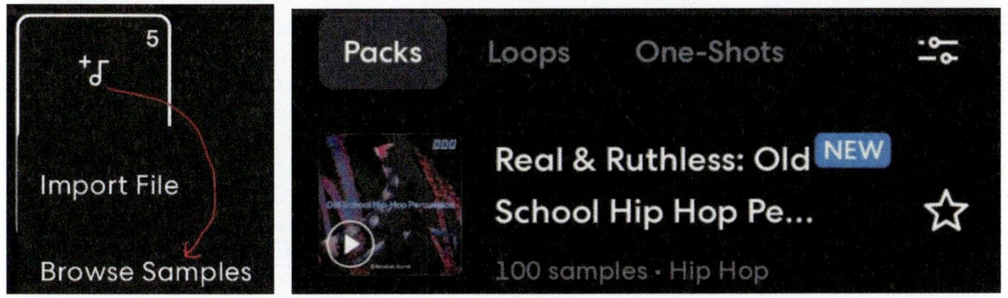

5. + 누르면, 패드에 샘플이 추가된다.

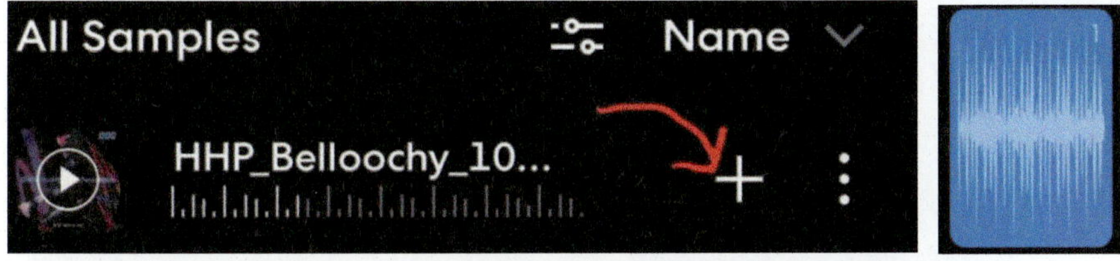

6. 패드 상단의 [**Browse Sampler Kits**] 누르고,

8. Bounce 검색하여 샘플을 눌러서 다운로드(구름 모양)가 되면 다시 누른다.
패드에 샘플이 올라오면, 우측 상단의 [더보기] 눌러서 [Save as] 누르고,

9. 'Kik'으로 Save 하면, [My Kit]s 에 저장이 된다. 샘플러 화면에서 샘플을 불러와 사용한다.

10. Pad(패드)에 목소리 녹음하기

  1) [Pad1]을 꾹 누르고,

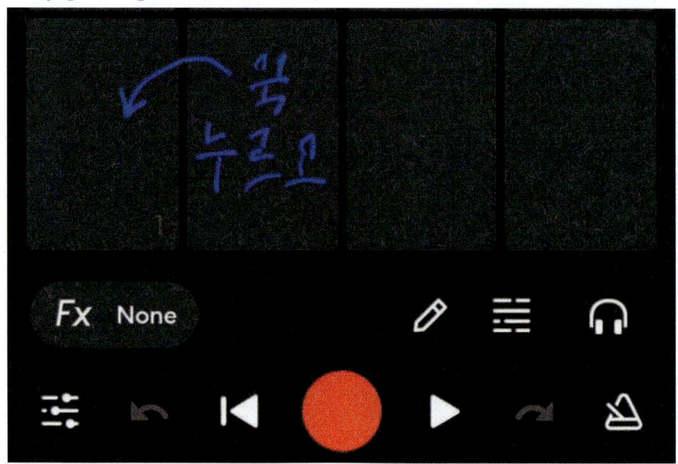

  2) 패드가 붉게 변하여 녹음 상태로 보일 때 녹음을 하면 녹음한 것이 Pad 에 생긴다.
     녹음 패드를 길게 누르면 재생이 된다.

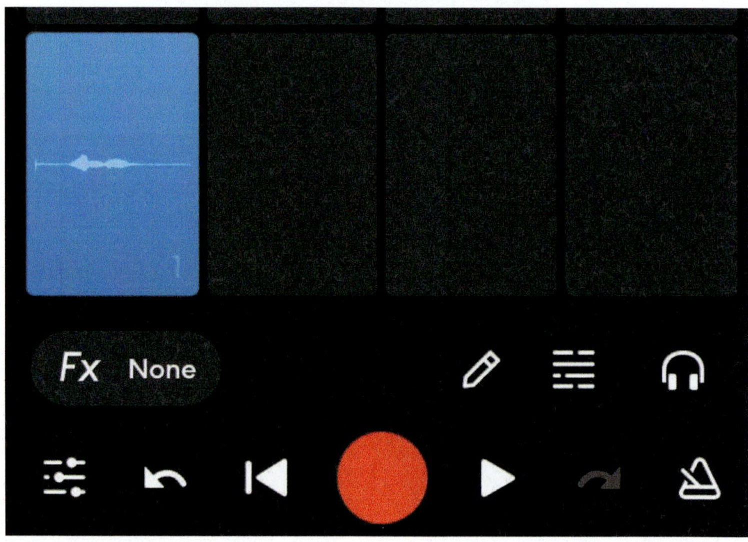

<편집하고 반주음악 만들기>

1. 연필모양 [Edit] 누른다.

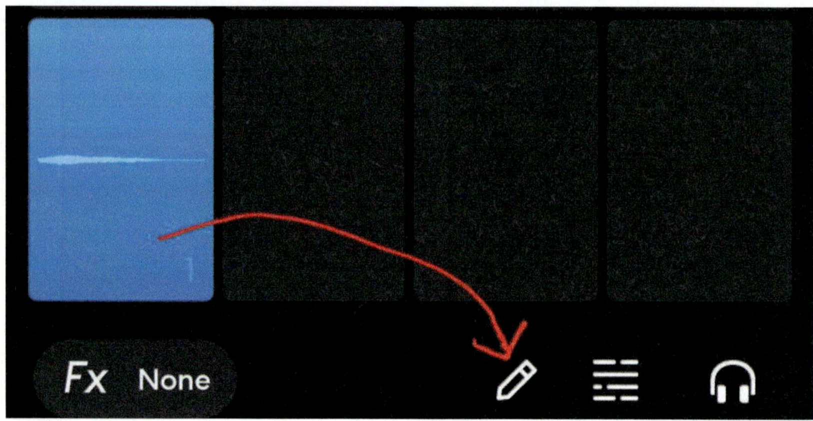

2. [**편집(Edit)**] 누른다.

3. **Normalize** 눌러 음량을 키우고,
인디케이터를 이동하고 [**Crop**] 눌러 자르고
Done 누른다.

1) [Gate] 누르고
   Play 누르고 있는 동안 재생된다.

2) [Done] 누르고, 패드를
   누르고 있는 동안만 재생된다.

3) [One Shot] 선택하고 [Done] 누르고
   패드를 누르면 길이 만큼 재생이 된다.

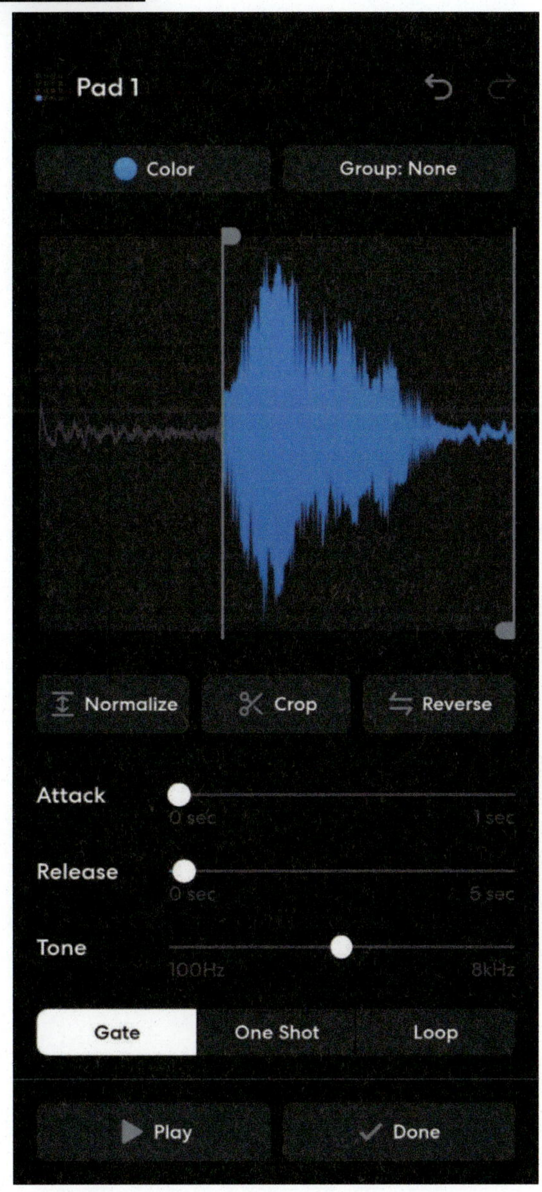

4. 오디오를 편집하기위해 연필 모양의 [Edit] 누른다.

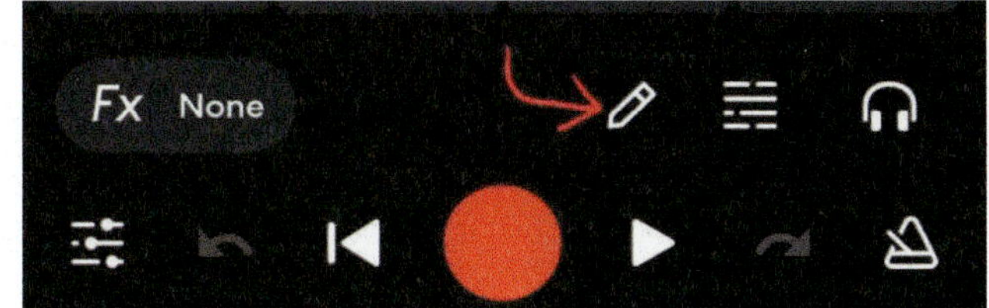

<비디오에서 오디오 추출하여 키트 만들기>

1. 패드 선택하고, 연필 모양의 Edit(편집)를 선택하고, 불필요한 것은 휴지통 눌러 삭제한다.

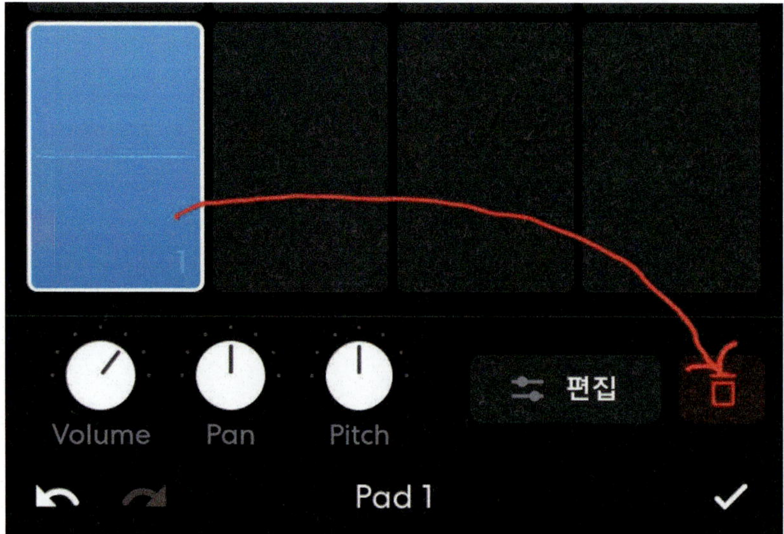

2. [Import Audio or Video] 누른다.

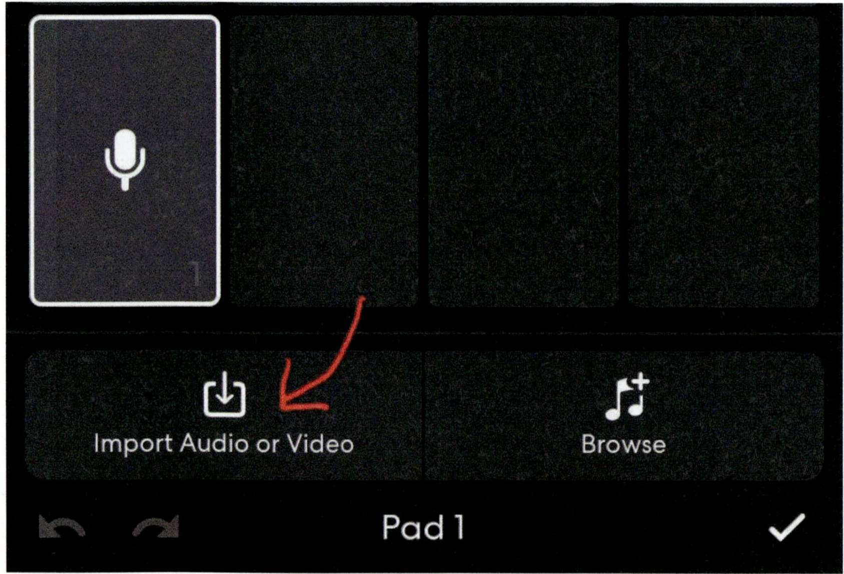

3. 오디오나 비디오 파일 불러와서 누르고,

4. 오디오가 Pad 에 추출되면, [Edit(편집)] 누른다.

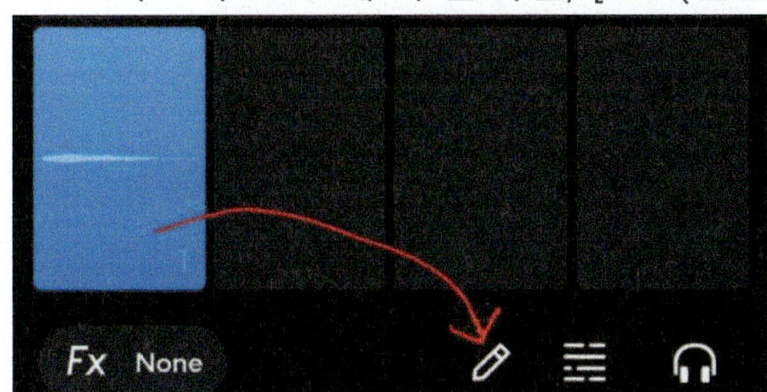

5. Volume, Pan, Pitch 주고, [Edit(편집)] 누르고, 사운드를 편집한다.

<샘플 음악 넣기>

1. Sampler 에서 Edit(편집) 누르고,
   패드가 선택이 되면, [**Browse**] 누른다.
   *패드 선택이 안되면, 패드를 선택하고,
   휴지통 누른다.

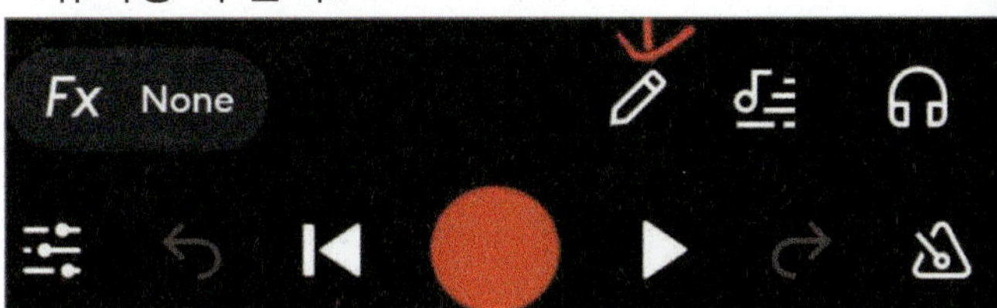

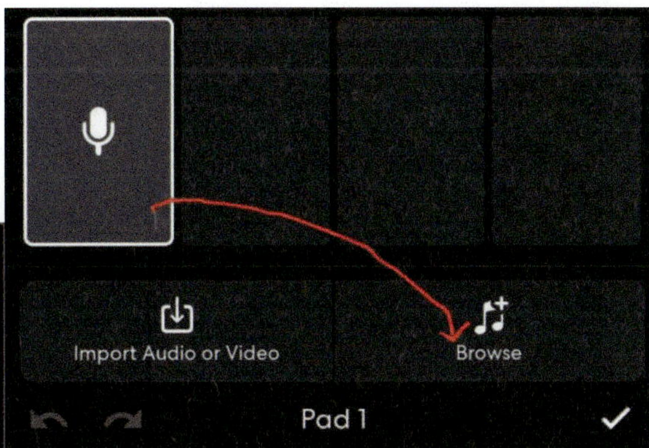

2. 'real' 검색하여 'Real & Ruthless' 샘플이 보이면, [편집(Edit)] 버튼을 누른다.

3. **Filters(필터)** 창에서 Instruments 의 [Beats]나 Hi-Hats 선택하고 하단의 [Show 00results]
   선택하면, 20 개의 Samples 를 불러오고, 'SALT_144_Baeake_20'의 [+] 누르면

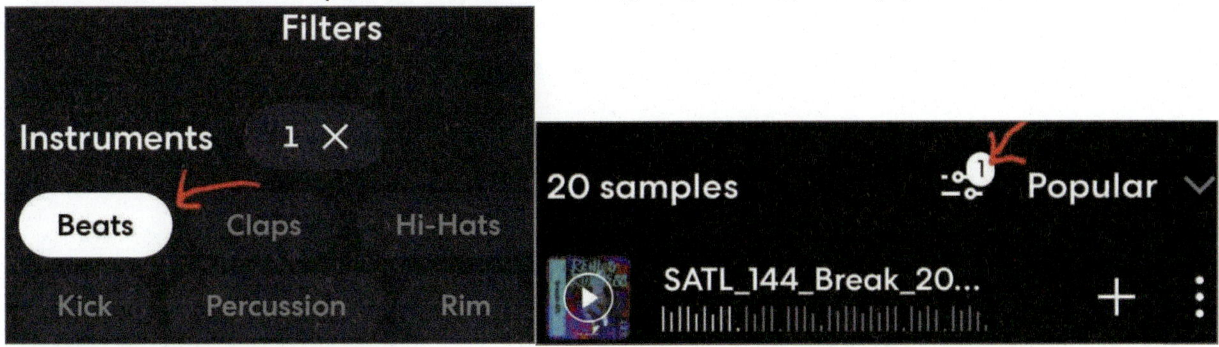

4. 패드에 샘플이 추가된다.

5. Edit(편집) 누르고,

6. 아래와 같이 오디오 효과를 주고 믹싱한다.

  1) Normalize: 소리 확장

  2) Crop: 부분 자르기

  3) Reverse: 거꾸로 재생

  4) Attack: 첫소리 조절

  5) Release: 여운 소리 조절

  6) Tone: 고음과 저음 조절

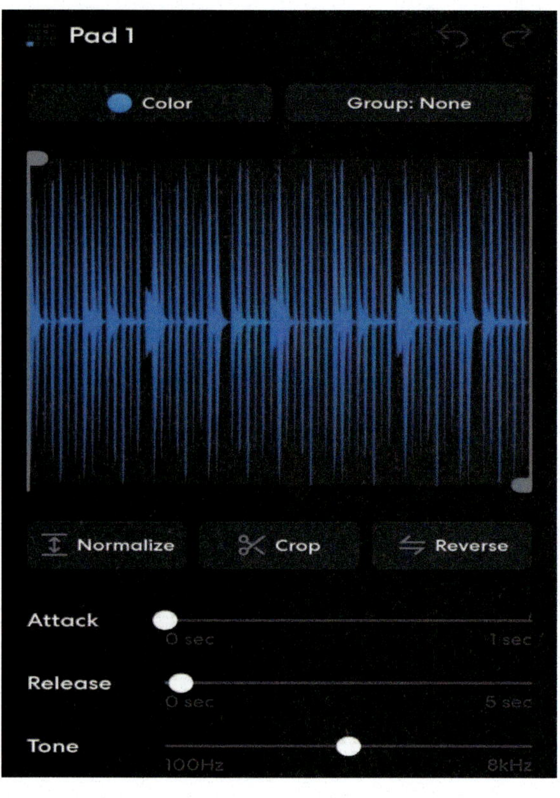

<미디파일 불러와서 샘플러 키트 넣기>

아름다운노래교실 카페의 [밴드랩 AI 음악] 게시판에서 미디파일(작은별)을 스마트폰에 다운로드하면 [내파일]에 저장이된다. *아름다운노래교실 카페 주소(cafe.daum.net/s79)

1. +(Create)눌러 만들기 창에서 Track Type 의 [Import File] 누르거나

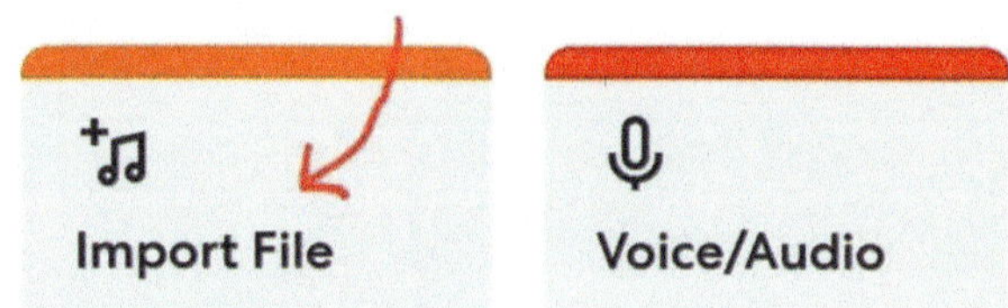

2. 하단의 **만들기 추가(+)** 누르고 [Open Studio] 누른다.

3. [Import File] 눌러서 스마트폰의 내파일에서 미디파일을 불러온다.

4. 카테고리, 오디오파일에서 미디파일(작은별.mid) 선택하고,

5. Essential Keyboards 의 [Grand Piano] 선택하면, 믹스에디터의 트랙에 미디파일이 추가된다.

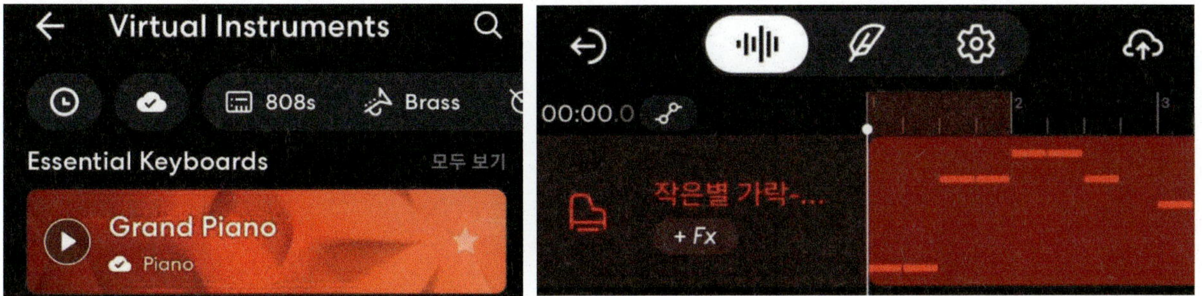

<샘플 추가하기>

1. 미디 파일 추가되면 우측 하단의 **Add Sample(샘플 추가)** +음표 버튼을 누른다.

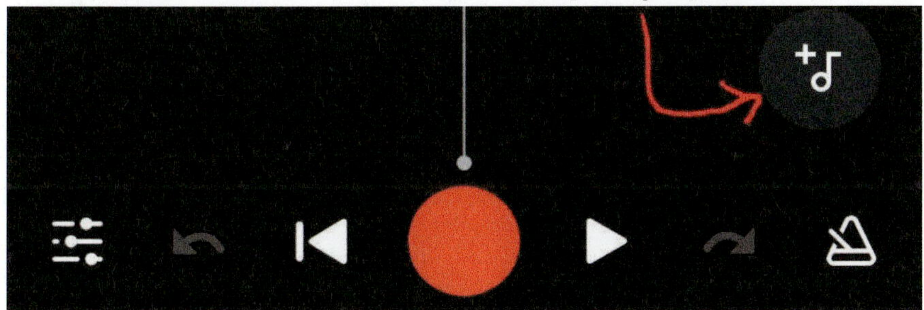

2. 샘플을 재생하여 들어보고 [+] 누른다.

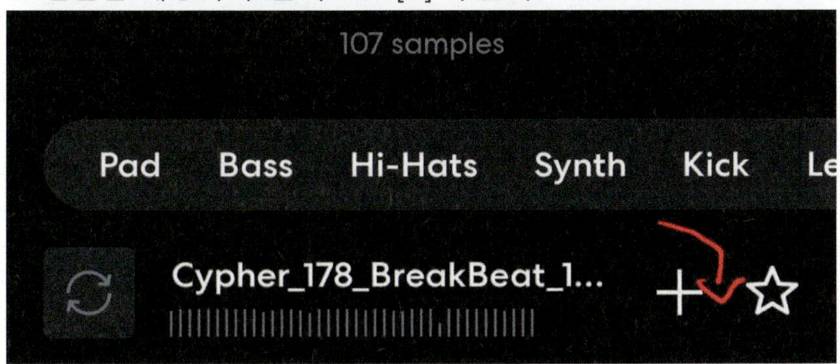

3. 스튜디오(믹스에디터) 창의 미디 트랙 아래에 샘플 파일이 추가된다.

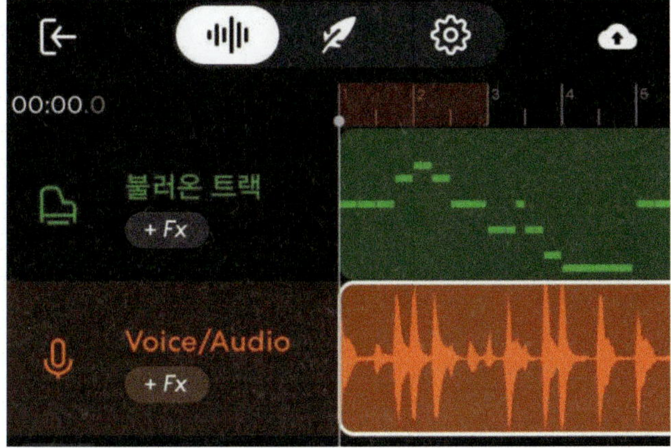

<녹음 파일 반복하기>

소리 녹음하여 패드에 넣고 리전(클립)을 선택하여 [**loop(루프)**]에 체크한다.

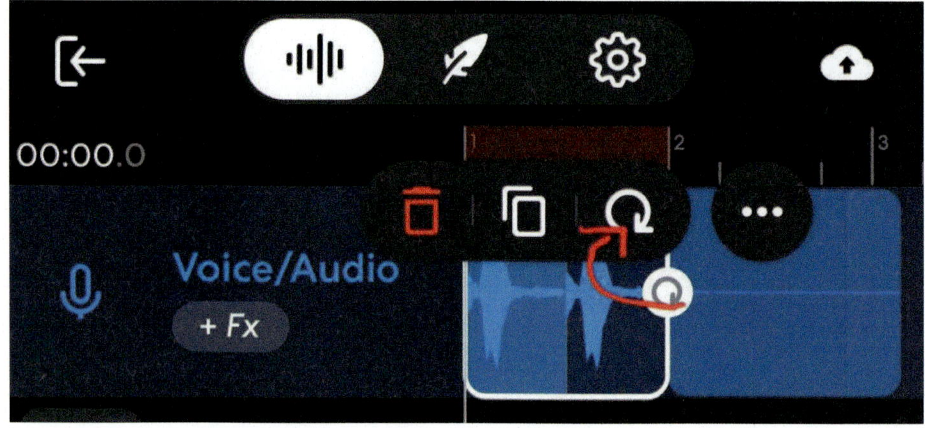

<사본 만들기: Duplicate>

1. 녹음 버튼을 누르고 Sampler Kits 의 Pad 를 눌러 녹음하고,
   트랙으로 이동하여 트랙의 [더보기] 누르고,

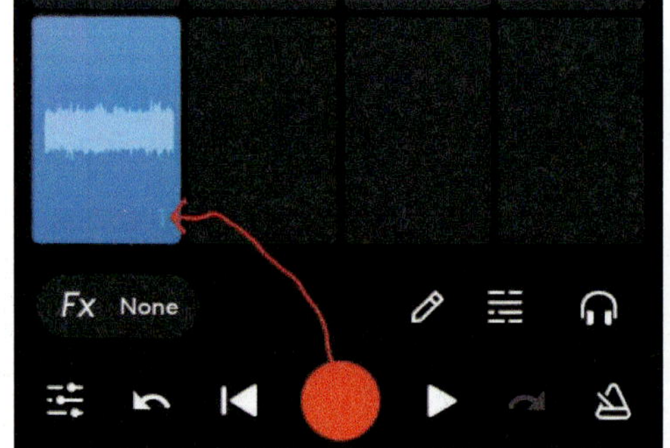

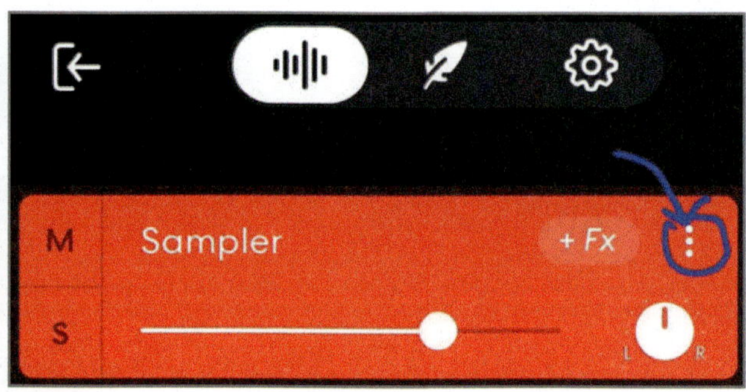

2. [더보기] 탭하고 [사본 만들기: Duplicate] 누르면, 트랙에 사본이 복사된다.

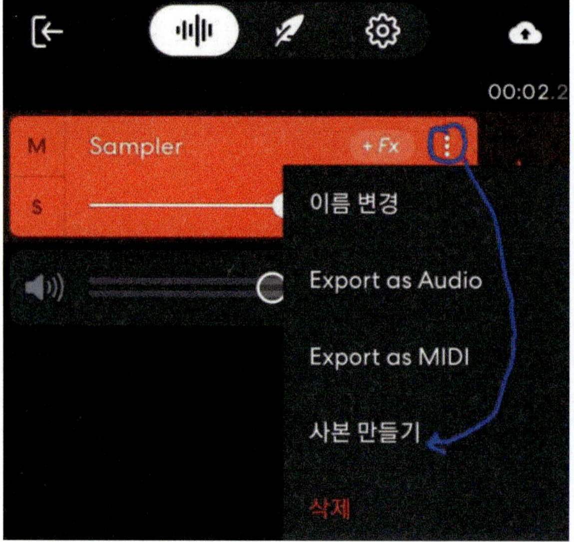

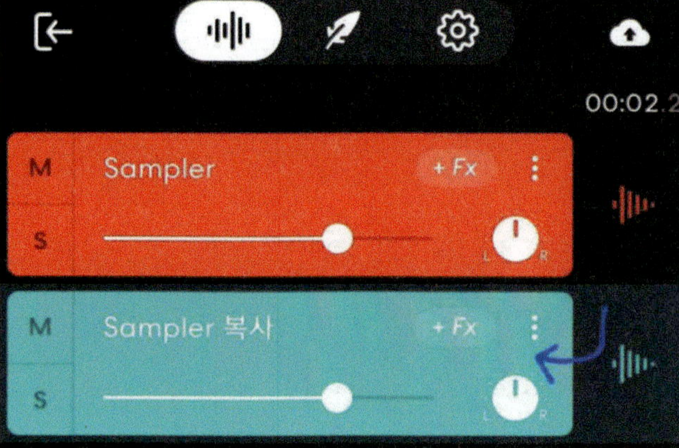

3. 사본 트랙에 샘플러 키트 녹음한다.

<샘플러(Sampler) 패드에 녹음하여 편집하고 믹싱하기>

스마트폰에서 샘플러 패드에 여러 소리를 녹음하고, 트랙에 녹음하여 편집하여 믹싱하기
1. 밴드랩 열고 [+만들기] 탭하고 Track Type 의 [**Sampler**] 열고,
   패드를 눌러 빨간 네모로 변하면 녹음한다.

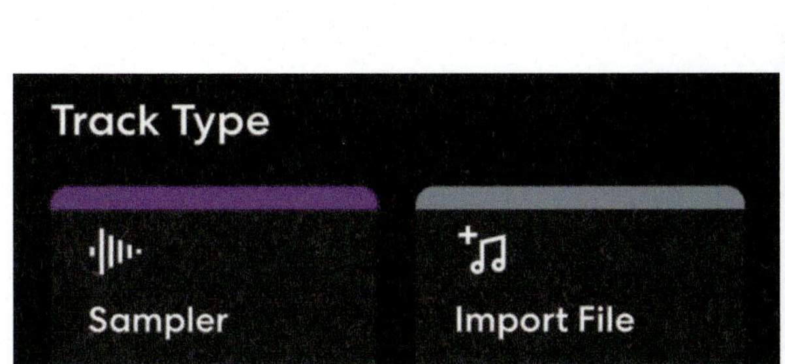
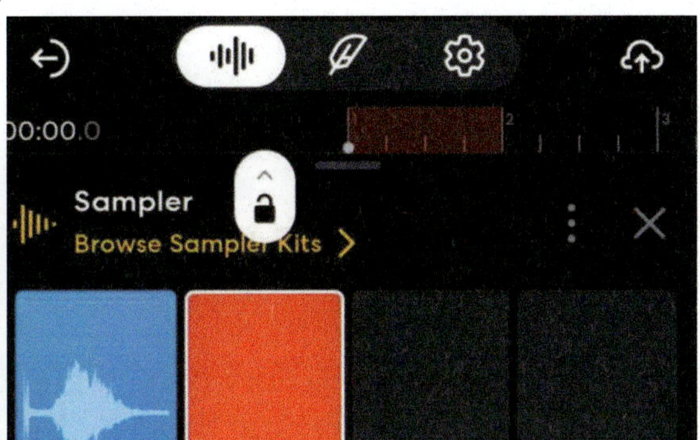

2. 아래 녹음 버튼을 누르고,

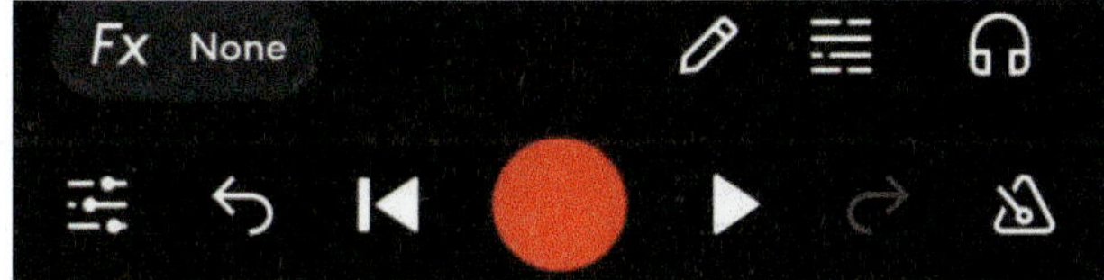

3. Sampler 의 패드를 눌러 녹음하고, 트랙에 생긴 리전을 선택하고 [미디에디터]를 탭한다.

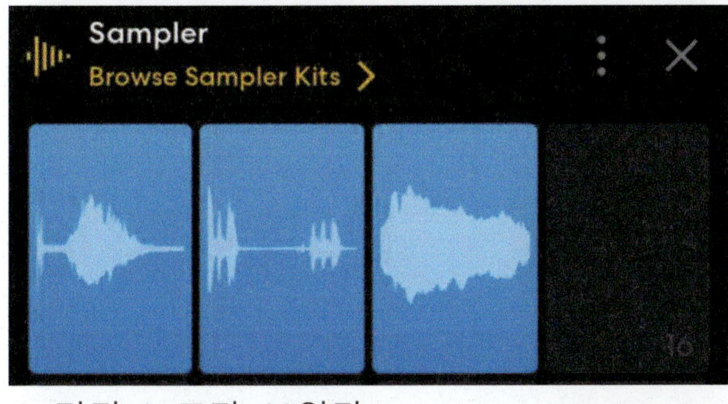

4. 미디 노트가 보인다.

5. 믹스에디터를 닫아 프로젝트를 저장하면, 라이브러리에 저장이되고,

6. PC 에서 더보기[**Edit Mastering**] 누르고 믹싱한다. [믹스에디터 열기] 눌러 편집, 저장한다.

[23] 미디파일 녹음 Tracks 트랙별 저장

PC 에서 밴드랩 어시스턴트(Bandlab Assistant) 실행하고, 미디파일 불러와 악기 음색 바꾸어 프로젝트 저장하고, Publish 하여 내보내기 하고 Download Stems 에서 트랙별로 저장하기

1. **밴드랩 어시스턴트** 실행하고, [**Upload**] 클릭하여 오디오 파일(wave)을 불러온다.

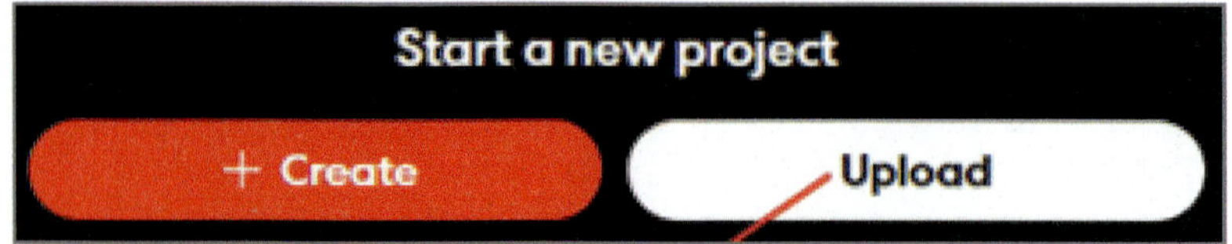

2. New Track 에서 [Instruments] 클릭한다.

3. [**Drop a loop or an audio/MIDI/video file**] 클릭하여 미디 파일을 불러온다.

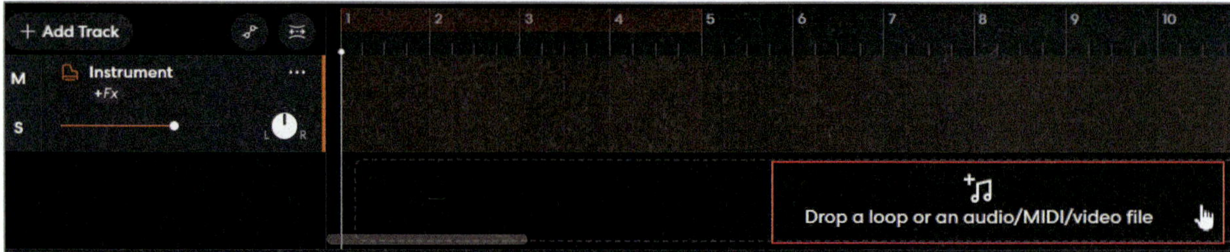

4. 트랙의 [S] 선택하고 악기 음색(Ahh Synth) 클릭하여 악기를 변경한다.

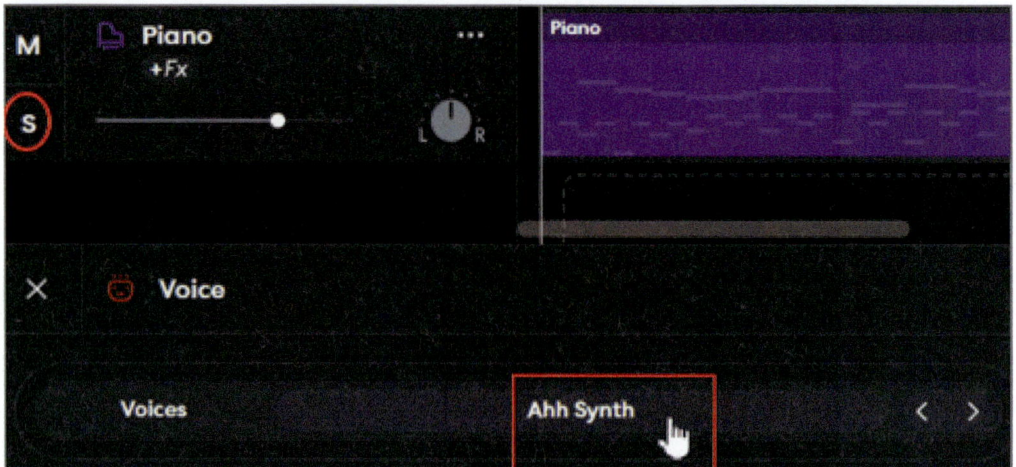

5. New Project 클릭하여 프로젝트 이름 바꾸고, Save 눌러 저장하고, [Publish] 클릭한다.

6. Project name 을 '첫눈 MR'로 수정하고, [Publish] 클릭한다.

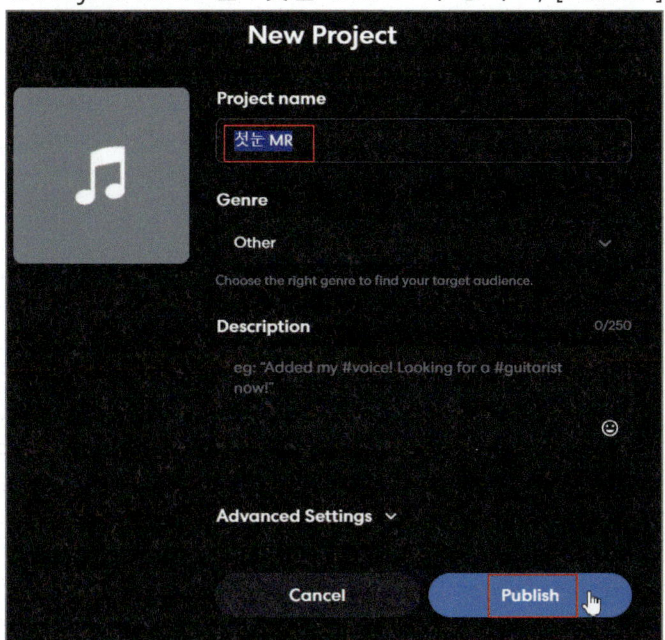

7. Revision published 옆 방향키 누르면, 밴드랩 사이트로 이동한다.

8. 밴드랩 사이트에서 [Download] 클릭한다.

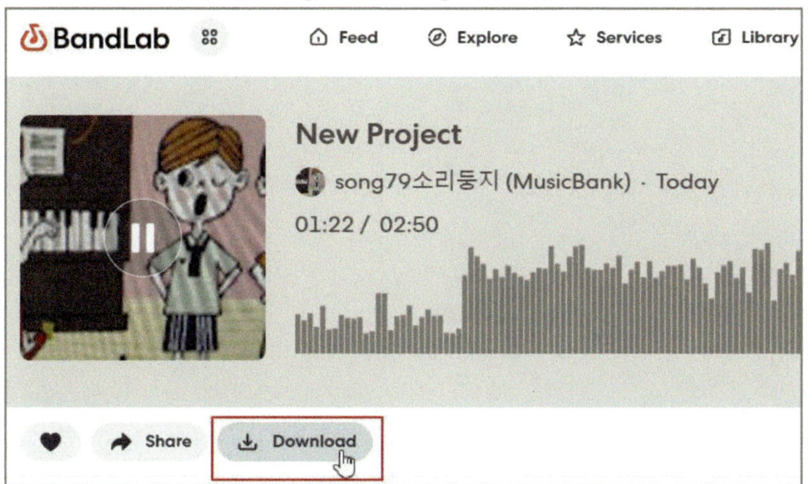

9. [MP3]의 다운로드 누르면 PC 의 다운로드에 저장된다.

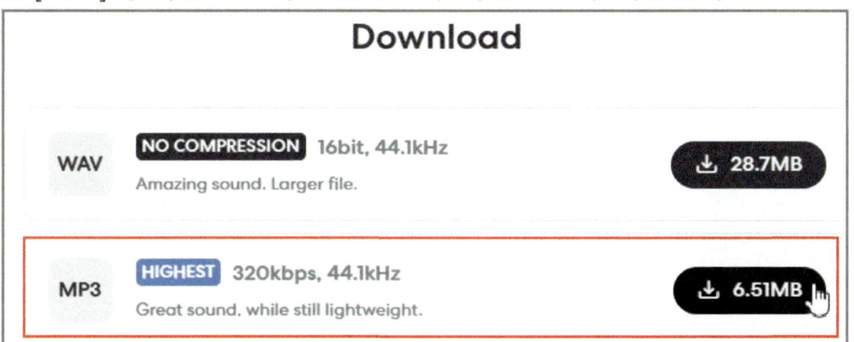

10. PC 에서 불러와 음악파일 저장하기

  1) 프로젝트(Project)-다운로드(Download) 선택한다.

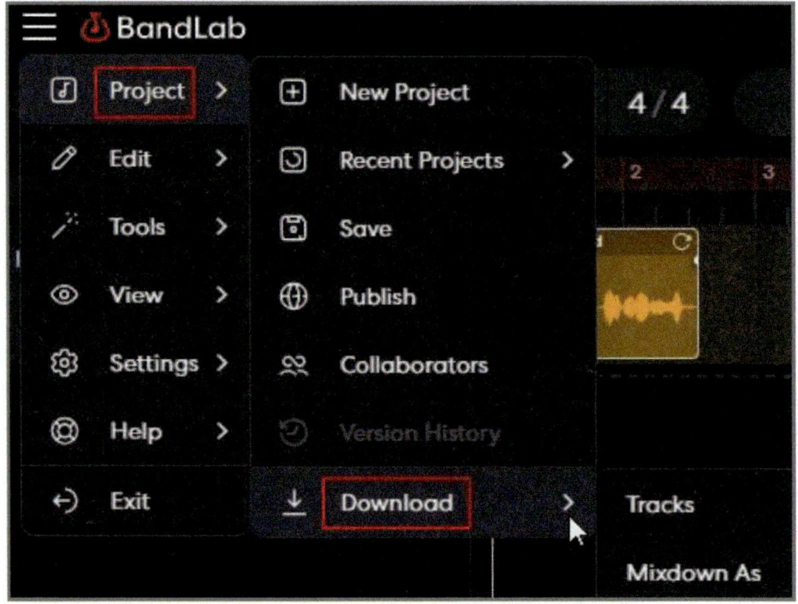

  2) **Tracks**: 트랙 소리를 개별적으로 저장한다.

    Download Stems 창에서 WAV 와 M4A 를 선택하고 트랙별로 다운 받는다.

    *스템(Stems)은 음악을 구성하는 트랙으로 미디 트랙을 오디오 파일로 변환한 스템 파일로 믹싱한다. **M4A** 는 고음질 오디오 파일로 용량이 작으나 호환성이 약하다.

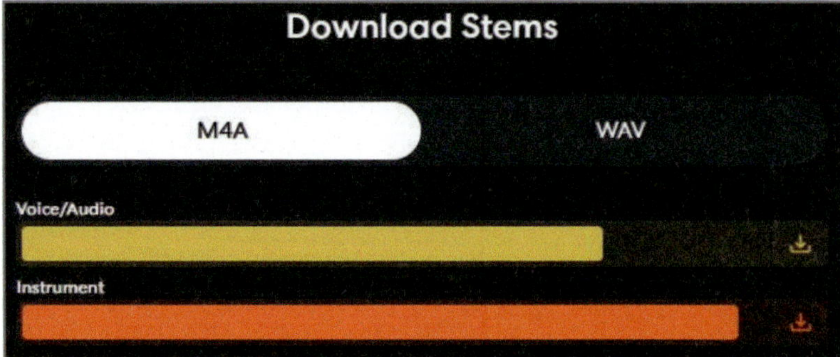

  3) Mixdown As: WAV, MP3, M4A

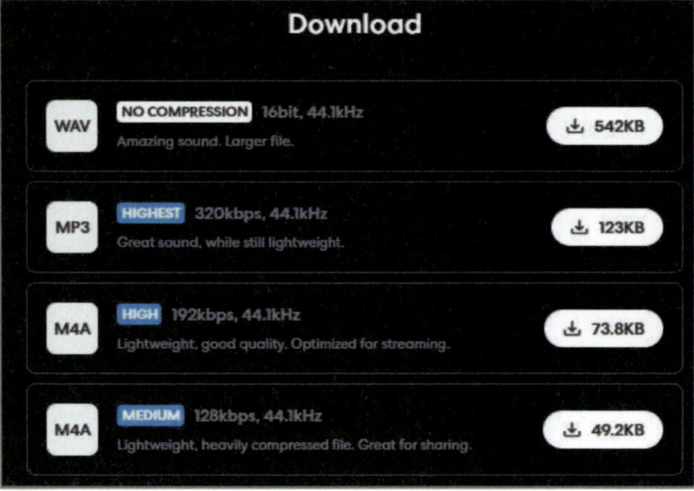

[24] 마스터링(Mastering)

밴드랩 마스터링(BandLab Mastering)은 사용 편의성에 염두를 두고 인공 지능(AI) 기술을 활용한 온라인 마스터링 도구이다.

인터페이스와 효율적인 프로세스로 음악의 퀄리티를 간편하게 향상할 수 있는 플랫폼은 AI 알고리즘의 획일적인 전략을 넘어 다양한 마스터링 접근 방식과 커스터마이징을 제공한다.

빈티지한 사운드를 원하든, 현대적이고 강렬한 사운드를 원하든, 사용자는 자신의 취향에 맞게 마스터링 프로세스를 커스터마이징 할 수 있어 창의적인 느낌을 살린다.

<PC 에서 마스터링하기>

1. PC 에서 **BandLab Assistant** 실행하고, [Mastering] 클릭하고, [Import Your Track] 클릭하고 음원을 불러온다.

2. [Mastered] 메뉴 선택하고 [Universal] 클릭하여 들어보고 [Next] 클릭하면, 마스터링(Preparing Master)이 진행된다.

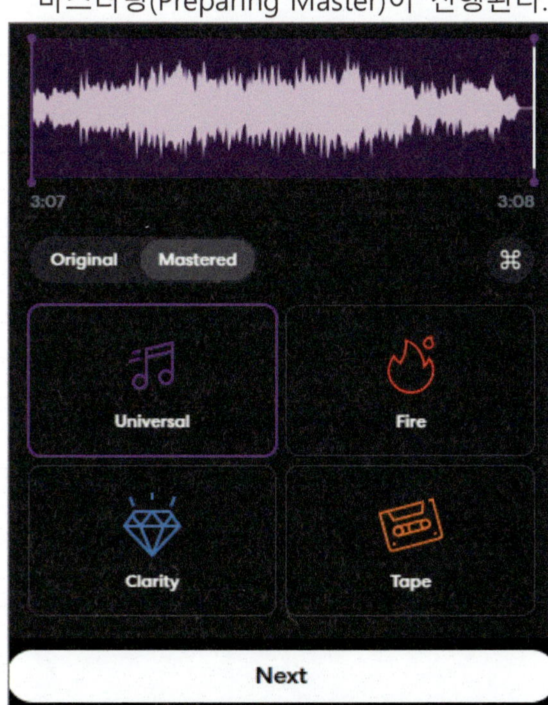

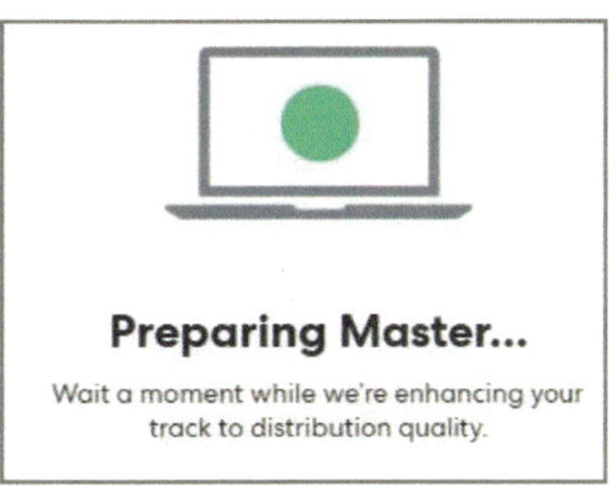

3. [Download] 클릭한다. Start Over 는 처음부터 다시 진행한다.

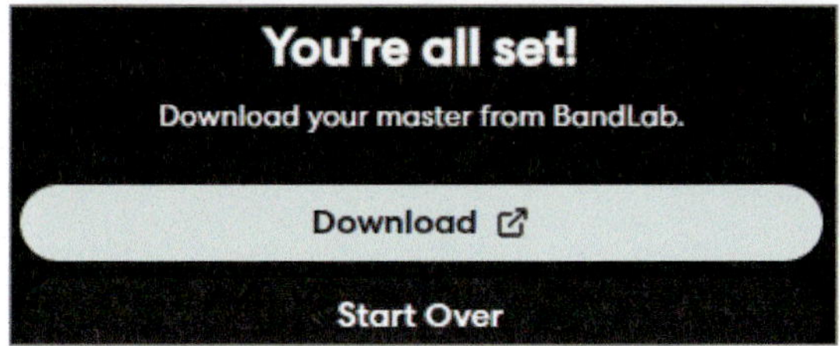

<스마트폰에서 마스터링하기>

1. 밴드랩 실행하고, Create(만들기)에서 보조기능(Tools)의 [**Mastering**] 선택하고 누른다.
2. [+ Import Your Track] 누르고 오디오나 비디오 파일을 불러온다.

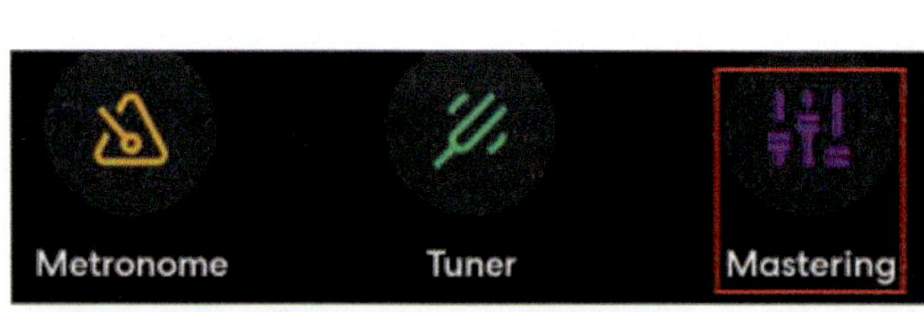

3. [Mastered] 선택하고, Presets(프리셋)의 [Universal] 선택하고

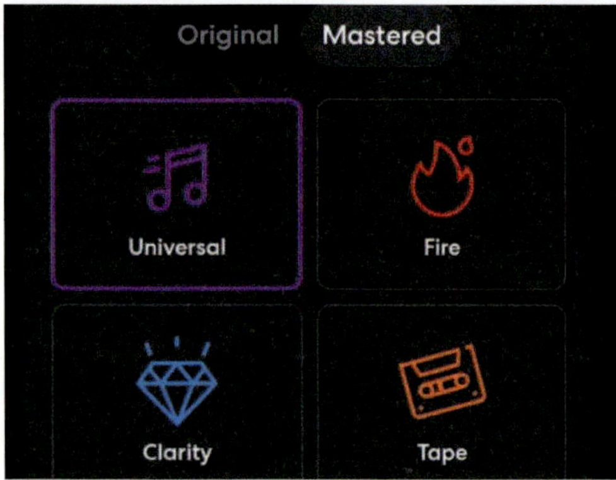

4. Intensity 에서 세부 강도를 설정하고, [Export] 누른다.

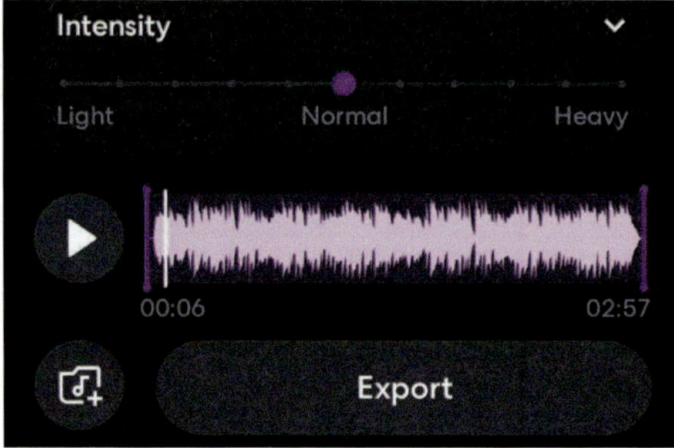

5. 스마트폰의 [**내파일**]에 저장이 되고,

6. 카카오톡이나 Drive 에 보낸다.

[25] 미디노트 입력, 공유(Share), 오디오 저장

스마트폰에서 밴드랩 열고 건반으로 미디노트 넣어 유튜브로 공유하고 Audio 로 저장하기

1. 만들기(+)에서 [**Virtual Instruments**] 누르고, . Essential Keyboards 의 **Studio Grand** 선택하고,

2. [녹음] 버튼 누른 후, 건반 눌러 녹음하고 [정지] 누른다. 건반 상단의 닫기(X)로 창을 닫으면,

3. 1) Instrument 트랙에 녹음한 것이 입력되어 보인다. [**멀티트랙**] 누른다.

   2) 솔로(S), 뮤트(M), 볼륨, 팬(L,R)을 조절한다. 하단의 [**멀티트랙**] 누르고, 리전을 더블클릭하거나,

   [MIDI Editor] 누르면, Instrument 트랙에 녹음한 미디 노트가 보인다.

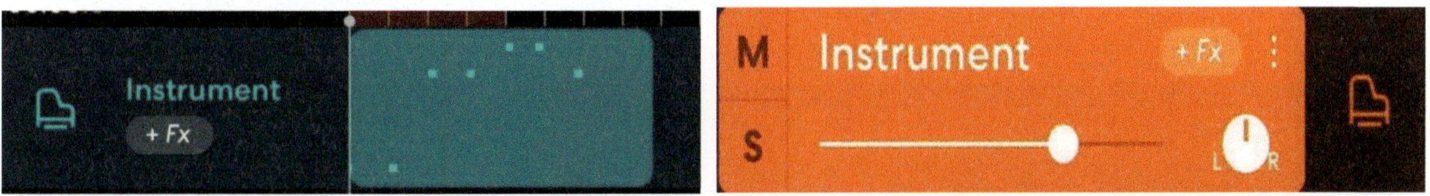

4. 미디에디터 창에서 미디노트를 선택하여 이동하고, 미디노트를 드래그하여 길이를 늘리고,

   [V] 눌러 벨로시티를 넣는다. [**멀티트랙**] 누르고 트랙을 추가하거나 사운드 효과를 준다.

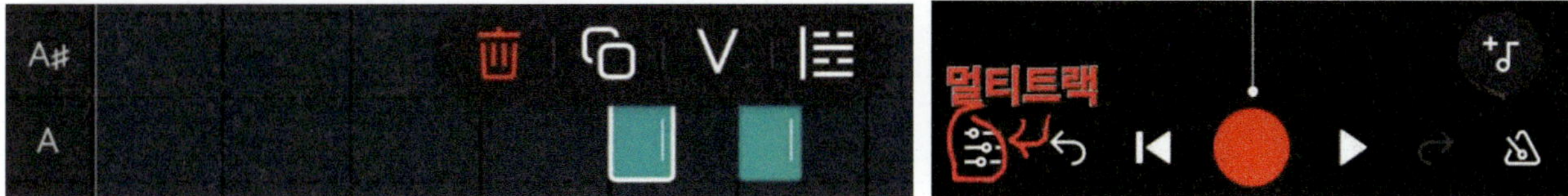

5. **공유(Share)**하여 오디오(Audio)로 저장하고, 유튜브(YouTube) 올리기

   1) [Publish] 누르고, Project saved [보기(View)] 누르고,

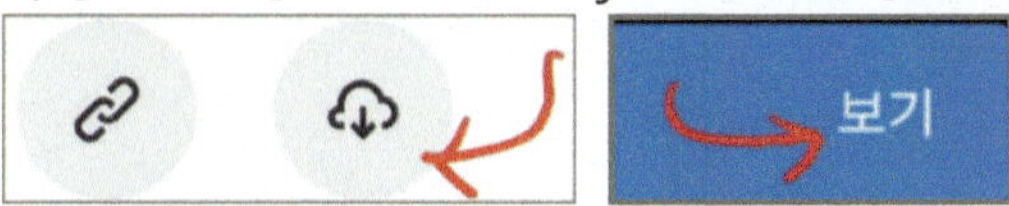

   2) **공유(Share)** 눌러 **Download as** 에서 [Audio]로 저장한다.

   3) [**Clip Maker**] 누르고, [Share] 누른다.

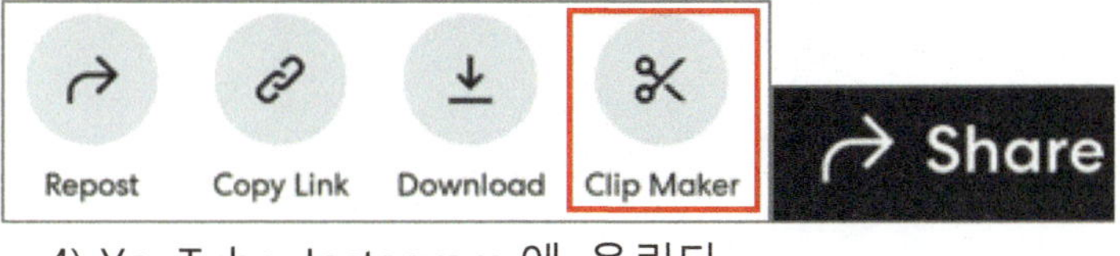
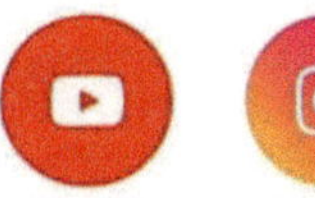

   4) YouTube, Instagram 에 올린다.

[26] 미디노트 정렬, 머니코드, 미디에디터 기능

PC 에서 BandLab Assistant(밴드랩 어시스턴트) 실행하고, 미디노트에 머니코드를 코드를 넣고, 가락 녹음하기

1. Library 탭에서 Start a new project 의 [+Create] 누르고, New Track 의 [Instruments] 클릭한다

2. 미디 에디터(MIDI Editor) 기능
   녹음하고 미디노트 정렬하기
   1) bpm 을 90 으로 정하고, 메트로놈을 활성화하고, 녹음 버튼을 눌러 머니코드 1625 코드로 화음을 입력한다.
   2) 녹음한 리전을 더블 클릭하여 **MIDI Editor(미디 에디터)** 창을 연다.
   3) 미디노트를 선택하고 [**Quantize(퀀타이즈)**] 클릭하여 어긋난 박자를 정박에 맞춘다.

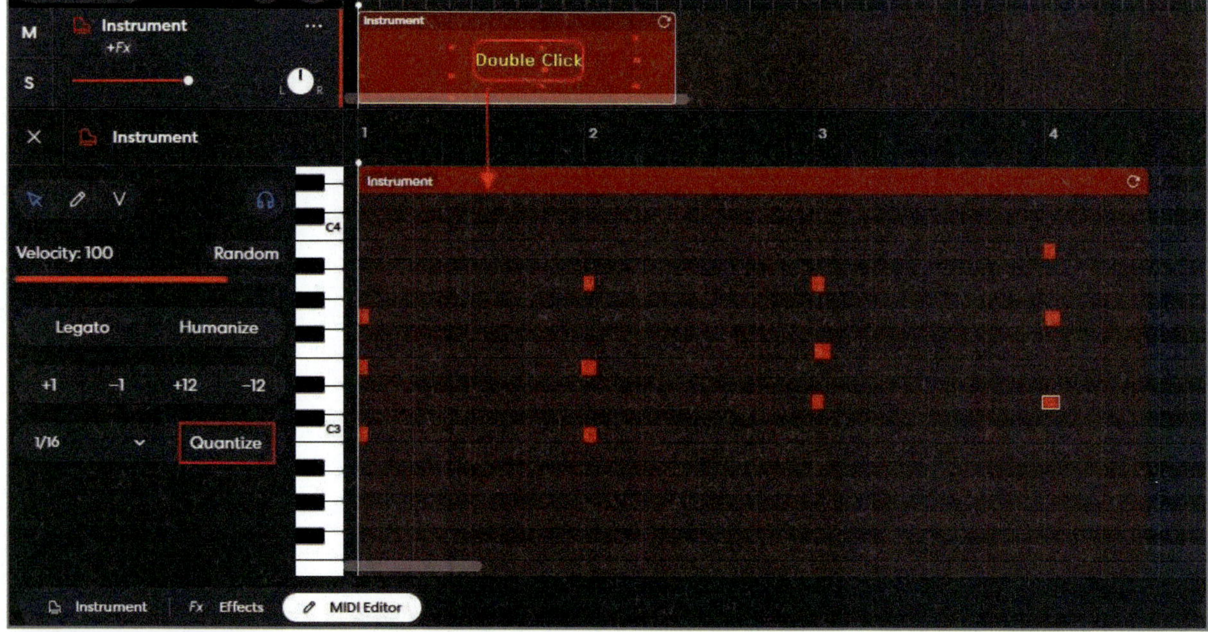

   4) [**Legato(레가토)**] 눌러 음과 음을 잇는다.

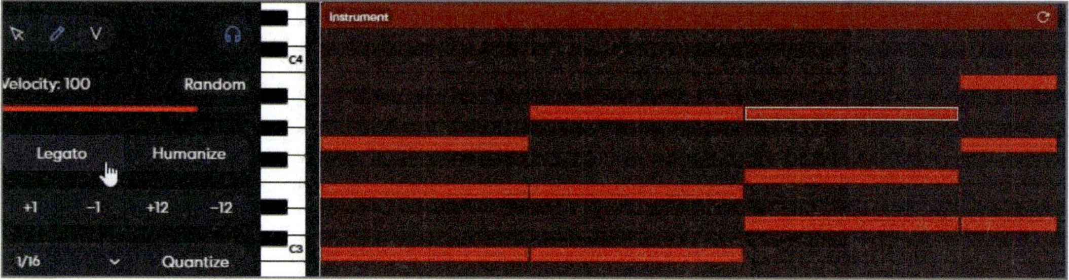

5) 셋잇단음표 설정: Quantize 박자 설정에서 1/8T 는 8 분음표 3 개를 1 박자에서 사용하는 셋잇단음표이고, 1/4T 는 4 분음표 3 개를 2 박자에서 사용하는 셋잇단음표이다.

(1) 1/4 박에 미디노트 3 개를 입력하고 [Ctrl+A] 클릭하여 노트를 다 선택한다.

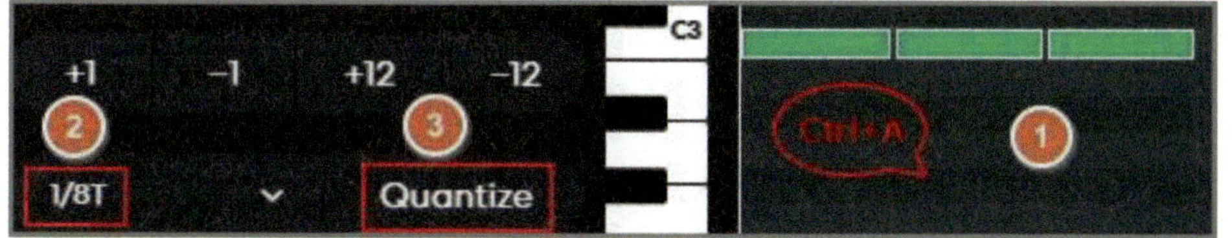

(2) [Quantize] 클릭하면 셋잇단음표가 만들어진다.

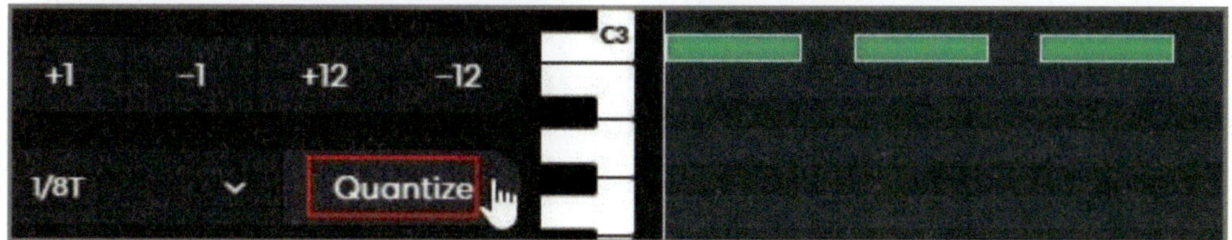

3. 트랙 추가하고 가락 입력하기

1) [Add Track] 눌러 **Instruments** 클릭한다.

2) 녹음 버튼 클릭한다.

3) 머니코드에 맞추어 키보드로 입력한다.

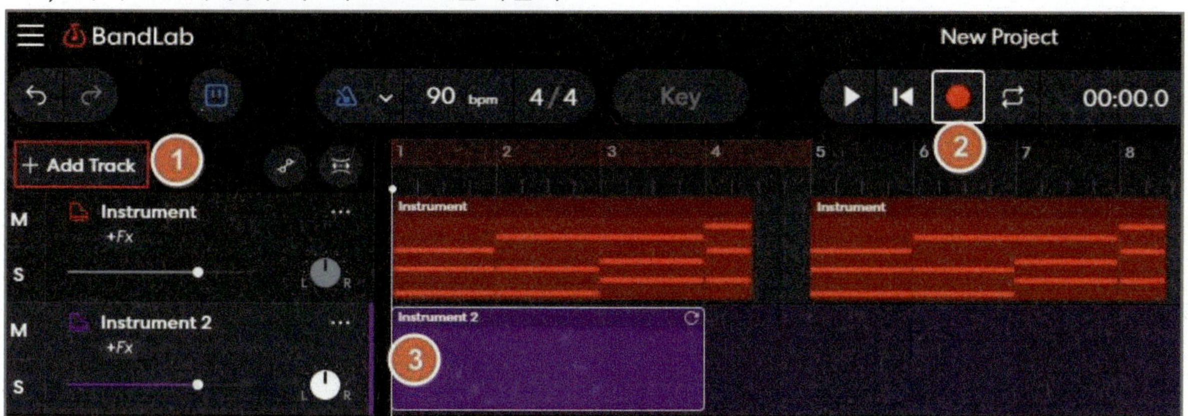

4) Instrument 트랙에 가락을 입력한다.

5) Instrument2 트랙에 머니코드 1625 화음을 입력한다.

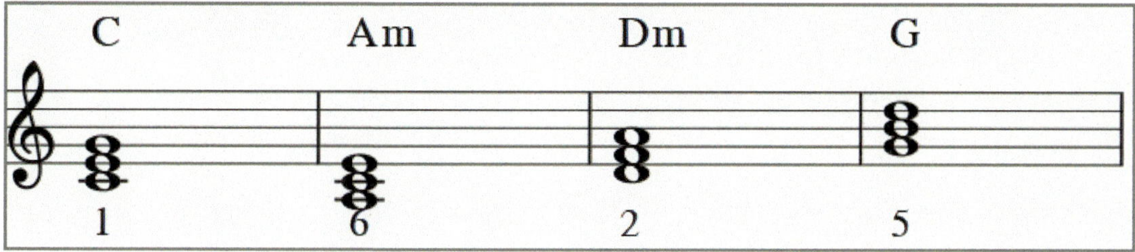

[27] AutoPitch(오토피치), Vocal Effects(보컬 효과)

AutoPitch(오토피치) Vocal Effects(보컬 효과)는 녹음된 보컬을 AI 가 자동으로 음을 맞추고, 또는 음정 밖의 소리를 내고, 스튜디오는 다섯 가지 오토피치 보컬 효과(Vocal Effects)를 제공한다.

<PC 에서 AutoPitch 의 보컬 효과 주기>

1. PC 열고 사이트에서 밴드랩 열고, [Sign Up] 클릭하여 로그인하고, [Create] 클릭한다.

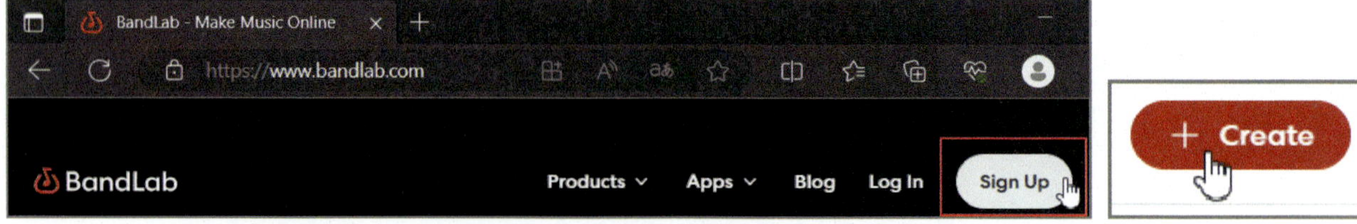

2. [New Project] 클릭하고, New Track 에서 [Voice/Audio] 클릭하고 트랙 추가하고 녹음한다.

3. AutoPitch(오토피치)의 Vocal Effects(보컬 효과) 적용하기

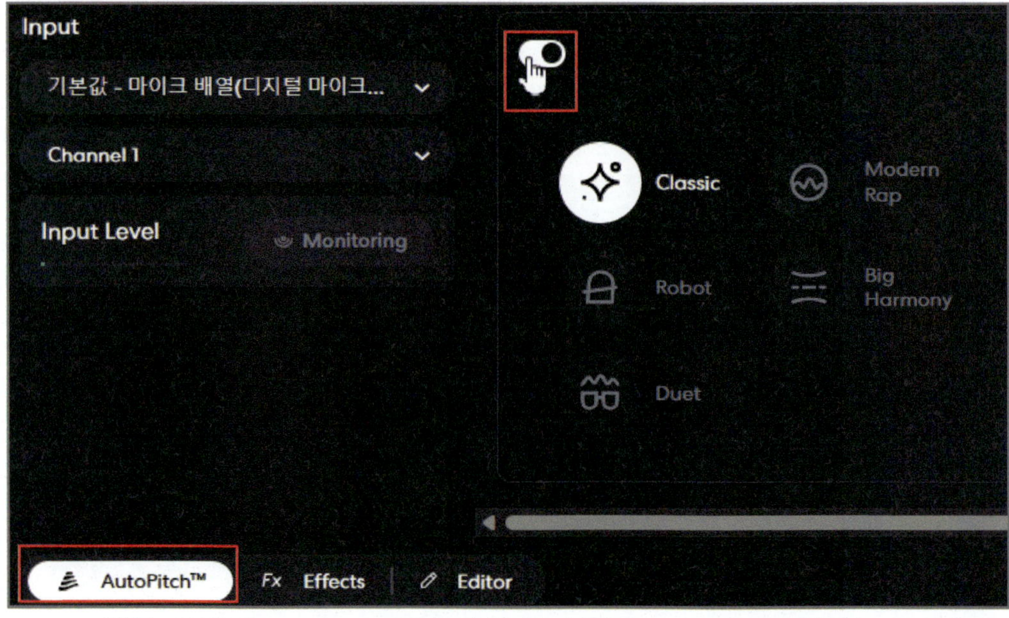

  1) 왼쪽 하단의 AutoPitch(자동피치)를 선택하고 Enable(활성화) 아이콘을 클릭하고,

  2) 옵션에서 보컬 효과(Vocal Effects)의 [Classic]을 선택하고,

  3) 레벨 노브로 효과의 강도를 조정한다.

  4) 음정을 조정할 키와 스케일을 선택한다.

<오토피치 설정하기>

1. [Vocal/Audio] 트랙에 목소리를 녹음하고 [S] 클릭하고,

2. AutoPitch 를 활성화하면

3. 하단에 AutoPitch 가 선택된다.

4. 효과 옵션 모드를 선택하고

5. 강도를 조절한다.

6. Scale 에서 조성을 선택한다.

<다장조로 녹음하고 음정 맞추기>

1. 다장조로 녹음하고, [S] 눌러 리전을 누르면 D 가 선택되고 AutoPitch(오토피치)를 활성화한다.

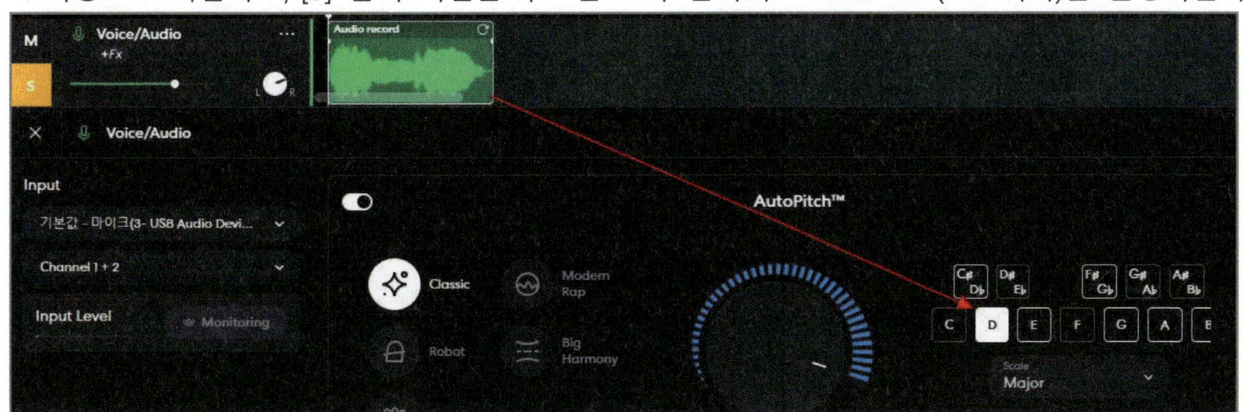

2. C 조로 음정을 보정하면 오토튠(오토메이션 튜닝: Automation Tuning)이 된다.

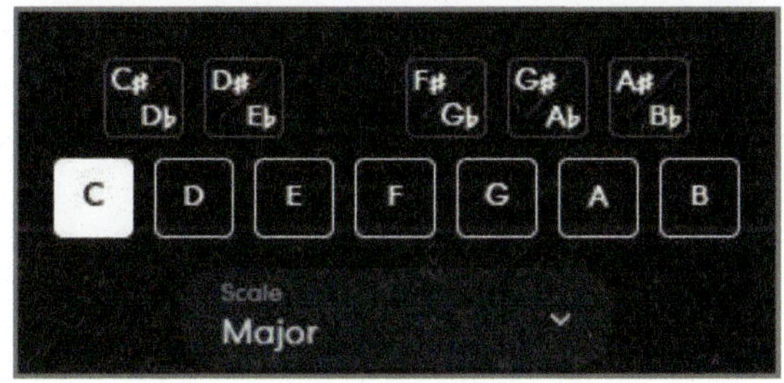

<스마트폰의 AutoPitch 의 보컬 효과(Vocal Effects) 주기>

1. 밴드랩에서 [Voice/Audio] 클릭하여 녹음하고 [**AutoPitch™**] 클릭한다.

2. 보컬 효과(Vocal Effects)

   하단에 다섯가지 보컬 효과(Vocal Effects)가 있다.

1) Classic(클래식)은 고전적인 자동 음조 교정 기능 모델로 아래로 내리면 Heavy 효과를 낸다.

2) Modern Rap(모던 랩)은 깊은 피치와 Vocoder 를 결합하여 보컬을 끼운다.

3) Robot(로봇)은 보컬을 가져와 로봇 목소리로 합성하는 보코더 효과이다.

4) Big Harmony(빅 하모니)는 특정 키에서 보컬을 조화시켜 대형 코러스 효과를 제공한다.

5) Duet(듀엣)은 정확한 이중적인 하모니로 음조 교정 기능을 제공한다.

[28] 오토메이션과 효과(Effects), Mixdown As

오토메이션(Automation)은 노래가 재생되면서 효과가 자동으로 적용되는 기능이다.
오디오를 자동화하려면 트랙의 일부분을 클릭하여 점을 표시한다. 점 사이에 기울기를 만들어
트랙이 재생될 때 볼륨을 자동으로 조정하여 볼륨이 부풀어 오르거나 줄일 수 있다. 팬도 좌우
자동으로 조절된다.

1. PC 에서 웹사이트(구글, 네이버)에서 '밴드랩' 검색하여 [BandLab-Make Music Online]
   클릭하거나, 밴드랩 어시스턴트를 실행한다.

2. [Create] 클릭하고,

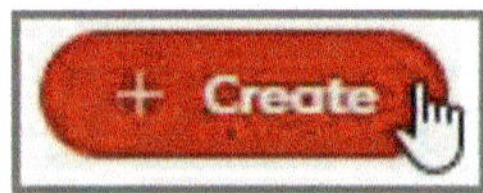

3. [New Project] 더블클릭하여 프로젝트 이름을 수정한다.

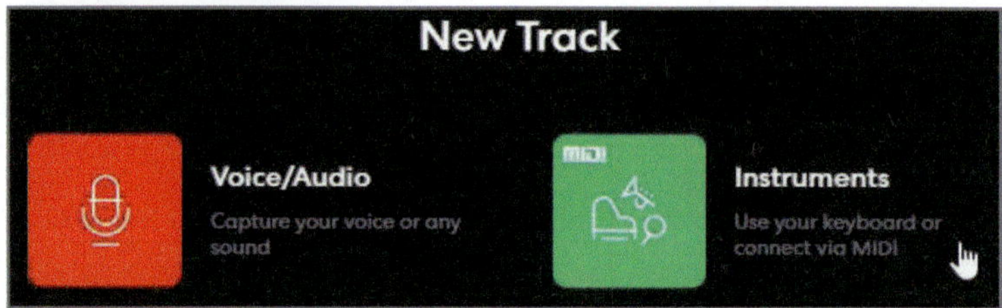

4. 가상악기를 입력하기위해 New Track 의 [Instruments] 클릭한다.

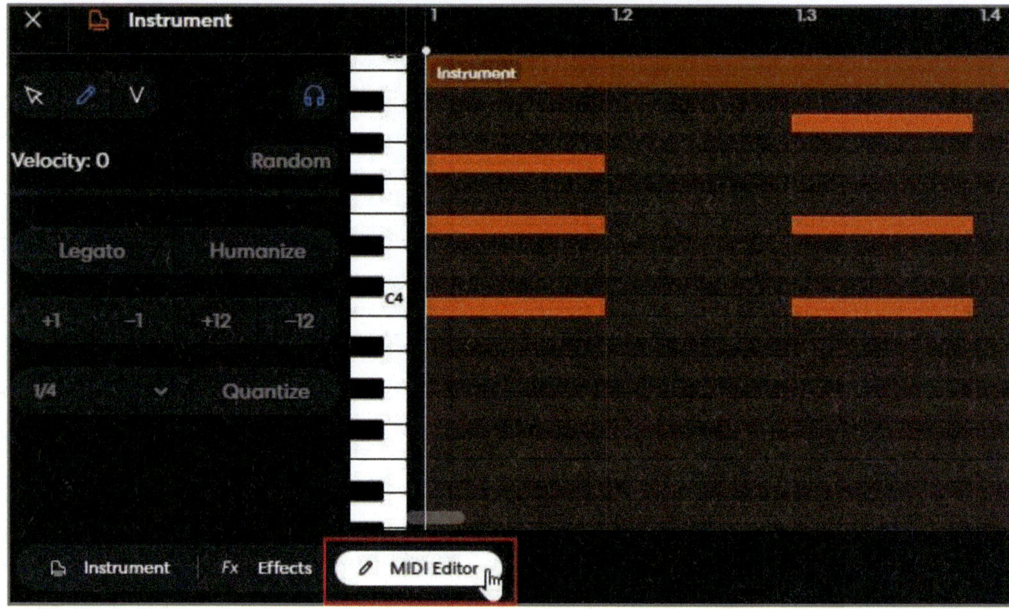

5. [MIDI Editor] 선택하고, 빈 공간을 더블클릭하여 미디노트를 입력한다.

6. bpm 을 **90**, 조성을 **C maj** 로 정하고, 미디노트를 입력하기위해 트랙의 클립을 더블클릭하면
   미디노트가 보인다.

7. 악기를 드럼(Drum)으로 선택하여 베이스 파트에 입력하고, Alt+ Drag 하여 마디를 복사한다.
   다른 드럼 악기도 입력한다.

8. 우측 하단의 [BandLap Sounds] 클릭하고 [Loops] 클릭하여 "LoFi"를 검색하여 [LoFi_128]을
   트랙 Clips 에 드래그하여 넣으면, 프로젝트 키에 맞게 음정과 BPM 이 바뀐다.

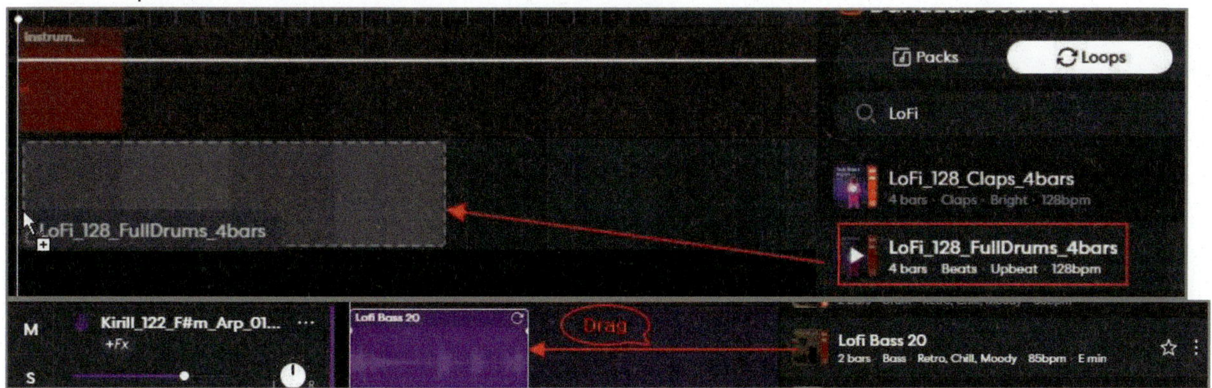

9. [Lo-Fi Drumsets] 트랙에서 아래의 Add Effect 클릭하고 GraphicEQ 를 열어서 Low 를 줄인다.

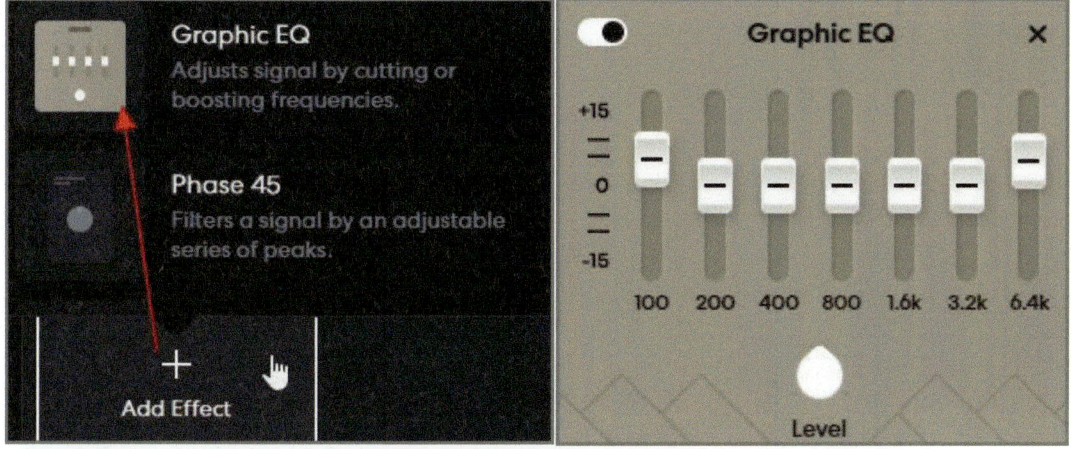

10. 클립을 선택한 후 Alt 누르고 드래그하여 복사한다.

11. 클립을 우측으로 이동한 후 Alt 누르고 드래그하여 좌측으로 이동하여 트랙별로 배치한다.

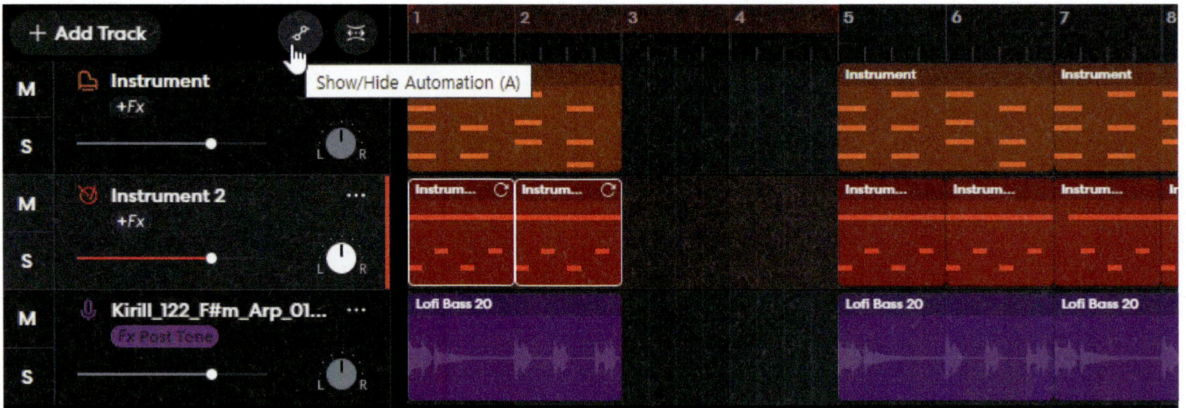

12. 오토메이션 클릭하거나 트랙의 패닝에서 Automation(단축키 A) 클릭하고 재생하면서,
이펙트에서 볼륨, 팬을 트랙에 넣고, 트랙에서 점을 찍으면 효과가 자동으로 적용된다.

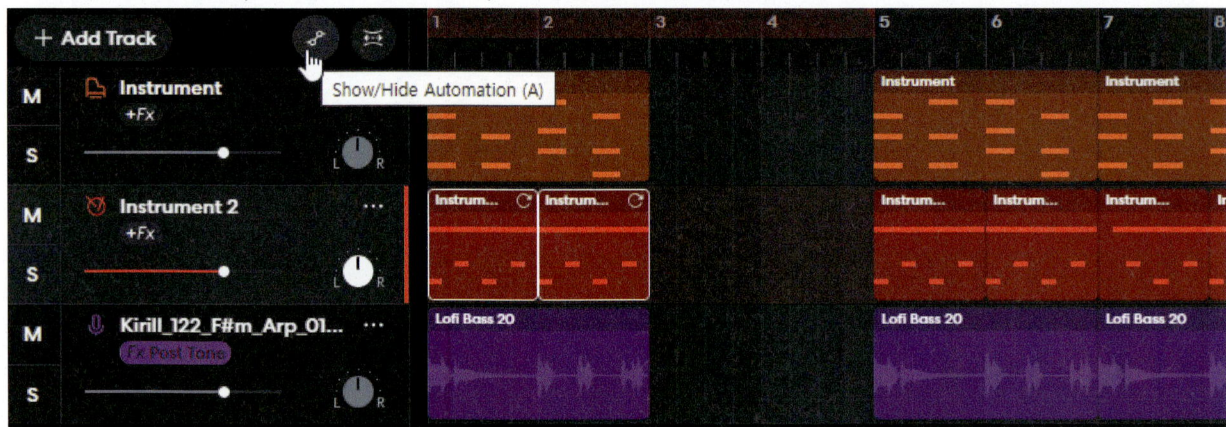

13. [Lo-Fi Drumsets] 트랙의 패닝에서 오토메이션(단축키 A) 클릭하고 재생하면서,
이펙트에서 볼륨, 팬을 트랙에 넣고, 트랙에서 점을 찍으면 효과가 자동으로 적용된다.

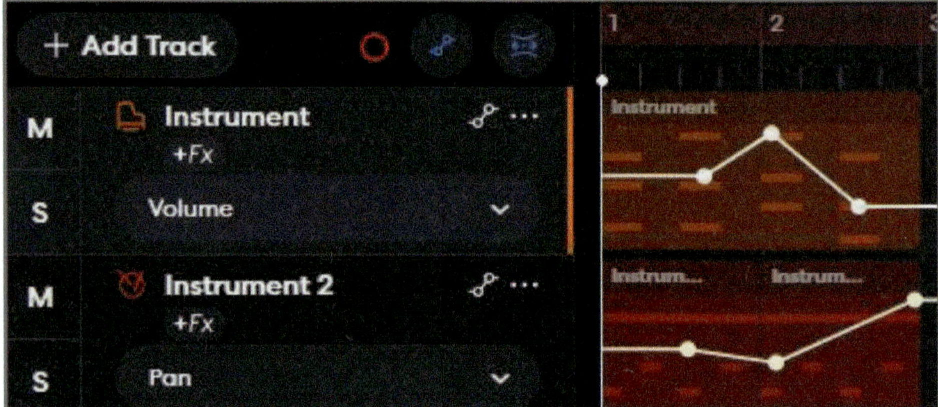

14. 음원 추출하기위해서 [Project/Download/**Mixdown As**] 클릭한다.

   1) [Tracks] 선택하면 트랙별로 다운받고, Wave, MP3 로 저장한다.

   2) 믹스다운이 오래 걸리면, 밴드랩 어시스턴트를 실행한다.

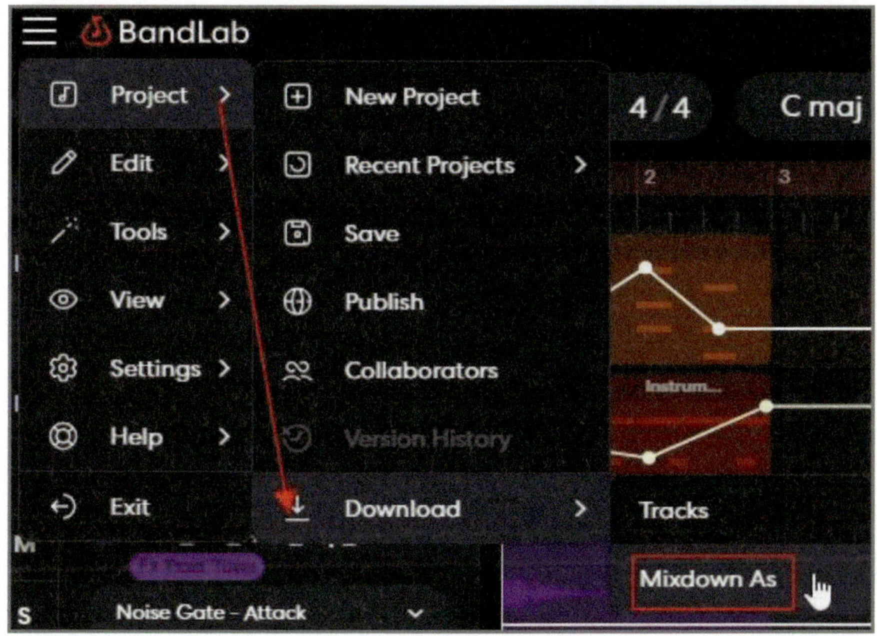

<PC 에서 Automation 으로 볼륨 효과 주기>

1. Drum 트랙을 선택하고, [Automation] 클릭하여 활성화한다.

2. **Arm Automation Recording**(Shift+A) 눌러 빨간 원이 되게하고,

3. 녹음 버튼을 누른 후,

4. 우측 하단의 Volume 바를 움직이면, 트랙에 곡선이 만들어진다.

[29] 미디 시퀀싱(MIDI Sequencing) 오디오(Audio) 생성

밴드랩에 미디파일(midi)을 불러와서 BandLab Sounds 의 샘플을 넣고, 오디오 파일(MR, BGM)로 저장한다. * 미디 시퀀싱은 미디 데이터를 편집하는 과정으로 DAW 를 시퀀서라고도 한다.

<스마트폰에서 미디 시퀀싱 하기>

1. 메인화면 밑에서 [+ 만들기] 누르고, 만들기 창에서 Track Type 의 [**Import File**] 누르거나, 첫화면 New Track 에서 [Create] 누르고, New Track 의 [Import File] 탭한다.

2. 스마트폰에서 [**내파일**/오디오 파일/Download] 눌러서 미디 파일을 불러온다.

3. New Track 의 [Virtual Instruments] 탭하고,

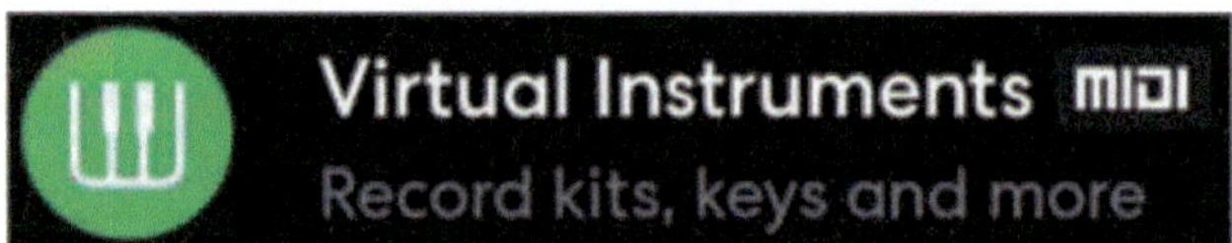

4. [Grand Piano] 선택하고,

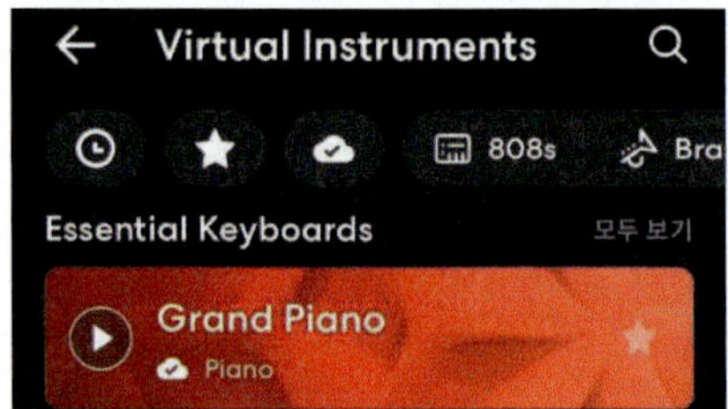

5. 믹스에디터 창에서 불러온 트랙에 있는 [+Fx] 누른다.

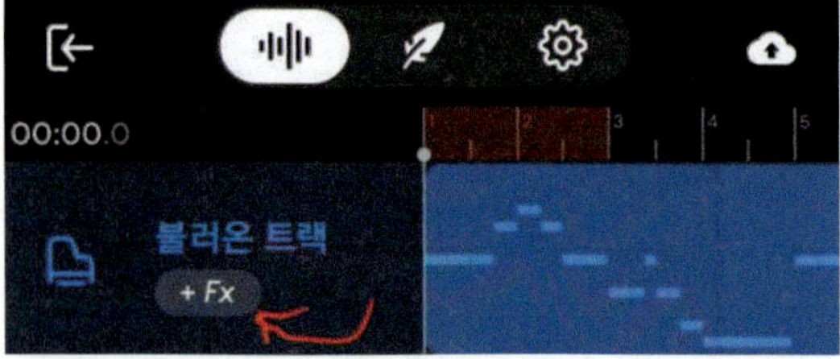

6. [Recommended]의 [Classic Chamber] 선택하면, 효과가 적용된다.

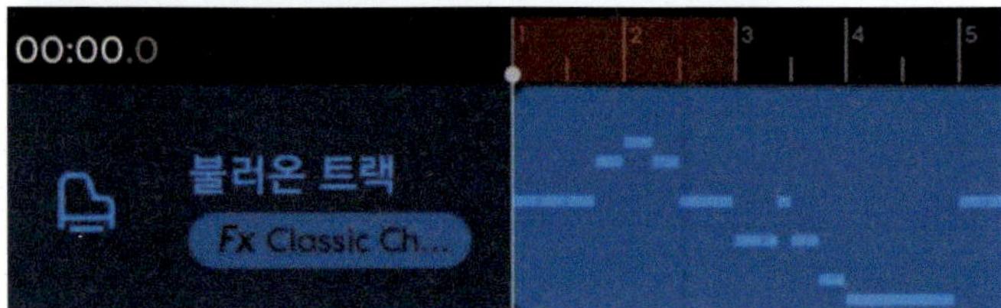

7. [믹스에디터]에서 [BandLab Sounds]의 **[샘플 추가]** 버튼을 누른다.

8. [Packs] 장르에서 'Ultimate K-Pop Drums' 재생하고, [+] 누르면 트랙에 샘플을 추가한다.

9. [Voice/Audio] 트랙에 샘플 음악이 삽입된다.

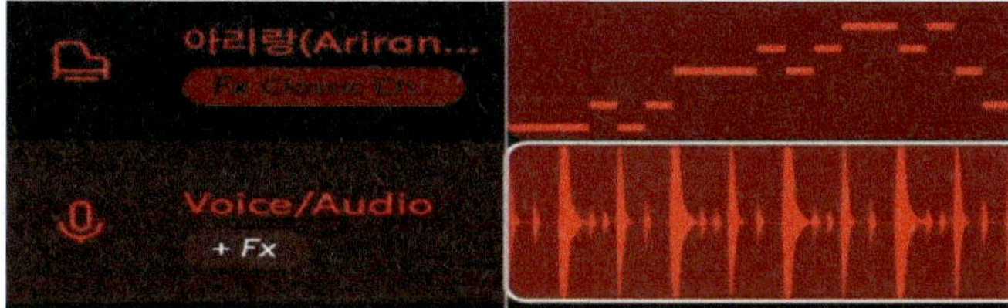

10. **Latency Fix** 나오면, 테스트(39ms latency) 확인하고, 설정(Done)한다.

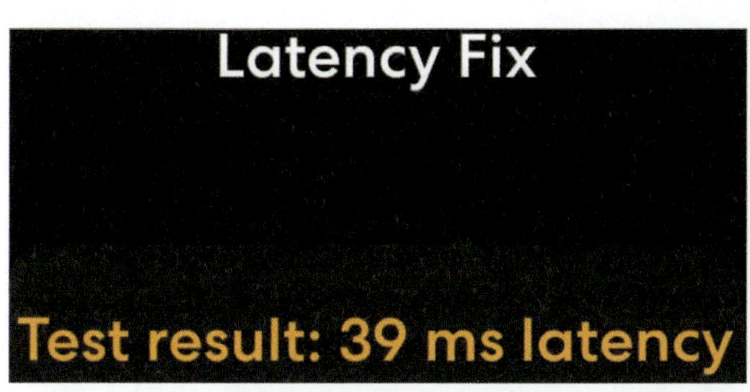

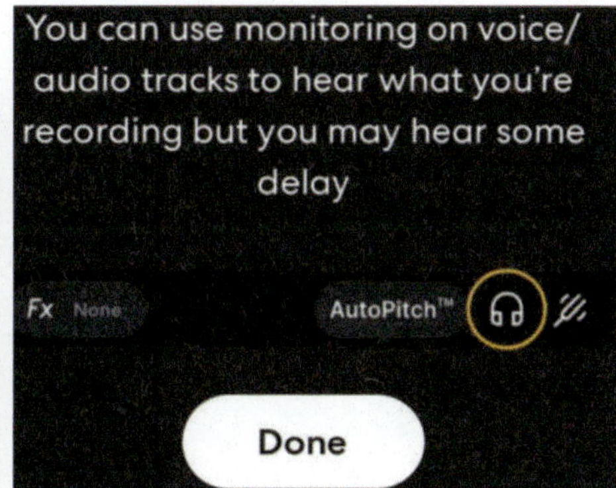

11. [+] 눌러 트랙을 추가하고, [Sampler] 누른다.

12. 패드를 누르고있는 동안 'C, F, A' 를 목소리로 녹음한다.

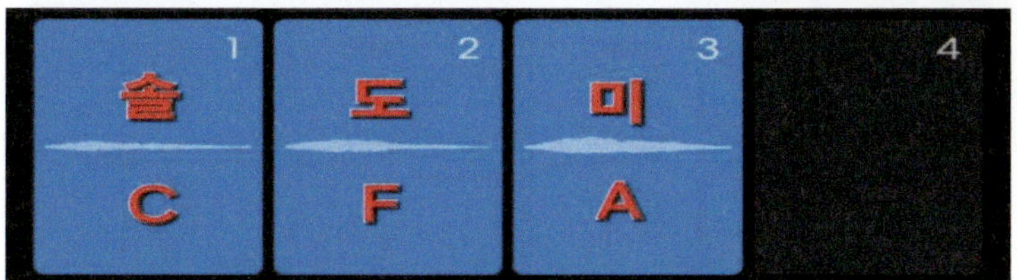

13. 트랙 추가(+) 하고, [Virtual Instruments] 누르고,

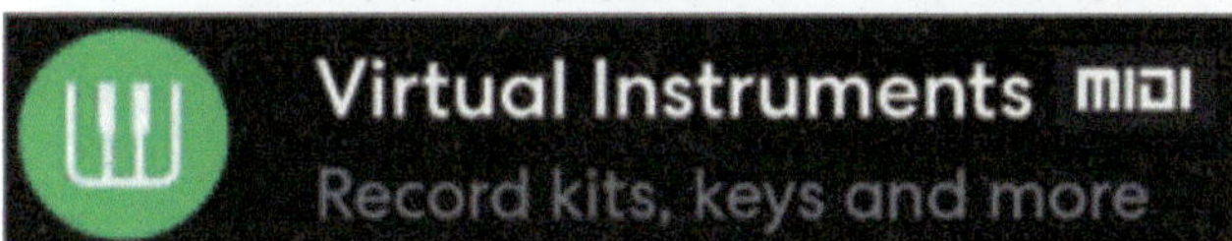

14. Orchestral Sounds 의 [String Orchestra] 눌러 추가한다.

15. [설정] 누르고, Tempo 를 100 으로하고, **Count In** 을 1bar 로 정하고 창을 닫는다.

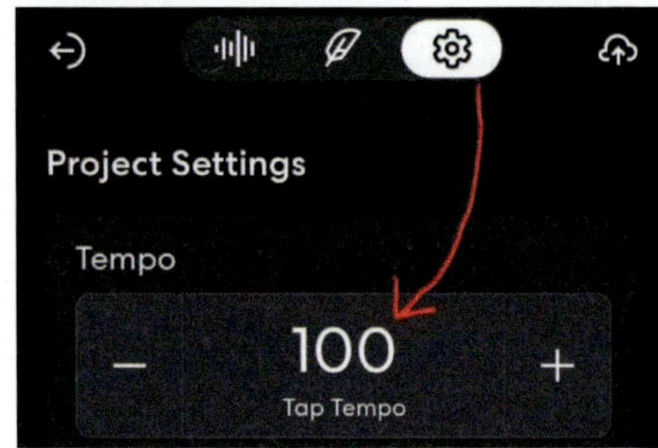

16. 왼쪽 아래 [멀티트랙] 눌러서 믹싱 작업을 한다.

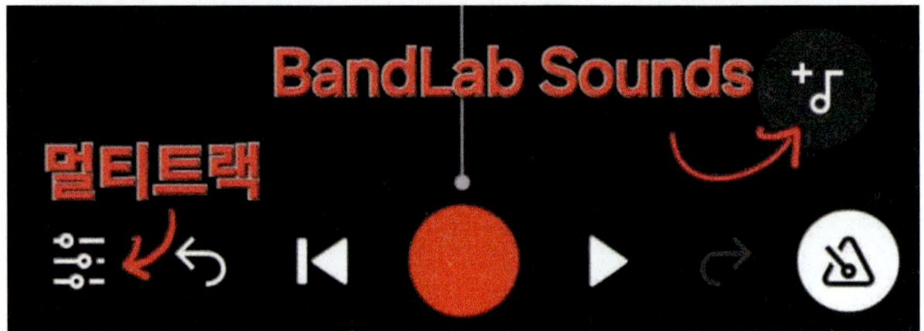

17. 각 트랙의 볼륨을 조절하고 내보내기한다.

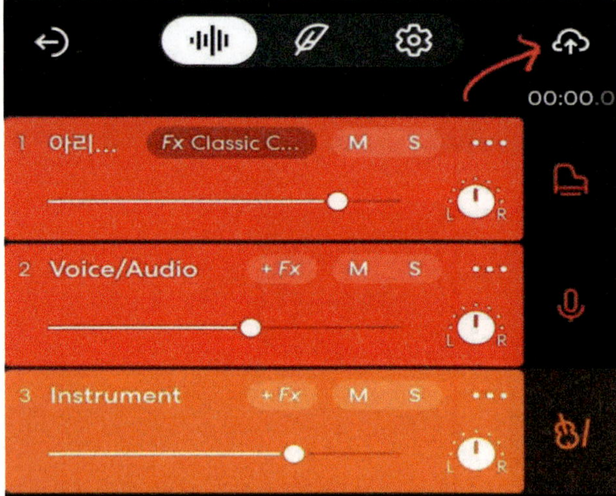

18. 오디오 파일 저장(Export as Audio)

  1) 왼쪽 하단의 [멀티트랙] 선택하고

  2) 트랙의 더보기] 누르고,

    [**Export as Audio**] 누른다.

[30] 가상악기(Instruments) 녹음과 공동작업

PC 에서 온라인으로 BandLab Assistant 실행하고, 가상악기(Instruments)를 변경하여 녹음하고, 샘플음악을 넣고, 친구 추가하여 공동작업하기

<가상악기 녹음하고 샘플 음악 넣기>

1. BandLab Assistant 실행하고
[Library] 탭의 [Create 클릭한다.

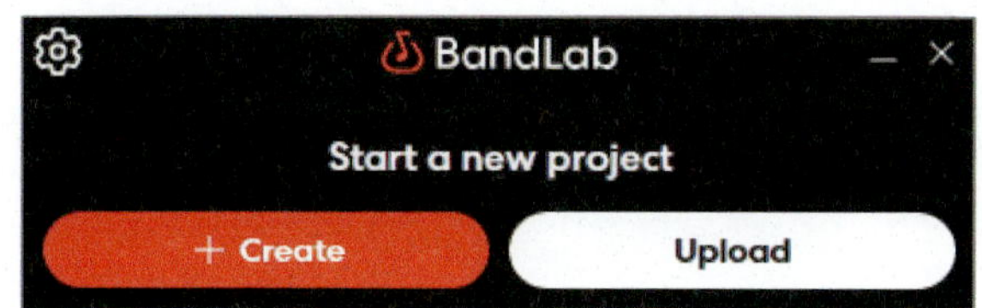

2. 새트랙(New Track)에서 [악기: Instruments] 누른다.

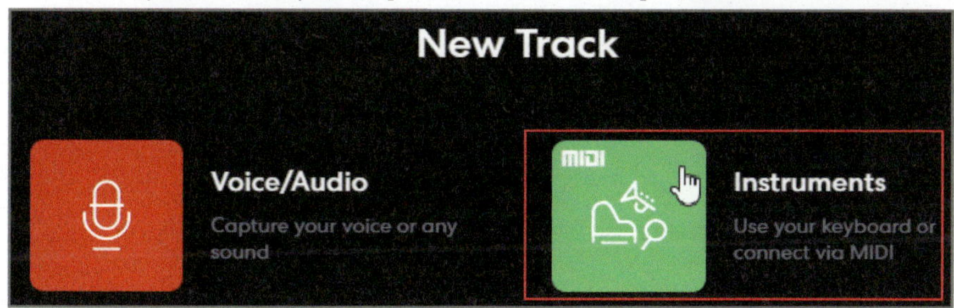

3. [New Project] 클릭하고 프로젝트 이름을 '작은별' 이라고 적고, 하단에 [Instrument] 선택을 확인하고, 녹음(Record) 버튼을 누르고, 피아노 건반으로 가락을 넣는다.

1) [**Enable Musical Typing**] 눌러 활성화한다.
2) **컴퓨터 키보드**로 미디노트를 입력한다.

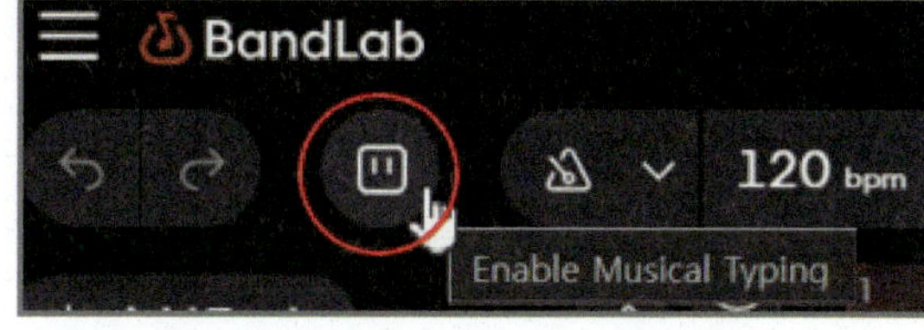

4. 미디노트를 더블 클릭하면 MIDI Editor 의 노트 앞에 박자가 맞지않는 공간이 생긴다.

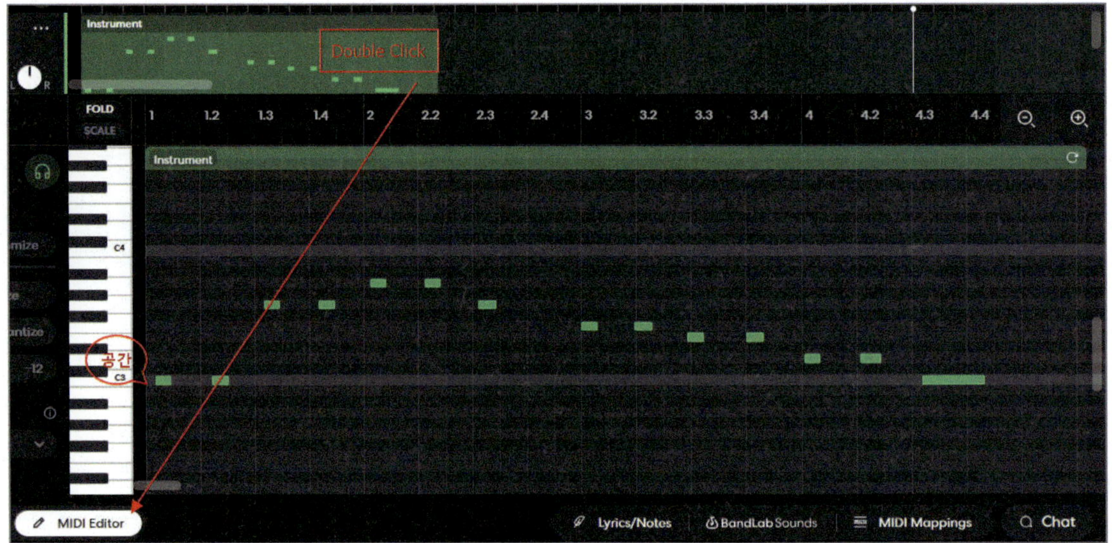

5. 피아노 미디노트 선택하고 우마우스로 [Quantize: 단축키 Q] 눌러 [1/4] 클릭하면,

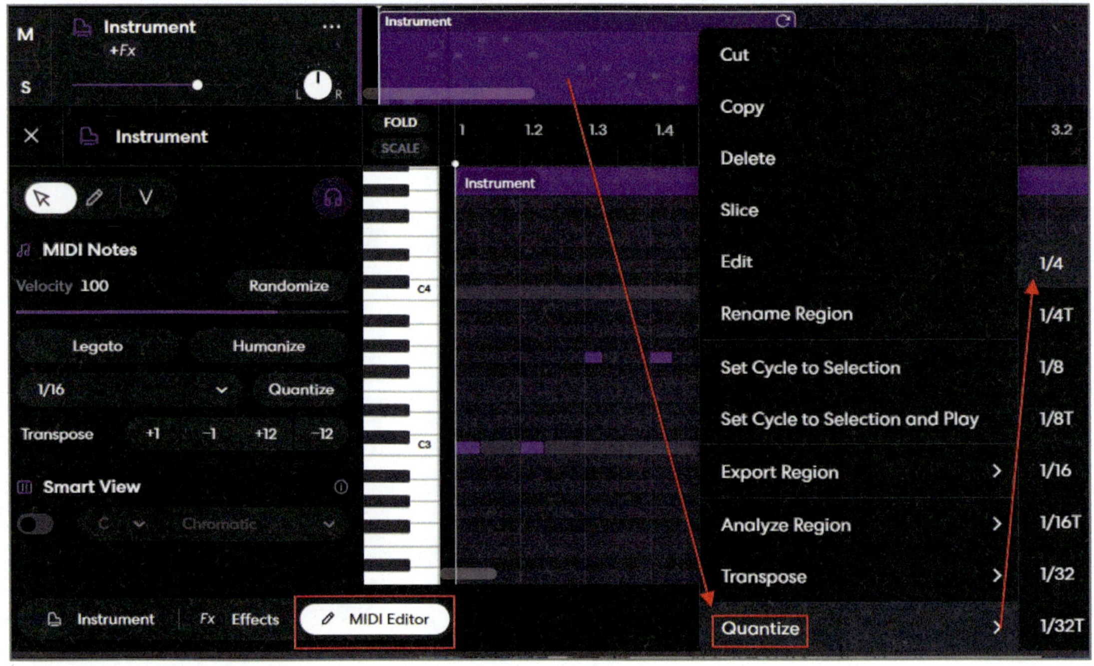

6. 미디노트 앞에 공간이 없어지고 정렬이 되고,

   Smart View 활성화하면, 미디노트에 음이름(C3)이 표기된다.

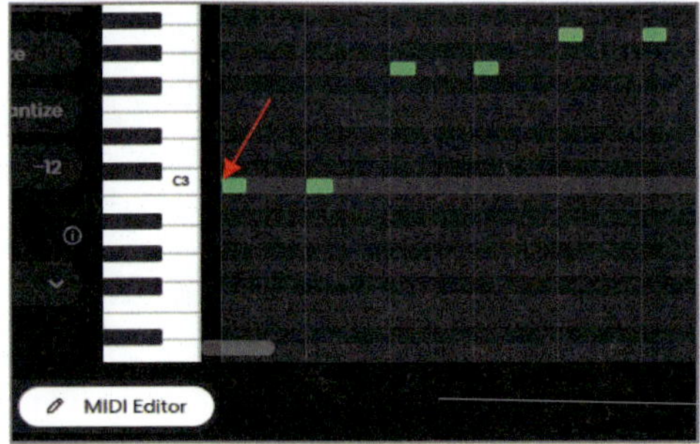

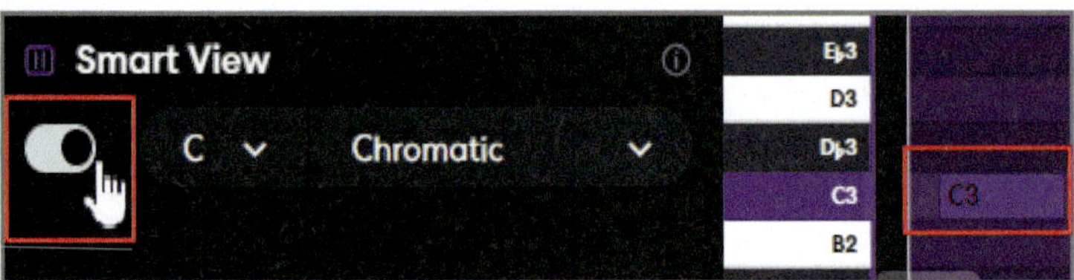

7. 미디노트를 드래그하여 이동한다.

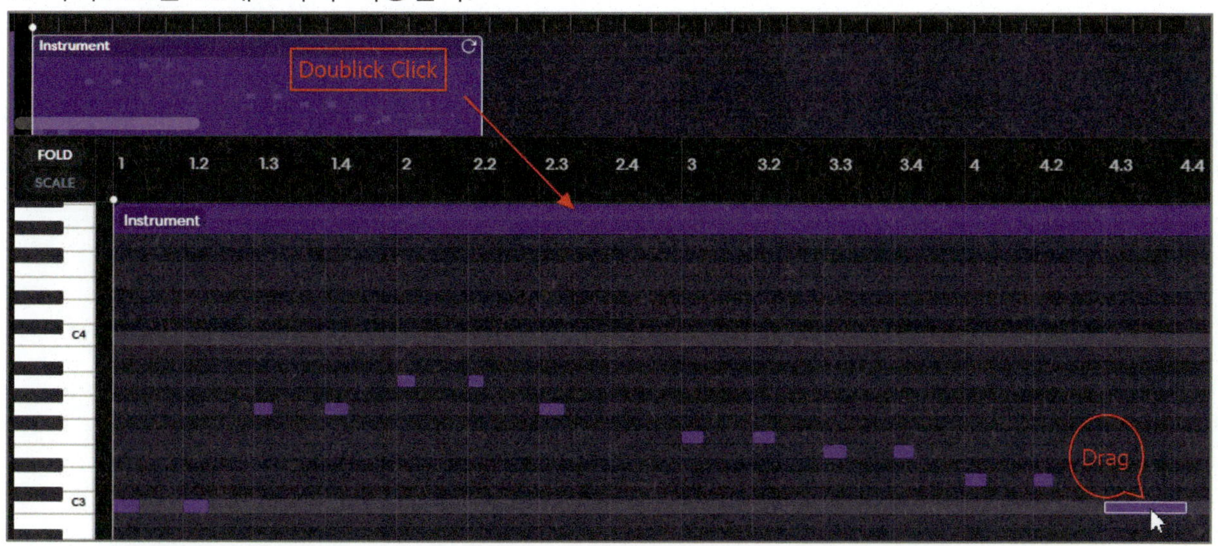

8. 트랙 추가하고 드럼머신으로 드럼 입력하기위해 [Add Track] 눌러서 [Drum Machine] 클릭한다.

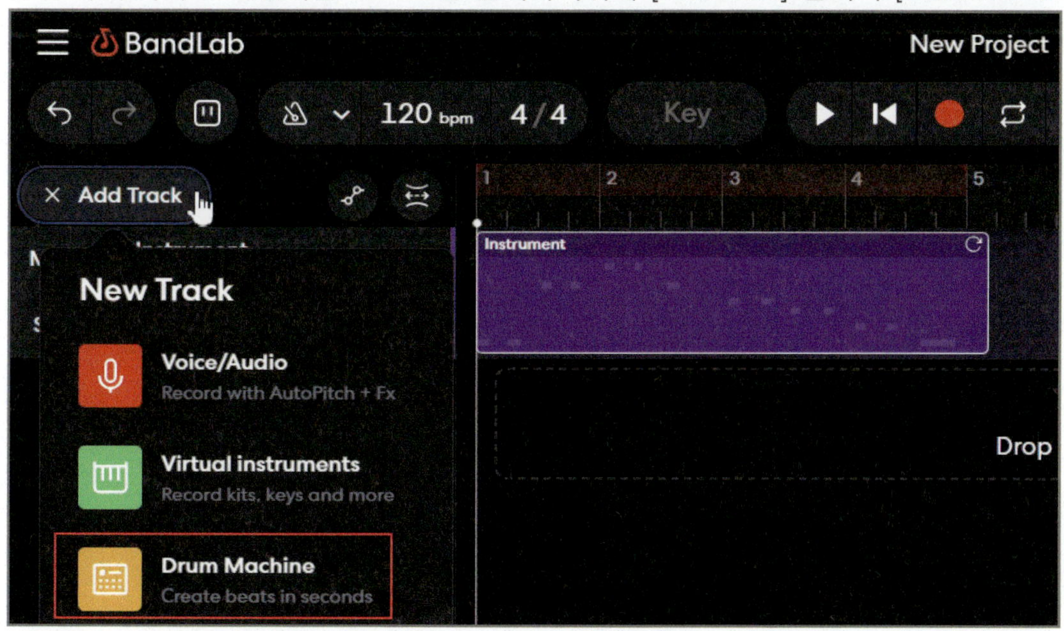

9. PATTERNS B 들어보고 [Add B] 누르면 트랙에 들어간다.

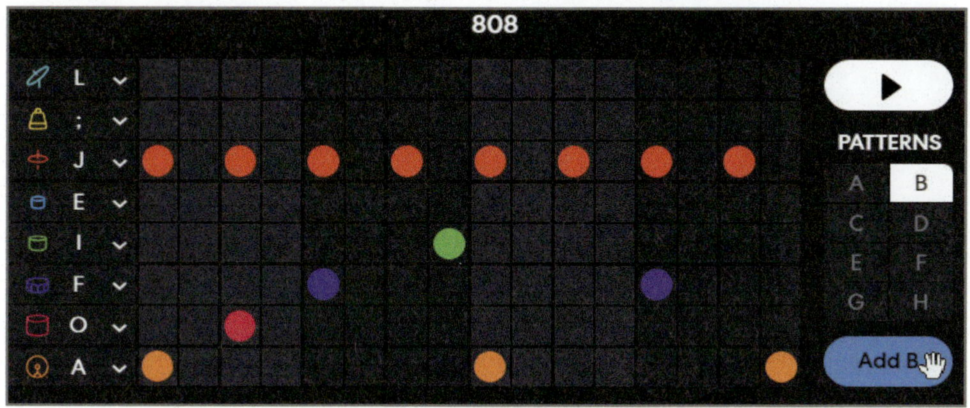

10. 밴드랩 사운드로 샘플 음악 넣기

　[BandLab Sounds] 클릭하여 샘플 음악을 드래그하여 트랙에 넣는다.

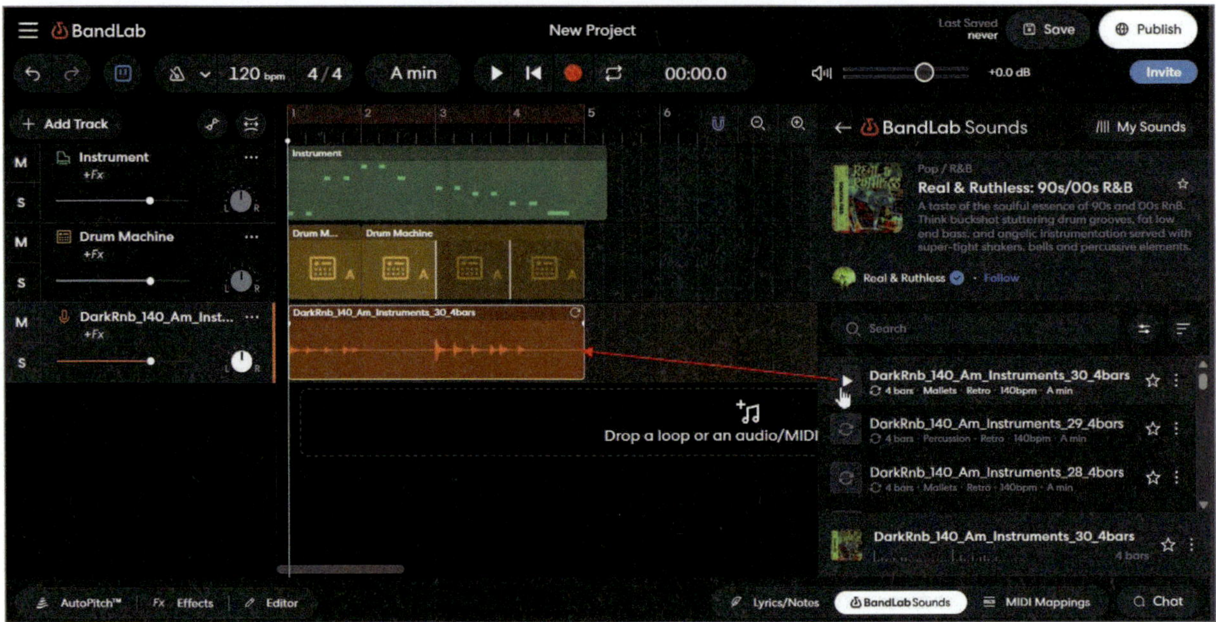

11. [Save] 클릭하여 프로젝트를 저장하고 Project saved 클릭한다.

12. Recent Projects 에서 New Project 의 더보기의 [**Open in Studio**] 클릭하면

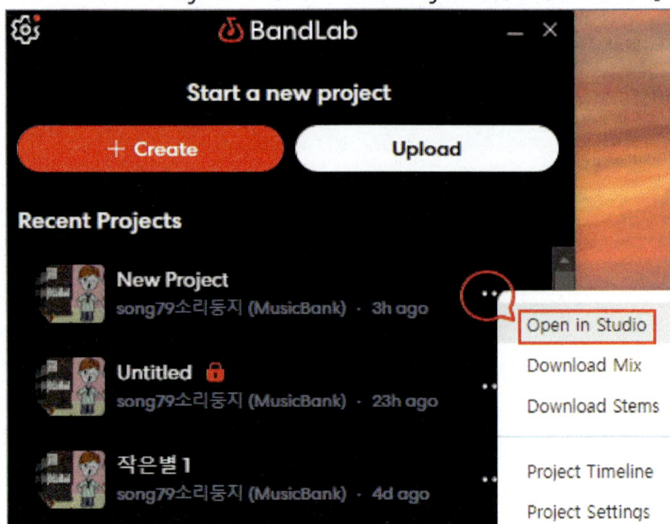

13. **믹스 에디터(Mix Editor)** 창의 트랙이 열리면 수정 편집한다.

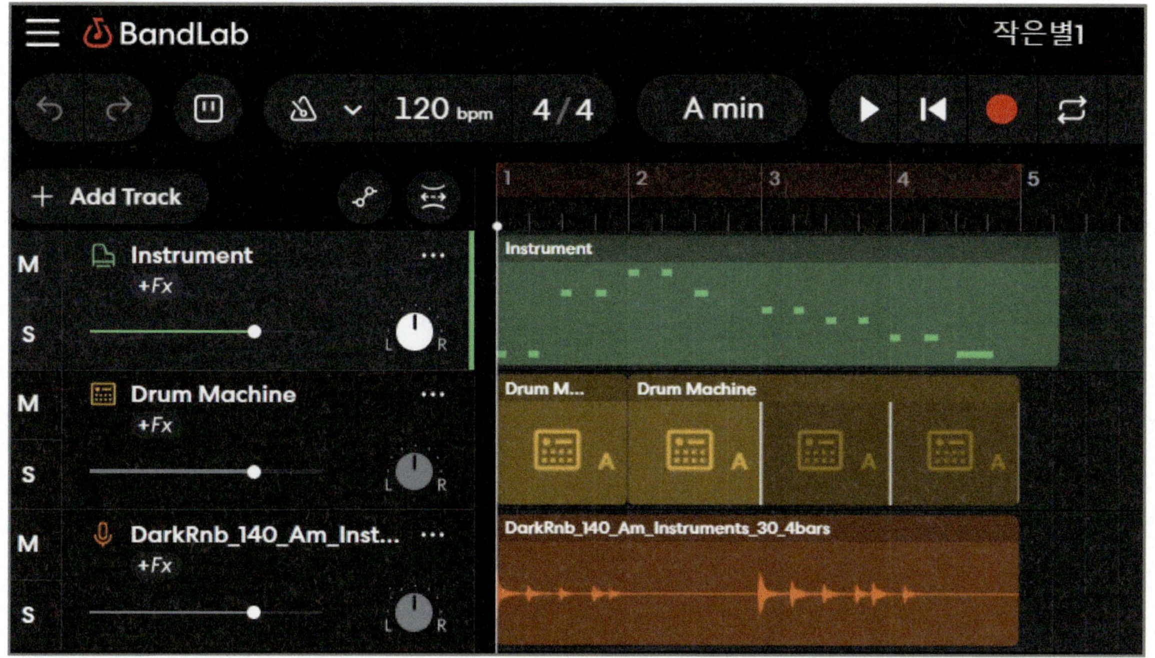

<친구 추가 공동작업>

1. [친구 추가(Invite)] 버튼을 누른다. [Invite] 누르면 Collaborators 창이 생긴다.
   혹은 [Project/ **Collaborators**] 클릭한다.

2. Collaborators 창에 이메일 주소를 넣고 위에 주소가 보이면 Send 누르고,

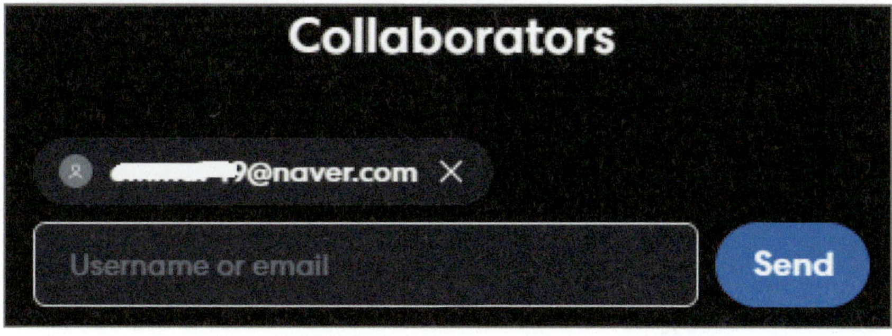

3. [Invite: 세션작업] 누르고 공동 작업을 한다.

[31] New Project, BandLap Sounds 의 Samples 악기추가

BandLap Sounds 의 Samples 에서 음악을 만들기위해 기존 작업한 프로젝트를 불러와 악기를
추가하고 효과음을 넣기

1. PC 에서 BandLab Assistant 를 실행하면, [**Start a new project**] 창에서 [**Upload**] 클릭하고,.
  오디오파일 불러와서 Recent Projects 에 오디오파일의 더보기에서 [**Open in Studio**] 클릭한다.

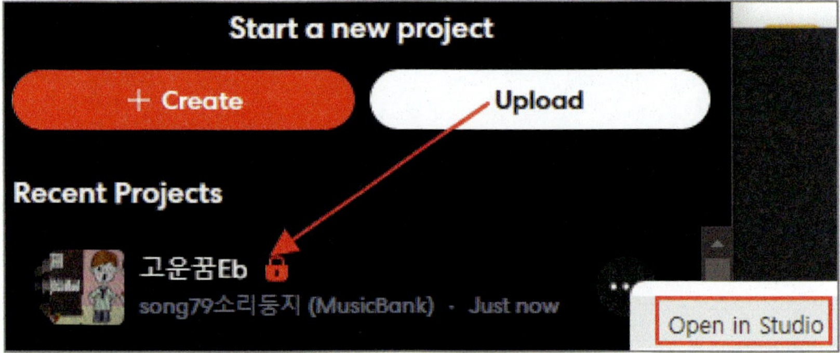

2. Studio 창이 열린다.

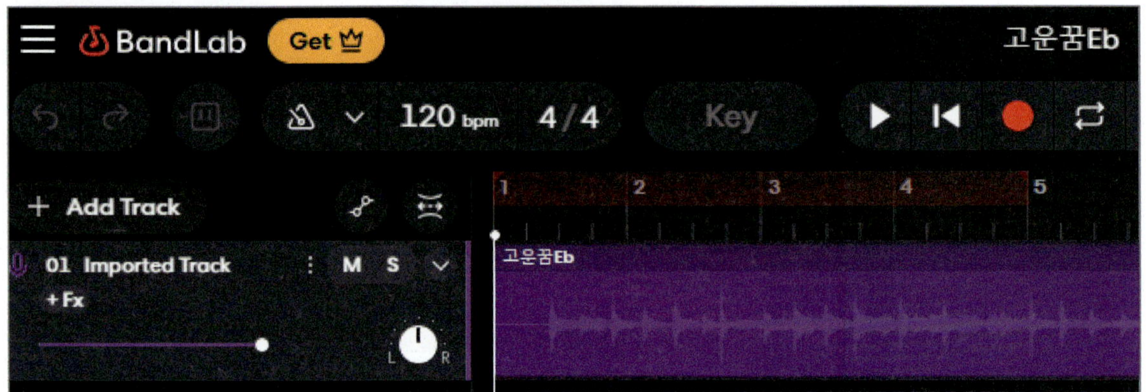

3. New Project 더블클릭하여 프로젝트 이름을 수정하고

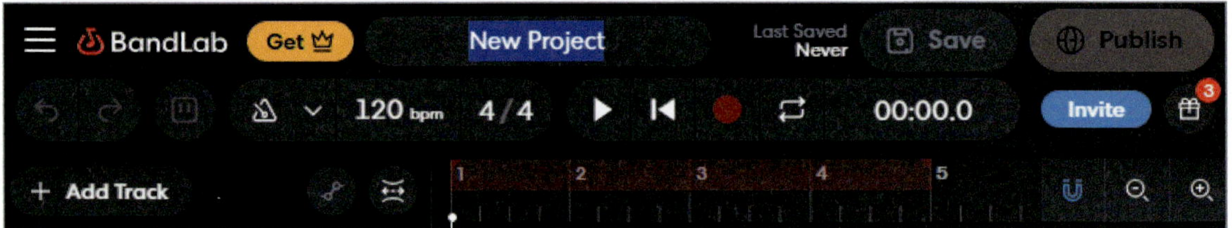

4. [**View all projects**] 클릭하면,

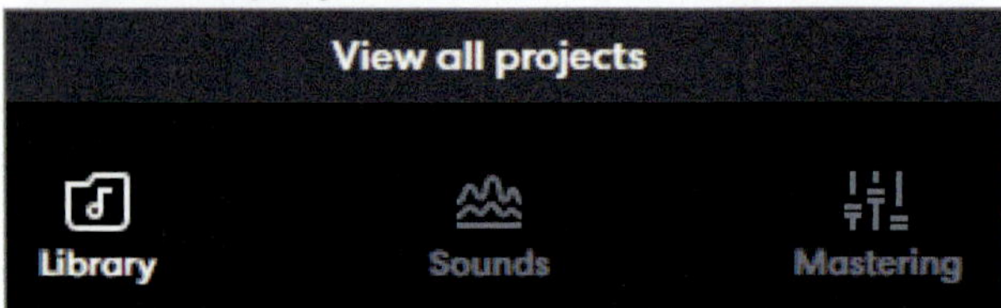

5. 밴드랩 Create(만들기)창이 열린다.

6. BandLap Sounds 창이 열리면 [Packs] 탭에서 선택하여 더블클릭하면 트랙에 삽입된다.

7. bpm(빠르기)는 120, 박자(4/4), 조성에서 [G]조로 정한다.

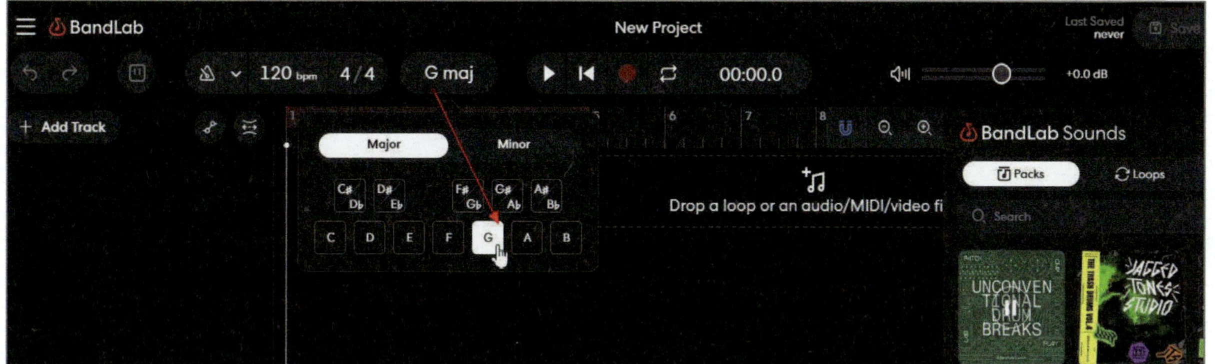

8. BandLap Sounds 의 Samples 를 골라 열고, 드럼을 검색하여 트랙에 드래그하여 넣는다.

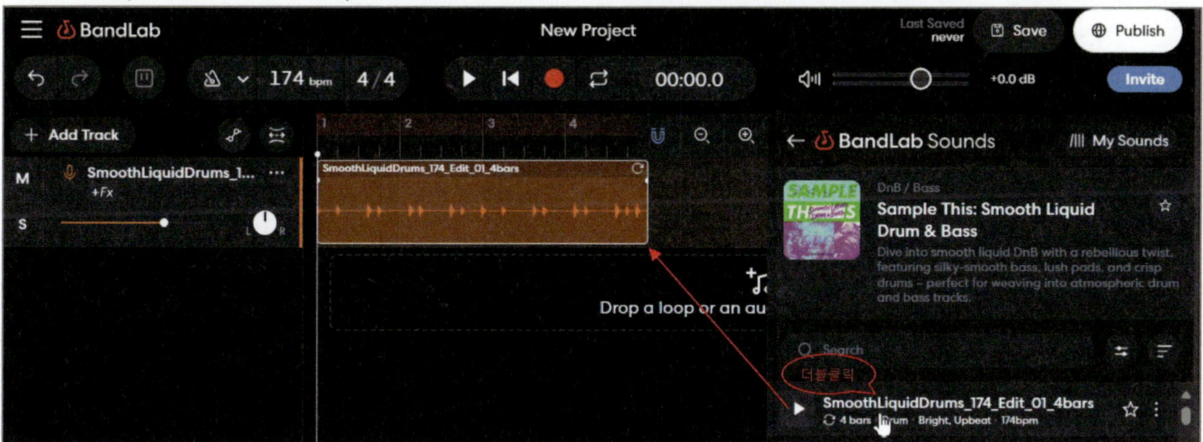

9. 작업하고 밴드랩을 재실행하여 Library 의 Recent Projects 에서 작업중인 프로젝트를 불러온다.

10. 기존 파일을 이어서 작업하려면 [Studio] 클릭한다.

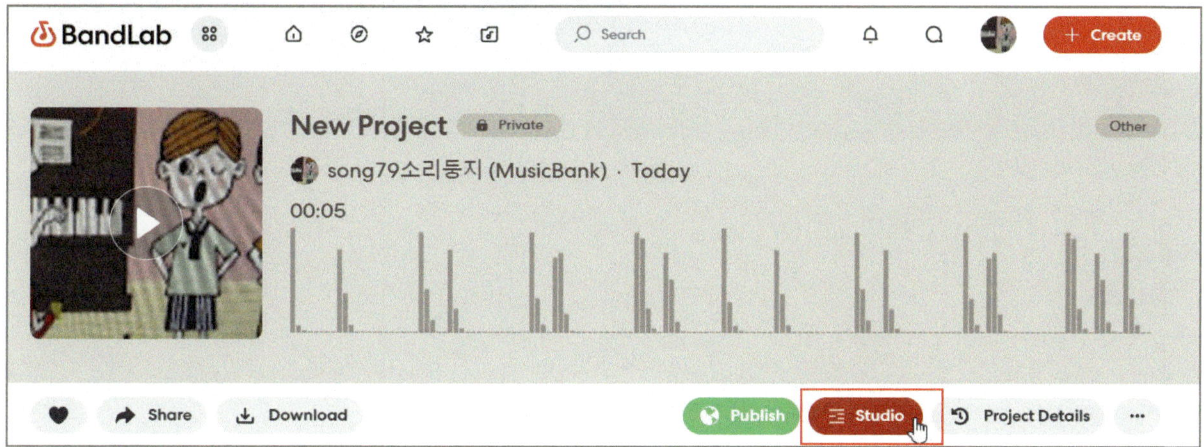

11. BandLap Sounds 에서 [**Loops**] 탭 클릭하고 검색에서 'piano' 검색하여 샘플을 트랙에 드래그한다.

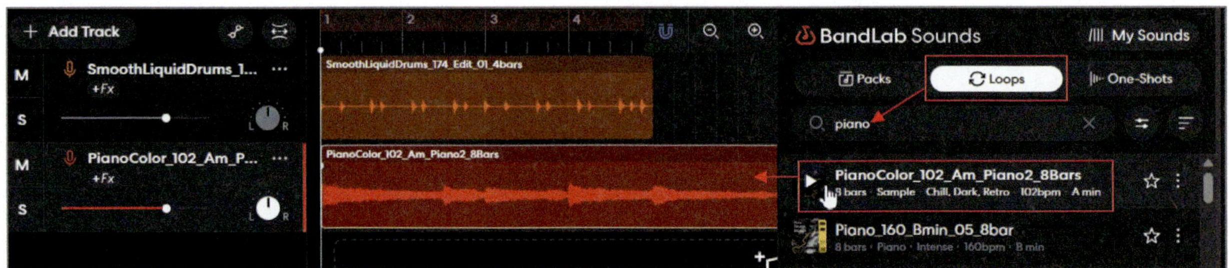

12. 검색 창에서 'fx' 검색하여

13. 효과 샘플을 드래그하여 넣는다.

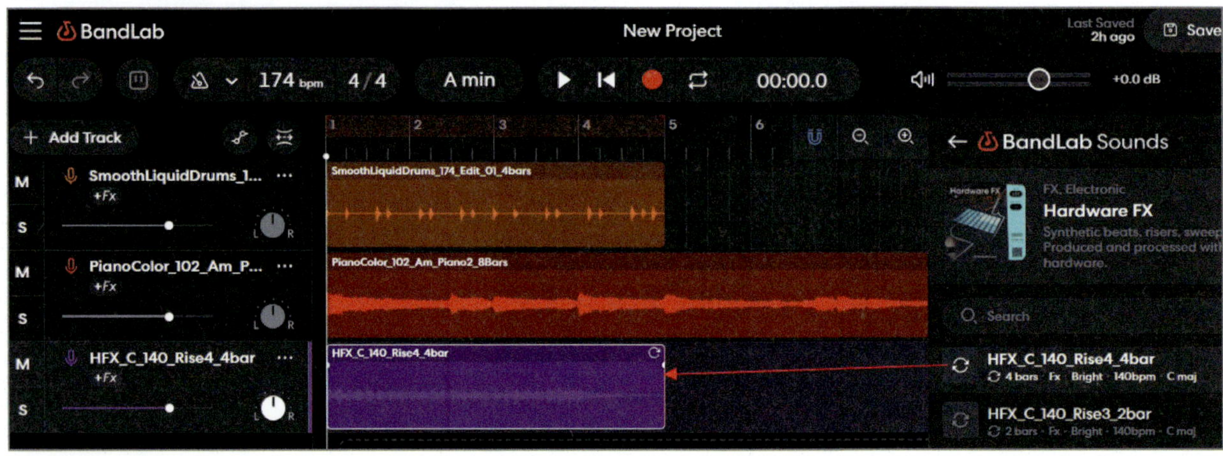

14. Save 눌러 프로젝트를 저장하고,

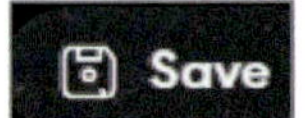

15. 우측 메뉴의 [Project/Down/**Mixdown As**] 누르고 오디오파일로 저장한다.

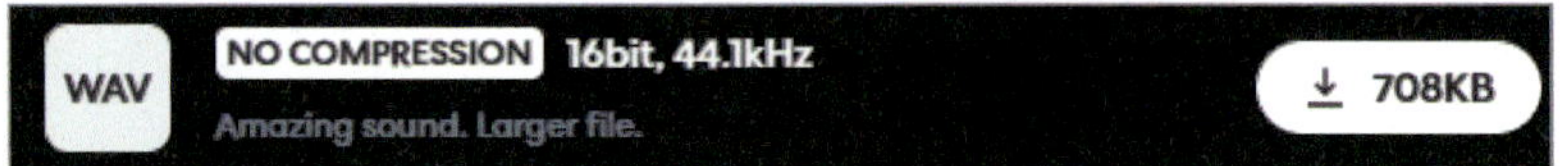

[32] 밴드랩 인터페이스, 메뉴

밴드랩은 음악을 창작하는 과정을 공유하는 소셜음악 저작 프로그램이다.
PC 에서 밴드랩을 설치하지않고 처음 사용하려면 로그인하고, 새프로젝트 열고 메뉴 알기

<밴드랩 처음 열기 New Project>

1. PC 에서 구글에서 '밴드랩' 검색하고, [BandLab - Make Music Online] 클릭한다.
2. [**Sign Up(가입하기)**] 클릭하고 로그인한다.

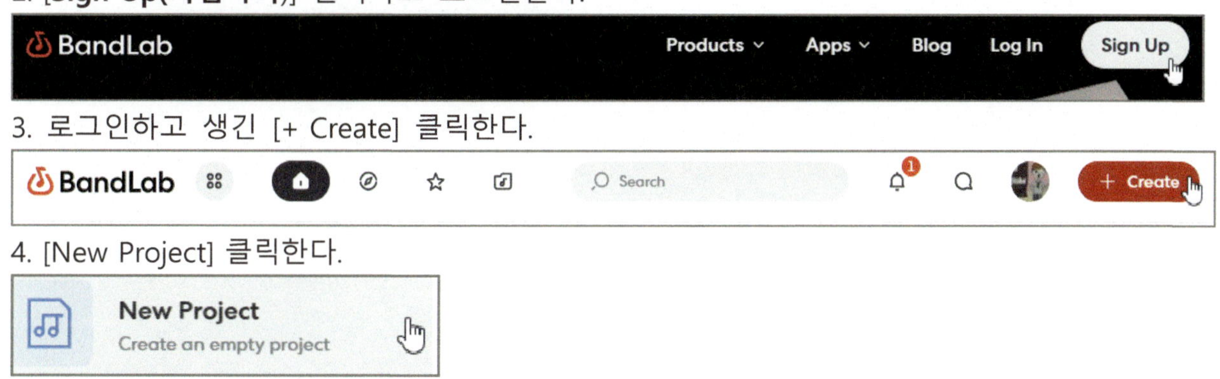

3. 로그인하고 생긴 [+ Create] 클릭한다.

4. [New Project] 클릭한다.

5. New Track 의 [Instruments] 클릭하면 New Project 창이 열린다.

<밴드랩 New Project 인터페이스>

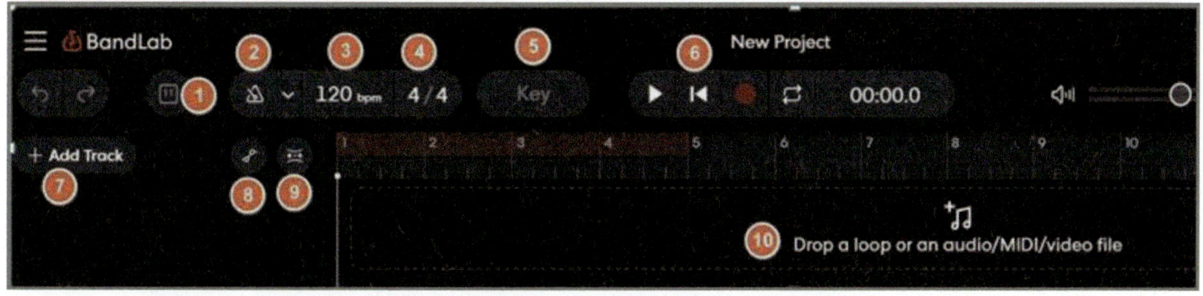

1. Enable **Musical Typing**: 컴퓨터 키보드로 미디노트를 입력한다.

2. Metronome(메트로놈) : 박자에 맞게 소리가 난다.

3. BPM : 곡의 속도

4. 박자 : 곡의 박자 화면엔 지금 4/4 박자

5. Key(조성) : 곡의 키를 정하는 것이다.

6. Transport Bar: Play, Return, Recording, Cycle, Display, 마스터 볼륨

7. + Add Track : 미디와 오디오 트랙을 추가한다.

8. Show/Hide Automation: 트랙에서 볼륨을 자동으로 조절한다..

9. **Toggle Region Stretch mode**: 트랙에서 Pan, Volume 을 각각 조절한다.

10. Drop a loop or an audio/MIDI/video file : 오디오, 미디, 비디오 파일을 불러온다.

[33] Fx Custom, Vocal Remover, Compressor

음원에 목소리 녹음하여 Fx Custom 으로 이펙트(Effects) 주고, 보컬 리무버(Vocal Remover)로
템포, 조성 찾고, Compressor(컴프레서)의 구조를 알고 적용하기

<음원 불러와 노래 녹음하여 더빙하기>
1. 하단의 '+' 버튼을 눌러 만들기 창에서, [Import File] 눌러 오디오나 미디 파일을 불러온다.
2. Track Type 에서 [Voice/Audio] 눌러 목소리를 녹음하여 더빙한다.

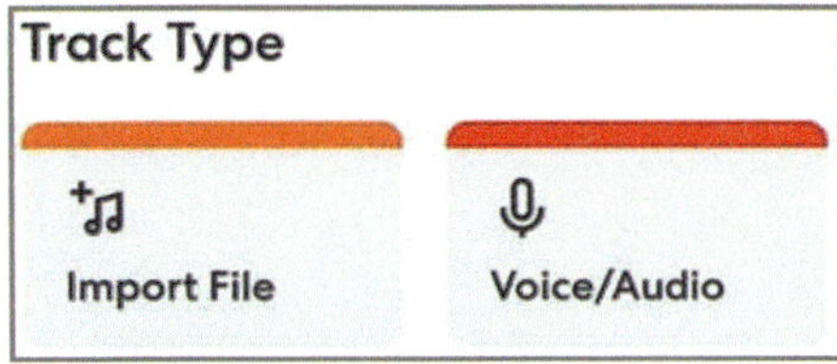

3. 우측 상단의 구름 모양의 [내보내기] 클릭하여 프로젝트를 저장한다.

<스마트폰에서 EQ Fx 효과 주기>
1. 하단 우측의 [라이브러리] 버튼 누르고, 프로젝트(노래녹음) 선택하고, [Studio] 클릭한다.

2. Voice/Audio 트랙이 보이면, 좌측 하단의 [Fx Custom] 버튼을 누른다.

3. Effects 창에서 [**Recommended**] 장르에서 검색 클릭하고, [Recommended] 탭 선택하고
   Equalizer 의 [Graphic EQ] 클릭한다.

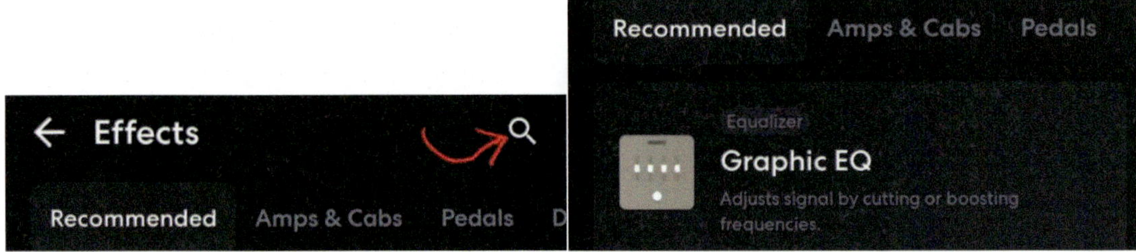

4. EQ 레벨을 설정한다.

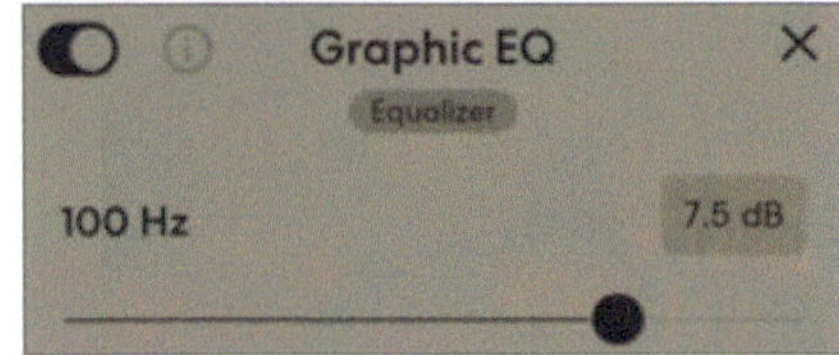

5. 오디오 트랙의 Reverb 효과를 추가하기위해 [+Fx] 누른다.

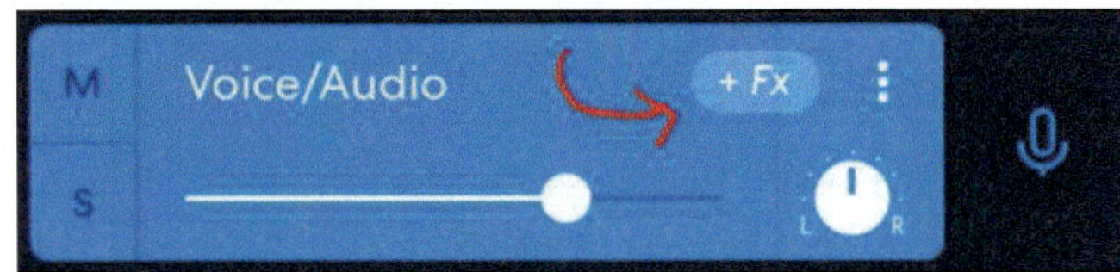

7. EQ 트랙에 효과 추가하기위해 [+] 누르고, [**Recommended**]의 [Studio Reverb] 누른다.

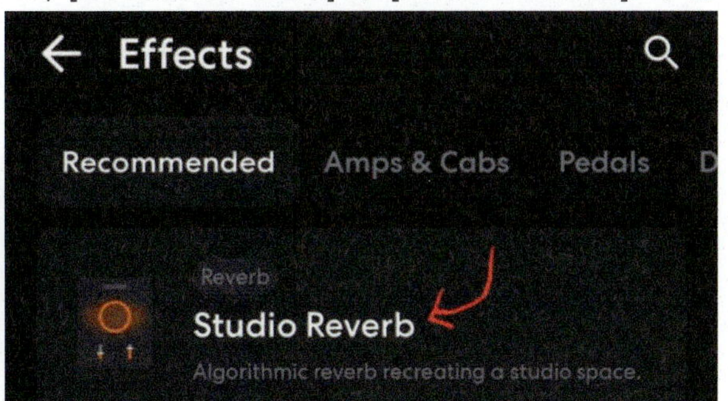

8. Compressor(컴프레서) 효과를 넣고 설정하기

  1) 'digi' 검색하고, Dynamics 의 Compressor 에서 [DIGI Comp] 클릭하여

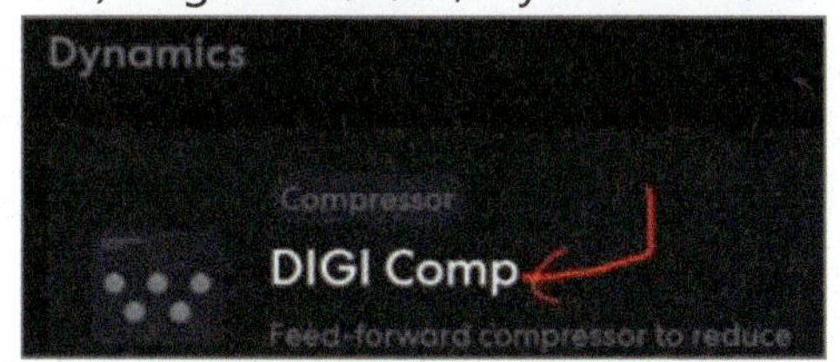

  2) **컴프레서(Compressor)** 구조

레벨(노브)을 움직여 압축 값을 설정한다.

Attack: 압축 시작 시간(ms)이 크면,

압축을 빨리 반응한다.

Release: 압축이 지속되는 시간으로

압축을 푸는 시간(ms)이 빠르면, 원래

소리로 빠르게 돌아간다.

Threshold: 압축할 소리 크기(db)로 정한 값을

넘어가는 소리만 압축이 작동된다.

Ratio: 비율값이 커지면 압축이 증가한다.

(1/2)로 값이 크면 압축이 빨리 회복된다.

큰 소리를 더 압축한다.

Knee: Threshold 와 Ratio 를 부드럽게 연결

  *컴프레서를 과하게 사용하면

소리가 답답해지고, 다이나믹을 훼손한다.

컴프레서(Compressor)는 사운드를 압축하여
다이나믹 레인지(재생 가능한 최대 음량과 최소
음량의 비의 차)를 좁히는 데 사용되는 효과로,
갑자기 생기는 날카로운 소리들을 줄이고,
적절한 볼륨으로 보컬을 결합하여 선명한 소리를
생성한다.

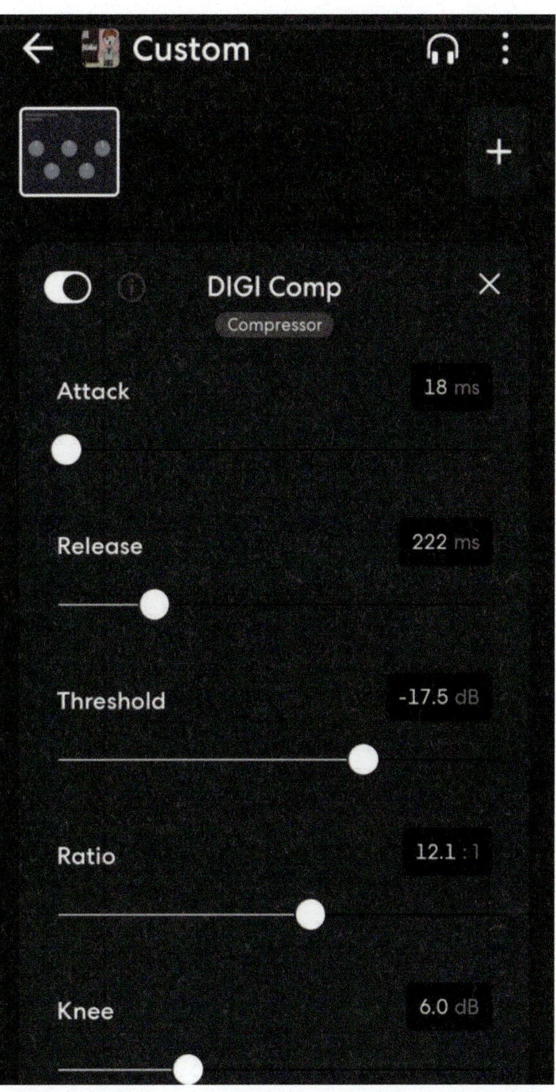

<보컬 리무버(Vocal Remover)로 MR 만들기>

보컬 리무버는 HiFi 무손실 고음질로 템포(BPM), 조성(Key) 찾고, 보컬을 제거하여 MR 을 만든다.

<PC 에서 보컬 리무버로 MR 추출하기>

1. 구글에서 '보컬리무버' 검색하여 [노래의 템포 찾기] 클릭한다. https://vocalremover.org/ko/

2. 오디오 파일 선택에서 **폴더**를 클릭하고,

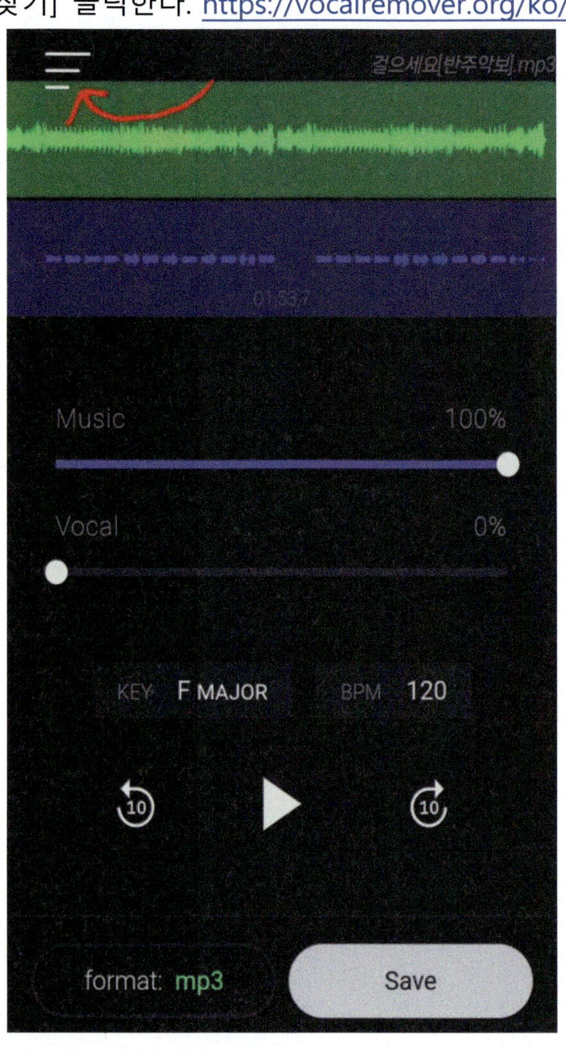

3. 노래(**AR) 파일**을 불러와서,

   Key(조성): F Major, BPM(템포) 120 확인한다.

   Vocal 을 0%하고 왼쪽 위의 [메뉴]를 눌러

   보컬을 제거하고, [Save] 눌러 MR 로 저장한다.

4. [커터(Cutter): 잘라내기] 클릭하고,

5. 인디케이터를 움직여 클립을 선택하고 [잘라내기]와 [제거]를 누른다.

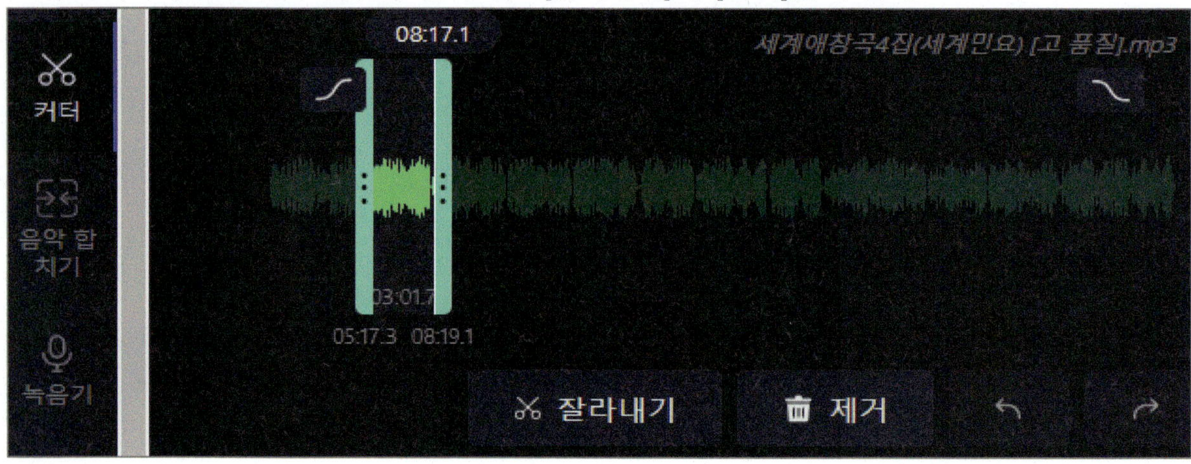

<보컬리무버(Vocal Remover)로 MR 추출하기>

스마트폰에서 보컬리무버로 악기와 노래 녹음하여 음악(Music)과 보컬(Vocal) 분리하기
구글에서 '보컬리무버' 검색하고, [**Vocal Remover**] 눌러 온라인으로 열기한다.

1. 왼쪽 상단의 **메뉴** 탭하고, [**노래녹음**] 탭한다. 메뉴에는 보컬 제거,피치 변경,커터, 녹음기,
   구분기호,노래 템포 찾기,음악 합치기,노래 녹음 등이 있다.

2. 마이크를 사용하기위해 [**허용**] 탭하고, 온라인으로 노래 만들기 창에서 [**파일선택**] 탭한다.

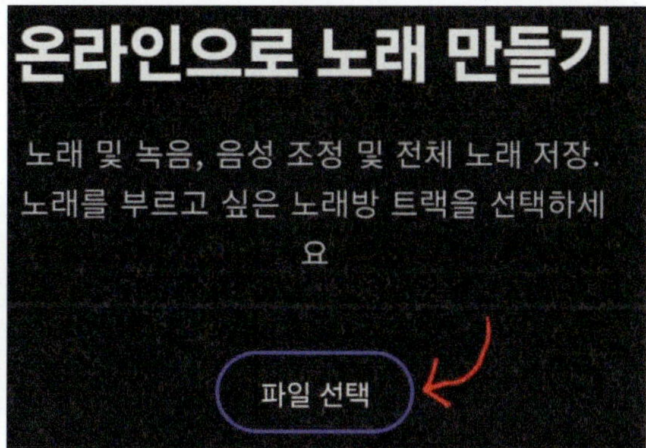

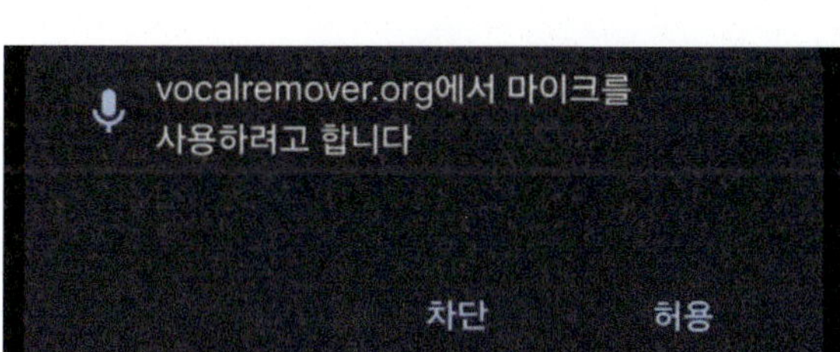

3. 작업 선택에서 [카메라 캠코더] 탭하고 하단의 [녹음] 버튼을 누르고 녹음 시작하고,
   음성 동기화를 확인하고, X 눌러 창을 닫는다.

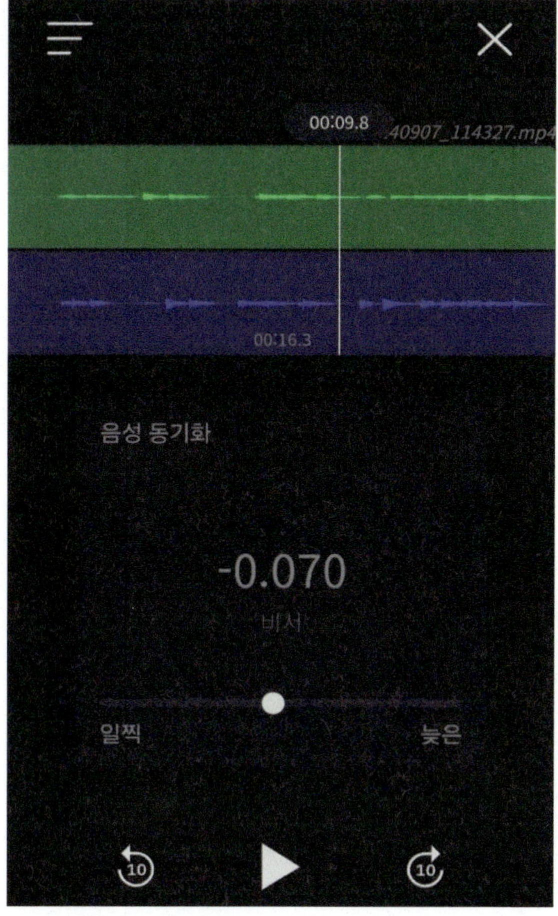

4. 형식(format)에서 mp3 선택하고,
   [저장(Save)] 탭하여 **Music** 선택하고,
   MR 로 저장(Save)한다.

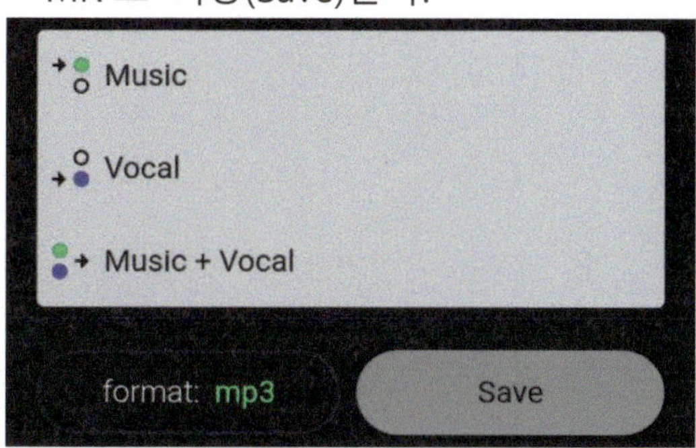

[34] 반주음악 노래 더빙과 믹싱

스마트폰에서 엠알(MR)에 목소리를 녹음하여 더빙하여 믹싱하고, PC 에서 음악 편집하기

<스마트폰에서 오디오레코더로 더빙하고, PC 에서 편집하기>

1. 스마트폰에서 엠알(MR)을 불러오고 이어폰(**블루투스 이어폰**)을 연결한다.

2. 스마트폰에 있는 엠알(MR)을 들으면서 오디오레코더(ZOOM H1n)에 노래를 녹음한다.

3. PC 에서 밴드랩 어시스턴트 열고 음원 편집한다.

4. 노래 녹음 파형이 작으면 리전을 더블클릭하고, **Region Gain** 을 올려 파형을 크게한다.

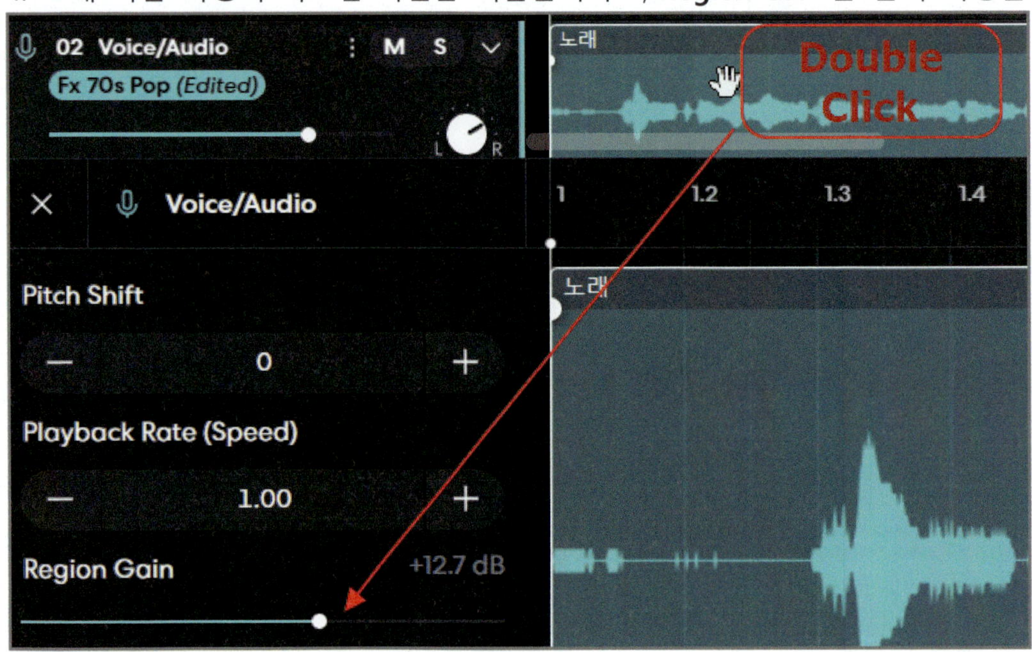

<반주파일에 노래 녹음하기>

1. 첫화면에서 하단의 **만들기(Create [+]** 버튼 누른다.

2. [Open Studio] 누른다.

3. New Track 에서 [Voice/Audio] 누른다.

4. 'Import File' 눌러 반주음악 파일을 가져온다.

5. 믹스에데터 왼쪽 아래 [+] 눌러 트랙을 추가한다.

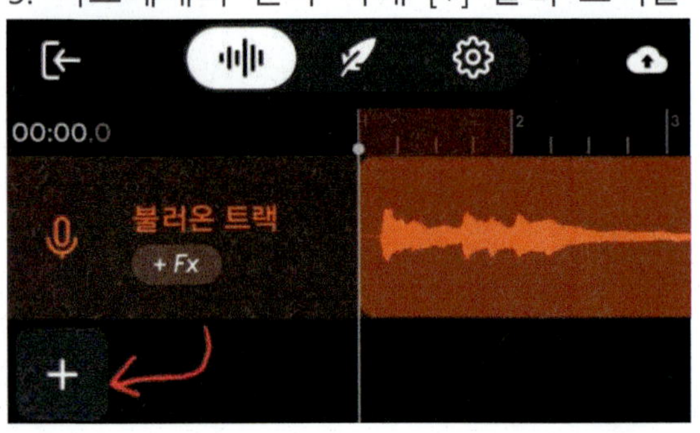

6. 왼쪽 아래 [멀티트랙] 누르고, Track Type 에서 'Voice/Audio' 선택한다.

7. [더보기] 눌러서 [이름 변경] 눌러서 트랙 이름을 '반주'로 정한다.

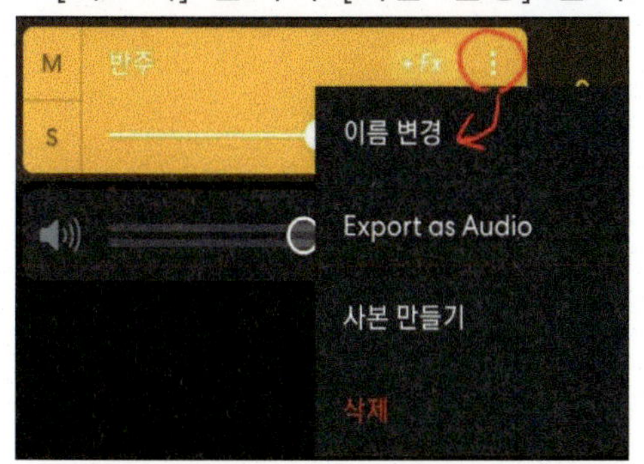

*더보기 기능

1) Export as Audio: 미디파일을
오디오 파일로 저장

2) 사본 만들기 : 같은 내용의 트랙 복사.

3) 삭제 : 해당 트랙을 삭제

8. 트랙을 추가[+]하고 트랙 이름을 '보컬'로 변경한다.

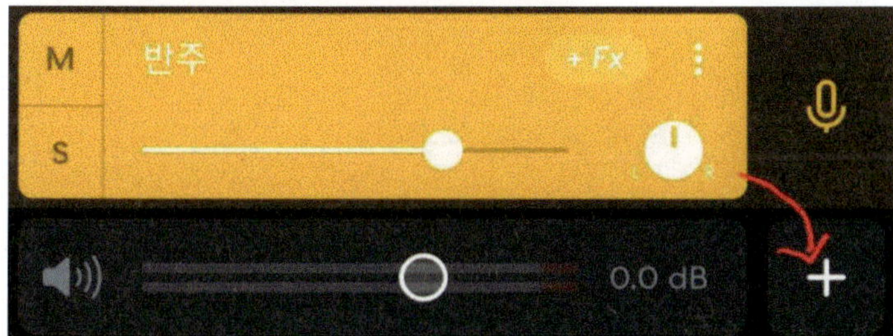

<블루투스 이어폰으로 노래 녹음하여 더빙하기>

1. [설정] 누르고, **Monitoring** 을 비활성화하고,
   [**Latency Fix**(오디오 지연시간 보정)] 누른다.

2. [**Advanced**] 누르고,
   500ms 로 올려 Save 하고 Done 누른다.

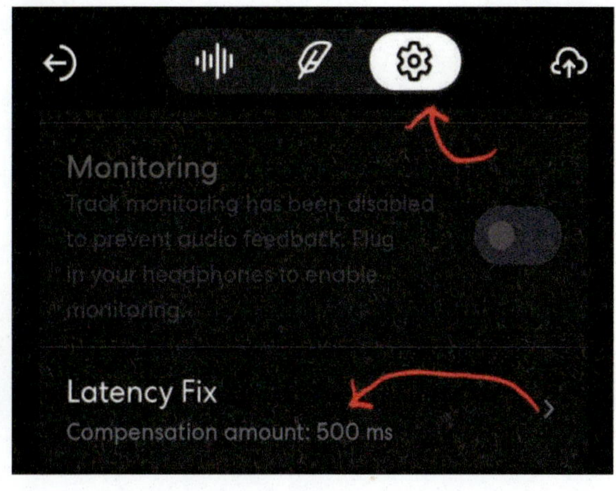

3. 블루투스 이어폰을 연결하고 [Voice/Audio] 트랙에 노래를 녹음하고, 우측 상단의 [X] 누르고
   창을 닫으면, MR 과 노래 리전이 생긴다.

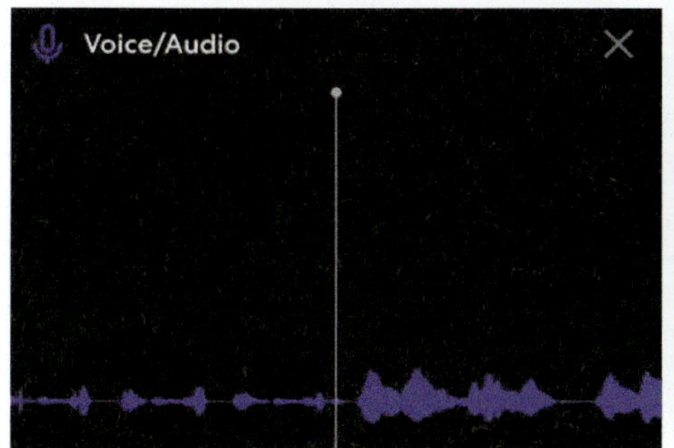

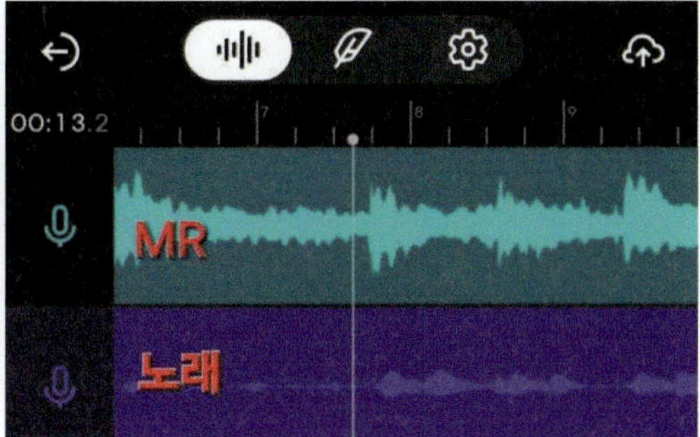

<PC 에서 반주음악(MR)에 노래 녹음하고 믹싱하기>

스마트폰에서 MR 들으며 노래만 녹음하고, PC 에서 불러와 원본 MR 을 삽입하여 AR 만들기

1. PC 에서 BandLab Assistant 실행하고, Library 메뉴를 열면, 스마트폰에서 반주음악(MR)에
   노래 녹음한 것이 Recent Projects 에 있다.

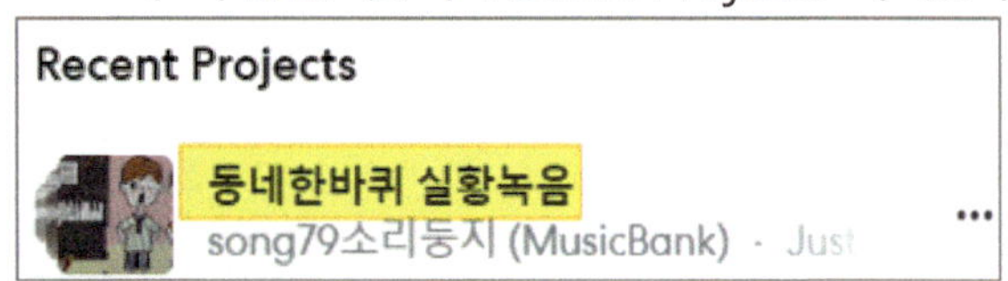

2. 파일 우측의 [더보기...] 클릭하여 [Open in Studio] 클릭한다.

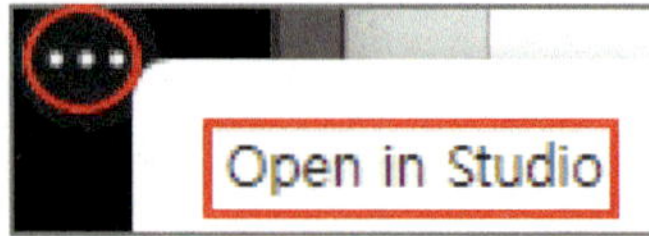

3. 멀티트랙 창이 열리고 다른 트랙에 '동네한바퀴-MR'을 드래그하여 추가하고,
   전주의 반주음악 클립 끝에서 S(Slice) 클릭하여 나누고 앞의 클립을 Delete 클릭하여 삭제한다.

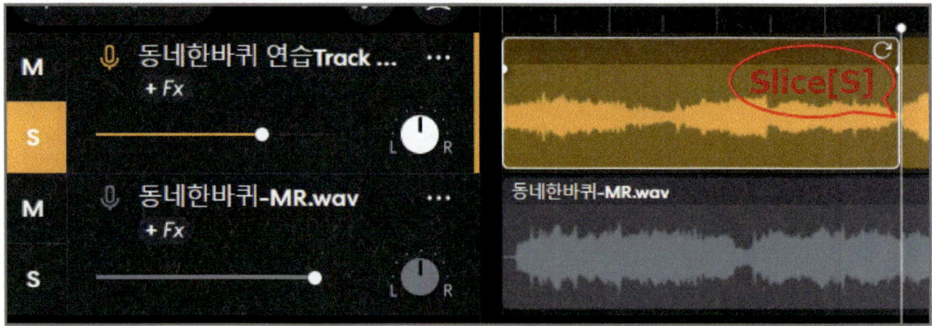

4. 클립을 이동하여 노래와 MR 을 일치시킨다.

5. 메뉴의 [Project/Download/Mixdown As] 클릭하고, Download 에서 mp3 로 저장한다.

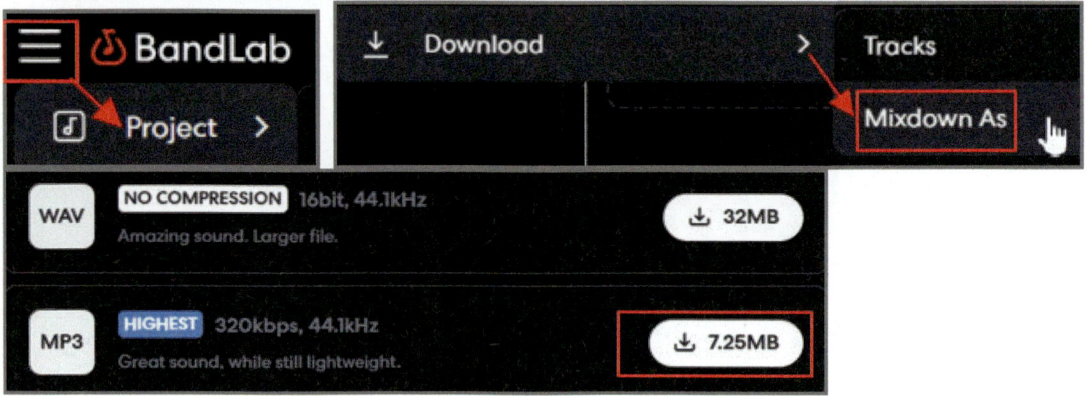

<스마트폰에서 프로젝트 편집하고 녹음 믹싱하기>

1. BandLab 실행하여 [라이브러리(Library)] 탭 누르고

2. 라이브러리의 프로젝트에서 [내프로젝트(My Projects)] 누른다.

3. 이미 저장한 프로젝트 열고 [**Studio**] 누르면, 믹스에디터(Mix Editor) 창이 바로 열린다.

*새로운 스튜디오 창 열기: 구글에서 '밴드랩' 검색하고, **bandLab.com/studio** 누르면 바로 열린다.

4. **믹스에디터**에서 목소리를 녹음하고 작게 녹음된 리전을 선택하고 [더보기...] 누르고

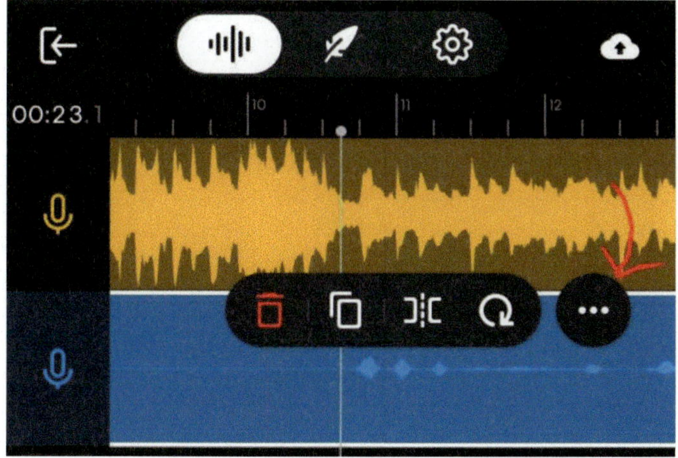

5. 볼륨 높이기: 더보기의 [Gain] 누르고 Gain 을 올리고 적용을 터치하고,

   [내보내기: Publish] 눌러 프로젝트를 저장한다.

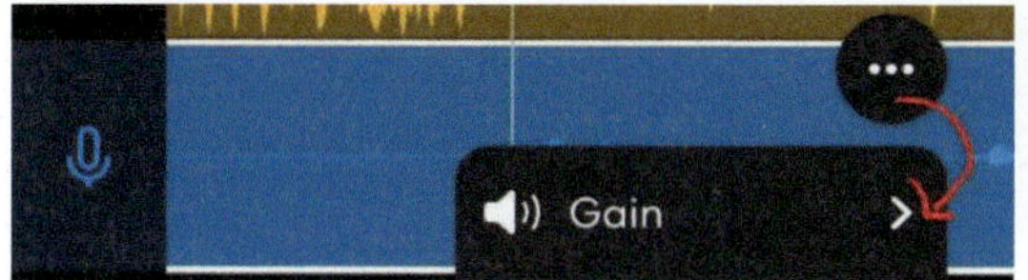

6. 목소리 녹음 방법

1) **프로젝트 설정(Project Settings)** 클릭하고,
   '실시간 입력 모니터링'을 비활성화한다.

2) '보컬' 트랙을 선택한 후 하단의 빨간 녹음 탭을 눌러 목소리를 레코딩한다.

3) 이어폰으로 녹음 시 '마이크기능이 있는' 한쪽 이어폰만 끼고, 나머지 한쪽 귀는 열어
   놓은 채 노래하는 소리를 모니터링 하면서 녹음한다.

4) 재녹음은 해당 트랙 눌러서 메뉴 중 빨간색 픽토그램 부분을 눌러 지우고 녹음한다.

<효과(Fx Effect)를 적용하여 녹음하기>

1. [Fx None] 탭하고, 효과를 적용하면 [Fx Custom]으로 바뀐다.

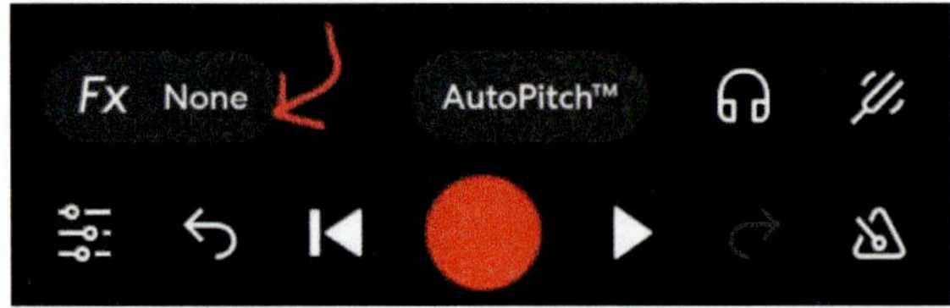 

2. My Presets 에서 [+ **Create Preset**] 탭한다. 70s Ballad 에 여러 효과가 들어있다.

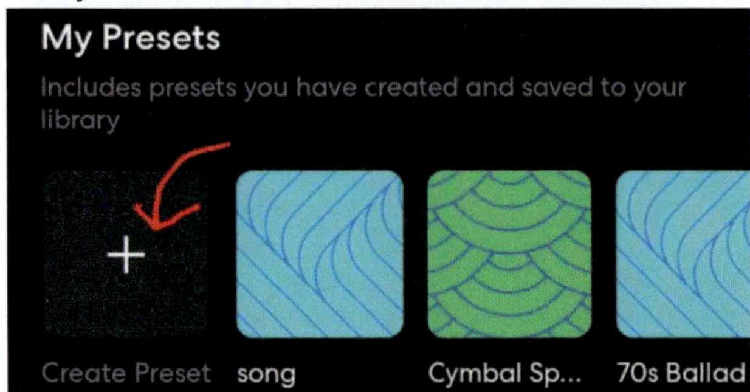 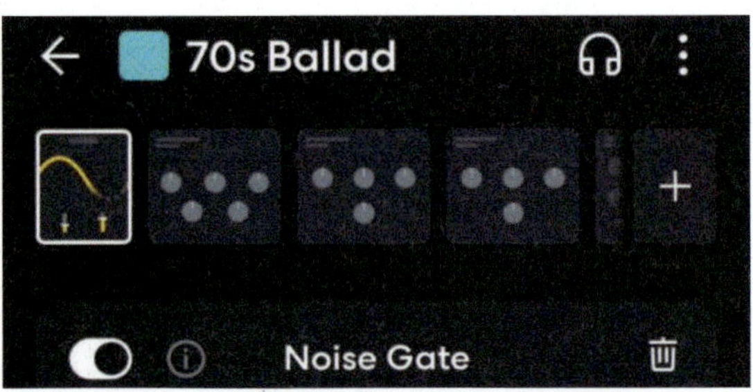

3. Effects 에서 [Dynamics] 메뉴의 [**Noise Gate**] 선택하고, [**Threshold**] 바를 움직여 적용한다.

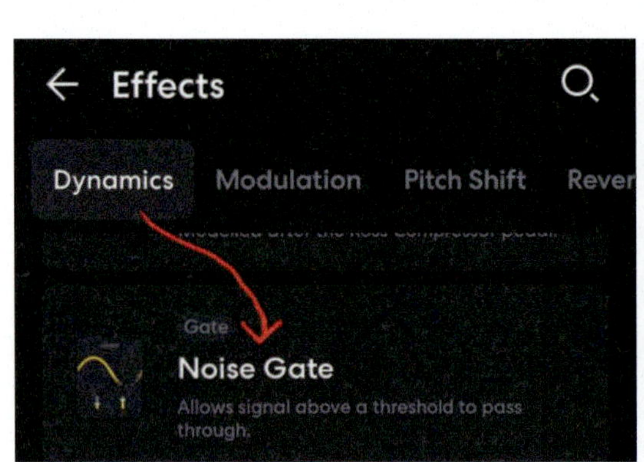 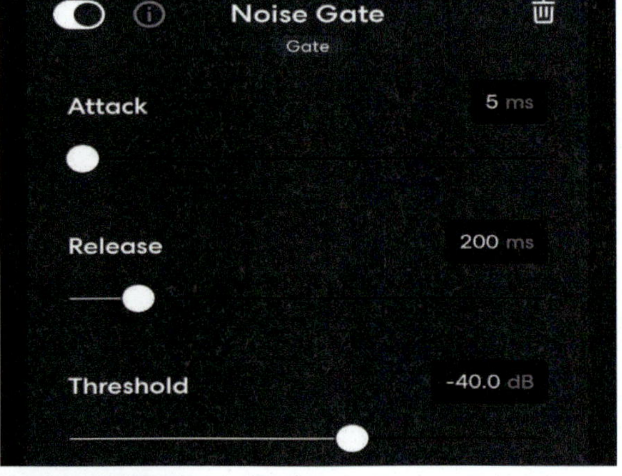

4. 효과 수정하려면 아래 버튼을 누르고 녹음하면 효과가 적용된다.

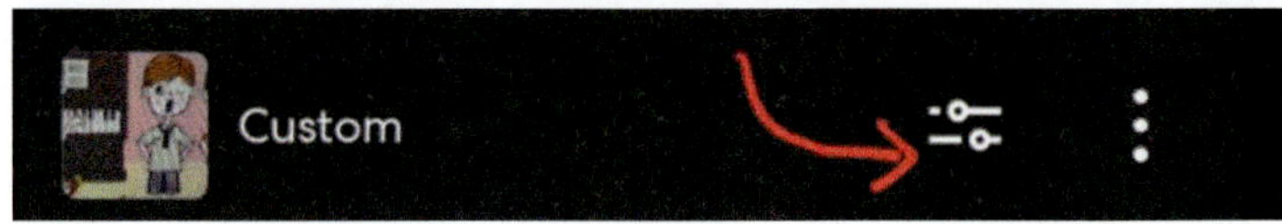

***Noise Gate(노이즈 게이트)**: 소음이 많는 곳에서는 입력 레벨이 임계값 이하로 되었을 때
증폭률을 순간적으로 저하시켜 출력 레벨을 작게하고 잡음을 없애는 잡음 저감법을 사용한다.

[35] MIDI Editor 미디노트 입력

PC 에서 밴드랩을 설치하지않고 온라인에서 기타와 드럼과 멜로디를 넣고, 미디 에디터에서 코드를 어쿠스틱 기타로 아르페지오를 입력한다.

<미디노트 입력하기>

1. 구글에서 '밴드랩' 찾아 [BandLab - Make Music Online] 클릭한다.

2. [Create] 클릭한다.

3. [Instruments] 탭 누르고,

4. 악기 선택하기위해 Guitars 의 [어쿠스틱기타: Acoustic Guitar] 클릭하여 아르페지오 입력한다.

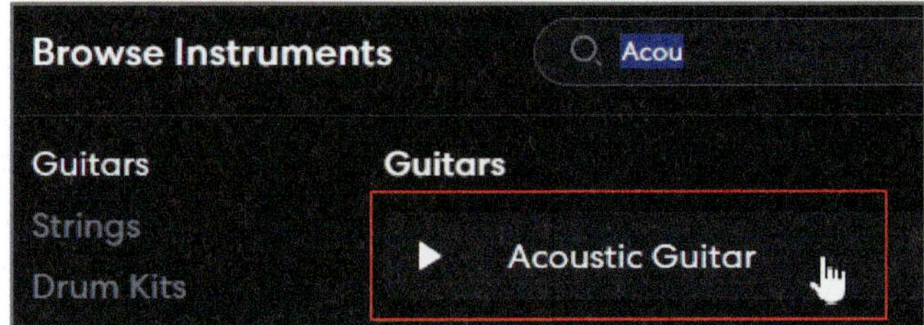

5. [MIDI Editor] 선택하고 피아노롤로 기타 노트를 입력한다.

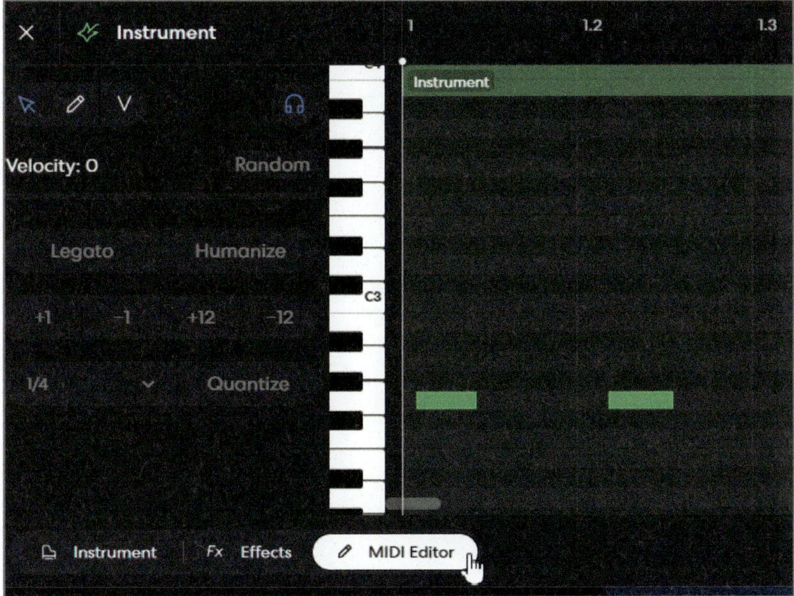

[36] 악기 입력 MIDI Instruments, BandLab Sounds

컴퓨터로 키보드로 온라인 상에서 미디노트 입력하고, 밴드랩사운드의 샘플을 입력하기

<컴퓨터 키보드로 미디노트 입력하기>

1. 구글이나 네이버에 '밴드랩' 검색하고, 밴드랩(BandLab)
   사이트가 나오면, **BandLab-Make Music Online** 클릭한다.
   https://www.bandlab.com/feed/trending
   *사이트에 들어가 가입을 한다. 크롬을 사용하면 바로 번역이 된다.

2. [+ Create] 클릭하고, [New Project] 클릭한다.

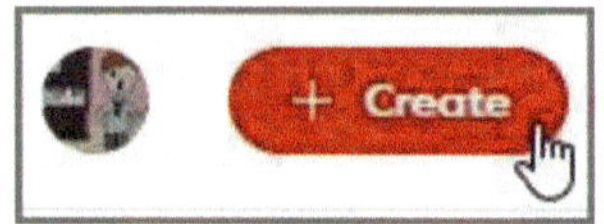

3. New Track 에서 [Instruments] 클릭하면, 키보드(Keyboards)가 있는 Instrument 창이 보인다.

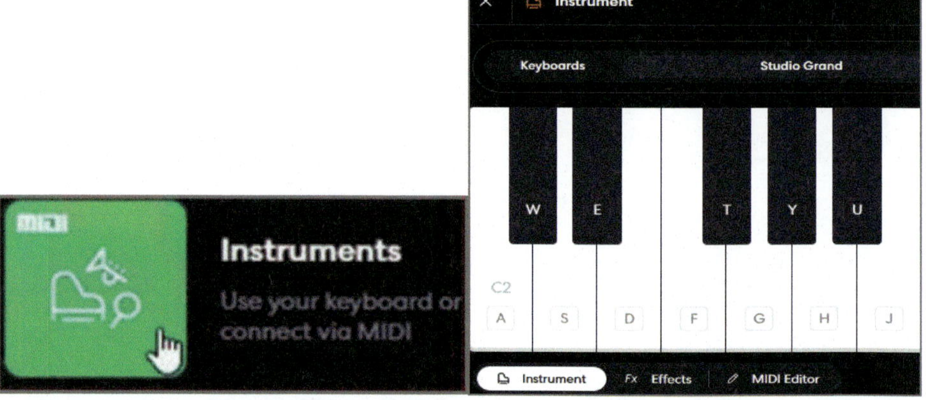

4. 녹음 버튼 누르고 컴퓨터 키보드의 'D A A D G G ' 누르면 미디노트가 입력된다.

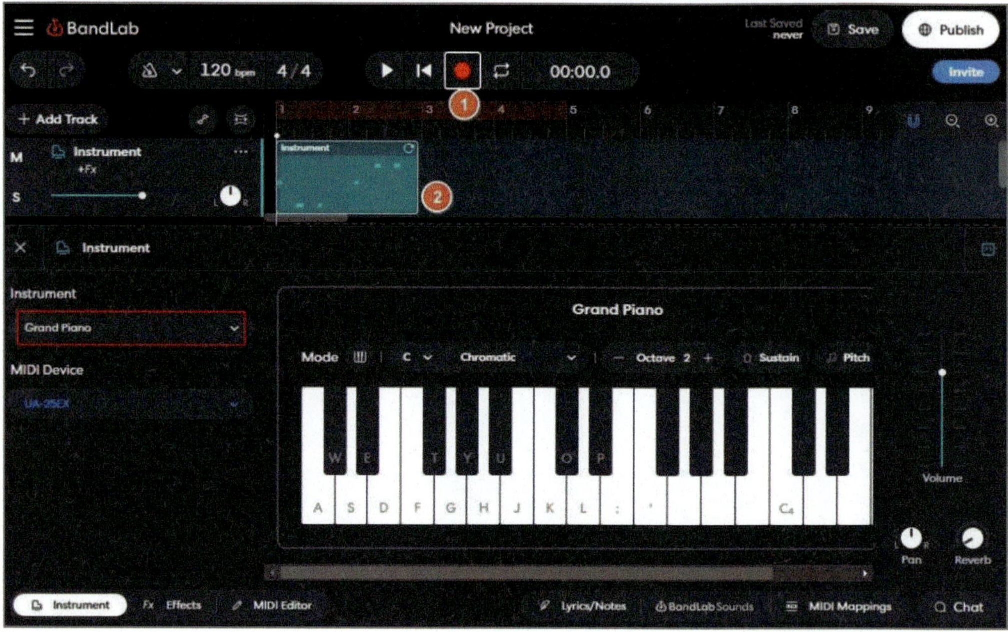

<BandLab Sounds 로 샘플악기 입력하기>

　BandLab Sounds 클릭하게되면 샘플창이 나오고, 플레이버튼을 눌러서 들어볼 수 있고, 더블 클릭하게 되면 샘플이 나오는데 드래그앤 드롭하면 트랙에 입력이 된다.

1. [BandLab Sounds] 클릭하고,
　'Midnight' 검색하고
　[Midnight] 클릭한다.

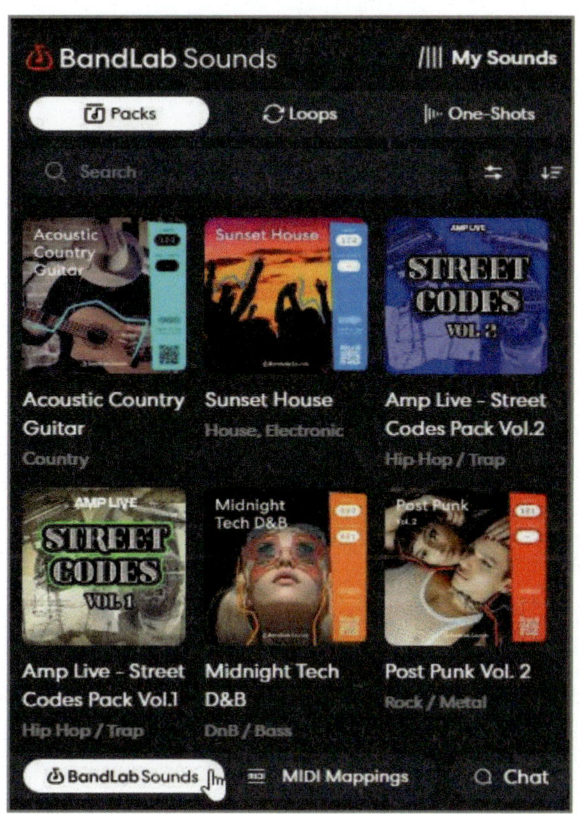

2. 'Boofer 172_Snare_4bars' 더블클릭하면
　트랙에 소리가 입력된다.

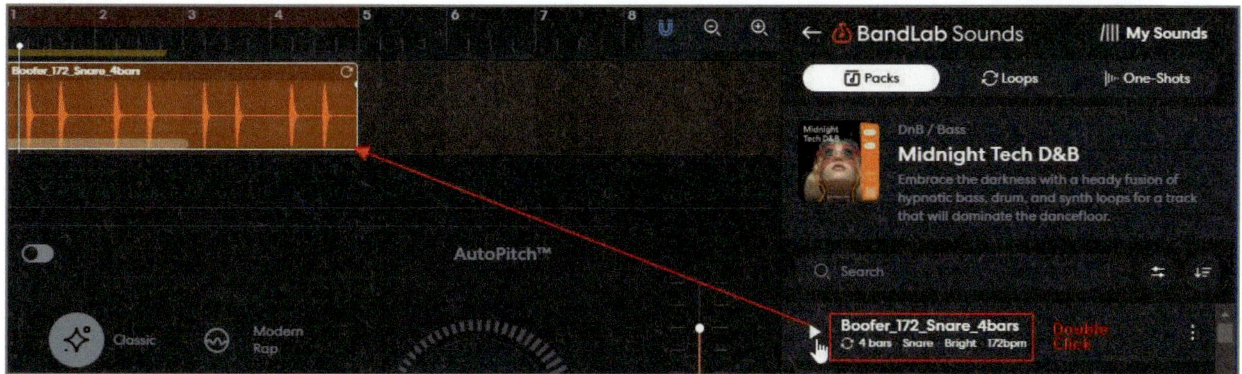

3. 미디노트 아래 샘플 트랙이 추가된다.

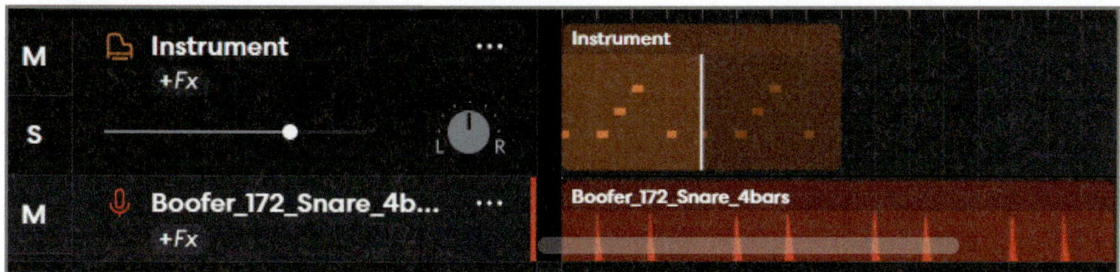

[37] Online Audio Mastering(마스터링)

밴드랩 마스터링의 AI 알고리즘은 마스터링을 하고, 스마트폰, PC 에서 사용이 가능하다. 마스터링 프로세스를 커스터마이징하여 창의적인 느낌을 살려 만든다.

<PC 에서 마스터링하기>

1. 구글에서 '밴드랩 마스터링' 검색하거나

2. 웹사이트 누른다.

https://www.bandlab.com/mastering

3. [+ Import Your Track] 클릭한다.

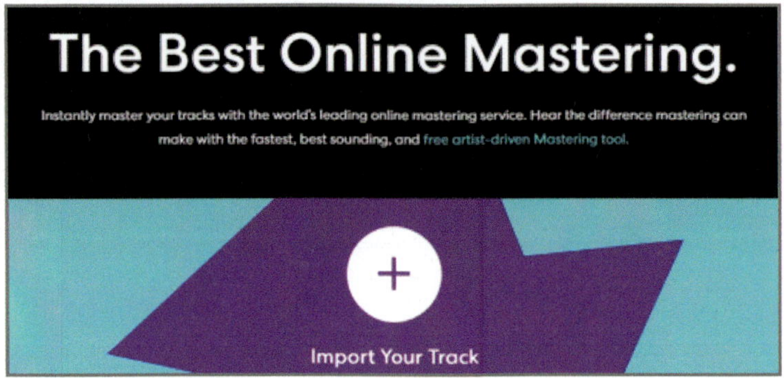

4. [오디오] 클릭하고 파일을 불러온다.

5. BandLab Mastering 창에서 **Mastered** 선택하고 **Universal** 누르고 다운로드한다.

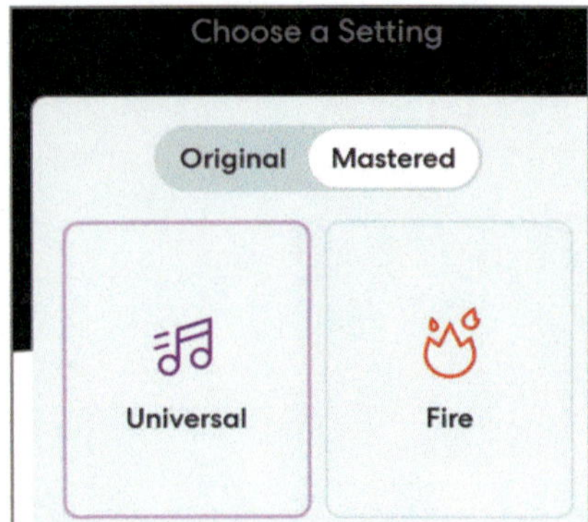

<스마트폰에서 마스터링하기>

1. 온라인에서 마스터링하기

   1) 스마트폰의 네이버에서 'BandLab Mastering' 검색하거나, 밴드랩에서 보조기능 **Tools** 의
      [Mastering] 선택하고 터치한다.

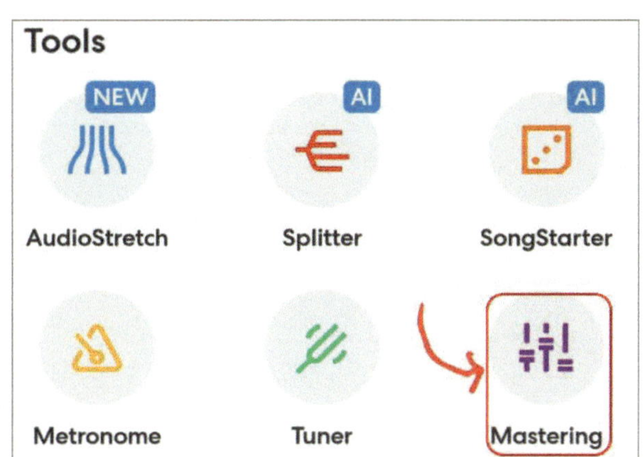

   2) Online Audio Mastering 사이트 열기
      https://www.bandlab.com/mastering

2. BandLab Mastering 창에서 [Import Your Track] 클릭하고, 오디오나 비디오 파일을 불러온다.

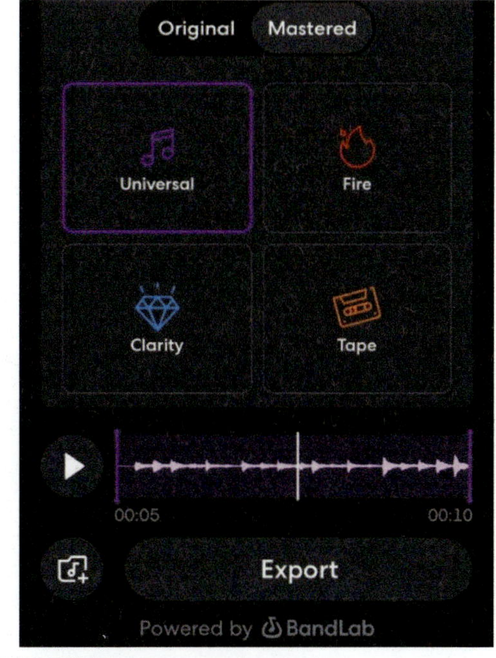

3. BandLab Mastering 창에서
   Mastered 의 [**Universal**] 누르고
   [Export] 누르고 [Export audio]누른다.

4. 아래와 같이 파일(날개의 씨앗)이 생기면
   카카오톡이나 스마트폰의 [내파일]에 내보내기한다.

[38] PC 에서 실연주 녹음 믹싱

PC 에서 밴드랩은 서로 다른 트랙을 녹음하는 디지털 오디오 워크스테이션(Digital Audio Workstation: DAW)으로 노래를 만드는 가상 악기와 비트 및 루프 라이브러리가 있다.
내장 마이크 또는 오디오 인터페이스를 사용하여 기타와 목소리를 실연주로 입력 녹음하고,
사운드 효과를 넣고, 믹싱하여 내보내기 하며 크롬이나 브라우저 사이트에서 바로 연다.
DAW(Digital Audio Workstation)는 디지털로 오디오를 녹음하고 편집하는 프로그램이다.

<녹음하기>

1. 구글에서 'bandlab' 또는 '밴드랩' 검색하고, [BandLab-Make Music Online] 클릭한다.

2. 밴드랩에 [Sign Up] 클릭하여 로그인 가입하고, [Create] 클릭하고, [New Project] 클릭한다.

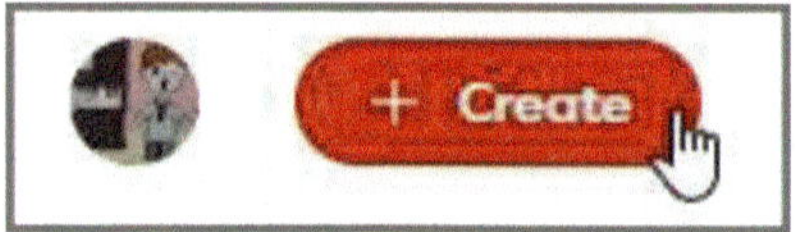

3. New Track 에서 [Voice/Audio] 클릭한다.

4. Input 에서 [마이크(3-USB)] 선택하고, **Input Level** 에서 [Monitoring] 눌러 입력을 확인하고,

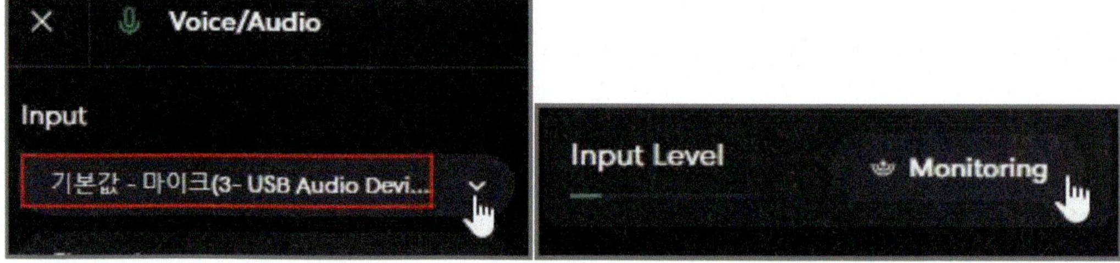

5. 녹음 버튼을 누르고 노래나 악기 연주 소리를 실시간으로 녹음한다.

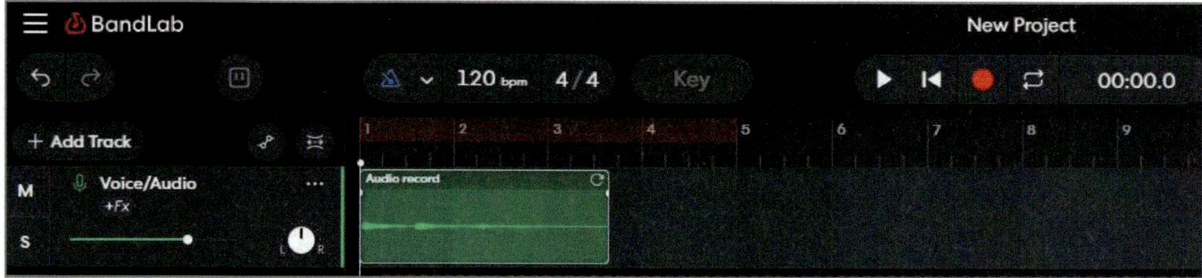

6. 블루투스 이어폰으로 녹음할 때 Monitoring 해제하고, 마이크 기능이 있는 한 쪽만 끼고
   녹음한다.

<Add Effect 로 믹싱하기>

1. 효과를 넣기위해 [Voice/Audio]트랙의 [+Fx] 클릭한다.

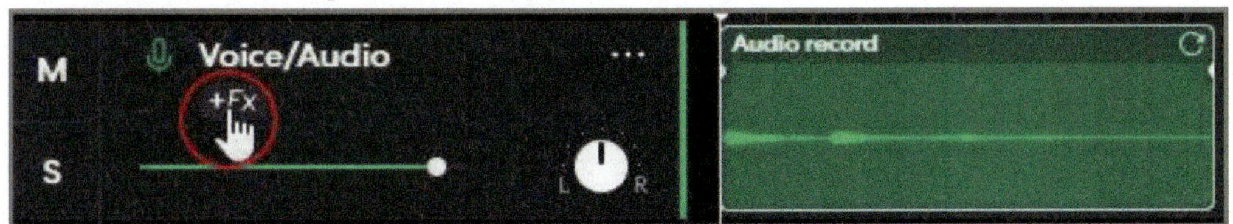

2. [Add Effect] 클릭하고, **Recommended** 의 [EQ3-M] 선택하여 EQ 효과를 준다.

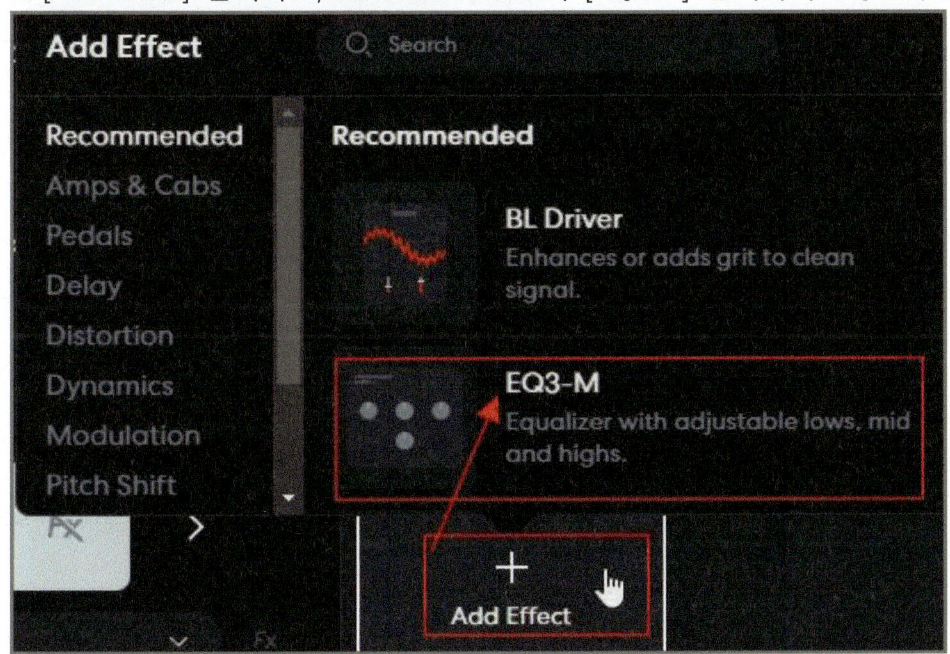

3. [Add Effect] 클릭하고, Recommended 에서 효과를 주기

   1) [EQ3-M]클릭하여 Low 레벨을 올려 저음을 풍부하게하고, Mid 는 줄이고, High 를 높인다.

   2) Dynamics 의 [Teclab BA-2A]눌러서 Mode 의 Compress 에서 Gain, Squeeze 를 조절한다.

   3) Pan, Reverb 중에서 [Reverb] 선택하고 Volume 레벨로 효과를 준다

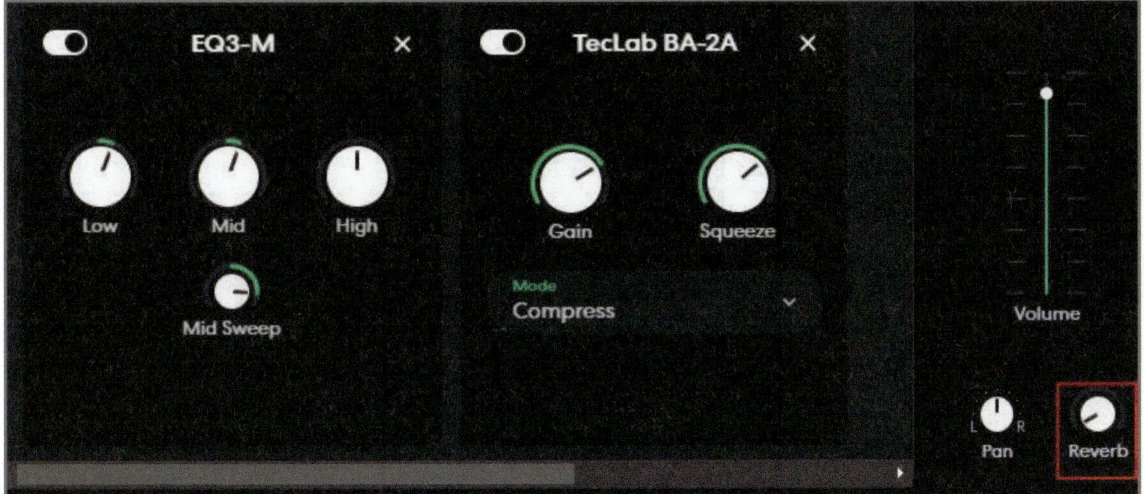

[39] Drum Machine, 패턴(PATTERNS) 추가

PC 에서 BandLab Assistant 실행하고, 드럼머신(Drum Machine)에서 Drum Kit 의 Pop Rock 으로 드럼을 입력하고, 건반악기로 가락을 입력하고, 패턴(PATTERNS)을 선택 추가하고 새단축키 만들기

1. [Create] 누르고, New Track 의 [**Drum Machine**] 클릭하면, 하단에 Instruments 탭이 선택된다.

2. Instrument 에서 808 누르고 악기를 선택한다.

3. Browse Instruments 창이 열리면, Search 에서 검색하거나 **Drum Kits** 의 Pop Rock 을 클릭한다.

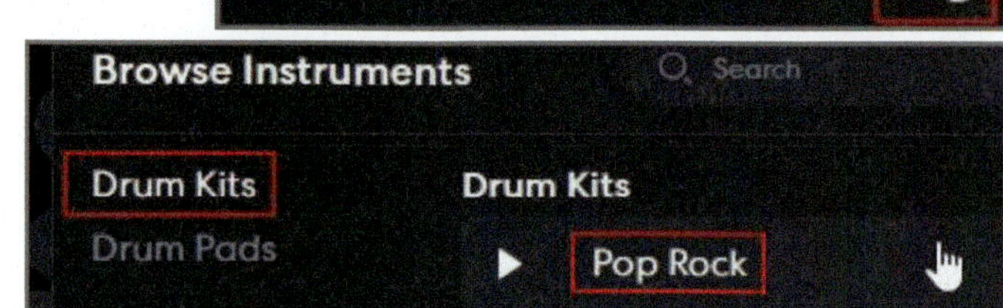

4. 패턴 만들고 추가하여 트랙에 올리기
   1) 패턴 만들기: PATTERNS 에서 [C] 패턴을 선택하고

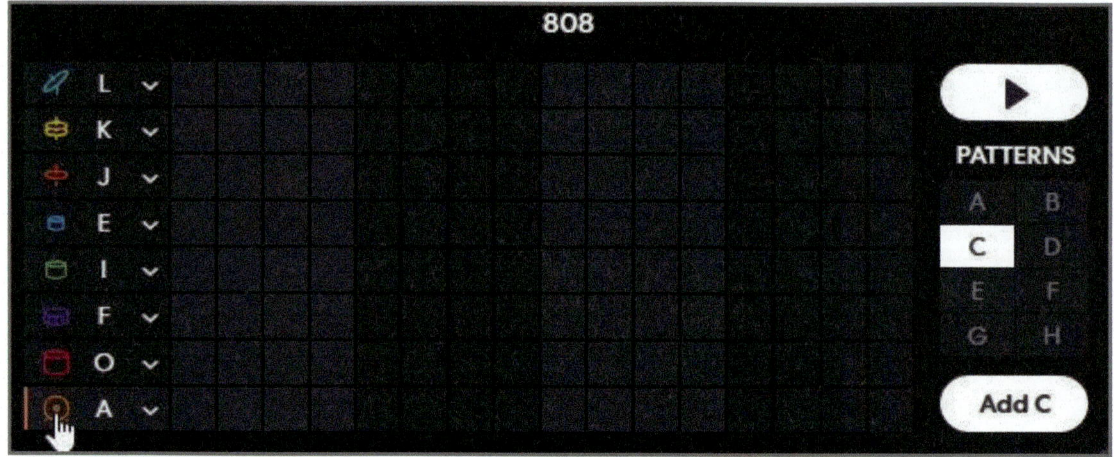

   2) 드럼 악기(Snare,Kick)를 선택하고, 네모 칸을 눌러 비트를 생성하여 패턴(C)을 만든다.

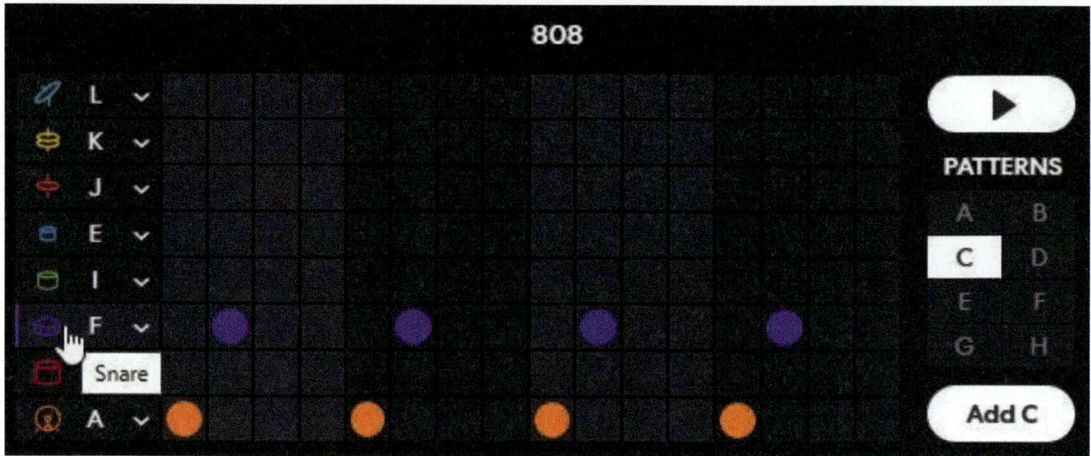

3) 패턴 추가: [A] 패턴을 들어보고 네모 칸에 있는 비트를 눌러 삭제 추가하여 [Add A] 클릭하면 올라간다.

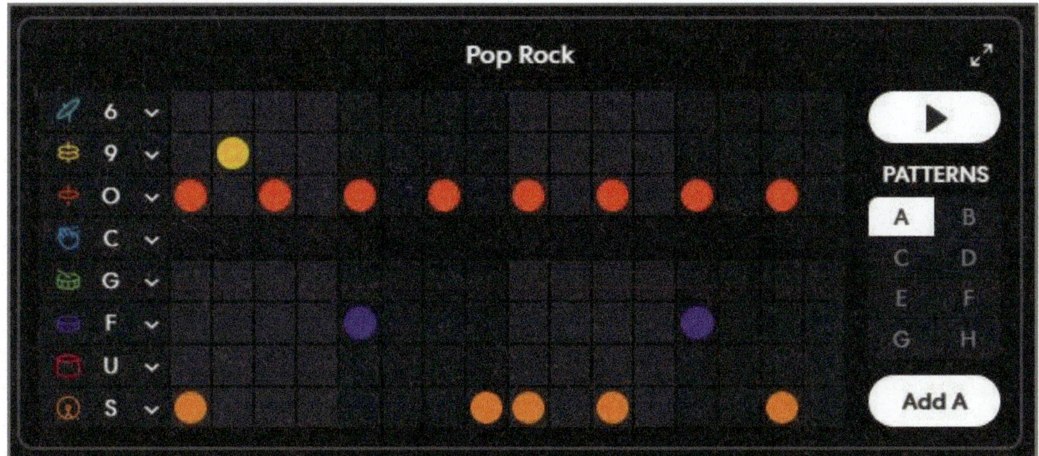

5. Drum Machine 기존 패턴이 트랙에 올라가 있으면, [Delete] 눌러 삭제한다.

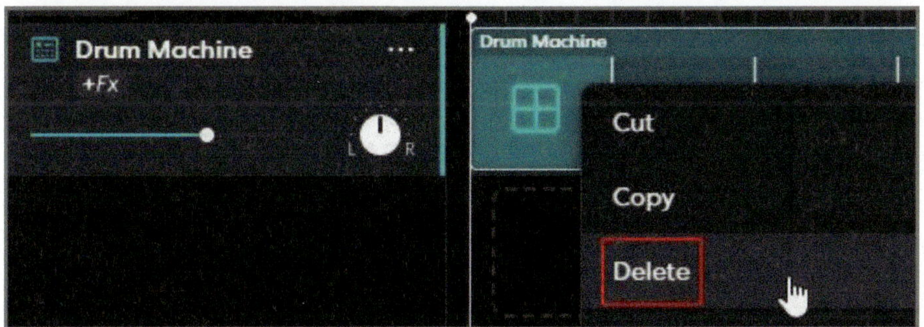

6. 악기 선택: Select instrument 는 [Ctrl+Alt+1]로 **새단축키(New shortcut)**를 설정한다.

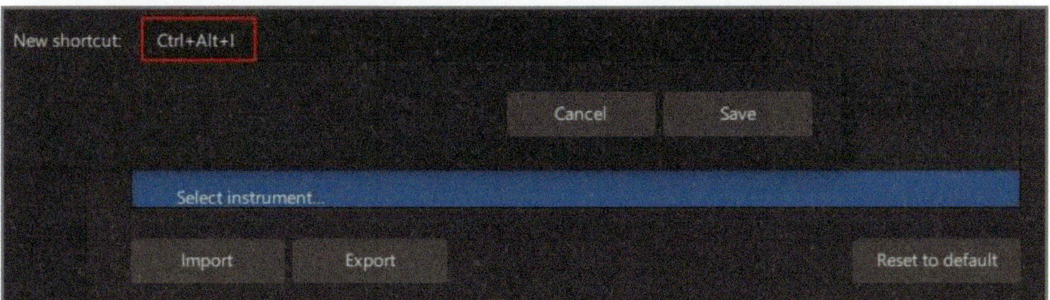

7. [+Add Track] 눌러 **Instruments** 클릭하여 트랙 추가하고, 녹음 누르고 건반악기로 가락을 입력한다.

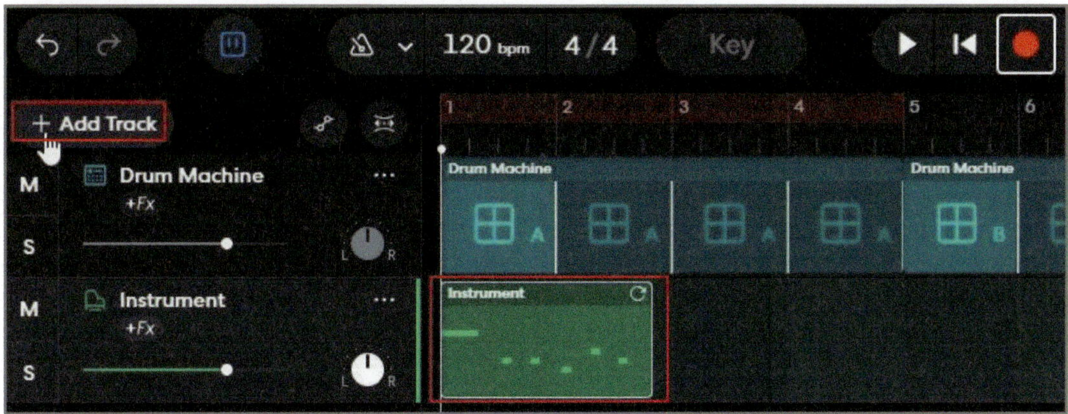

[40] 밴드 협업 Band Projects, 새 밴드 만들기

밴드(Bands)는 밴드 사용자간의 소통 창구로 협업을 통해 음악을 공동으로 만들고,
정보를 공유하는 기능을 갖고있으며, 스마트폰, 태블릿에서 작업한 것을 PC 에서 이어서
작업한다.

<스마트폰에서 새 밴드 만들기>
1. 밴드랩 열고 우측 하단의 [라이브러리(Library)] 탭을 누른다.

2. [**밴드(Bands)**]를 Open 하고 메뉴에서 [+ New] 누른다.

3. 새 밴드 만들기 창에서 New Band 에 밴드 이름(미디편곡)을 적고, [만들기] 누른다.

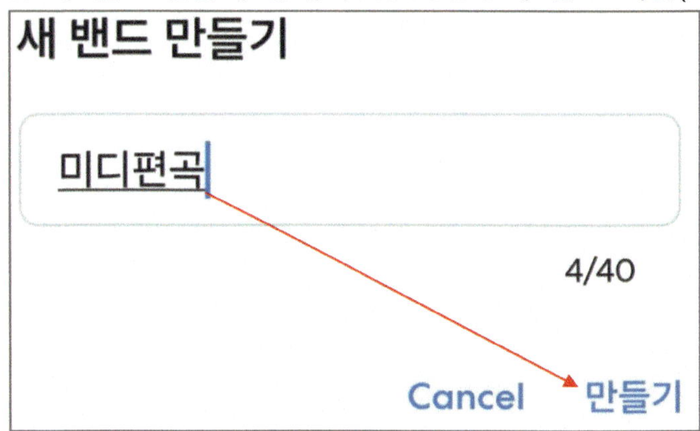

4. '밴드에 다른 사람들을 초대할까요?' 창에서 [나중에] 누른다.
5. 미디편곡 밴드에서 [프로젝트] 누르면, '협업(Collaborating)하기위해 프로젝트로 이동한다.

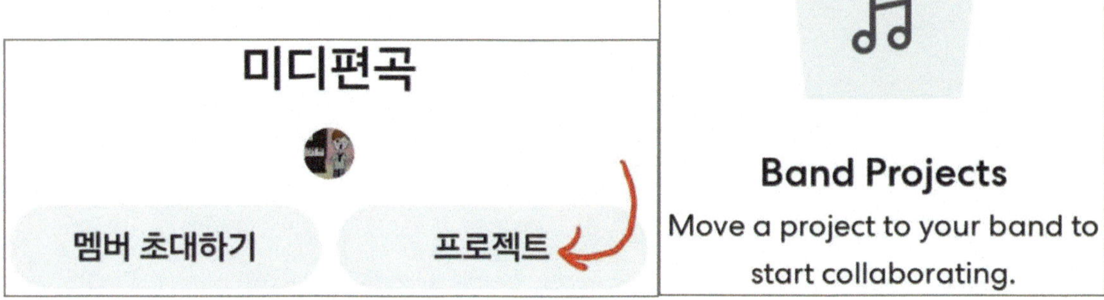

6. 라이브러리 탭의 [밴드] 메뉴 누르면, 미디편곡 밴드가 보이고, 우측의 [더보기] 눌러서
[새프로젝트 시작하기] 누른다. [Import File] 혹은 [Voice/Audio] 누르고 오디오 파일 불러오거나
녹음하여 [내보내기] 하면, 미디편곡 밴드에 저장이된다.

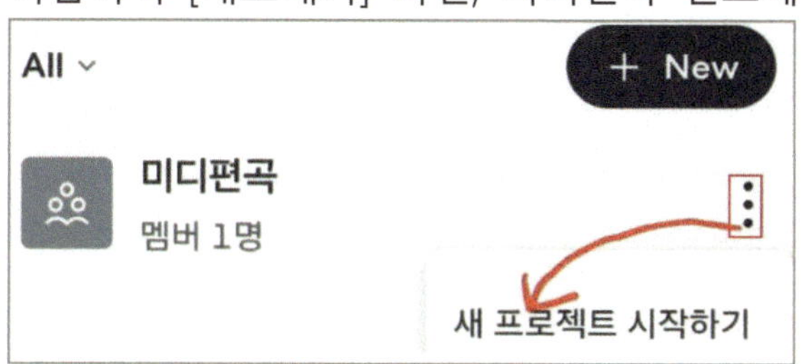

7. 멤버 초대하기

   1) [공동 작업자 초대하기] 누른다.

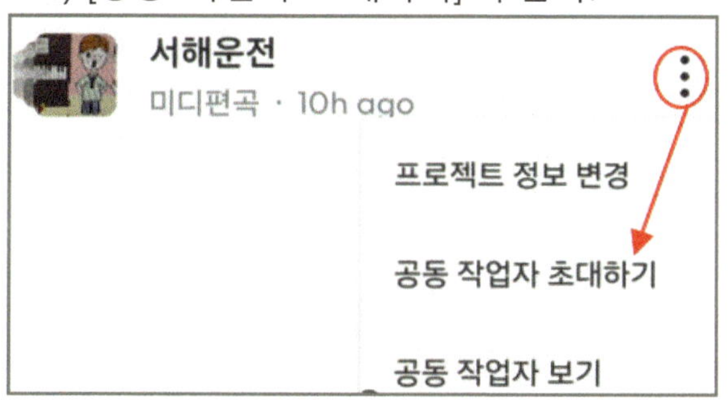

   2) 메일주소 적고, [Copy Link] 눌러 복사하고,
카톡으로 보낸다.

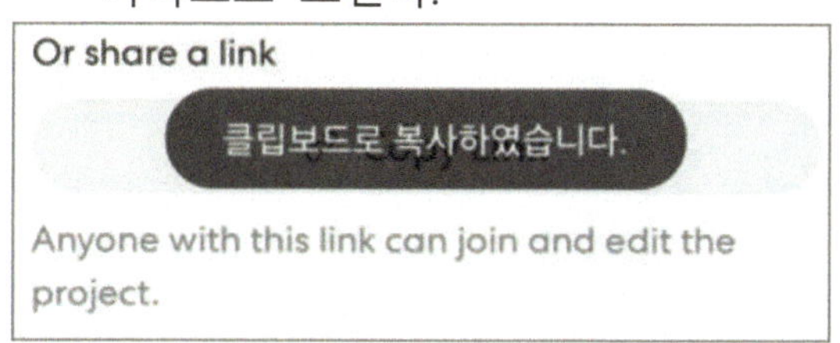

<PC 에서 새 밴드 만들기>

1. 밴드랩 어시스턴트 실행하고 [**View all Project**] 클릭한다.

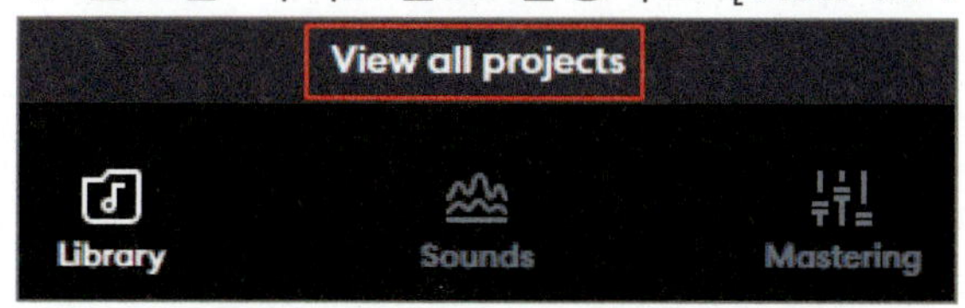

2. [**Library**(라이브러리)] 탭을 클릭한다.

3. Bands(밴드) 메뉴에서 [+ New] 누르고, Band Name 을 '자유학교'로 적고, Create 누른다.

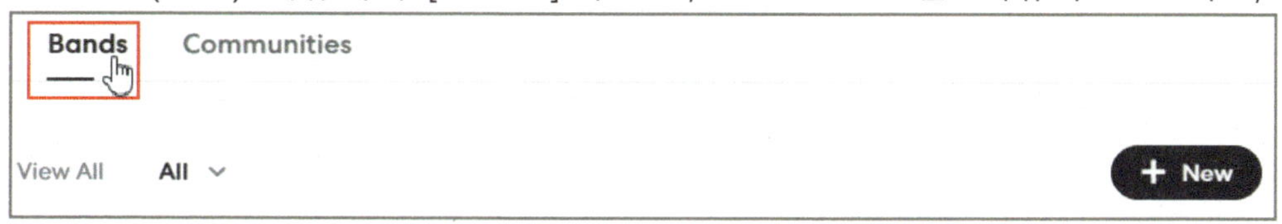

4. [Library]의 **Bands** 클릭하고,
   밴드의 미디편곡 [더보기] 클릭하고,
   [Invite Members(멤버 초대)] 클릭하여
   초대한다.

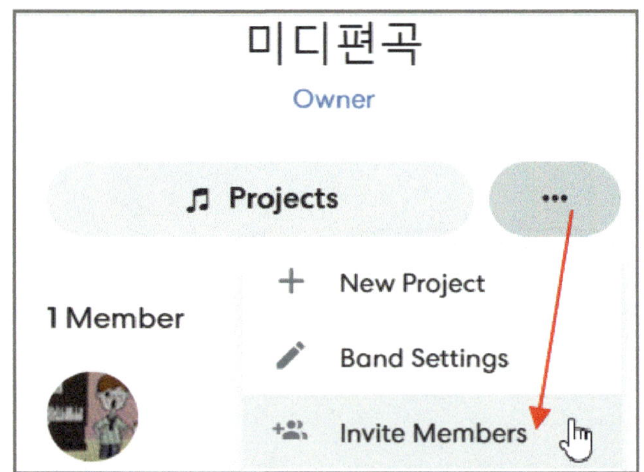

5. [+ New Projects] 클릭한다.

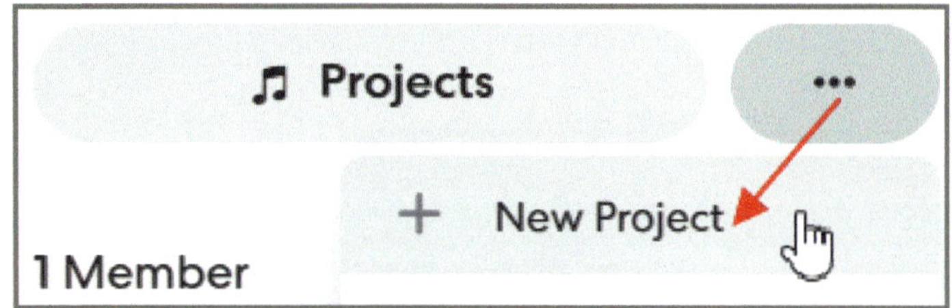

6. [Import Audio/MIDI] 클릭하면,

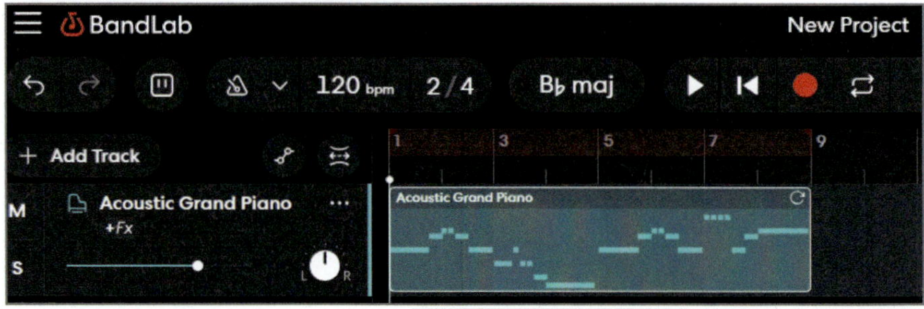

7. 미디파일이 트랙에 열린다

8. 라이브러리 탭의
   [Bands] 클릭하고
   [Band Projects] 클릭하면
   스마트폰에 작업한
   파일이 보이고,
   음악 작업을 하고 저장한다.

9. 스마트폰에서 [라이브러리] 탭 누르고,
   [Band Projects] 누르고,

10. 파일을 열어 협업을 하고 내보내기하면, 밴드에 저장이 되고 PC에서 다시 볼수 있다.

[41] 샘플러(Sampler) 배경음악(BGM) 작곡

PC 에서 밴드랩에 내장된 샘플러에 BandLab Sounds 로 BGM(배경음악) 만들기

1. [Create] 클릭하여 [New Project] 클릭하고, New Track 의 [Voice/Audio] 눌러 채널 추가한다.

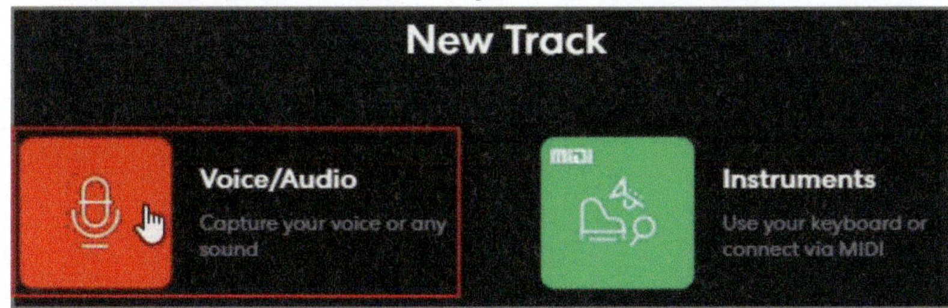

2. 트랙에서 [더보기...] 클릭하여 트랙 메뉴에서 [Duplicate Track] 클릭하여 사본 만들기한다.

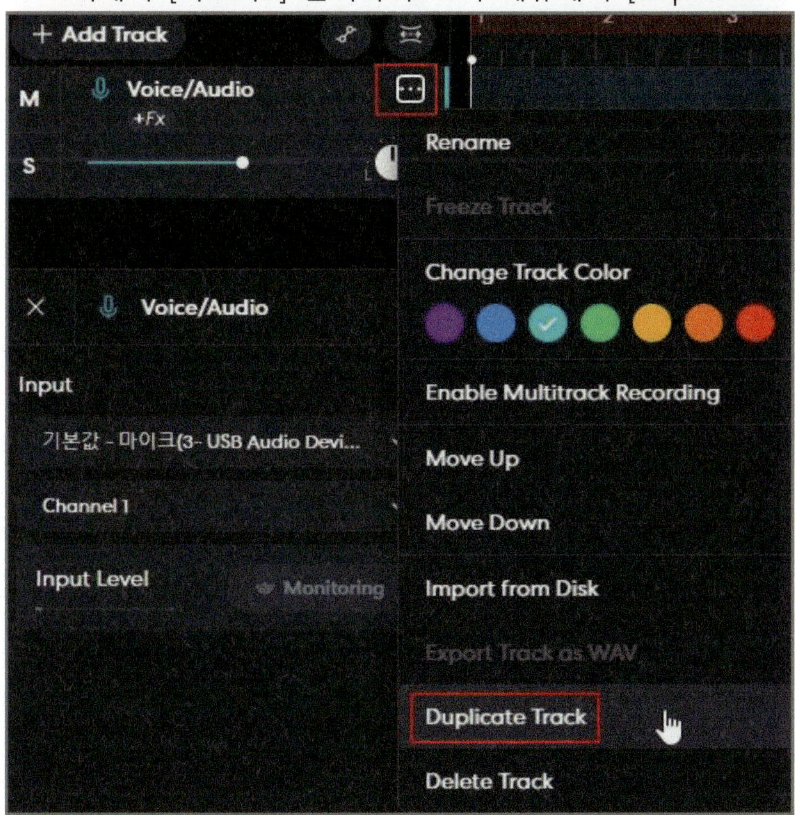

3. 우측 하단의 [**BandLab Sounds**] 클릭한다.

4. [Packs] 메뉴의 샘플(DX)을 들어보고, 클릭한다.

5. 샘플에 사용된 악기를 선택하고 드래그하여 채널(Track)1 에 올린다.

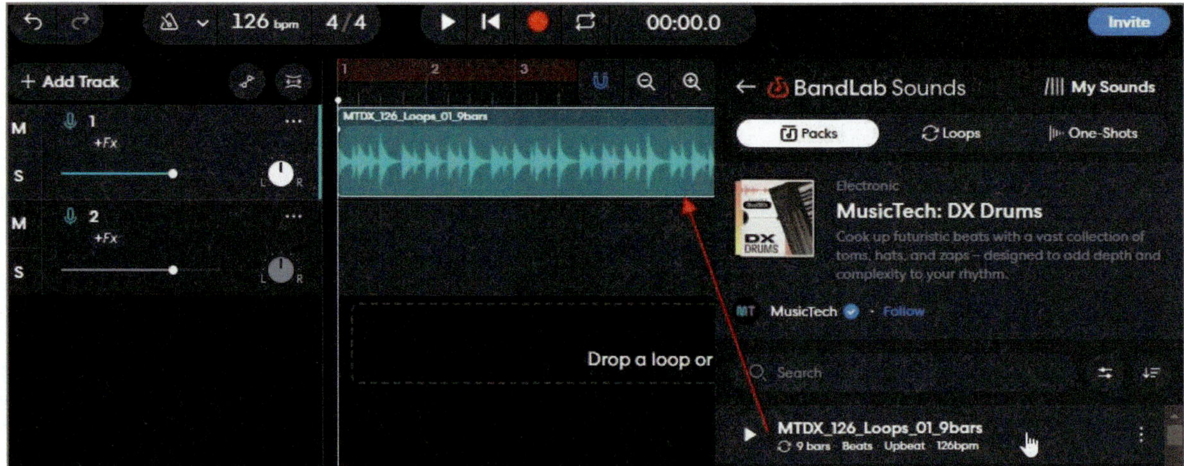

6. 'drum'을 검색하여 샘플을 들어보고, 사용된 악기를 찾기위해 빈 곳을 클릭한다.

7. 사용된 개별 악기를 찾아 드래그하여 채널에 넣는다.

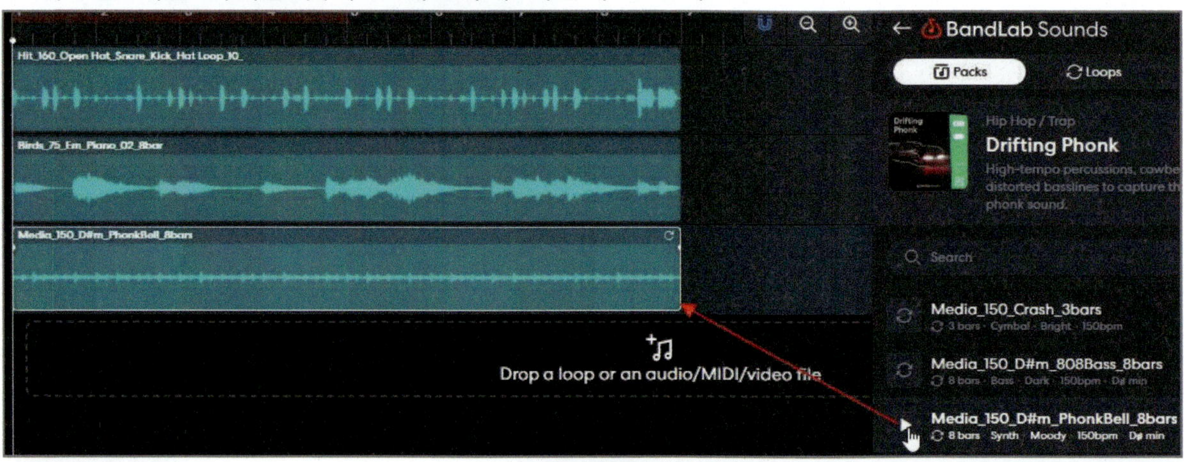

8. Metronome(단축키: M) 클릭하여 박자를 맞춘다.

9. 샘플러에 배경음악(BGM) 녹음하기
  1) New Track 의 [Sampler] 눌러
     채널(트랙)을 추가하고,
  2) **패드(Pad)**에 샘플 넣고,
     BandLab Sounds 의 샘플을 불러와
     누르면서 Sampler 트랙에 녹음한다.

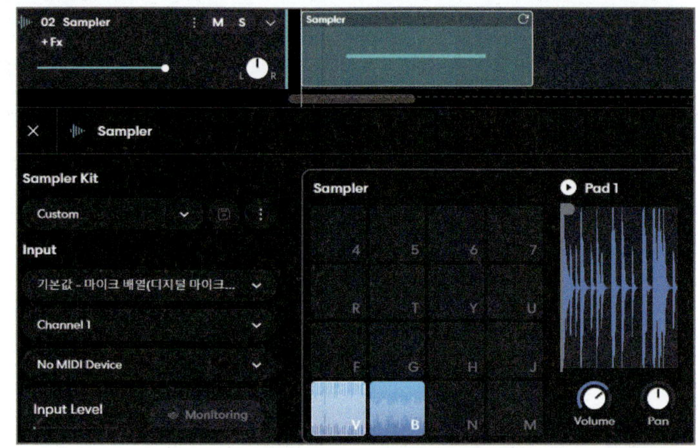

[42] 루퍼(Looper), Loop Properties

스마트폰의 Looper 트랙에서 Looper Properties 의 Gate 누르고 있는 동안 악기를 녹음하여 소리 합성하고, 밴드랩으로 루퍼 녹음하여 힙합 음악을 만들고, 프로젝트 저장하고 삭제하기

1. 스마트폰에서 밴드랩 실행하고, 하단의 [+Create] 누르고, Track Type 의 [Looper]를 누른다.

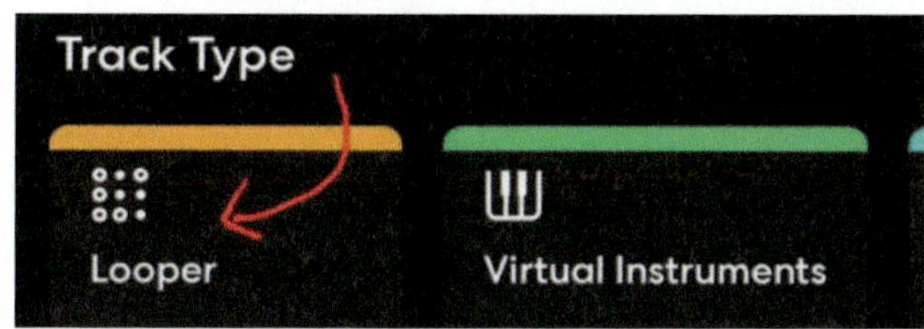
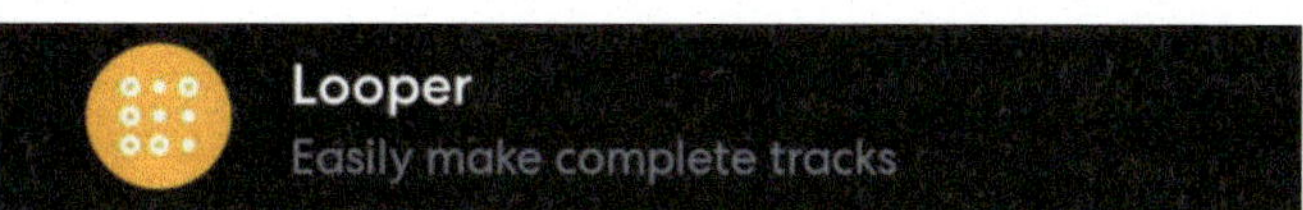

2. Looper Packs 창이 열리면 [Hi-Hats] 장르 탭하고 [+] 눌러서 샘플을 불러온다.

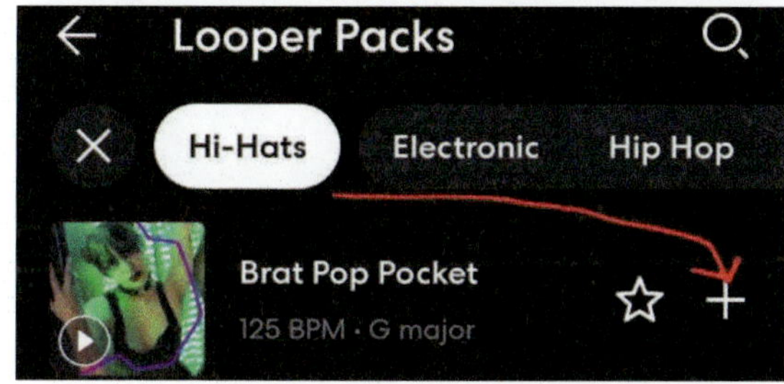

3. Looper 패드가 열리고 패드를 눌러보면, 샘플에 들어있는 악기가 Looper 패드에 들어가 있다.
   Kick 과 Snare 선택하면 소리가 반복 재생하고, 다시 Kick 과 Snare 누르면 정지한다.

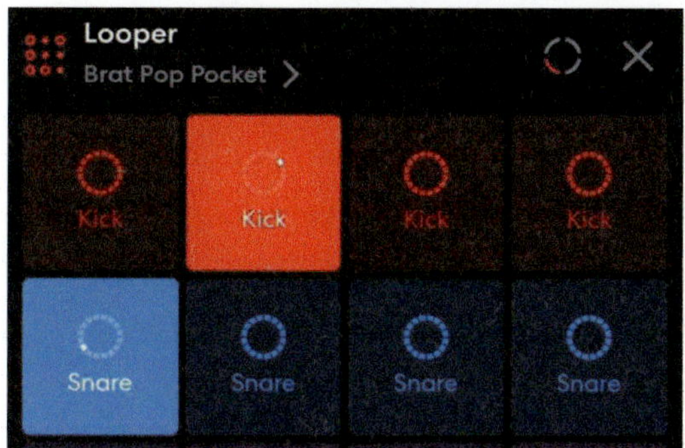

4. 우측 하단의 [Loop Properties] 누른다.
   [Gate] 선택하면 누르고있는 동안 재생한다. [Loop Properties] 눌러 설정한다.

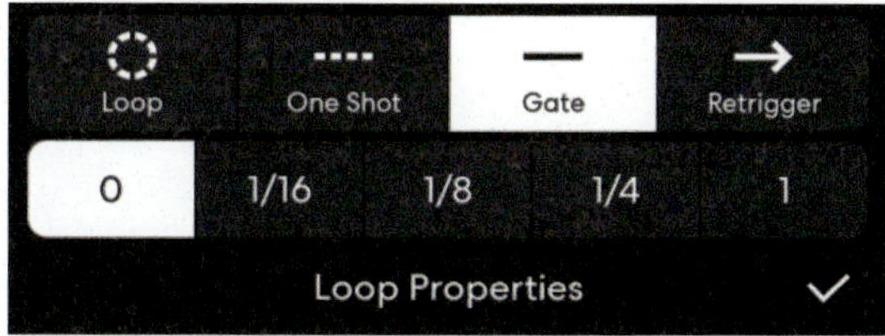
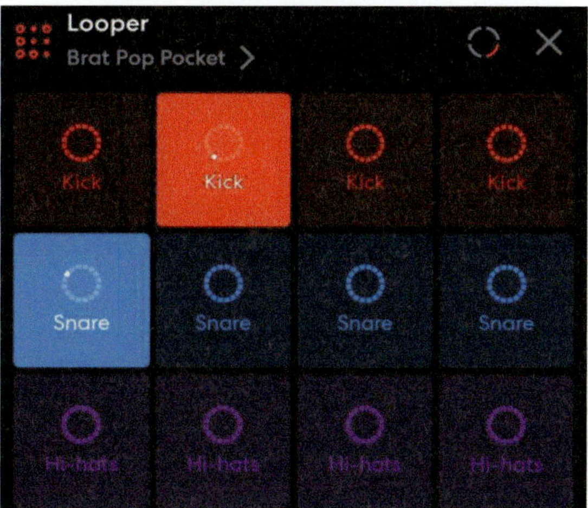

5. Looper 아래 [Brat Pop Pocket] 눌러
   다른 샘플을 불러온다. 녹음 버튼을 누르고,
   Kick, Snare 가 재생되는 동안 Hi-hats 누르고
   있으면 누르고있는 동안에만 악기 소리가
   녹음이 된다.

6. Loop Properties 설정하기

　　1) [Loop Properties] 누르고,

　　2) Gate 선택하고 [Loop Properties] 체크 확인하면,

　　3) Beats 의 패드 모양이 일직선 모양으로 바뀐다.

　　　　Beats 버튼을 누르면, 1 초동안에 2 박(Beats)이 들린다

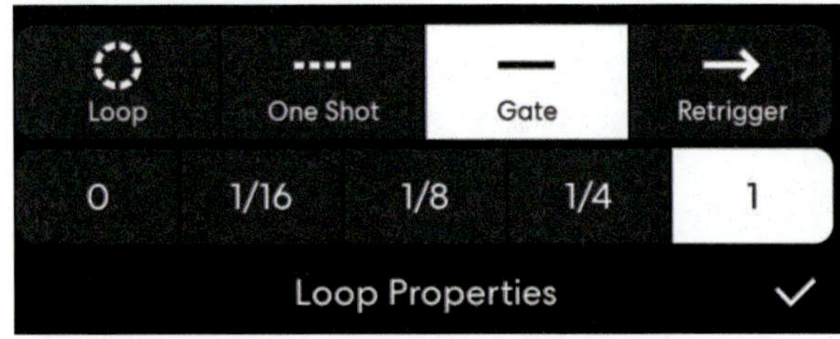

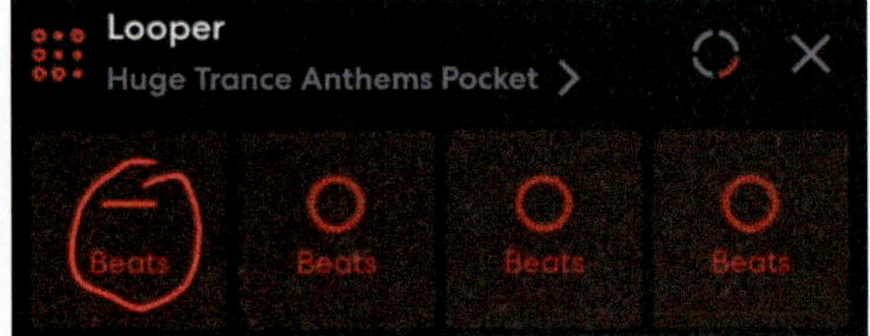

7. Looper 왼쪽 버튼을 누르면 루퍼 패드가 다시 열린다.

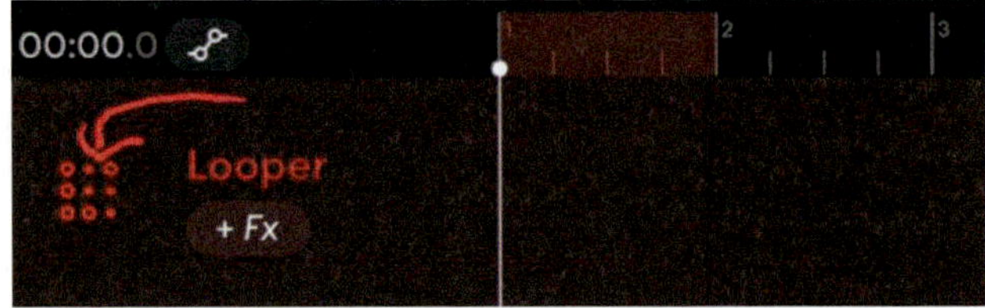

8. 오디오 트랙을 추가하기위해 [+] 누르고, [Voice/Audio] 누른다

9. 왼쪽 하단의 [멀티트랙] 누른다.

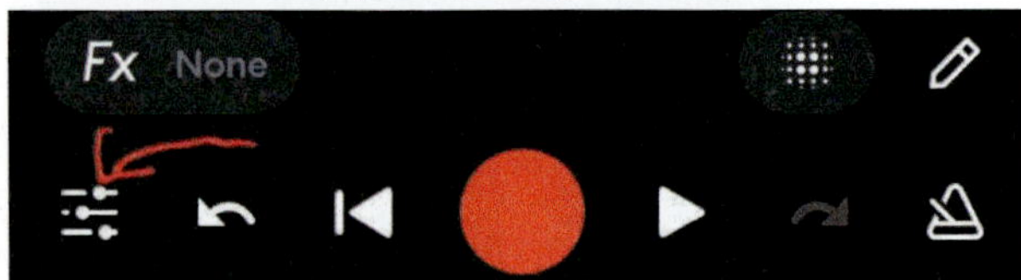

10. Looper 의 소리 음량을 조절한다.

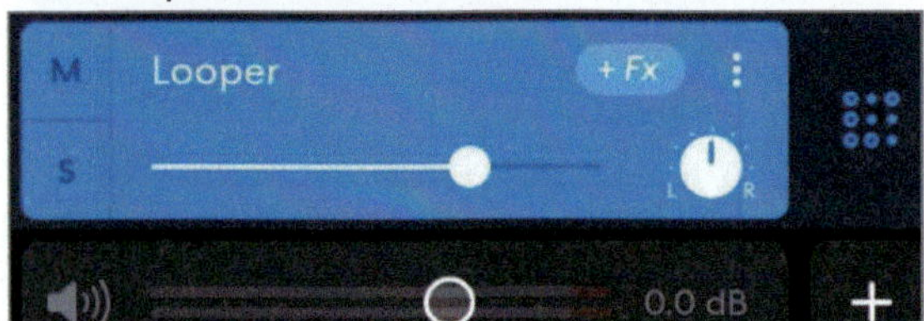

11. Voice/Audio 트랙에 음성을 녹음하고, 녹음 클립을 지우려면 오디오 클립을 선택하고
빨간 지우개 버튼을 누르면 클립이 삭제된다.

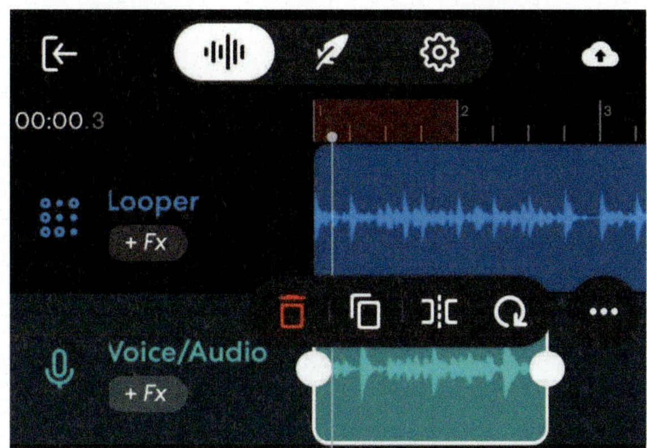

12. 목소리를 녹음하기위해 Looper 의 음량을 줄이고, 녹음 버튼을 눌러 목소리를 녹음한다.

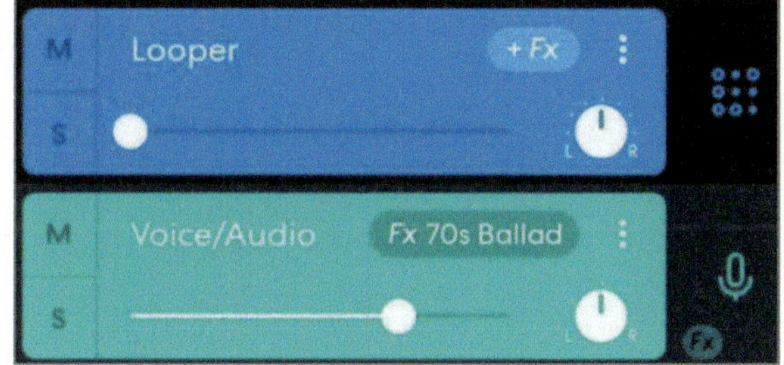

13. 구름 모양의 [Publish] 버튼을 누르고 [저장] 누른다.

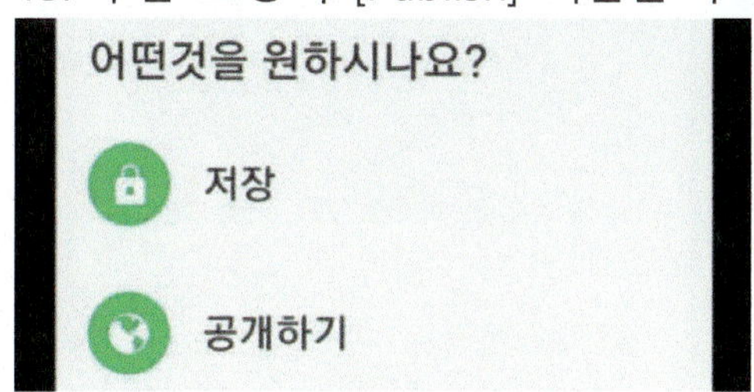

14. 프로젝트 삭제
우측 하단의 [라이브러리]를 누르고 [더보기] 눌러 [삭제] 눌러서 프로젝트를 삭제한다.

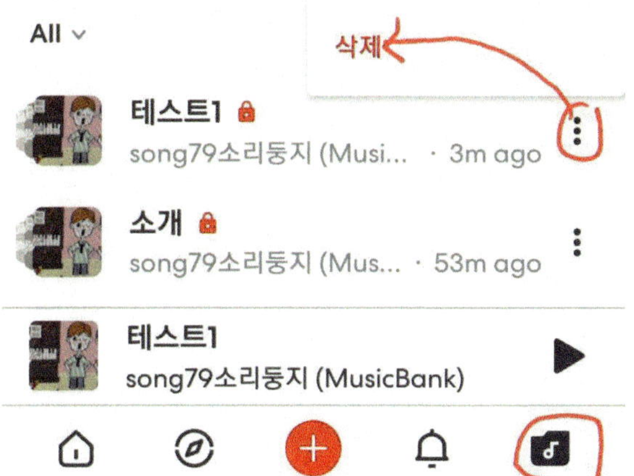

[43] 샘플러(Sampler) 패드(Pad) 샘플(Sample) 녹음

밴드랩(BandLad)은 Fx 프리셋을 탐색하여 융합적 사고가 가능하게하고, 미디 입력 방식으로 디지털 사고를 경험한다. 공간과 시간에 따른 음악을 만들기위해 패드(Pad)에 샘플을 녹음하고 기보와 독보를 하게 되어 창의적 음악수업을 통해 음악을 합성하여 효과음악을 만든다.

PC 에서 밴드랩 어시스턴트 실행하고, 샘플러로 샘플 녹음하고 합성 음악 만들기

<샘플러 기능>

1. **Sampler Kit**: 샘플러에 사용할 프리셋을 모은 곳
   1) Custom: 임의로 사운드를 조합
   2) Curated Kits: 프리셋이 있는 곳을 선택하여 사용한다.

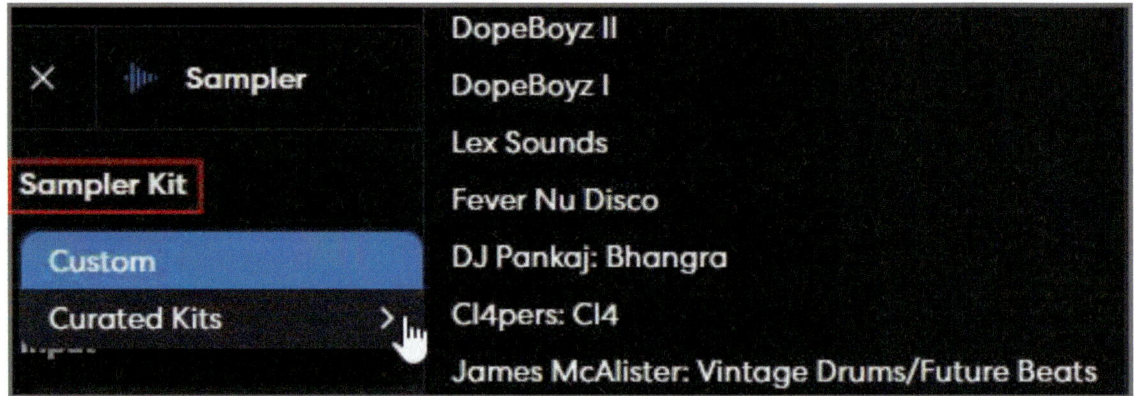

2. Sampler: 악기처럼 사용하는 칸(Pad)을 눌러 소리를 지정하고 트랙에 넣는다.
3. Pad: 사운드 소스를 담은 곳으로 노란색 부분의 칸에서 소스를 드래그한다.
4. Volume: 전체적인 소리 크기를 조절
5. Pan: 소리 방향
6. Reverb: 소리 잔향

<샘플러에서 샘플 녹음하고 합성하기>

PC 에서 샘플(Sample)를 만들고 여러소리를 합성하여 효과음악을 만들고 힙합음악 만들기
1. 밴드랩 어시스턴트에서 [+Create] 클릭하고, [New Project] 누르고, [Sampler] 클릭한다.

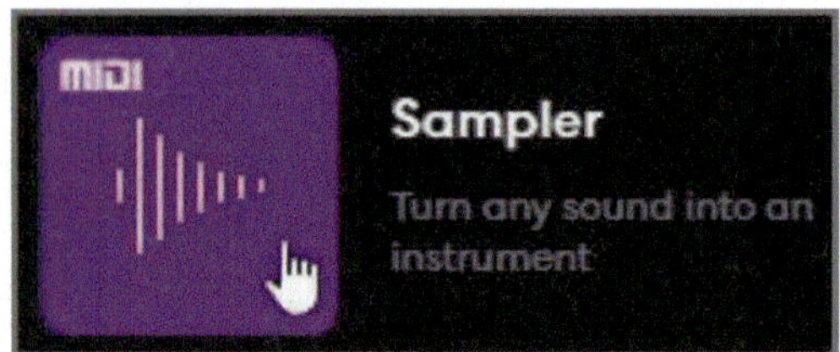

2. [V] 패드 클릭하고, 샘플 파일을 불러오기 위해 [Browse One-Shots] 클릭한다.

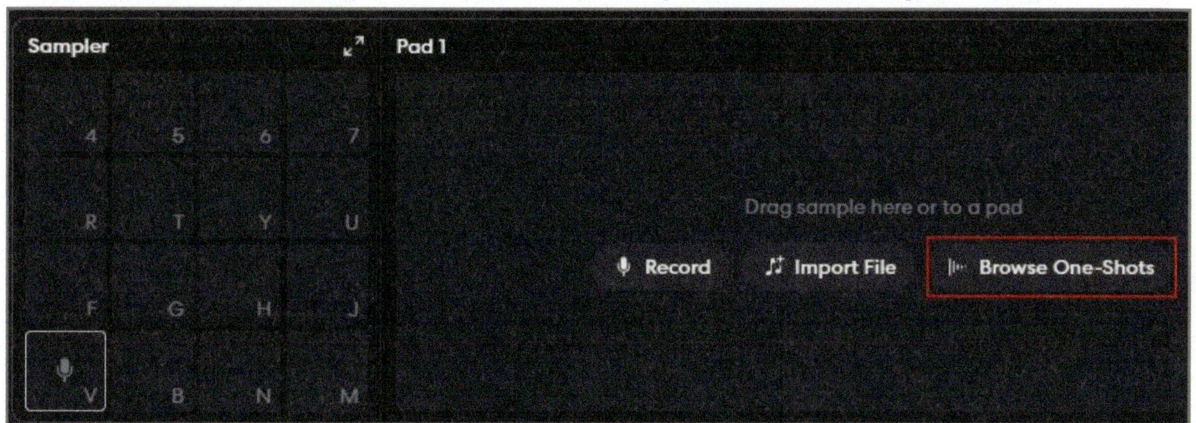

3. 우측의 샘플 악기(Evol_808D#)를 드래그하여 V 칸에 넣는다.

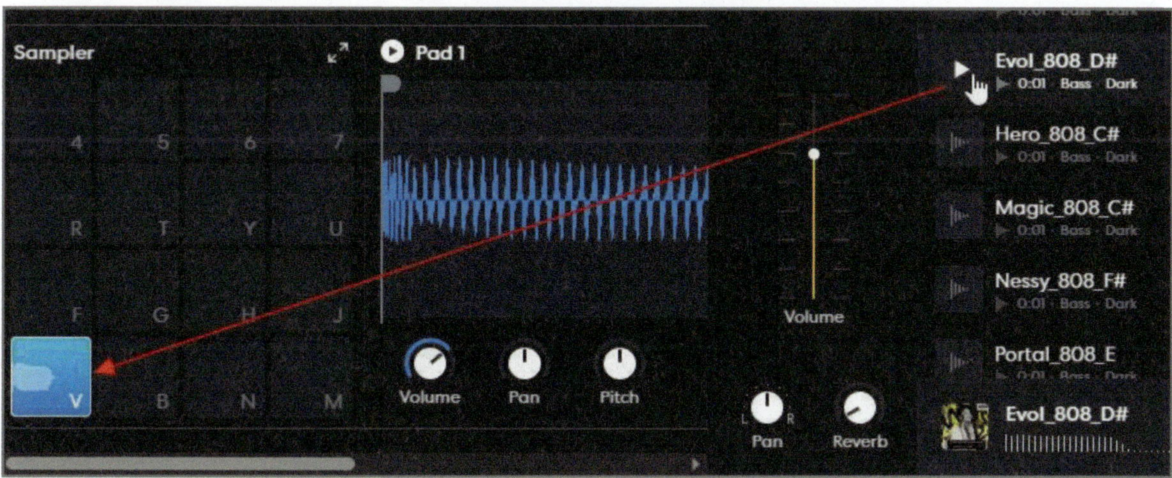

4. [One-Shots] 클릭하여 샘플을 들어본다.

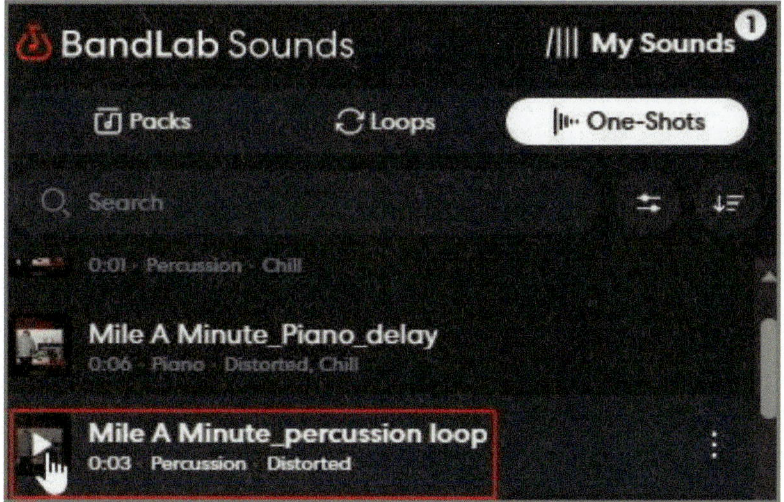

5. B 패드에 샘플을 넣고, Pad2 에서 사운드를 드래그하고, 우마우스 클릭하고,
   [**Crop**] 클릭하여 세부 길이를 설정한다.

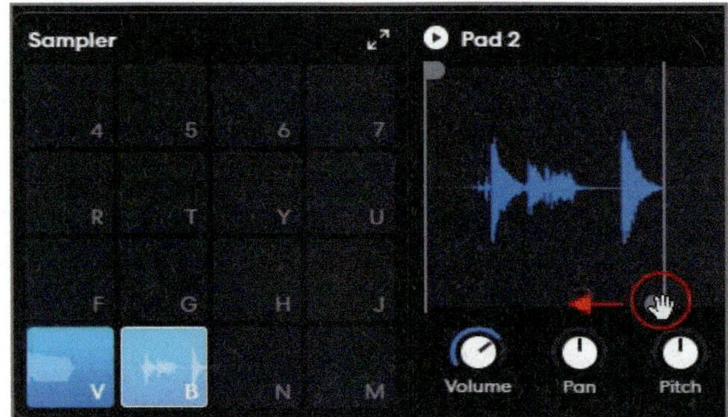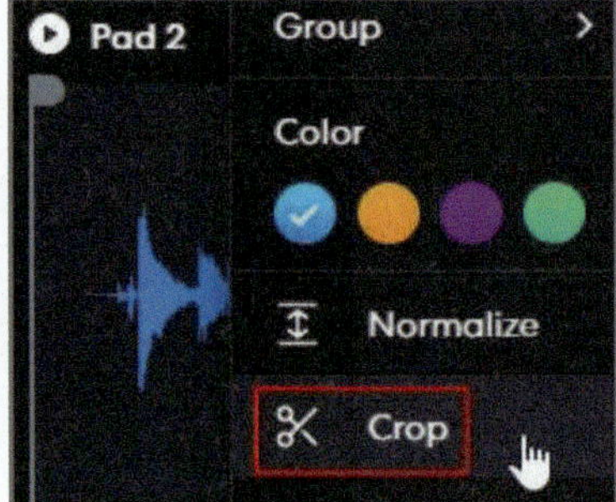

6. 샘플 녹음(Sampler Record)

   1) [V] 패드 선택하고 [Record] 눌러 목소리 녹음한다.

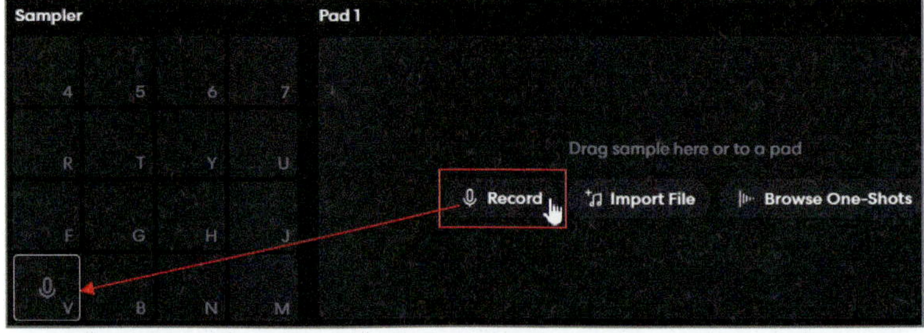

   2) Sampler 패드 눌러 재생하고 우마우스로 [Normalize] 눌러 소리를 확장한다.

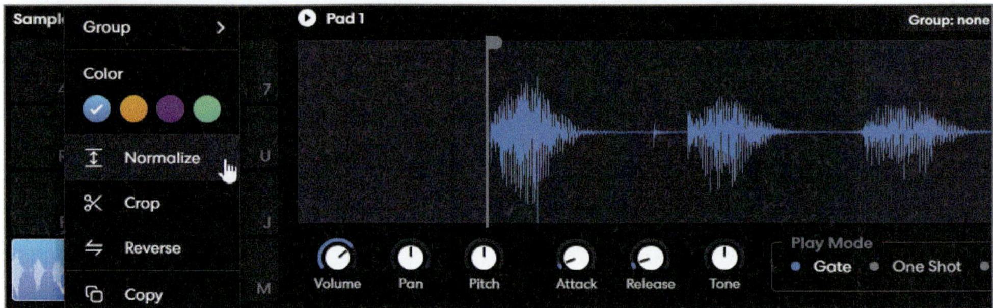

7. 합성음악을 만들기

   1) N 패드 선택하고 [Import File] 클릭하여 컴퓨터에 있는 음악 파일을 불러온다.

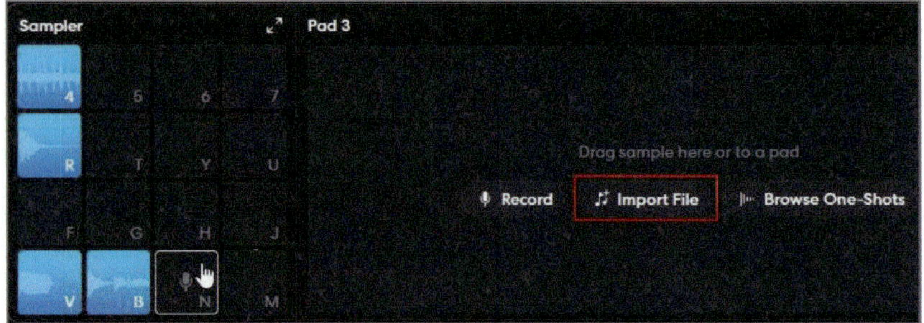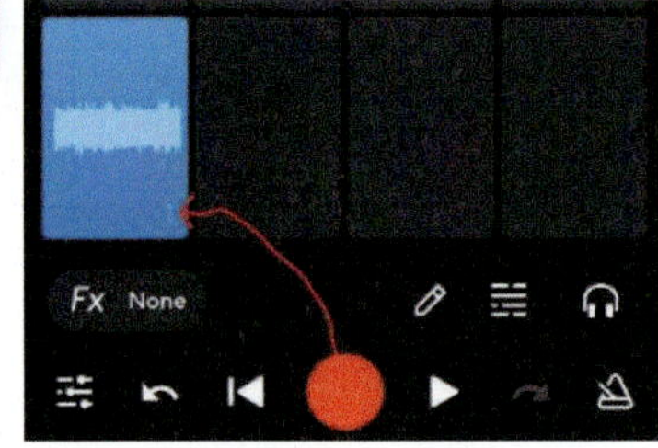

   2) 음성을 크롭(Crop)에서 편집하여 합성음악 만든다.

8. 오디오 트랙을 추가하고, 녹음 버튼을 누르고,
   샘플러 패드(Pad)를 눌러 녹음하고 합성한다.

[44] Looper 비트(Beats) 제작 유튜브 업로드

루퍼(Looper)는 드럼이나 타악기 같이 음이 없는 것을 선택한다. 밴드랩으로 할 수 있는 것은 드럼, 합주, 편곡이 있다. 루퍼로 배경음악을 만들어서 랩 만들기에 좋다.
스마트폰에서 루퍼(Looper)로 비트(LoFi Beats)를 만들고, 다양한 샘플 소리들을 이용해서
리듬을 만들어 녹음하여 YouTube 에 올린다.

1. 스마트폰에서 밴드랩 앱을 실행하고, Create [+] 만들기 버튼을 누른다.

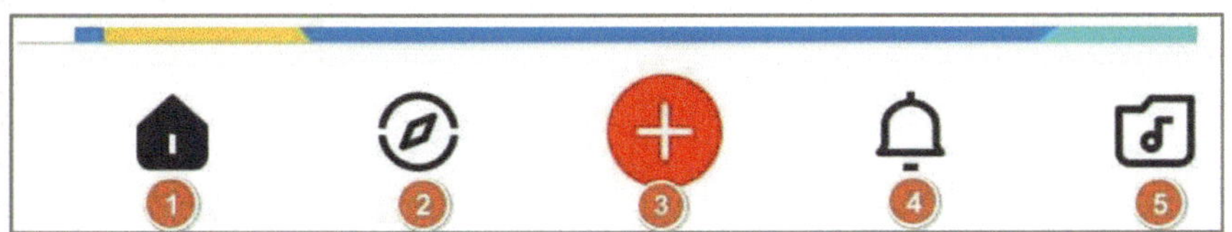

2. Track Type 의 노란색 [Looper] 누른다.

Track Type

3. 장르의 [Drum]에서 'lofy' 검색하고 샘플(Modern Lofi)의 **선택추가[+]** 누르고

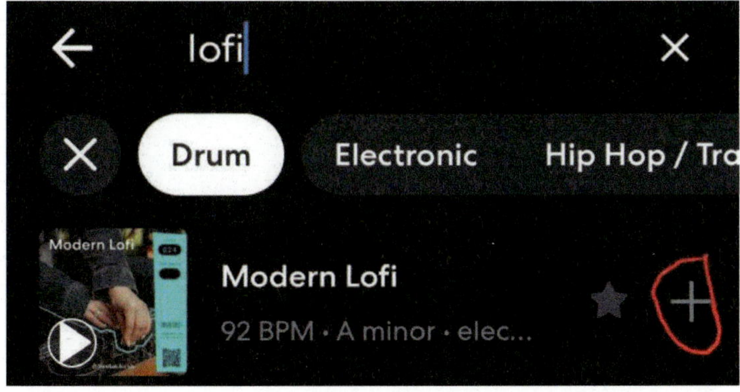

4. Base ~ Keyboard 중에서 패드를 선택하면,
조합에 따라 여러 음악이 탄생하고,
선택한 패드를 누르면 소리가 나지않는다.
녹화 전 테스트를 해 두면 적정 위치에 비트를 배치할 수 있다

5. [편집] 버튼(연필 모양)을 누르고,

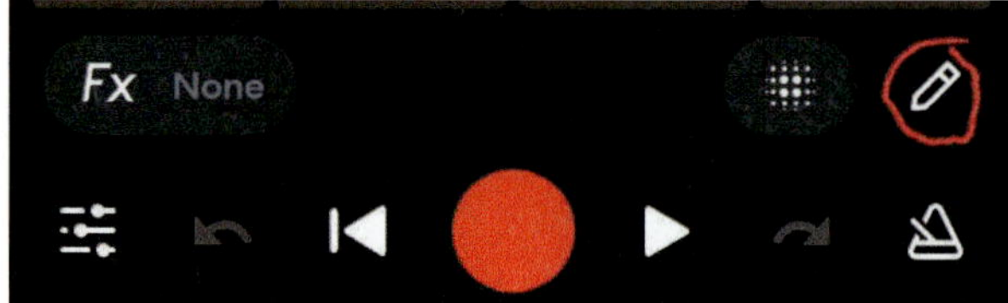

6. Loop, 박자를 선택하고 [Loop Properties] 눌러 세부 설정하고, 녹음 버튼을 눌러 완료한다.

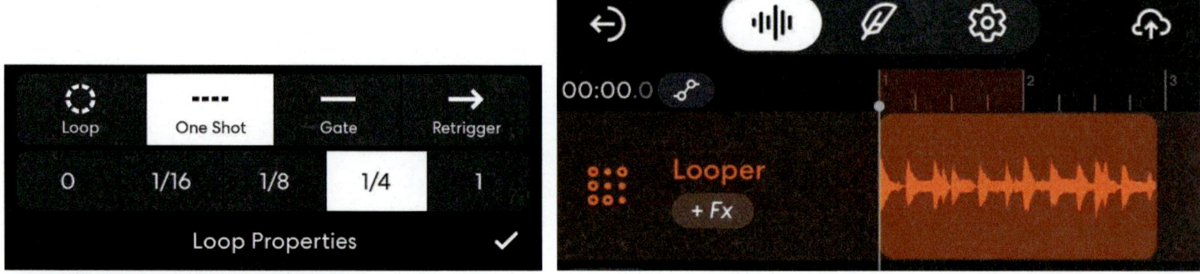

7. 오른쪽 위 구름 [Publish] 버튼을 눌러 [저장] 누르고 정보 기록하고 [공개하기]를 누른다.

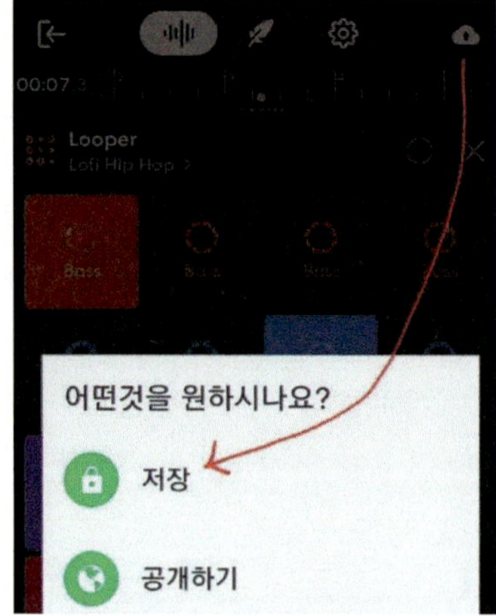

8. 유튜브 업로드를 위해 창을 나가고, [YouTube] 누른다.

9. 왼쪽 위 내 계정을 눌러 화살표 공유하기 눌러주고, 다운로드 아래 [동영상] 누르고

10. YouTube 를 골라서 업로드한다.

<Voice/Audio 트랙 열고, 믹스에디터 열기>

(상단 버튼)

1. 믹스 에디터에서 나가기

2. 믹스 에디터

3. 가사/필기(lyrics/notes)

4. 설정: 프로젝트, 스튜디오, 도구함

5. Publish: 업로드(Upload)

(하단 버튼)

1. 효과(Fx)

2. AutoPitch

3. 이어폰

4. 튜너(Tuner)

5. 멀티트랙: Mute(M), Solo(S), Track Volume, Pan

6. 취소

7. 마디 처음

8. 녹음

9. 재생

10. 메트로놈 On, Off

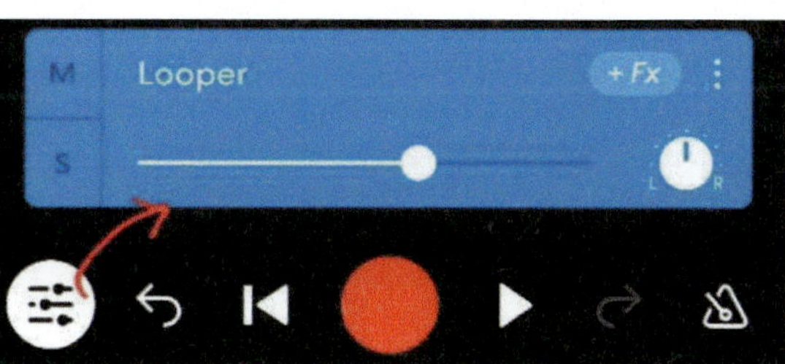

<트랙 추가하고 Looper 트랙 열기>

1. [세부 설정(Loop Properties)] 클릭하고 Loop Properties 확인한다.

    필터(Filter)와 게이터(Gater): 화려한 사운드 찾기

2. Loop Properties(루프 세부설정)

    1) Loop: 계속 재생

    2) One Shot: 소스의 길이만큼 한번 재생

    3) Gate: 터치하는 동안 재생

    4) Retrigger: 터치하면 다시 재생

    5) 설정 후, Loop Properties 체크 누른다.

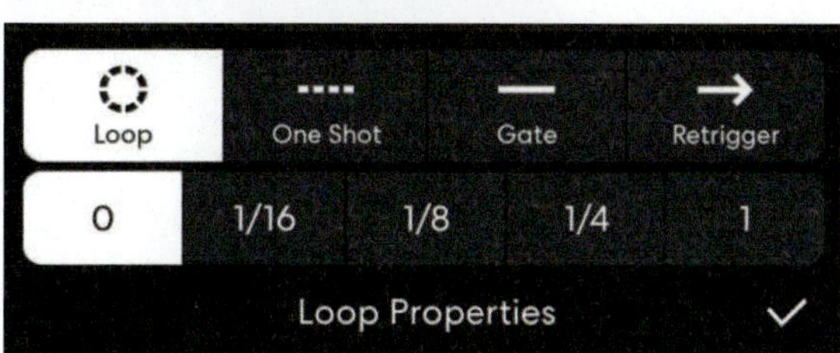

[45] 머니코드, Drum Machine 녹음, Preamp Gain, 단축키

Money chords(머니코드)는 파헬벨의 캐논코드를 해석해 만든 코드진행(chord progression)으로, 멜로디를 많이 만들 수 있는 팝과 가요 코드 진행이다.
PC 에서 Drum Machine 과 Virtual Instruments 로 머니코드를 만들고, 스마트폰에 불러와 노래 녹음하기

<PC 에서 머니코드 루프 만들기>
1. 구글에서 '밴드랩' 검색하여 **BandLab-Make Music Online** 누르고 온라인에서 작업한다.

2. [Create] 클릭하여 [New Project] 클릭하고, New Track 의 **[Drum Machine]** 클릭한다.

3. 드럼악기 패턴(808)에서 골라 **[Drum Machine]** 트랙에 입력한다.

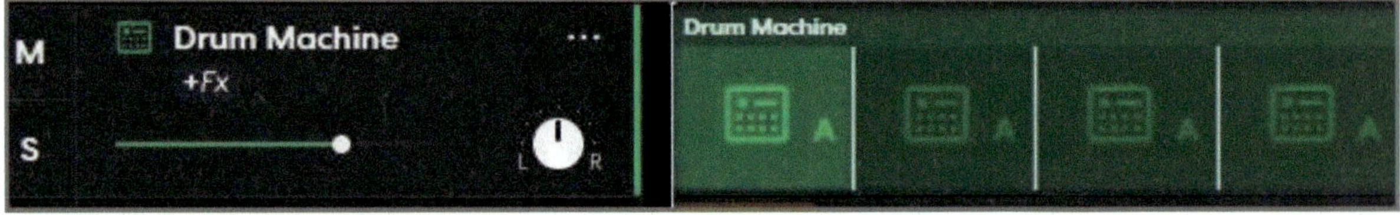

4. [Add Track] 클릭하여 트랙을 추가하고, [Virtual Instruments] 클릭한다.

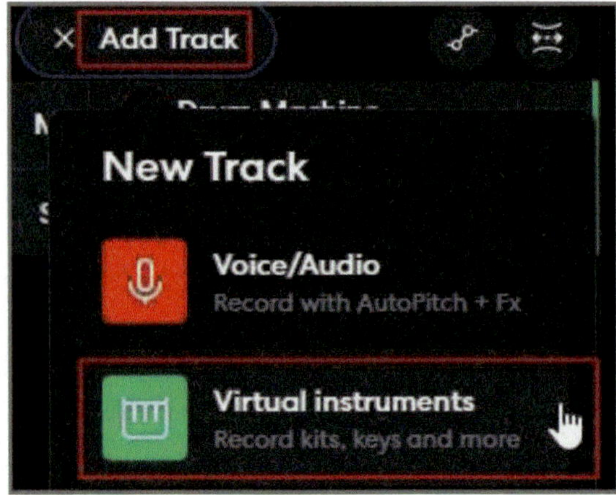

    ***샘플(Sample)**은 아날로그 신호인 소리 신호를 디지털 정보로 표현한 파일이다.
    Virtual Instrument 는 악기 소리를 샘플로 만들어 컴퓨터로 연주하는 가상악기를 말한다.

5. 피아노 악기 입력하고
   노트를 정렬하기위해 트랙에 있는
   노트를 더블클릭하여
   Midi Editor 에서 노트를 선택하고
   [Quantize(퀀타이즈)] 클릭하면,

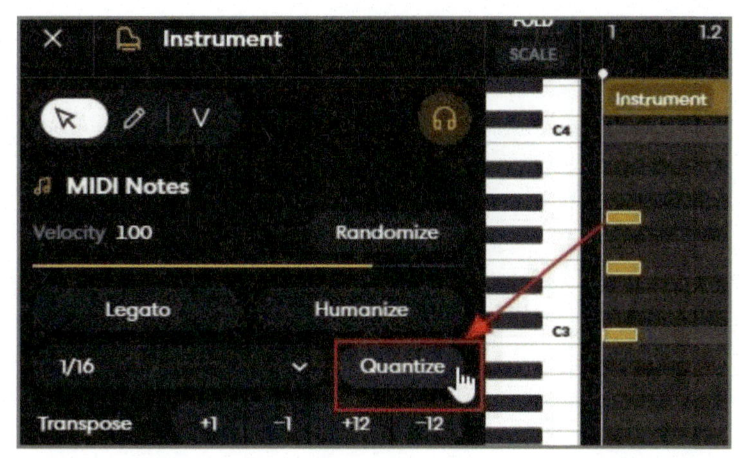

6. 노트가 정렬이 된다.

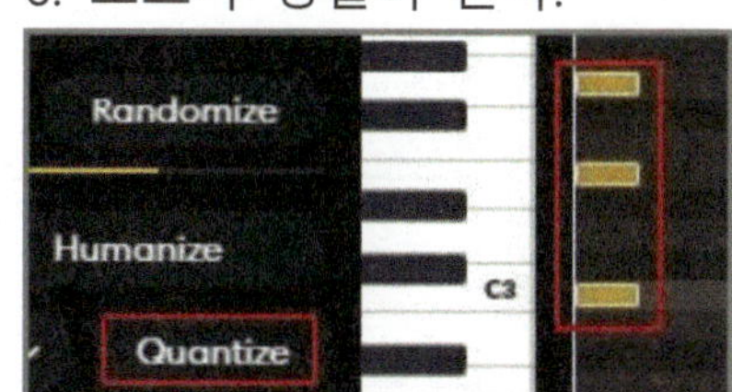

7. 우측 상단의 [Snap to Grid: G] 눌러 활성화하고, 노트 클립(리전)을 선택하고 [Alt] 누르고
   드래그하여 이동한다.

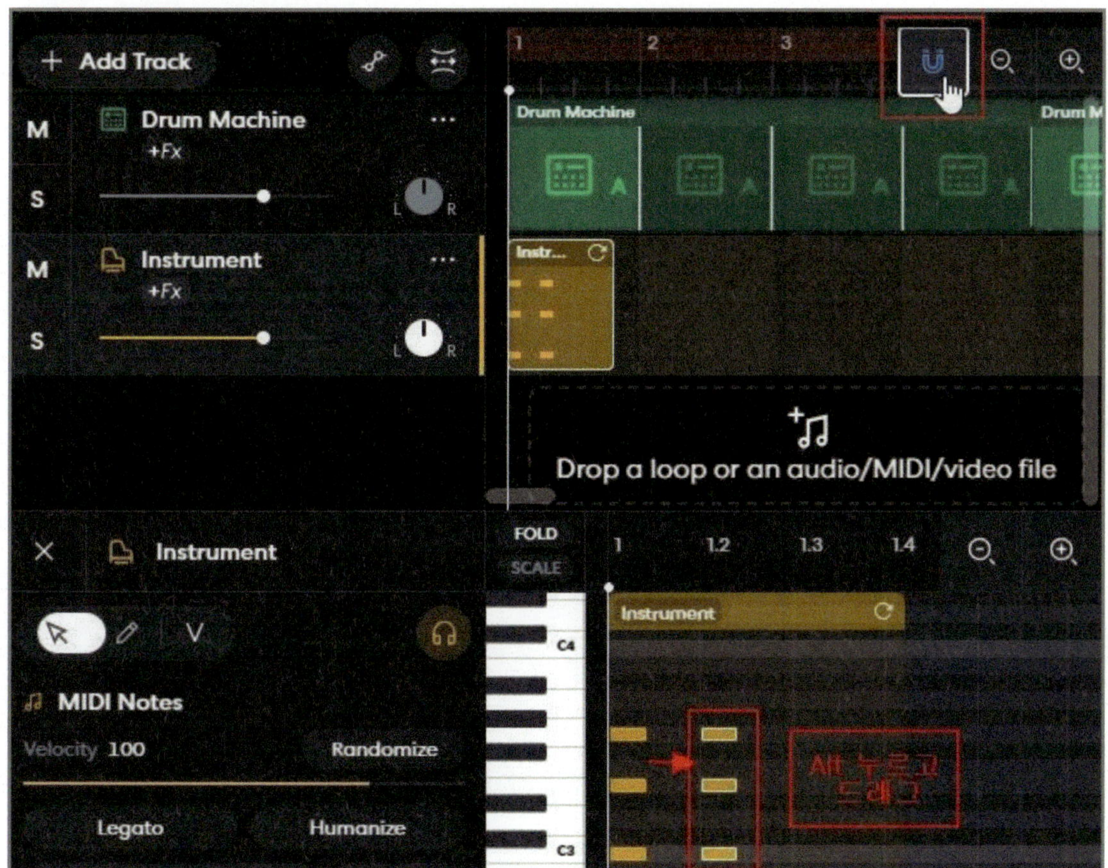

8. 노트 클립을 모두 선택하고 길이를 줄인다.

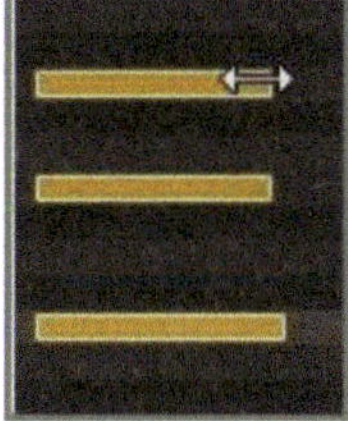

9. 내보내기 클릭하여 '머니코드' 프로젝트로 저장한다.

<스마트폰에서 목소리 녹음하기>

1. 하단 메뉴에서 [라이브러리] 탭한다

2. [라이브러리/프로젝트/내프로젝트] 탭하고, '머니코드' 선택한다.

3. [Studio] 탭한다.

4. 스마트폰에 이어폰을 연결하고 [설정]에서 [**실시간 입력 모니터링(Input monitoring ON)**]
   을 활성화하고

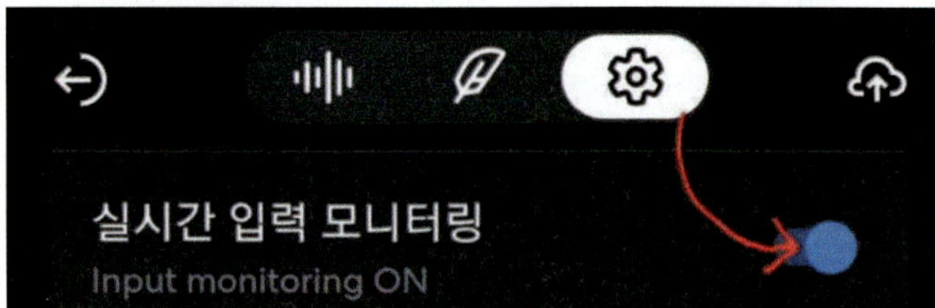

5. [Voice/Audio] 트랙을 추가하여
   머니코드에 맞추어 노래를 녹음하고
   클립 선택하고
   [더보기...]의 [**Gain**] 탭한다.

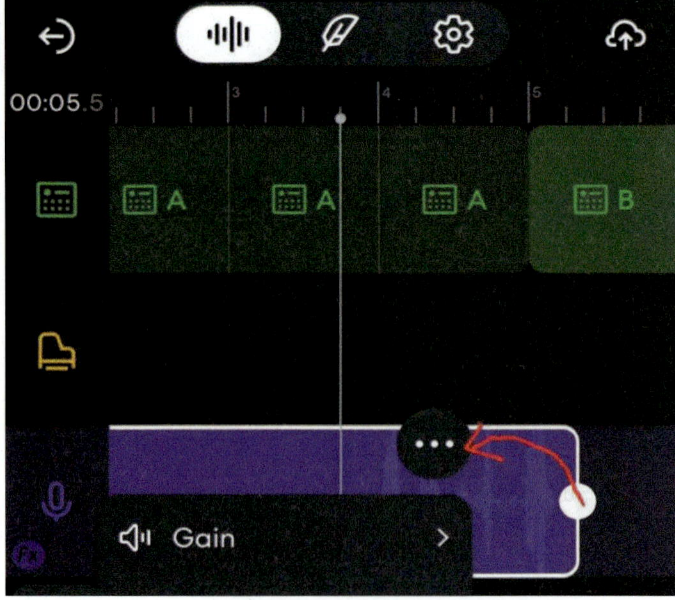

6. Gain 을 올리고 체크하면, 트랙의 볼륨이 커진다.

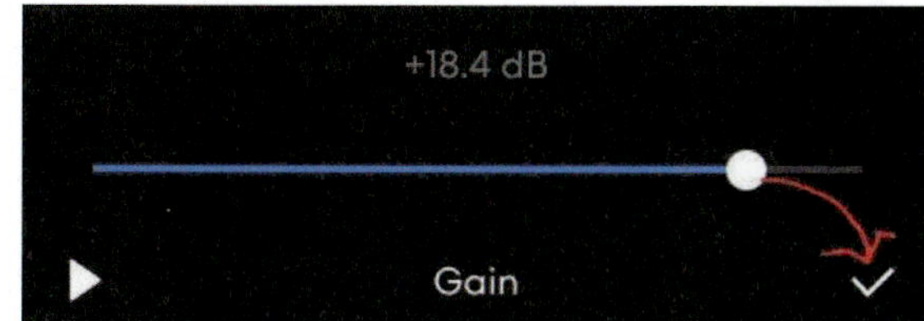

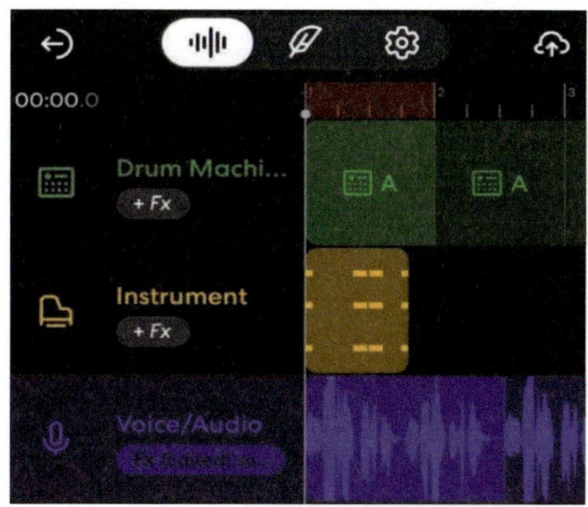

<Preamp Gain(프리앰프 게인)으로 고음질 녹음하기>

1. Preamp Gain 은 첫 입력부의 소리 크기를 제어하는 것으로
   마이크 신호를 증폭한다.

2. 콘솔(믹서)의 마이크(Mic) 단자 아래의 노브로 소리를
   올릴 때는 레벨이 피크를 치지 않으면서 충분하게
   레벨 값을 다 활용할 수 있는 범위까지 올리면
   잡음 없는 고음질로 녹음된다.

3. 입력 첫 단계에서 크게 조절하여 헤드룸이 있게 70 ~ 80%(50db) 정도 Gain 조절이 좋다.

<밴드랩 단축키 모음>

1. 재생(Space), 처음부터 재생(Enter),
   플레이헤드 일시 정지: Pause(Shift+Space)

2. 녹음(Record) 시작 중지(R) *새단축키

3. Mute(Shift+M)

4. 자르기(Slice: S)

5. 저장(Ctrl+S)

6. 샘플(BandLab Sounds Samples: L)

7. 그리드(Snap to Grid: G)

8. 메트로놈(Metronome: M)

9. Quantize: Q

10. 벨로시티(Edit Note Velocity): V)

11. 트랙 추가(Add Track:) Shift+T

12. 솔로(Solo: Shift+S)

13. 트랙 복사(Duplicate Track): Shift+D

14. Drum Machine Live Mode: Shift+L

15. 악기 선택(Select Instrument): Ctrl+Alt+I
    *새단축키

16. 미디노트: 입력(Ctrl+Click), 삭제(Click)

17. 오토메이션(Automation: A)

18. 사이트 새로 고침: Ctrl+R

19. Duplicate Region/Note: Alt+Drag

20. Arm Automation Recording: Shift+A

21. 확대 축소: Zoom In(Ctrl++), Zoom Out(Ctrl+-)

22. 단축키 열기(Toggle Shortcuts Tab: Ctrl+/)

23. Playhead 1 박씩 이동: 좌우 방향키

24. 반복 재생(Cycle: C),

25. 패드 복사(Alt+드래그)

[46] 샘플 제작 오토메이션(Automation)

PC 에서 해금 디지털 음원을 다운 받아 밴드랩 어시스턴트 열어 샘플러(Salpler)에서 샘플을
만들어 미디로 입력하고, 미디음악에 오토메이션(Automation)에서 볼륨 효과를 넣고,
오디오를 미디로 변형하여 국악과 양악이 어울어진 오케스트라 음악을 편곡한다.

<해금 디지털 음원 다운 받기>

구글에서 '국악 디지털 음원' 검색하여 **현악기**의 **해금**의 [강]에서 음원을 선택다운로드 한다.

<PC 에서 해금 샘플 만들어 샘플러에 입력하고 오토메이션하기>

1. 새프로젝트 열어 New Track 의 [**Sampler**] 클릭한다.

2. [V] 패드 선택하고 [**Import File**] 클릭한다.

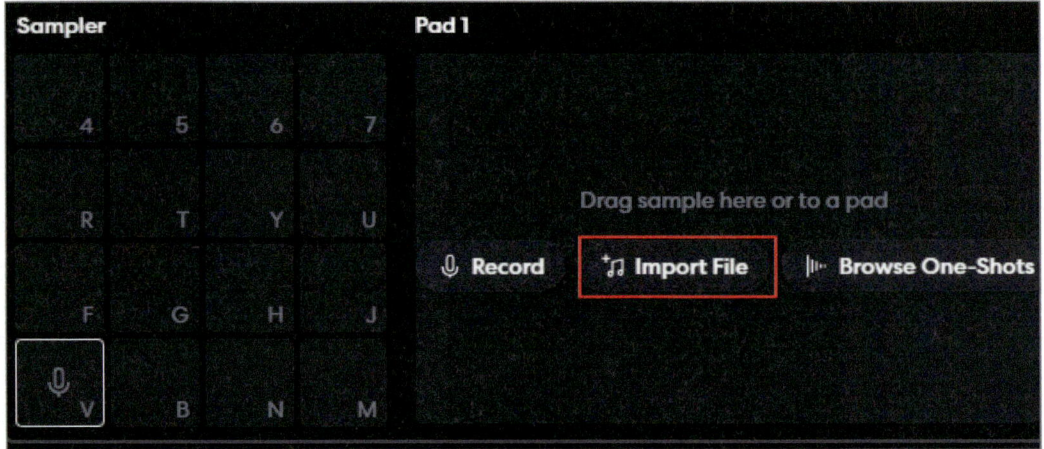

3. 해금 음원을 불러와 플레이바를 드래그하여 영역을 정하고 [**Crop**] 클릭한다.

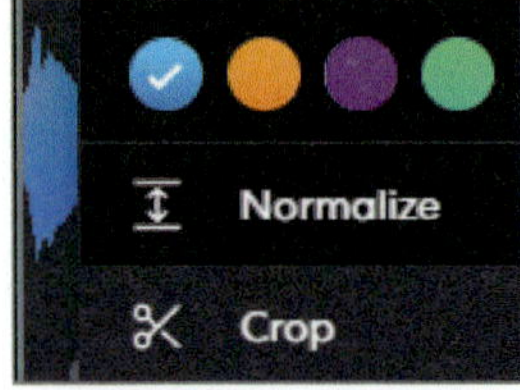

4. 플레이바를 우로 드래그하여 [**Normalize**] 클릭한다.

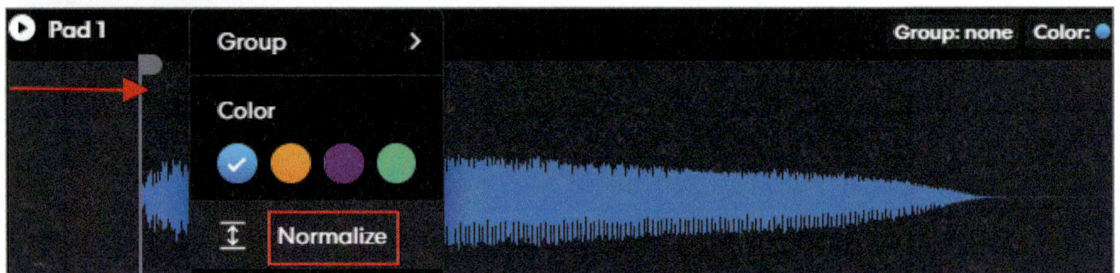

5. V 패드를 선택하고 [Alt+드래그] 하여 B 패드에 복사한다.

6. B 패드 선택하고 [Pitch]를 더블클릭하고, [2.00 st] 적으면. 한음이 올라간다.

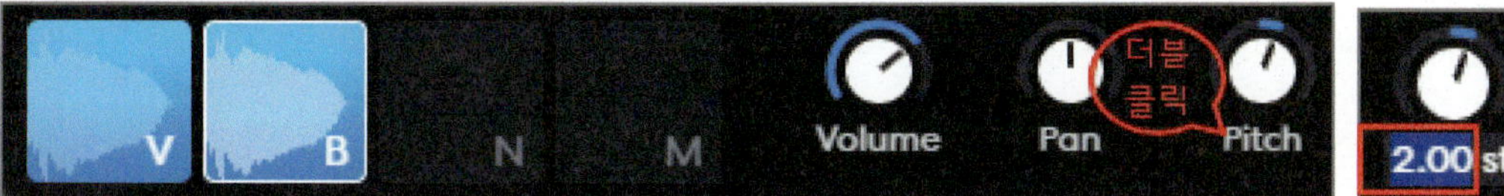

7. [**Start Recording**] 누르고, 패드를 박자에 맞춰 누르면 녹음이된다.

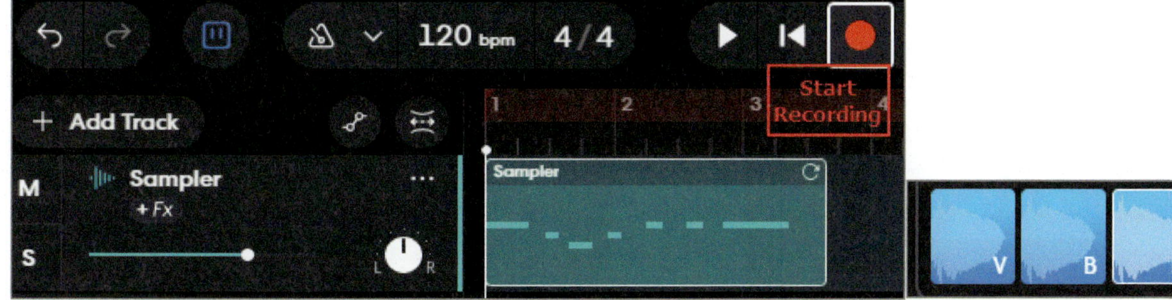

8. [String]s 의 [String Orchestra] 악기 추가하고

9. [Automation] 눌러 [**Arm Automation Recording**(Shift+A)]을 활성화하고

10. Arm Automation Recording 버튼이 빨간원으로 채워지면, [**Start Recording**] 누르고

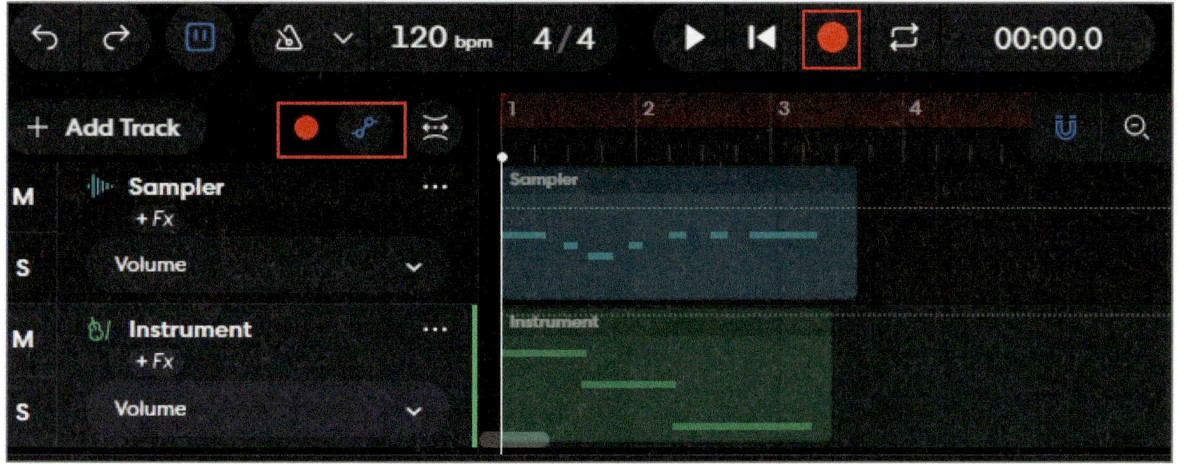

11. [**Recording automation**]의
    [Volume]을 상하로 드래그하면
    볼륨선이 리존에
    자동으로 생긴다.

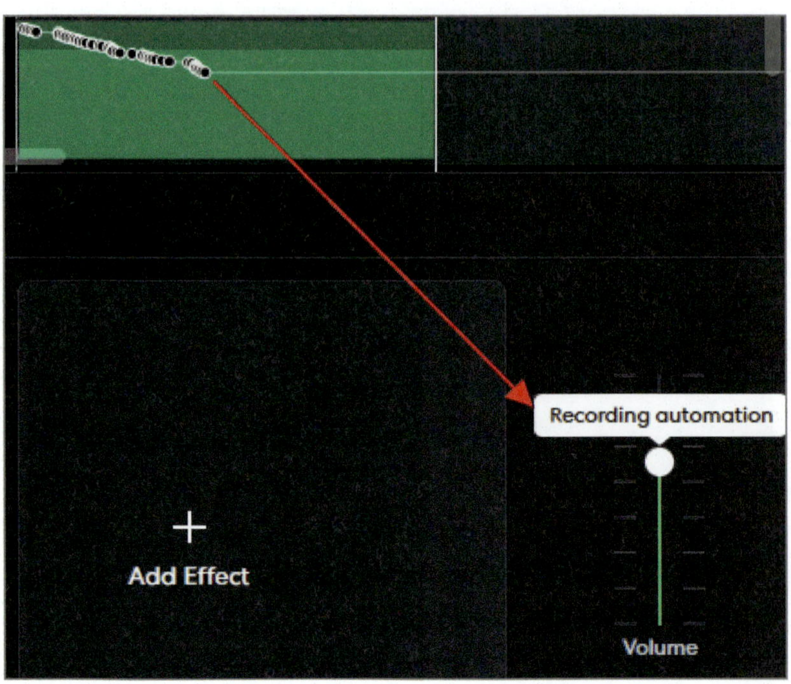

12. [Fx Effects:1 번] 클릭하여 Compress[2 번] 골라 사운드 효과를 주고, Pan, Reverb[3 번]
    효과를 준다.

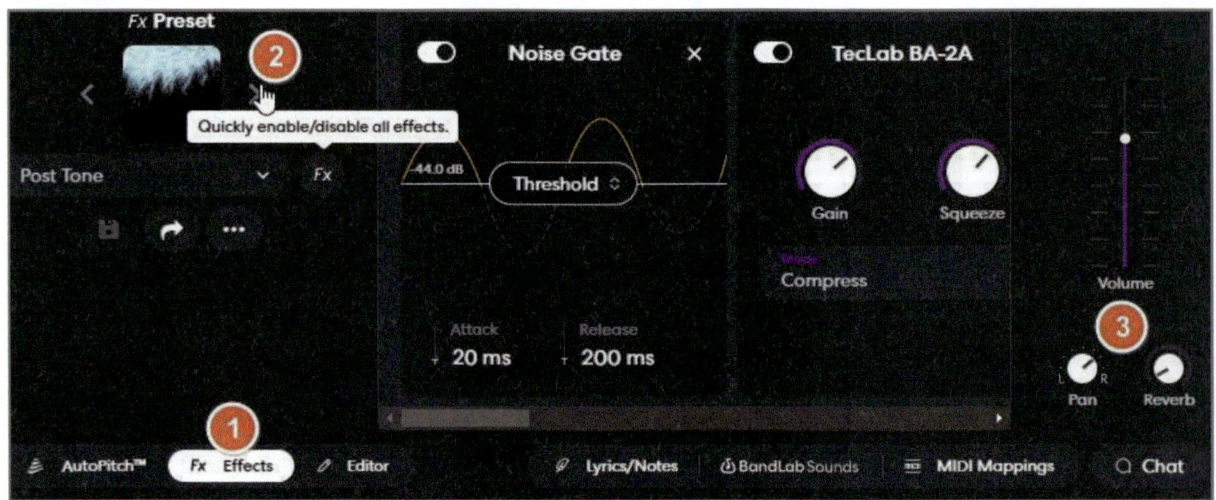

13. Publish 로 다운로드하고 공유하기

  1) [Publish] 클릭한다.

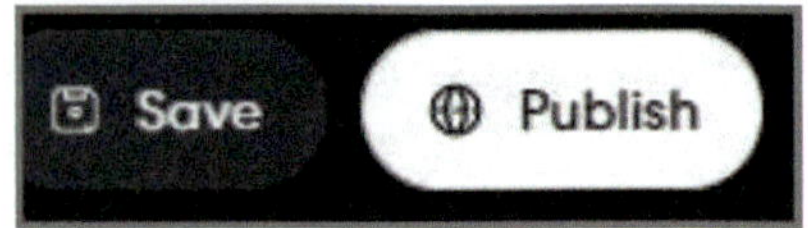

  2) 파일 이름 적고, [Publish]클릭하고 [Revision published] 클릭하고 녹음한 소리 확인한다.

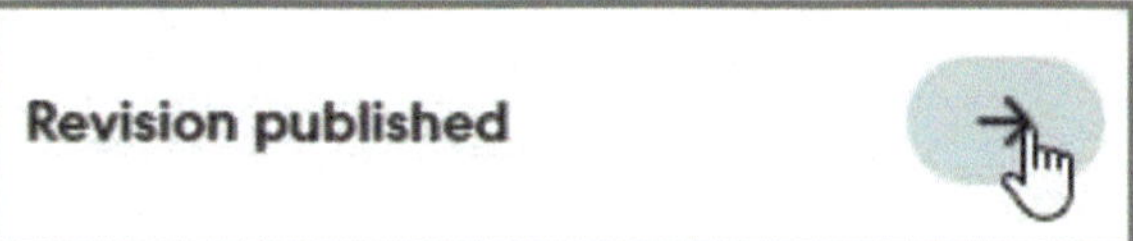

  3) Download 클릭하고, WAV, MP3 로 저장하면, 컴퓨터 다운로드 폴더에 파일이 있다.

[47] 드럼과 미디노트 입력

스마트폰에서 밴드랩 실행하고, Virtual Instruments 눌러 Drum 연주하고 미디노트 입력하기

<Drum kits 에서 드럼 입력하기>

1. 밴드랩 실행하여 만들기(+) 누르고, Track Type 의 [Virtual Instruments] 누른다.

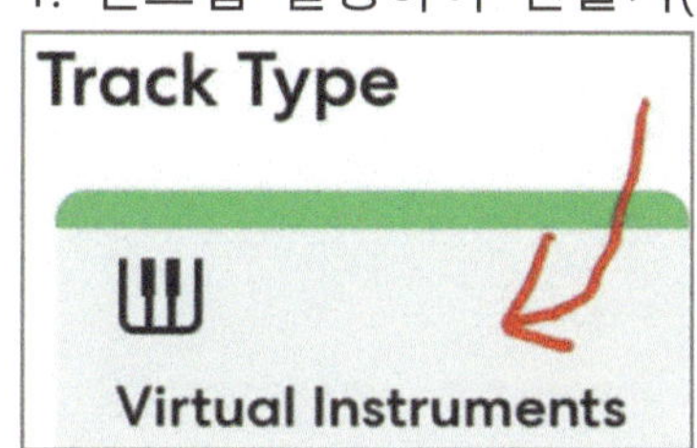

2. [Drum Kits] 누르고, [Ballad] 선택한다.

3. 믹스 에디터 창이 열리면, 녹음 버튼을 누르고, 킥 드럼과 사이드 드럼을 눌러 입력한다.

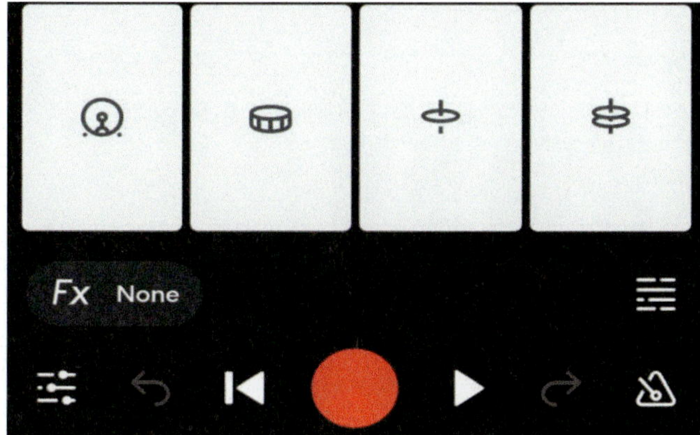

4. 믹스 에디터에서 클립의 동그라미 탭하여 [미디 에디터]를 누르거나, 피아노 롤 뷰를 누르고
   미디노트 창에서 피아노 롤을 재생하여 확인하고 편집한다.

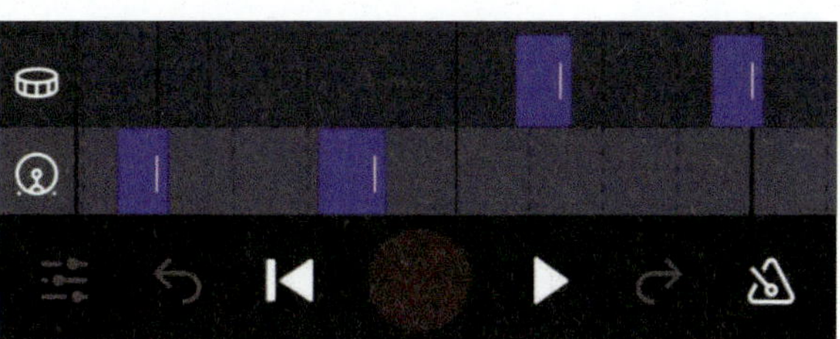

\<Drum Pads\>

1. [Drum Pads] 누른다.

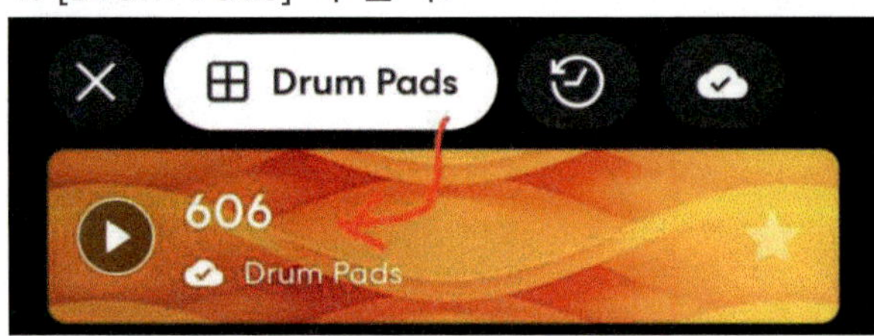

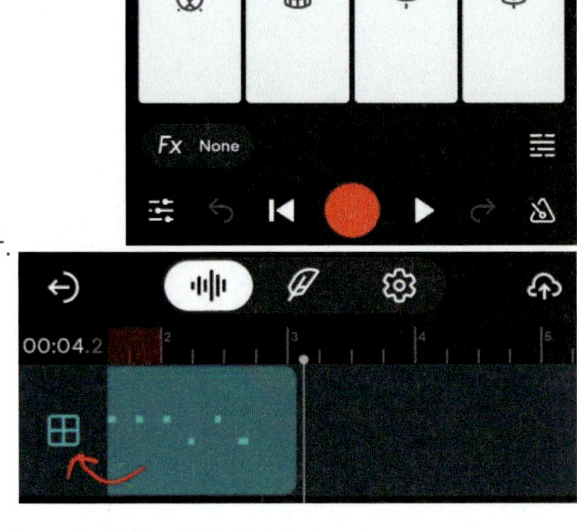

2. 드럼 패드가 보이면, 녹음 버튼을 누르고,
   왼쪽의 킥 드럼과 사이드 드럼을 눌러 입력한다.

3. 믹스 에디터의 리전이 생기면,
   트랙의 [**드럼 패턴**] 아이콘을 누르고 편집한다.

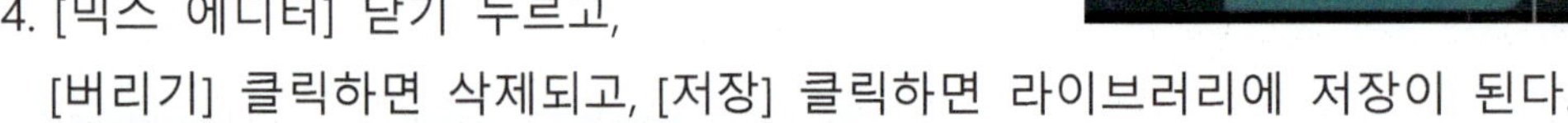

4. [믹스 에디터] 닫기 누르고,
   [버리기] 클릭하면 삭제되고, [저장] 클릭하면 라이브러리에 저장이 된다.

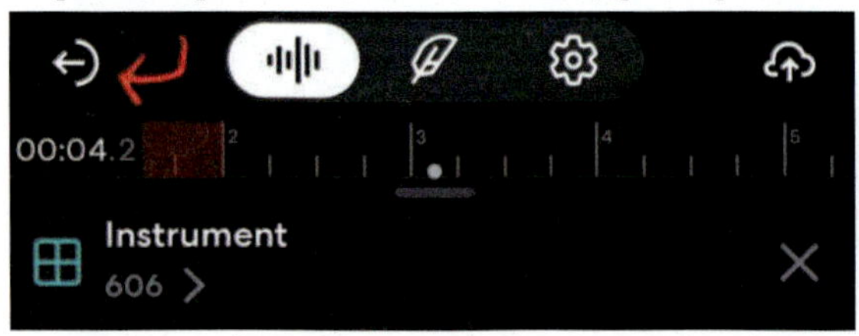

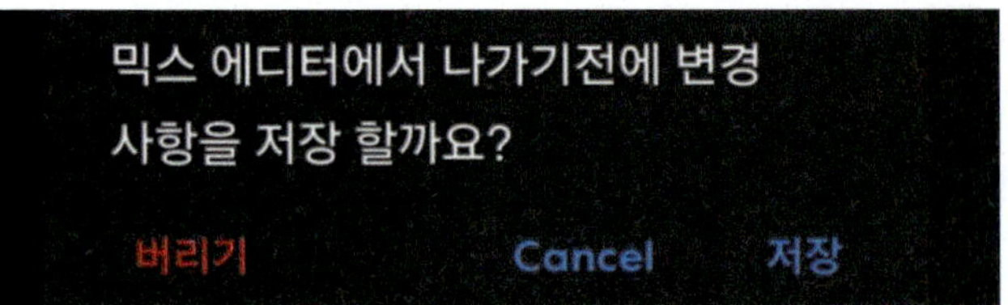

\<미디노트 입력하기\>

1. 만들기(+) 누르고, Track Type 의 [Virtual Instruments] 누른다.
2. Essential Keyboards 에서 Studio Grand(Piano) 누르고,
   하단의 녹음 버튼을 누르고, 건반을 누르거나 컴퓨터 키보드로 미디노트를 입력한다.

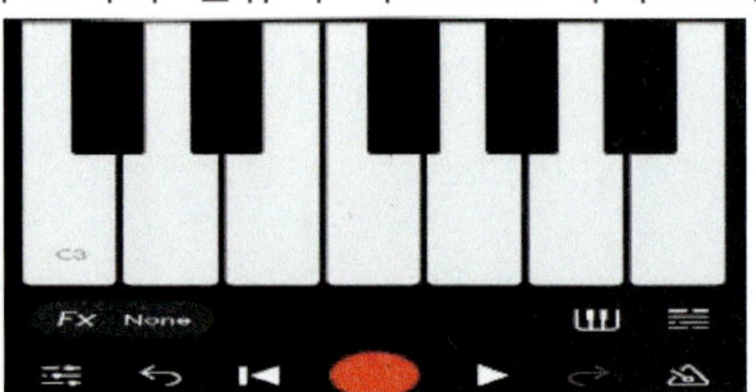

3. 멀티트랙에서 리전을 선택하고 [미디 에디터]를 탭하거나,
   믹스에디터 창에서 [**피아노 롤**] 버튼을 누르면, 피아노 롤 뷰에 미디노트가 보인다.

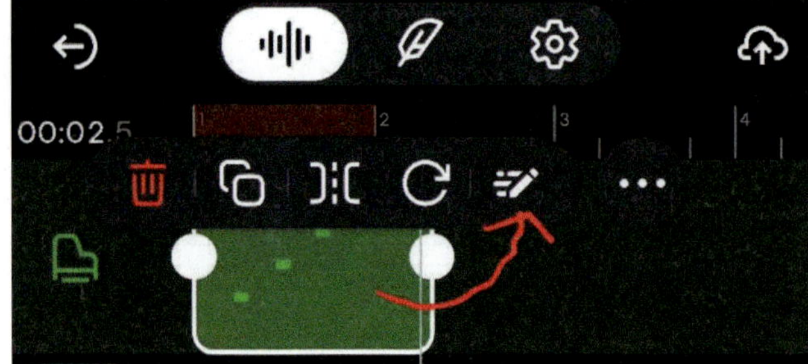

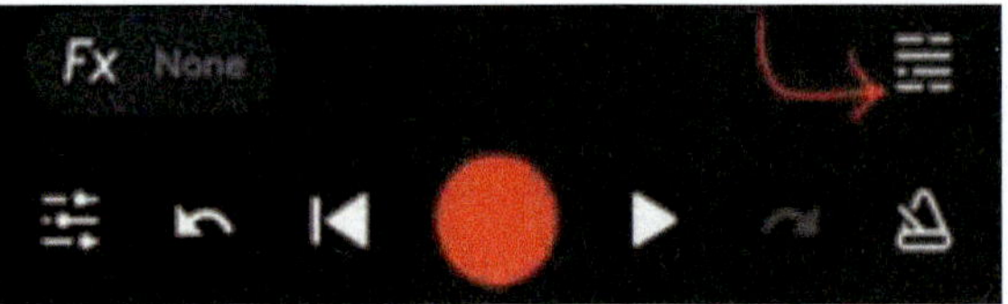

[48] Song Templates 미디노트 입력

BandLab Assistant 에서 Song Templates 는 엄선된 음악에서 영감을 얻어 음악을 추가하여 제작하고, Instruments 에서 건반으로 미디노트를 입력한다.

<Song Templates>

1. PC 에서 BandLab Assistant 실행하고, Start a new project 의 [Create] 클릭하거나

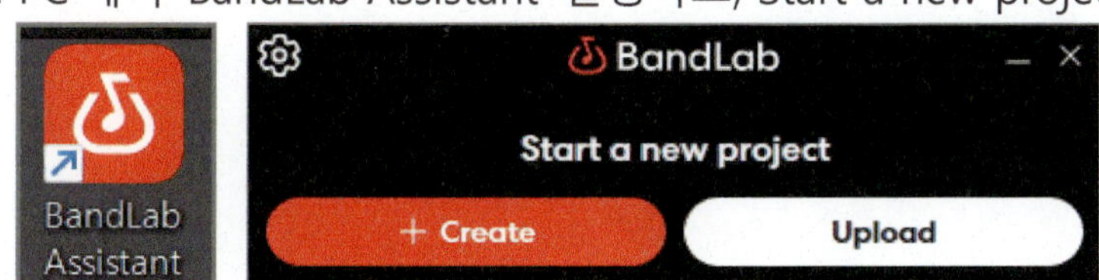

[New Project] 클릭한다.

2. Quick Start 의 [**Song Templates**] 클릭한다.

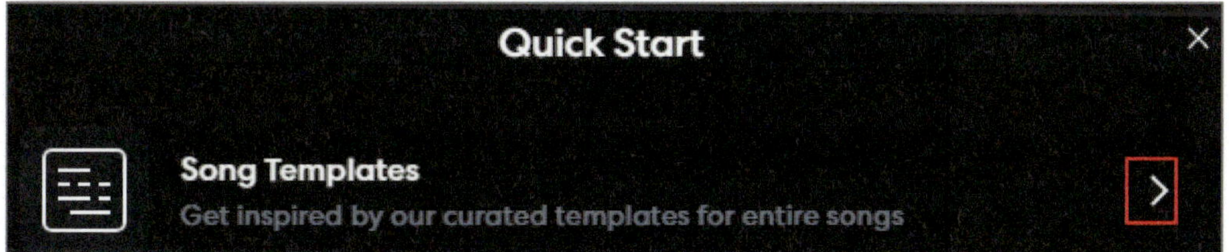

3. Hip Hop(힙합)의 'Baby Where U At'을 들어보고 [**Load Template**] 클릭한다.

4. 스튜디오 창에서 악기를 추가하거나 변경하여 [Save] 클릭하여 프로젝트를 저장한다.

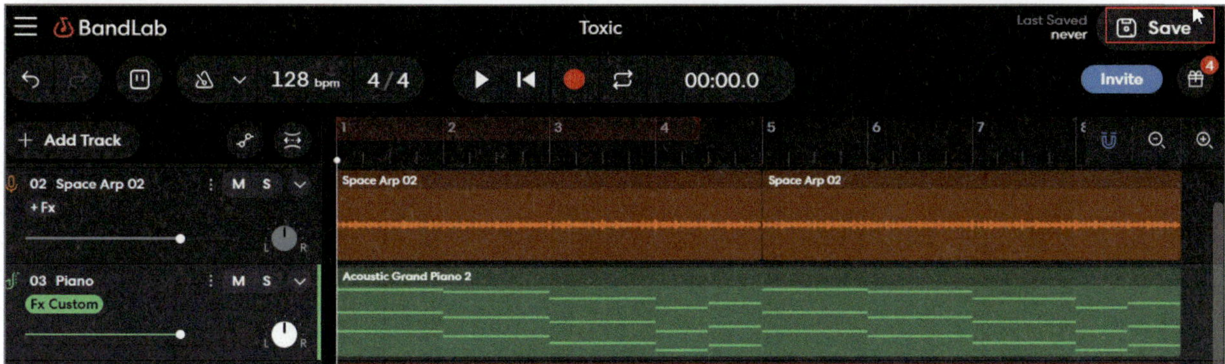

5. [Project/Download/Mixdown As] 클릭하여 오디오로 저장한다.

<Instruments 에서 드럼 입력하기>

1. 하단 Library 탭의 [+Create] 클릭하고, New Track 에서 [Instruments] 클릭한다.

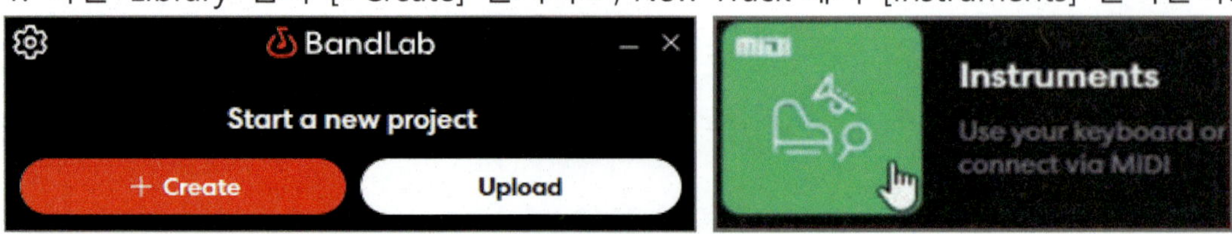

2. Instrument 에 Studio Piano 를 Click(클릭) 클릭하고,

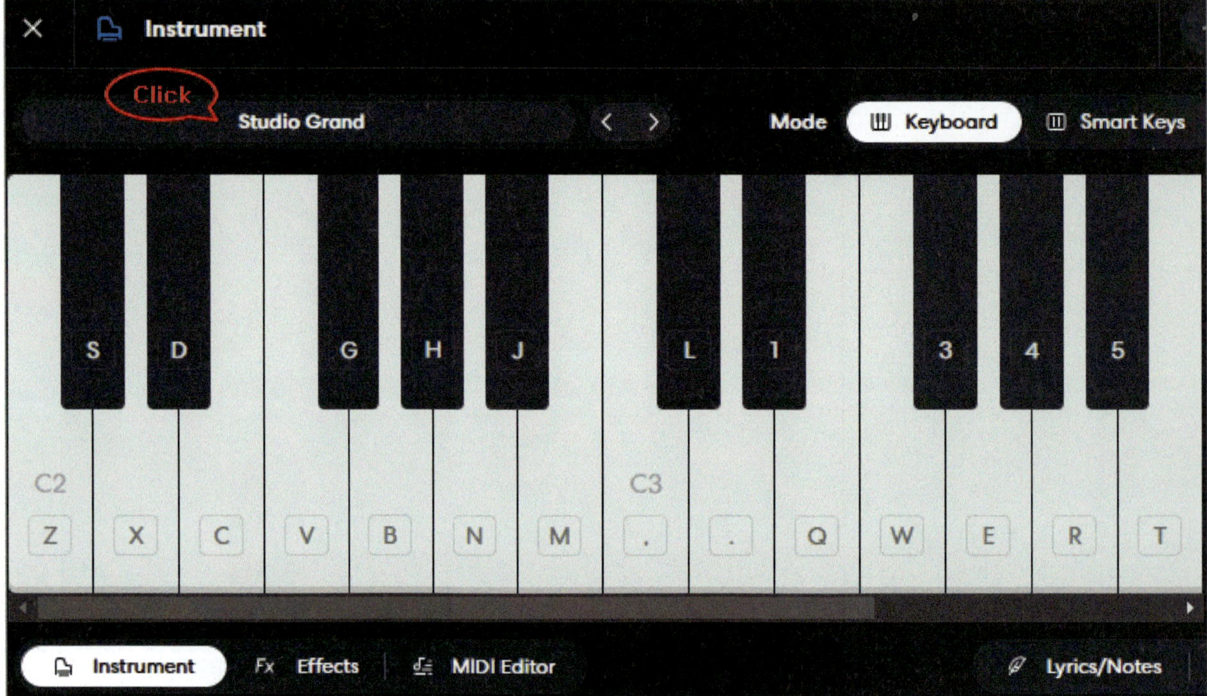

3. Browse Inatruments 검색에서 Drum Kits 의 [Lofi Hop] 찾아 클릭한다.

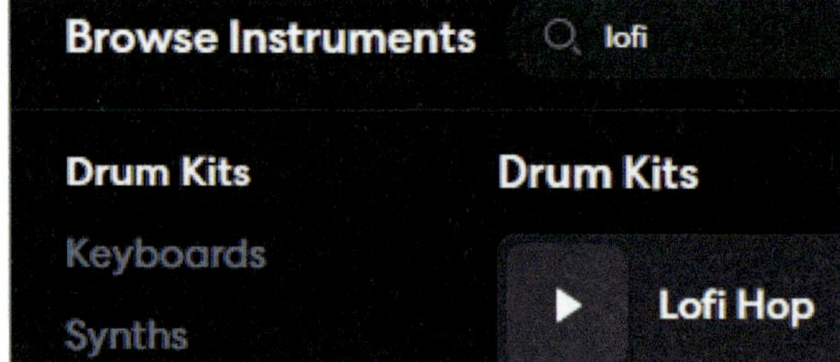

4. LoFi 드럼세트가 하단에 생기면, 악기를 눌러 소리를 확인한다.

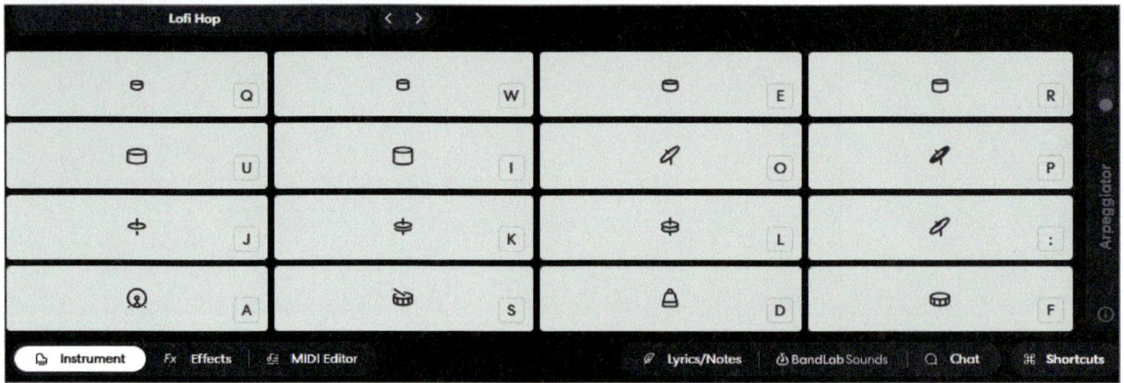

5. [MIDI Editor] 클릭한다.

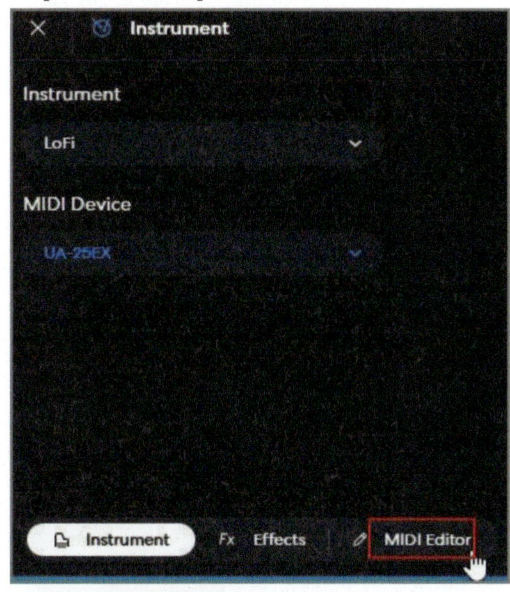

6. 미디 클립을 위치에 자동으로 넣기위해 우측 상단의 [Snap to Grid(G)] 클릭하고,

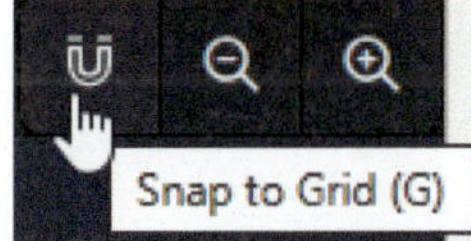

7. Kik 드럼 위치에서 더블클릭하여 미디노트를 입력한다.

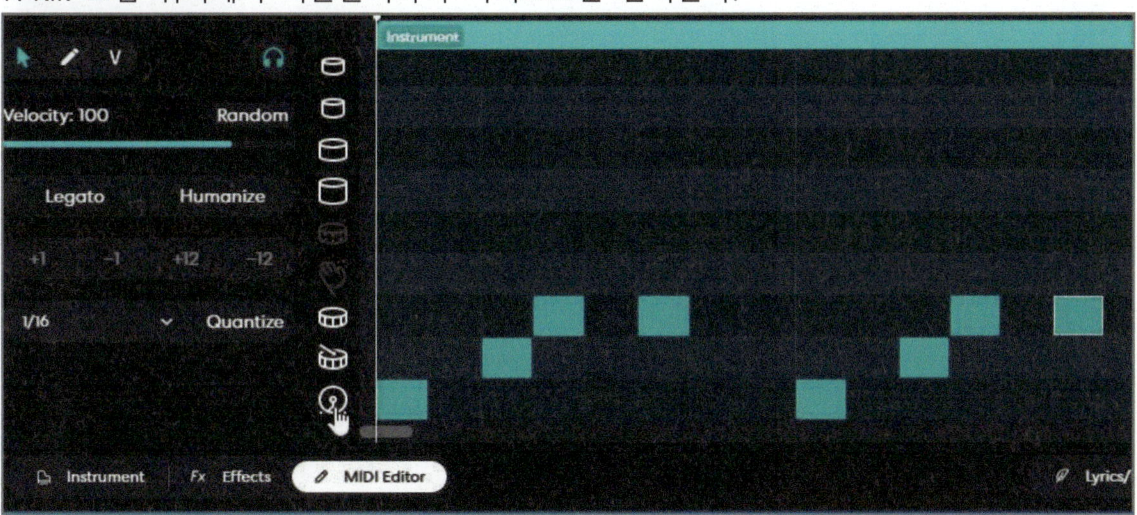

<MIDI Editor 에서 드럼 미디노트 입력하기>

Instruments 와 Drum Machine 은 미디를 입력하고, Voice/Mic, Guitar, Bass 는 오디오를 녹음한다.

1. [Create] 클릭하고 New Track 에서 [Instruments] 선택한다.

2. Keyboards 의 [Studio Grand] 클릭한다.

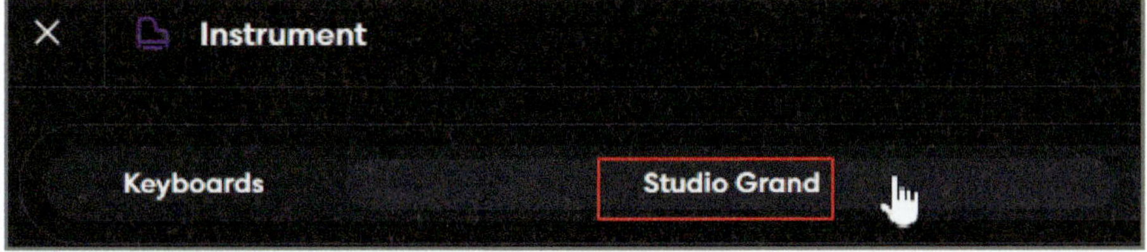

3. [MIDI Editor] 선택하고 미디노트 입력하고 편집한다.

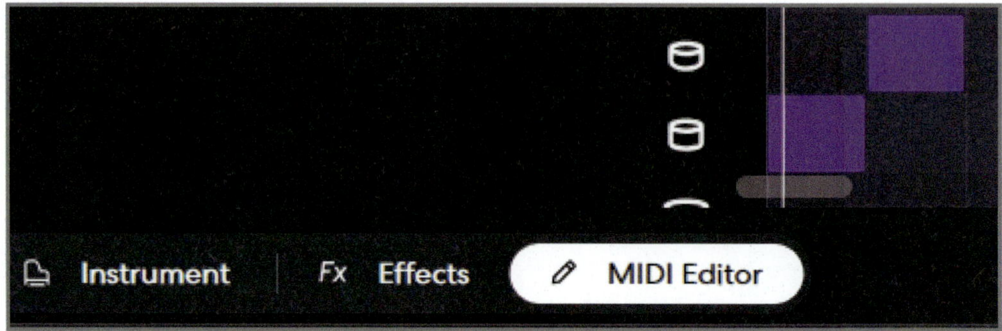

4. Drum Kits 의 [Hip Hop] 선택하고 아래 드럼을 눌러서

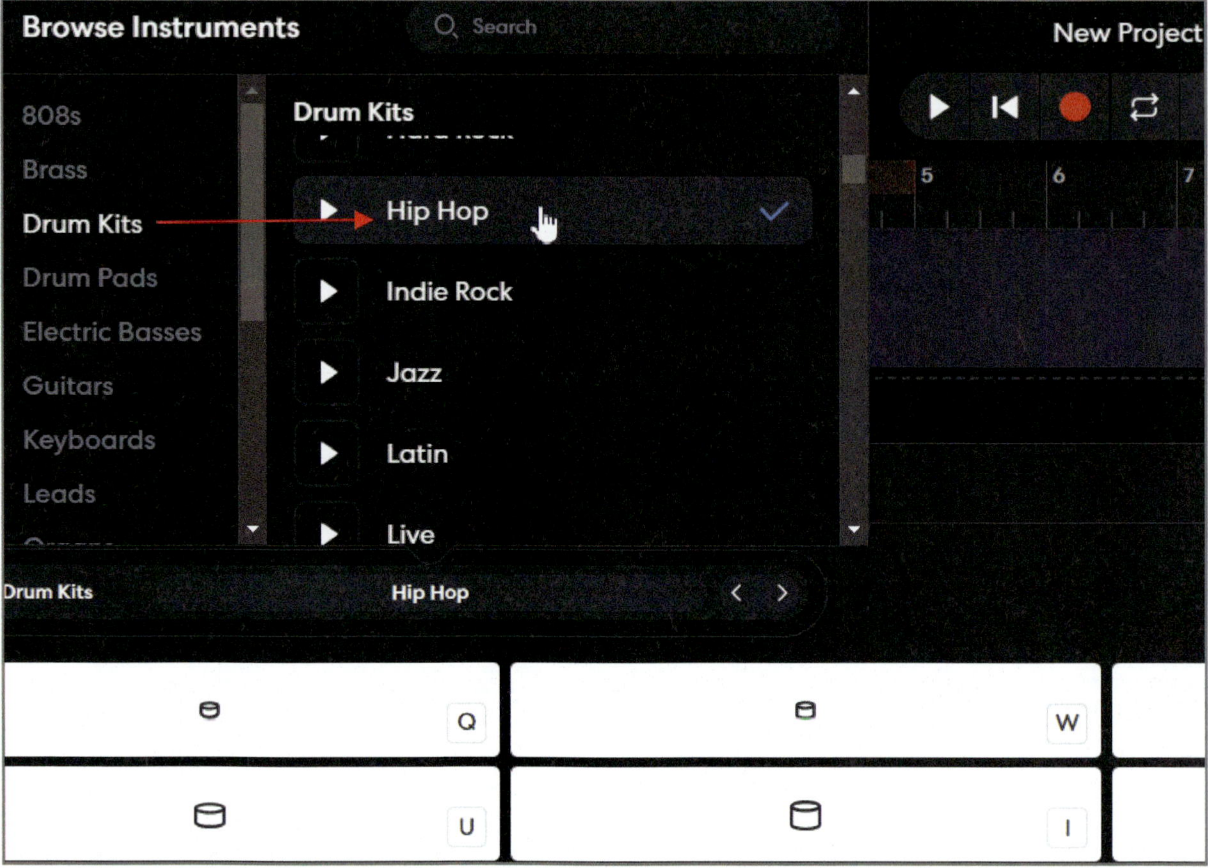

5. 미디를 입력한다.

6. 미디 클립(리전)을 더블클릭하면 미디 에디터(MIDI Editor)에 미디노트가 보인다.

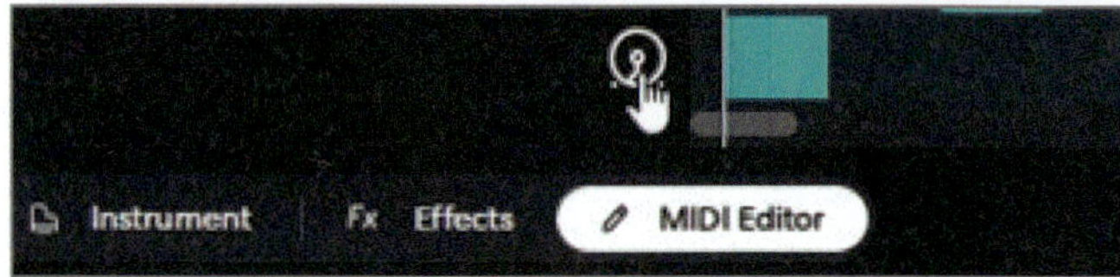

[49] Graillon(그레이온) 플러그인 설치, 음정보정 효과

Graillon(그레이온)은 리퍼(Reaper)와 케이크워크 밴드랩에서 무료 사용하는 VST 플러그인으로
오토튠을 넣고, 스무스, 스냅 레인지, 레퍼런스 등 노브로 오토튠 음정 보정 효과를 넣는다.
플러그인은 컴퓨터의 소프트웨어에 연결되어 특정 기능을 수행하는 프로그램이다.
VST 는 Virture Stduio Technology 의 약자로 가상 스튜디오이다.

<다운 설치>

1. 'Graillon' 검색하거나 아래 사이트 클릭한다.

https://www.auburnsounds.com/products/Graillon.html

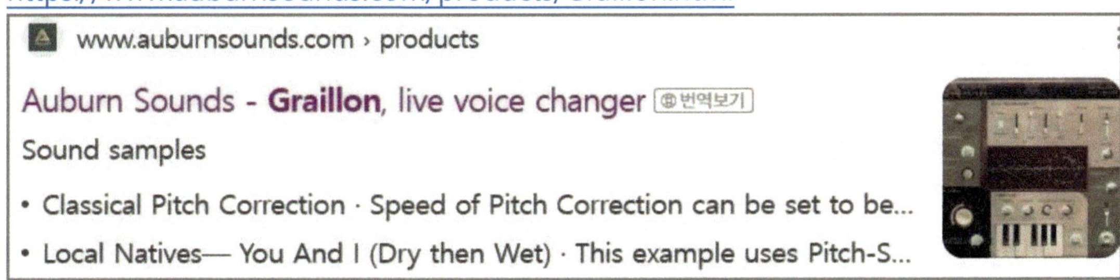

2. [Free Edition] 버튼 눌러서 설치 파일을 다운로드한다.

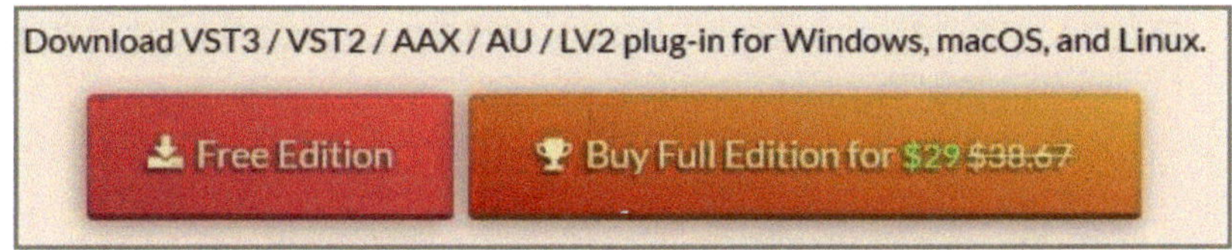

3. 파일 압축을 풀어주고 Windows 폴더에 있는 "Graillon-2-FREE-2.6.0.exe" 라는 프로그램으로
   설치를 하면 C:/Program Files/**VSTPlugins**/에 저장된다.
   *설치 경로 확인 C:₩Program Files₩ VSTPlugins

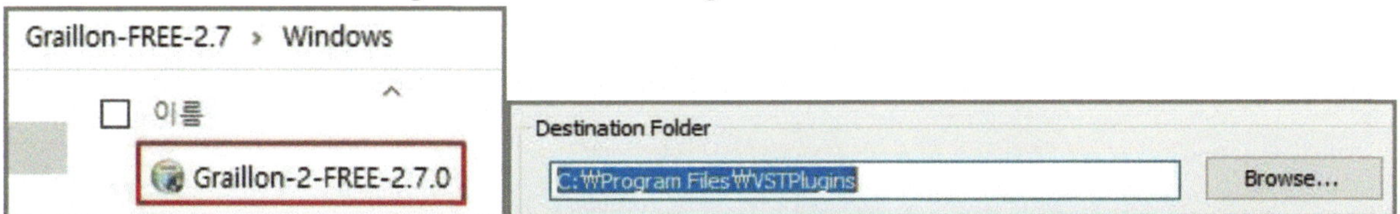

4. "Next"를 누르고 아래 화면에서 필요한 건 VST 2.4 plug-in 과 VST 3 plug-in 이다.

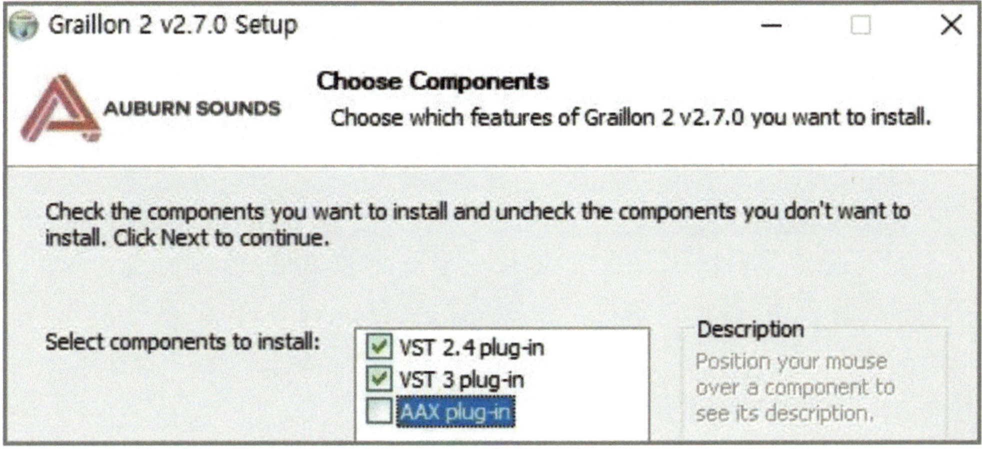

<리퍼(Reaper)에서 그레이온 실행하기>

오디오트랙에서 [FX] 클릭하고, Filter 에서 'gra' 검색하여

[VST3: Graillon 2]를 더블클릭하면, Graillon-2 첫화면이 보인다.

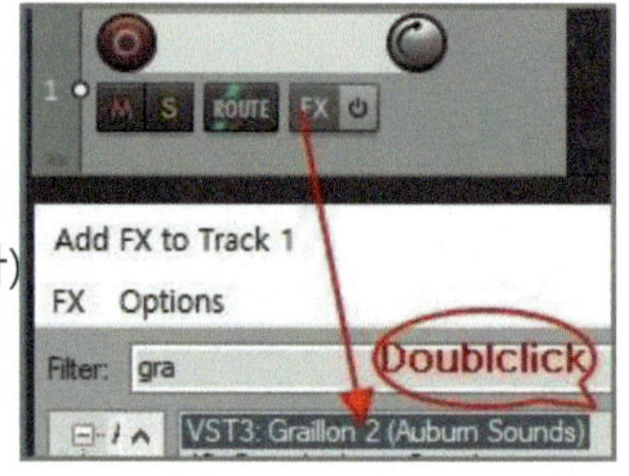

1. 그레이온 버튼 기능

   Lead Voice (입력값)

   Low cut (불필요한 음역 깍아내기: 보통 80hz 밑으로 깍아낸다)

   Output (Dry/Wet) 이펙터 출력값

   Inertia(지속음)

   Amount (총 효과)　　* Pitch-Tracking Modulation: 유료 버전

2. 트랙에 계명을 녹음하고 '미'음에 가면, 피치 밴드 'C'에 표시된다.

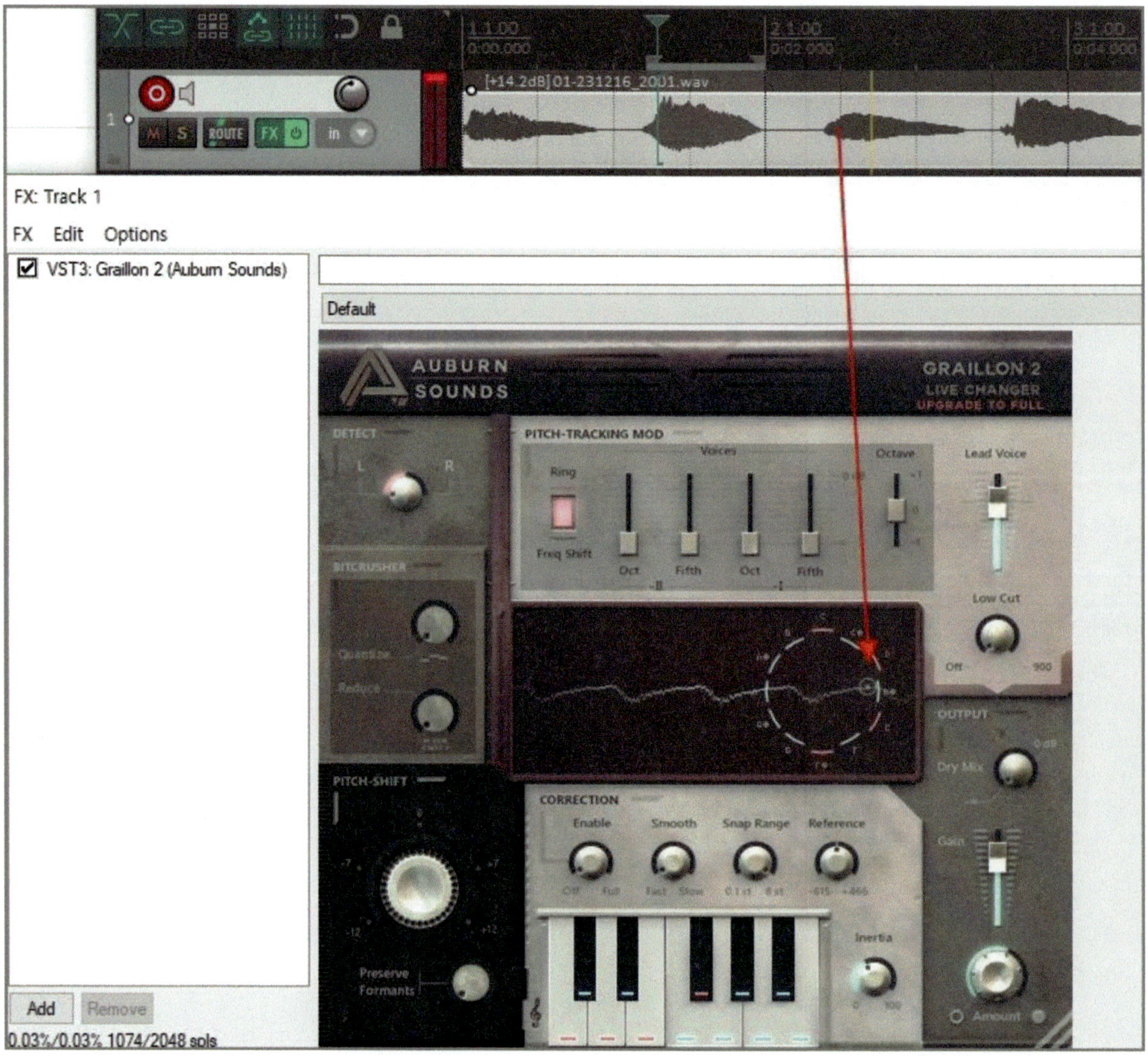

3. Output 에서 코러스를 생성하고 옥타브 소리를 만들고 음성을 풍부하게 한다.

4. **Pitch Shifter** 는 음성 변조를 하는 것으로 조옮김하여 +12 는 한 옥타브 음을 올린다.

  피치 수정 모듈은 로봇 사운드, Bitcrusher 추가는 믹스에 반짝거림을 부드럽게 추가한다.

5. **Preserve Formants** 는 소리의 밝고 어두움을 조절한다.

<그레이온의 음정 보정(CORRECTION) 기능>

1. Enable 은 튜닝 기능의 활성화 양을 정하는 것으로 최대로 사용한다.

2. Smooth 는 틀어진 음정이 작동할지를 결정하고, 튜닝하길 원하면 중간값을 사용한다.

3. Snap Range 는 틀어진 음정 범위를 옥타브로 설정하고, 끝까지 8st 로한다.

4. Reference 는 기준이 되어주는 440hz 를 튜닝한다.

5. 건반에서 튜닝되어야 할 음정에 '파란불', 튜닝 안되는 음정에 '빨간불'로 지정한다.
   파란불은 음정 보정이 사용되고, 빨간불은 음정 보정이 적용되지않는다.

<케이크워크 밴드랩에서 그레이온 실행하기>

1. 오토튠 플러그인 **Graillon2** 다운로드하고, 다운받은 [Graillon-2-FREE-2.8.0] 설치한다.

   https://www.auburnsounds.com/products/Graillon.html

   *Graillon 플러그인 설치할 때 경로를 C:₩Program Files₩**VSTplugin** 으로 지정한다.

2. 케이크워크를 실행해서 FX 부분에있는 +(Show Rack Menu)를 누르고,

[Insert Audio FX/Pitch Shift/Graillon 2] 클릭하면,

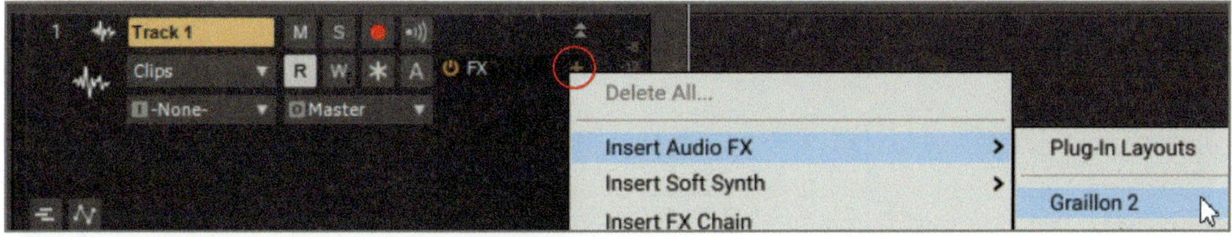

3. 오디오 트랙에 Graillon 2 가 생기면, Graillon 2 클릭하면 Graillon 2 창이 보인다.

4. 왼쪽 상단의 [Preset] 눌러 [Correct F major] 설정하면,

5. 건반에 Bb 은 파란불, B 는 빨간불로 바뀐다. 임시표가 있으면 빨간불 눌러 파란불로 바꾼다.

6. Preferences 의 Playback and Recording 클릭하고, Driver Mode 를 WASAPI Shared 로 설정한다.

[50] Cakewalk by BandLab 다운로드 설치

케이크워크 밴드랩(Cakewalk by BandLab)은 케이크워크 소나 홈 스튜디오를 무료로 배포하기 시작하면서 프로그램의 코어는 플래티넘 에디션과 동일하다.
밴드랩 어시스턴트라는 전용 매니저를 통하여 정식 라이트 판을 다운로드 받을 수 있다.
소나에서 쓰던 모든 플러그인은 새로운 케이크워크에서도 쓸 수 있고, 케이크워크 바이 밴드랩 (cakewalk by bandlab) 설치를 도와주는 밴드랩 어시스턴트(Bandlab Assistant)를 다운 받는다.

<케이크워크 밴드랩 다운 설치>

1. 구글에서 '케이크워크 밴드랩' 검색한다.

   https://www.bandlab.com/products/cakewalk

2. [Download] 클릭하고, [Cakewalk Installer] 클릭하고, 다운받아 설치한다.

   * 케이크워크를 사용하는데 있어서 윈도우 10 64-bit 버전을 권장한다.

3. [Cakewalk Installer] 클릭한다.

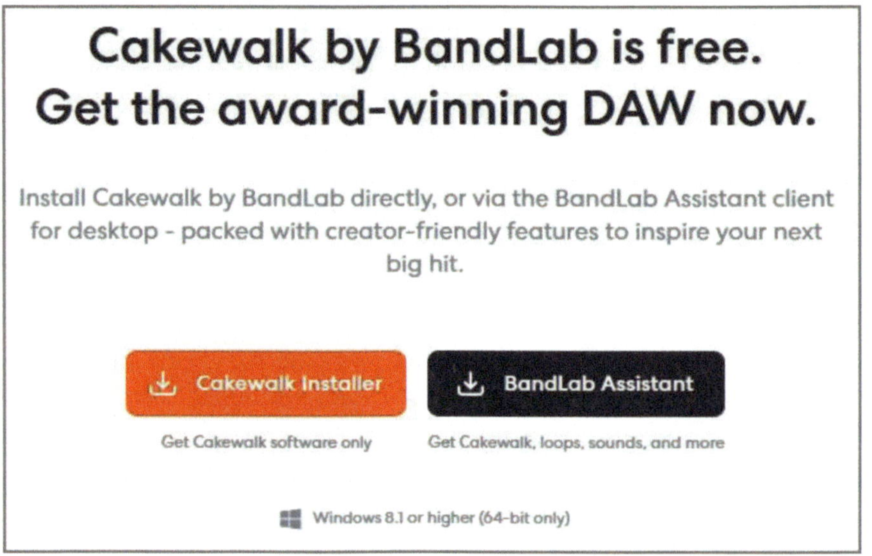

4. 컴퓨터 다운로드에 다운받은 [Cakewalk Setup.exe] 열어 설치한다.

5. Cakewalk by BandLab 의 [Install] 클릭하여 밴드랩과 연동한다.

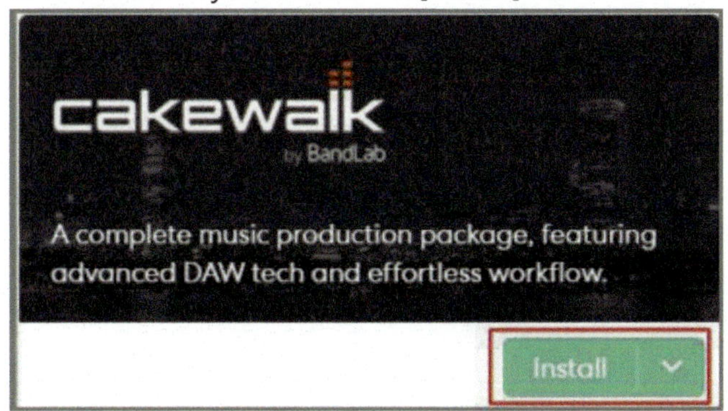

6. Additional Installers 에서 플러그인 추가하고, [English] 선택하고 OK 한다.

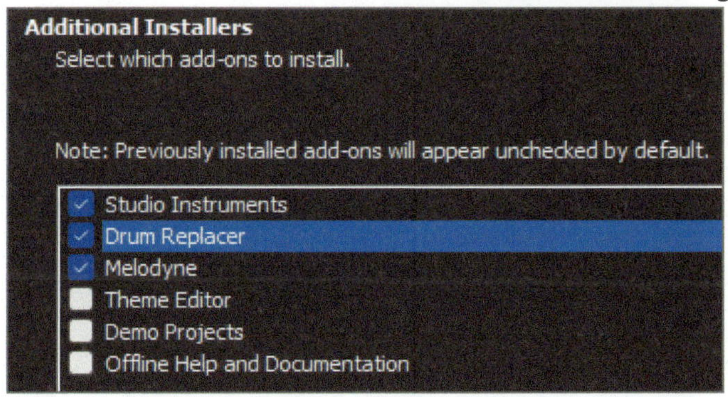

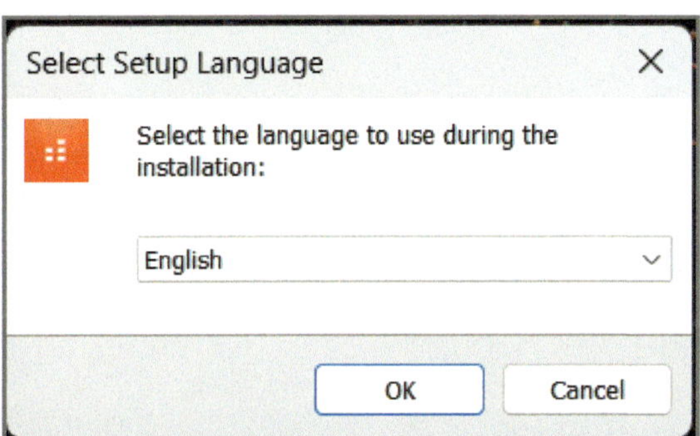

7. **Basic** 선택하면, 설정한 것이 설치되기 시작한다.

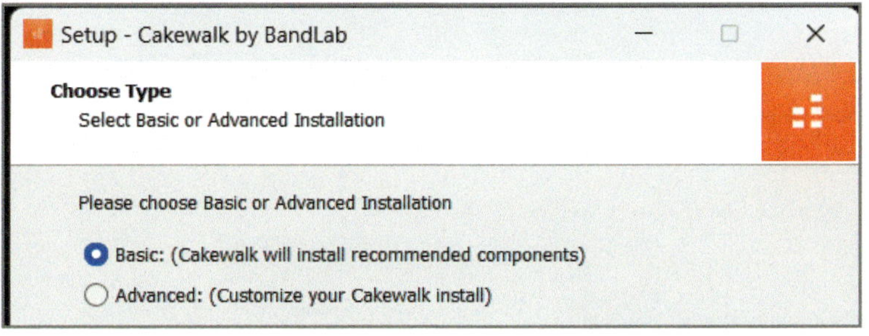

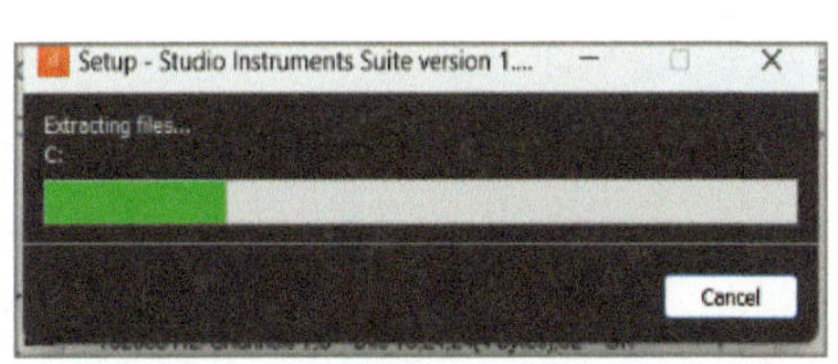

8. Setup **License Agreement** 에서
   [**I accept the agreement**]
   선택하고,
   Next > Next > Next 클릭하면
   설치된다.
   *중간에 에러 메시지가
   나오면, [무시]를 누른다.

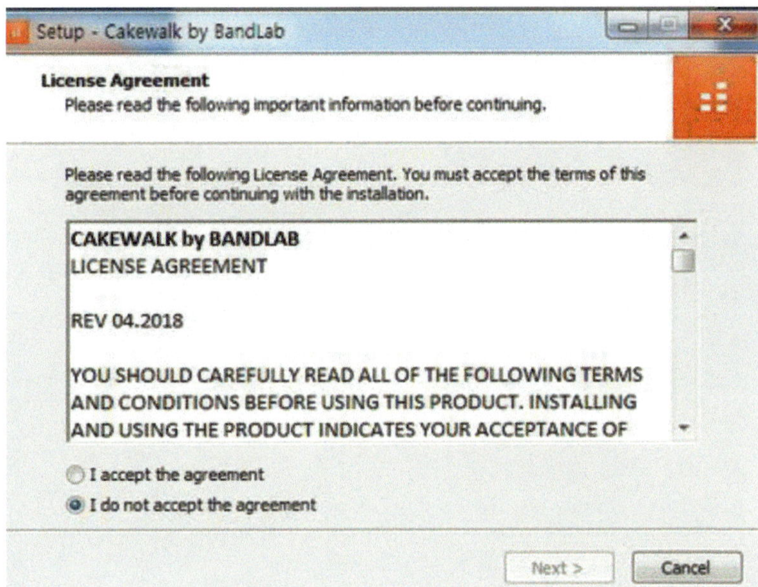

[51] 보컬싱크(VocalSync) Region FX

케이크워크 밴드랩에서 프로젝트를 불러와 박자가 어긋나있으면 보컬싱크로 박자를 맞추기

<스마트폰에서 더빙하여 프로젝트 저장하기>
밴드랩 실행하여 MR 불러와 블루투스 이어폰으로 노래를 녹음(더빙)하여 프로젝트를 저장한다.

<케이크워크 밴드랩에서 보컬싱크하기>
1. Cakewalk by BandLab 을 실행하고
   [Utilities/BandLab Assistant] 클릭한다.

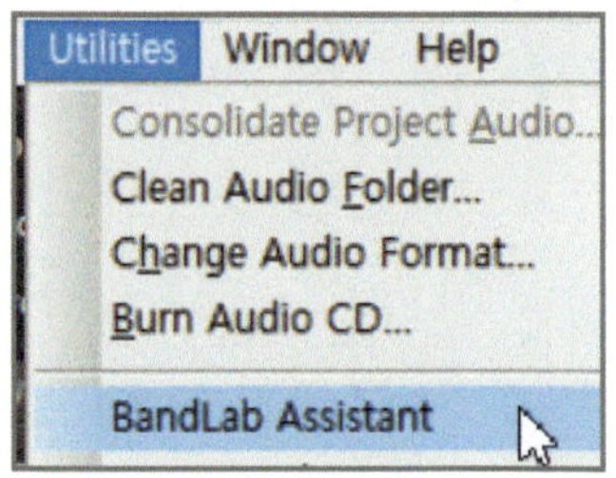

2. 스마트폰에서 저장한 Projects 의 '반달더빙'을 찾아 더보기의 [**Open in Studio**] 클릭한다.

3. 노래 트랙에서 S(솔로) 선택하고 Wave 파일로 저장하여,
   MR 트랙 아래에 노래 파일을 불러와 재생하면, 청색 MR 과 주황색 노래의 박자가 어긋나 있다.

4. 노래 트랙을 선택하고, 메뉴 상단의 [Region FX/VocalSync/Create Region FX] 클릭하고,
   노래 트랙의 클립 끝에 생긴 [**RFX**] 클릭하여 [**Open Editor**] 클릭한다.

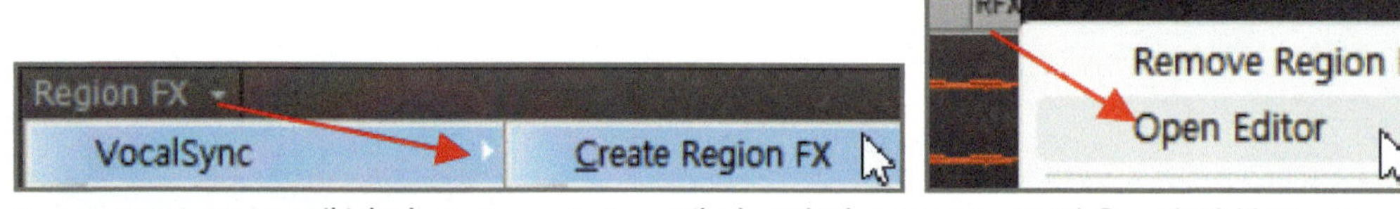

5. VOCALSYNC 패널의 Select Guide 에서 [반달 MR(1)] 트랙을 선택하고, [Render] 클릭한다.

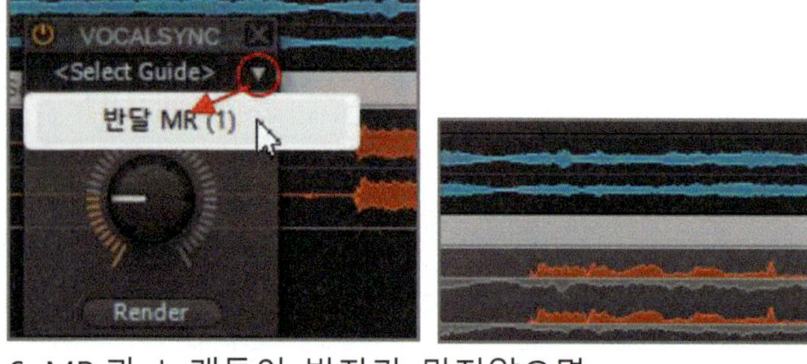

6. MR 과 노래들이 박자가 맞지않으면,
   [**Guide Strength**]를 움직여 수치를 높여
   보컬들이 싱크되어 박자를 맞게한다.

7. [Render] 클릭하여 완료하고 저장한다.

[52] Audio Driver 설정, 오디오 인터페이스 녹음

<Audio Driver 녹음 설정>

1. Cakewalk by BandLab 을 처음 실행하여 [**Audio Driver Error**] 창이 아래와 같이 보이면,

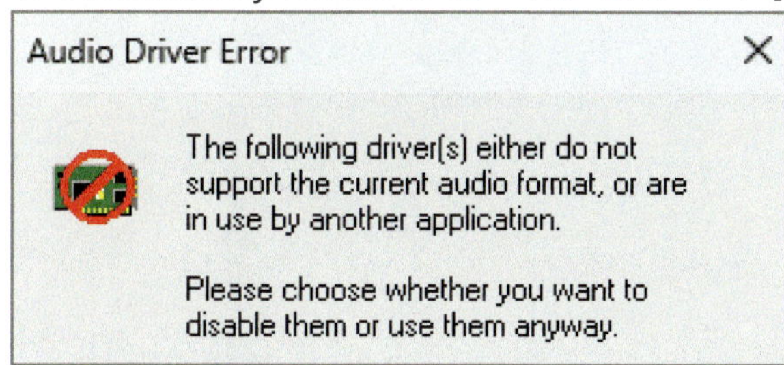

2. [Edit > Preferences(P) > Audio]의 [Playback and Recording] 클릭하여 [Driver Mode]를 [MME(32-Bit)]으로 선택하면, 처음 케이크워크 밴드랩 실행시에는 설치를 시작한다.

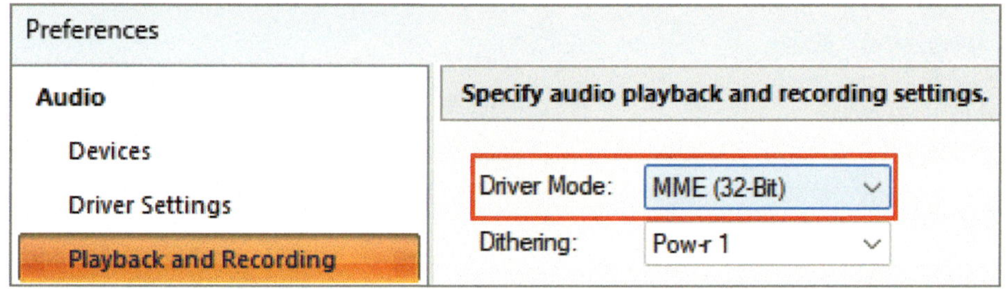

3. [Edit > Preferences(P)] 클릭하고, [Audio - Driver Settings]으로 이동하고, [Record Timing Master]에서 Microphone 설정하고, [Audio Driver Bit Depth]를 16 으로 , [**Sampling Rate**]를 44.100 으로 줄인다. 이는 CD 품질이며 해당 드라이버는 16 비트 녹음, 재생만 지원한다.

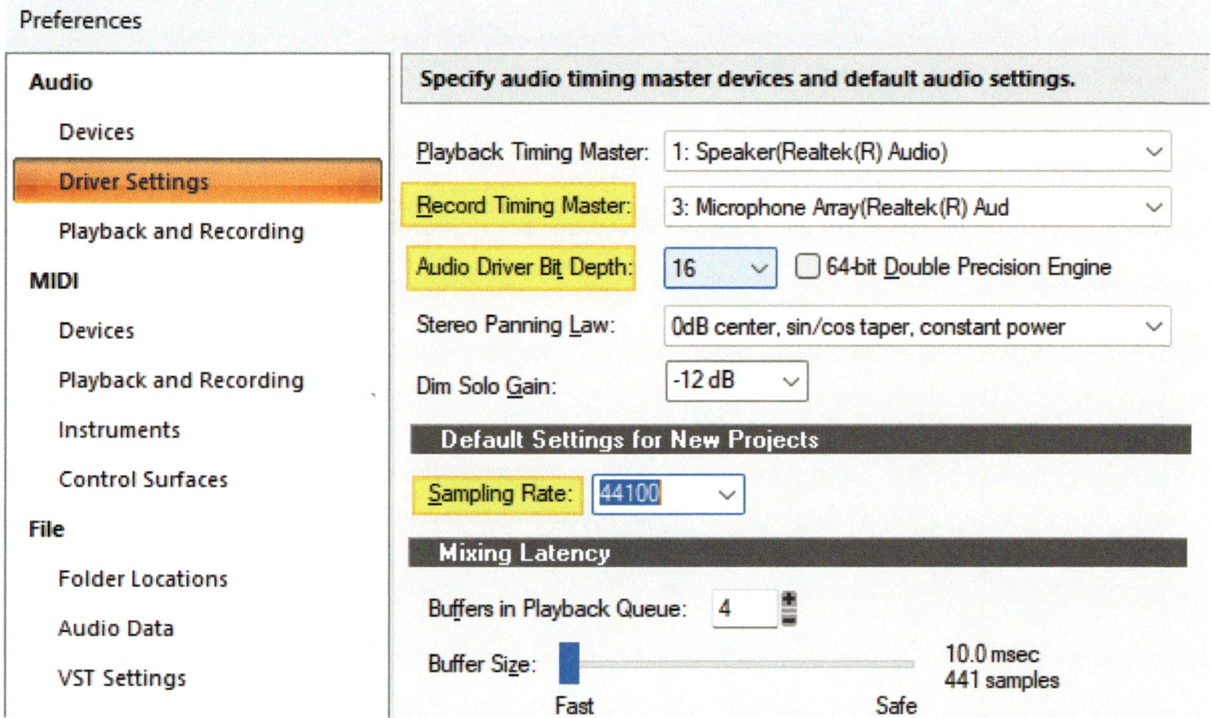

4. 트랙에서 입력(I)의 MME Devices-> Microphone Array(Realtek) 선택하고 마이크로 녹음한다.
   [**스테레로 믹스**] 선택하면 컴퓨터에서 나오는 소리만 녹음할수 있다.

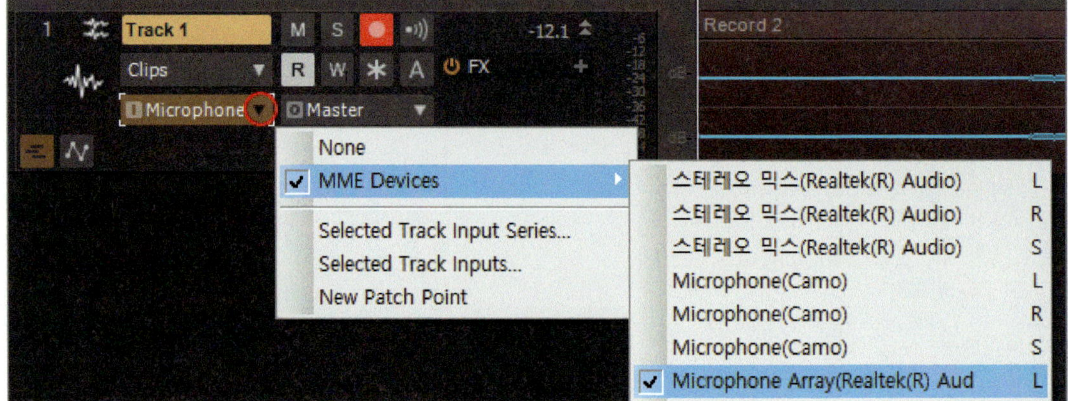

<오디오인터페이스 H1n Recorder 녹음>

1. 노트북에 ZOOM H1n 전원을 키고 이어폰을 연결하고, ZOOM H1n 과
   USB 케이블로 연결하면, ZOOM 화면에 'Audio I/F Card Reader' 보인다.
2. ZOOM 화면 메뉴에서 AUTOLEVEL 를 3 번 누르면,
   '**USB AUDIO I/F**' 로 바뀐다.
3. Cakewalk by BandLab 실행하고, Edit/Preferences(P) 클릭하여
   Audio 의 [Playback and Recording] 클릭하고, [Driver Mode: **WASAPI Shared**] 선택한다.

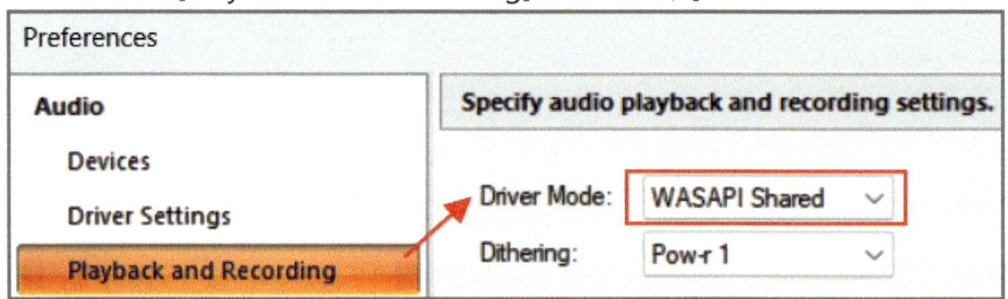

4. Driver Settings 의 Playback, Record Timing Master 가 [H Series...]로 되었는지 확인한다.

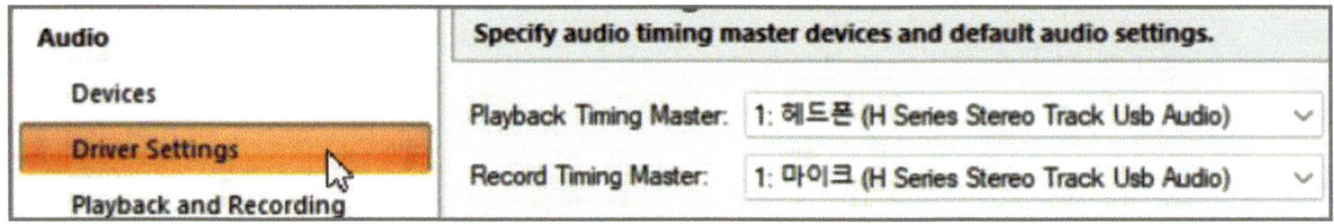

5. Devices 를 마이크(H Series...)로 선택한다.
6. 트랙을 추가(Ctrl+T)하고, Input 에서 [H Series...] 선택하고, [Record On] 누르고,
   [Metronome During Record: F3] 누르고, [Record: R] 버튼을 눌러 녹음한다.

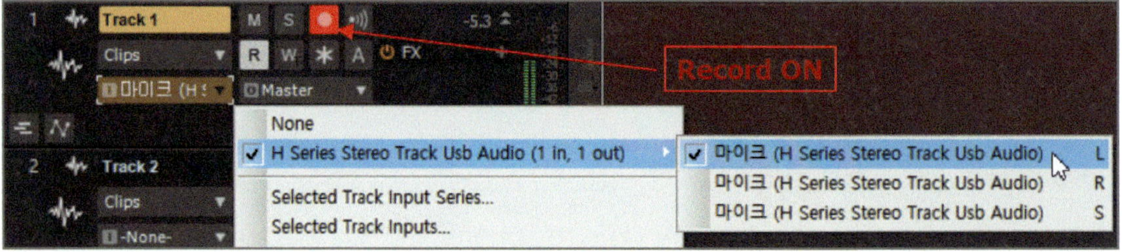

[53] 케이크워크 밴드랩 설정(Preferences)과 녹음

Preferences 에서 녹음 설정하고, USB 마이크로 목소리 녹음하기

1. PC 에서 **Cakewalk by BandLab** 실행하고, New Project 에서 [Empty Project] 클릭한다.

2. Edit 의 [Preferences: P] 클릭한다. PC 에 USB 마이크를 연결한다.

  1) Devices 의 Input Devices 에서 [마이크(3-USB Audio Devices] 선택한다.

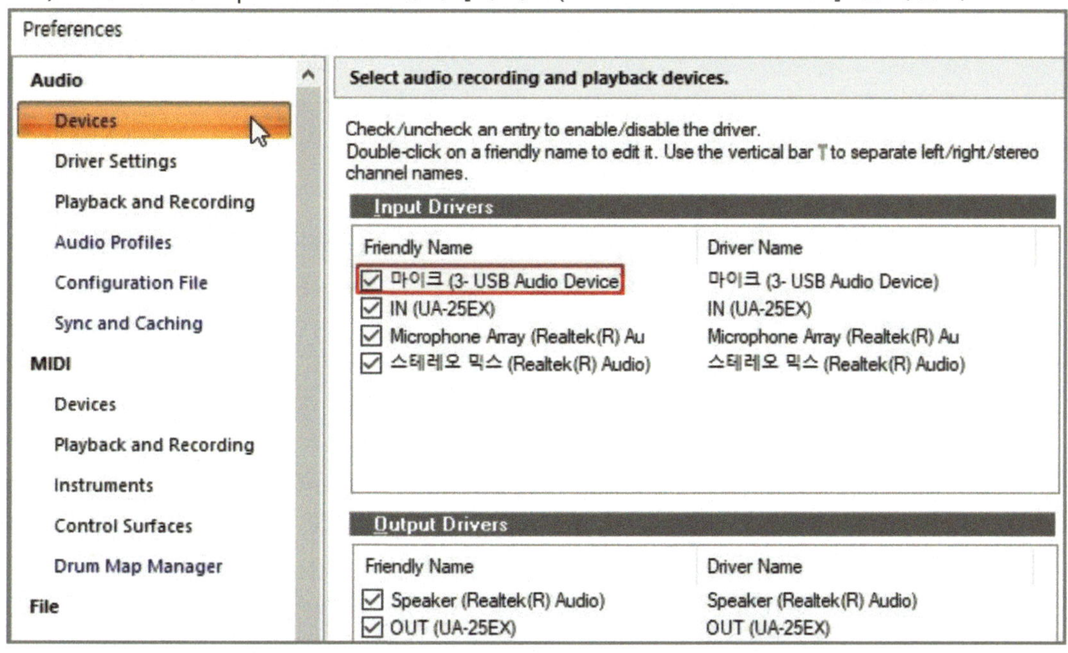

  2) [Driver Settings]에서 Record: [마이크(3-USB Audio Devices] 확인한다.

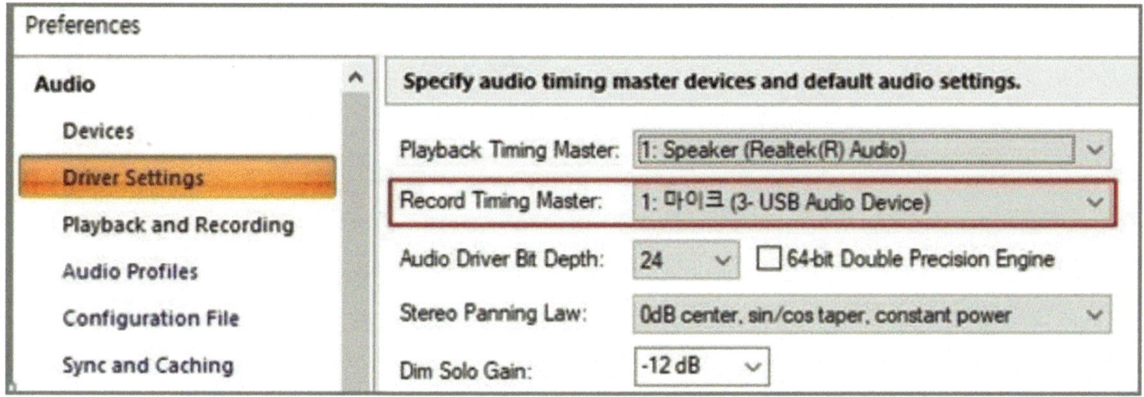

3) [Playback and Recording] 클릭하고, Driver Mode 를 MME(32-Bit) 선택하고,

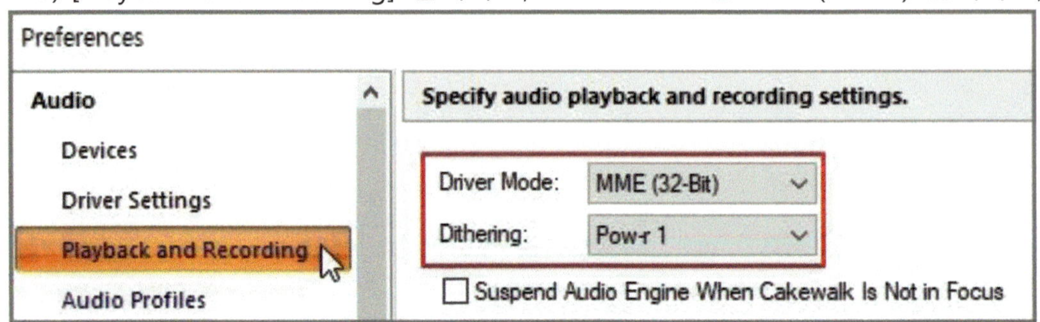

3. 왼쪽 트랙에서 우마우스로 [Insert Audio Track] 클릭하면 오디오 트랙이 생성된다.

4. 트랙에서 [Arm]과 녹음 버튼(R 키) 누르고 목소리를 녹음하면, 리전(클립)이 생긴다

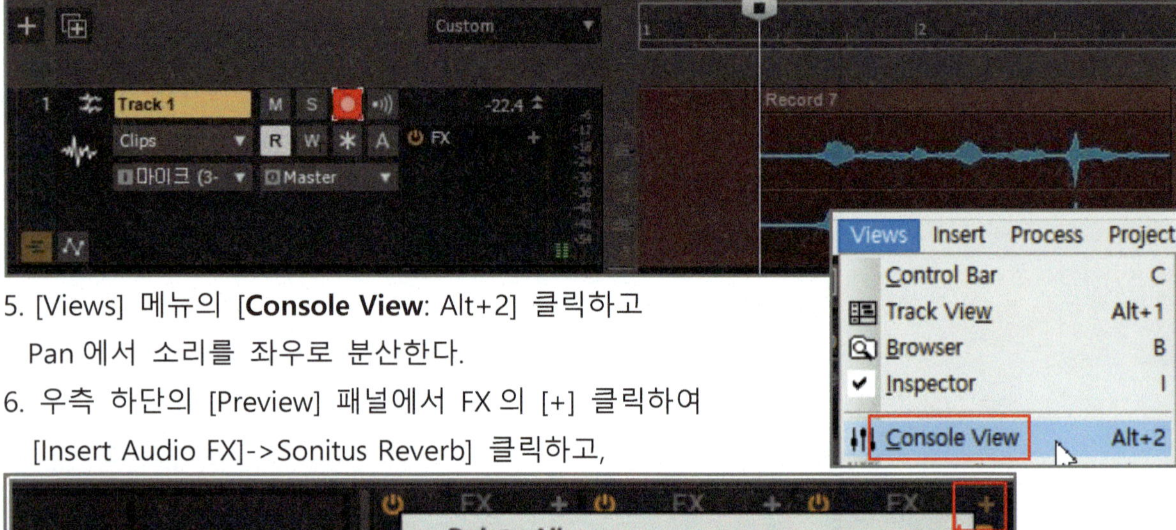

5. [Views] 메뉴의 [**Console View**: Alt+2] 클릭하고
   Pan 에서 소리를 좌우로 분산한다.

6. 우측 하단의 [Preview] 패널에서 FX 의 [+] 클릭하여
   [Insert Audio FX]->Sonitus Reverb] 클릭하고,

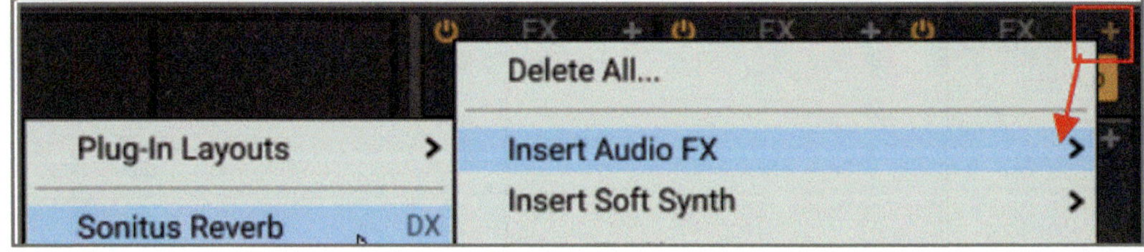

7. 콘솔(Console)의 노래 트랙 선택하고 FX 의 [+] 클릭하여 [Insert Audio FX]->Sonitus
   Reverb] 클릭하면, Sonitus Reverb 가 생긴다. 재생하면 울림이 있는 소리로 들린다.

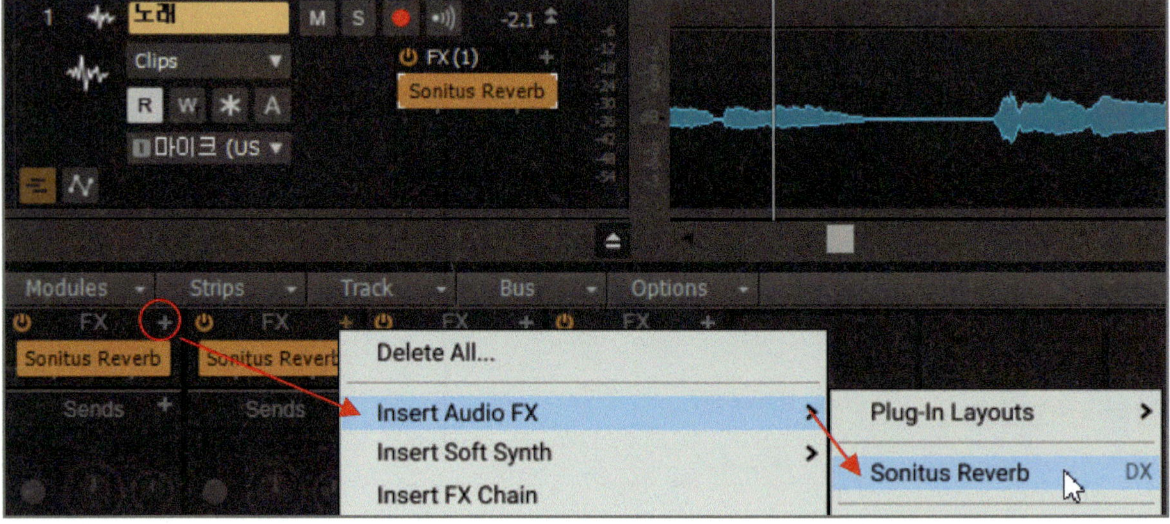

[54] Automation, ReaFir, Transpose

케이크워크의 클립게인 볼륨 오토메이션(Automation)과 Auto Crossfade 사용해서 믹싱하고
ReaFir 로 배경 소음을 제거하고, Transpose 로 음정 변환하기

1. 오디오 트랙에서 볼륨 조절하기위해 오디오 트랙 안에 [Clips] 부분을 클릭하고,
   [오토메이션(Automation) – **볼륨(Volume)**]으로 이동한다.

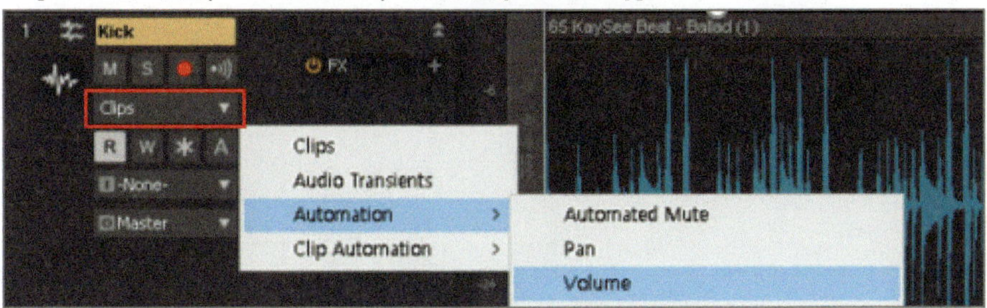

2. 드래그해서 선택하고 볼륨을 부분 조절한다.
   트랙에서 파형이 있는 부분에 마우스를 가져가면 윗부분과 중간 부분에 마우스 아이콘이
   바뀌면, 중간 부분에서 영역을 선택할 수 있을 때 원하는 만큼 선택을 하게 되면 그림처럼
   색이 바뀔 때 위쪽으로 마우스를 이동해서 아이콘이 수평 모양으로 바뀐 상태에서 아래쪽으로
   드래그하면 그 부분만 볼륨이 내려간다.

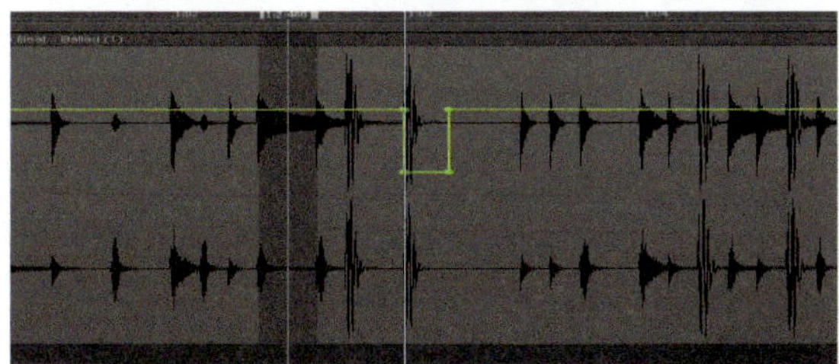

3. 클립>클립 오토메이션
   (Clip Automation)>
   게인(Gain)으로 이동한다.

5. 오디오 클립에서 영역을 선택하고
   오토메이션 하거나 각각의 클립으로
   조각 내어서 트랙에서 특정 위치를
   마우스로 지정한 다음 "S(Split)" 키를
   사용해서 리전을 분할한다.

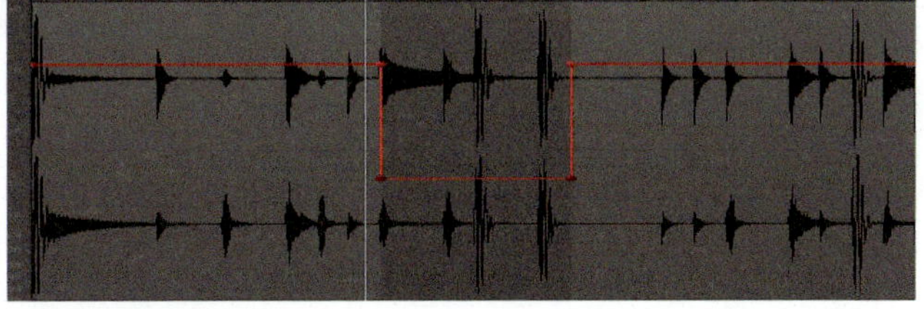

6. 볼륨 오토메이션과 클립 오토메이션 다른점
   1) 볼륨으로 오토메이션을 하게되면 실제로 트랙의 볼륨이 변화되는 것과 동시에 트랙 볼륨
      페이더가 움직인다. 그것이 의미하는 것은 트랙 전체의 볼륨값이 일정하지 않다.
   2) 클립 오토메이션을 하게되면 트랙의 전체 볼륨값에는 영향을 주지 않는다.

7. Auto Crossfade

1) Cakewalk 에는 두 개의 클립이 겹쳐지면 자동으로 크로스페이드를 걸어주는 Auto Crossfade

2) 처음 케이크워크를 설치하면 이 기능이 꺼져있는데, Track View 상단의 Option
  > Auto Crossfade 를 체크하면 겹쳐지는 모든 클립에 자동으로 크로스페이드가 적용된다.

<ReaFir 로 배경소음 제거하기>

1. 구글에서 'ReaPlugs' 검색하여 사이트 누르고, **ReaPlugs VST v2.36 64-bit** 선택하고,
   Download 클릭한다. https://www.reaper.fm/reaplugs/

2. Cakewalk by BandLab 실행하고, Audio FX[B] 탭 안에 **ReaFir** 를 트랙에 드래그하면 생긴다.

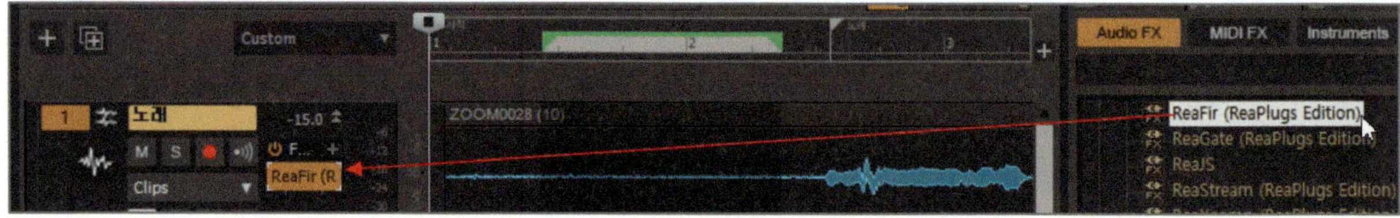

3. Mode 의 [Subtract] 선택하고, [**Automatically build noise profile**] 체크하고, 노이즈가 있는
   곳에서 재생하면 노이즈가 표시되고, 반복해서 재생하면 노이즈가 제거된다.

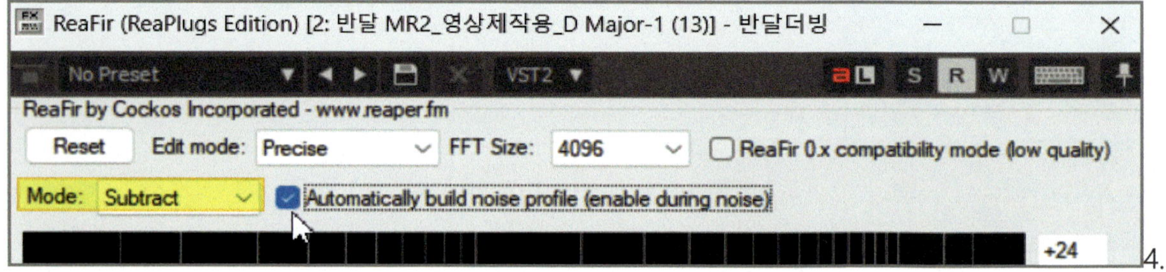

[Automatically build noise profile(enable during noise)] 표시를 해제하고 처음부터
재생하면 노이즈가 제거된 것을 볼 수 있다.

<Transpose(트랜스포즈)로 음정 변환하기>

1. 트랙을 추가하고 반주음원을 불러와서, 클립을 선택하고, [Process/**Transpose**] 클릭한다.

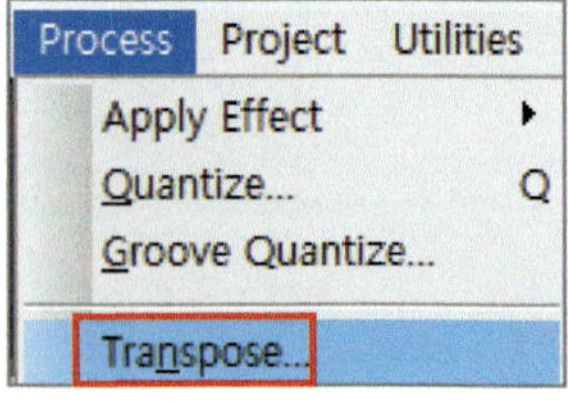

2. Amount: 2,
   Transpose Audio 체크하고,
   Type: **Elastique Efficient** 선택하고
   OK 하면 온음이 올라간다.

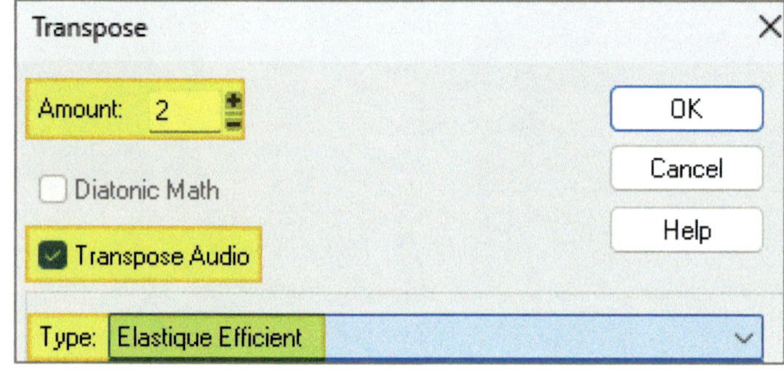

[55] 펀치 레코딩(Punch Recording), Nudge, Take Lanes

펀치 레코딩은 특정 부분만 녹음해서 붙여넣기 하는 것으로 Punch, Nudge, Take Lanes 를
이용하여 녹음한 오디오 클립을 선택하고 선택한 구간만 재녹음하고 편집한다.

1. 오디오 트랙에 반주음악을 불러와 메트로놈 소리를 들으면서 노래와 악기를 녹음한다.
2. **Set Punch Point**

   1) Punch Modules 이 없으면, 메뉴바의 [Modules >Punch] 클릭하면, [Auto Punch]가 생긴다.

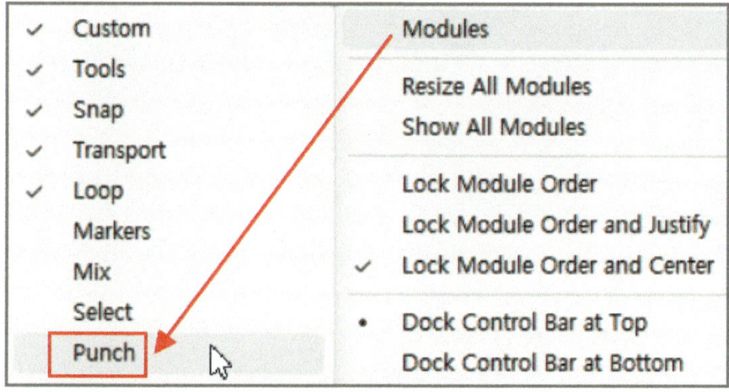

   2) 또는 타임 룰러에서 리전을 드래그로 선택하고, 우클릭하여 [**Set Punch Points**] 클릭한다.

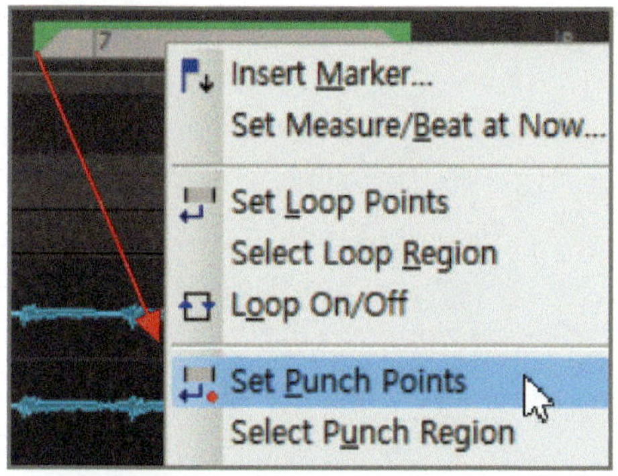

3. **Time Ruler(타임 눌러)**에 빨간색 칸이 생긴 것을 볼 수 있다. 이제 녹음 버튼을 누르면,
   앞부분에서는 재생만 되다가 이 빨간색 칸이 칠해진 구간에서만 녹음이 켜진다.

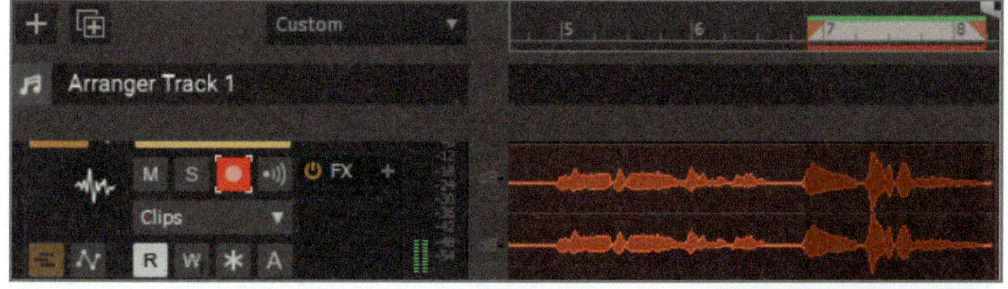

4. **Time Ruler** 우클릭하고 다시 Auto Punch 모드(Punch On/Off)를 종료해서 빨간색 칸을 없앤다.
5. 반주음악과 노래 녹음이 일치하지않으면,

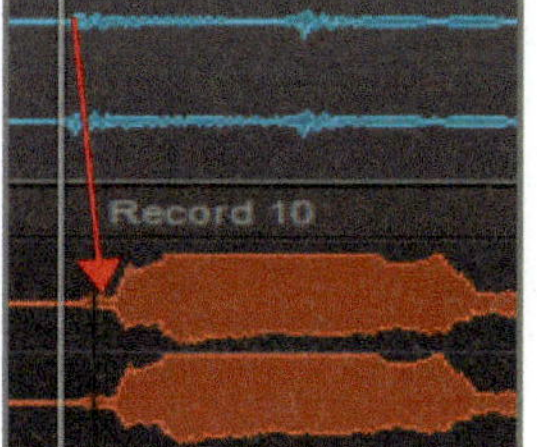

6. 클립을 선택하고 [Process/**Nudge**/Right] 클릭하면,

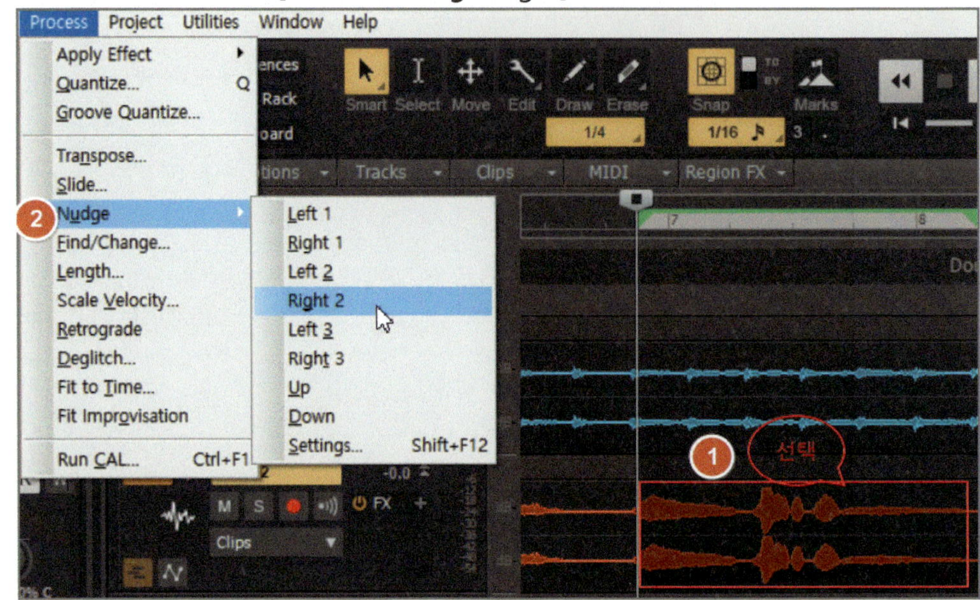

7. 클립이 우측으로 이동하고, 노래 부분에 공간이 생긴다.

8. 노래 녹음한 트랙에서 [**Take Lanes**=On] 클릭하면 클립이 아래에 분리된다.

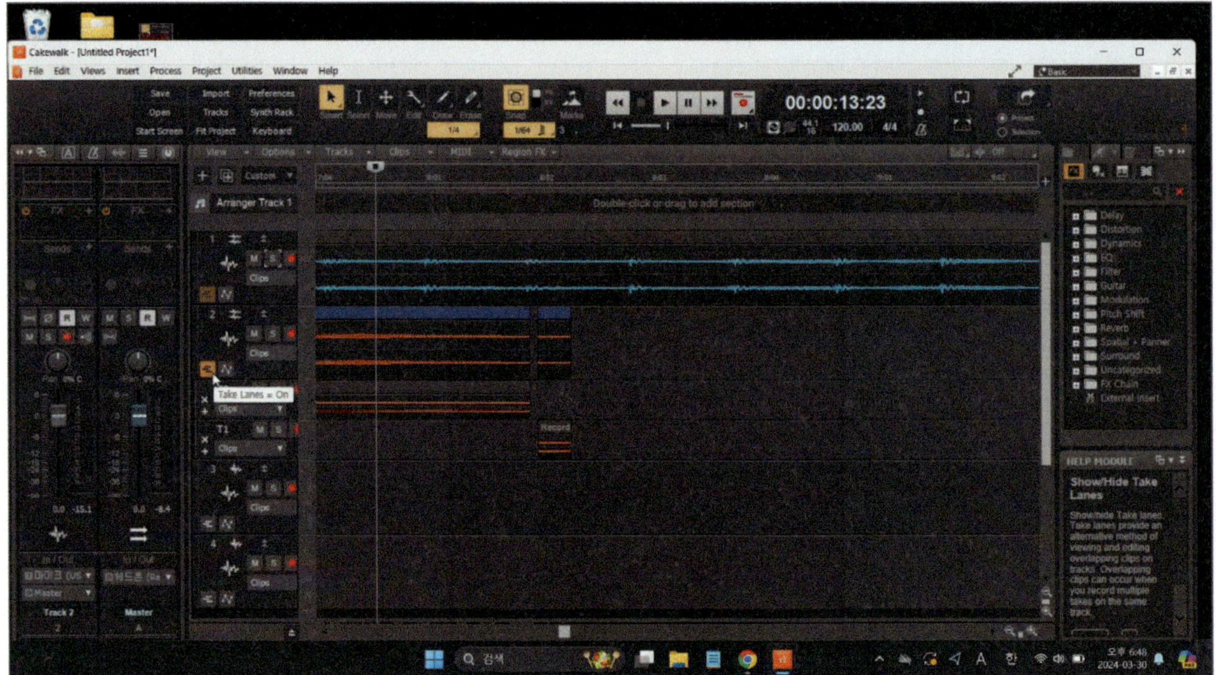

9. 클립을 이동하여 클립의 공간을 제거하고, 분리된 클립을 선택하고 [**Automatic Crossfades**] 클릭하면 자연스럽게 음이 연결된다.

[56] 피아노 롤 뷰(Piano Roll View) 미디노트 입력

케이크워크 밴드랩 실행하고, 스마트 툴을 사용해서 피아노 롤 뷰 열고 미디노트 입력하기

1. New Project 의 [Empty Project] 누른다.

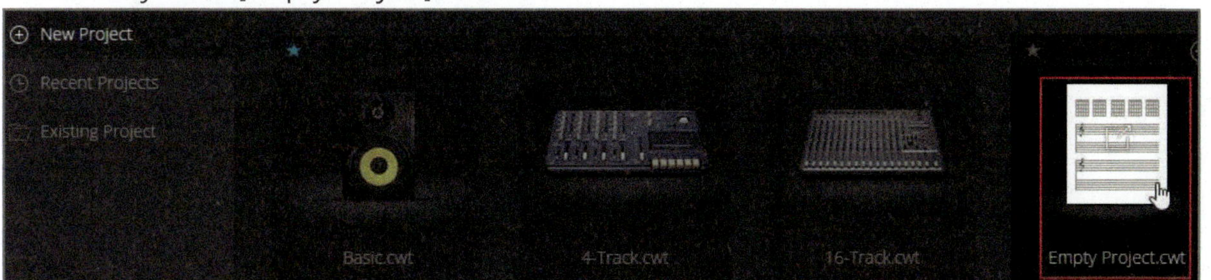

2. 우측 패널에서 [**Insert Virtual Instruments**] 클릭하고,
   가상악기(Virtual Instruments)를 입력하기위해
   [Instruments] 클릭하고
   [Cakewalk TTS-1] 클릭한다.

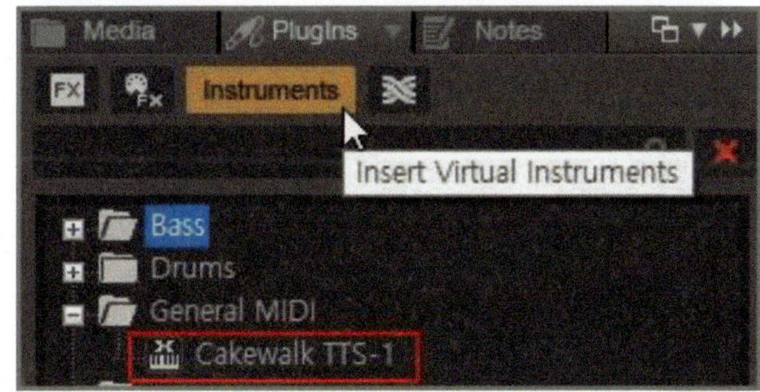

3. Cakewalk TTS-1 의 Options 설정하고 Ok 한다.

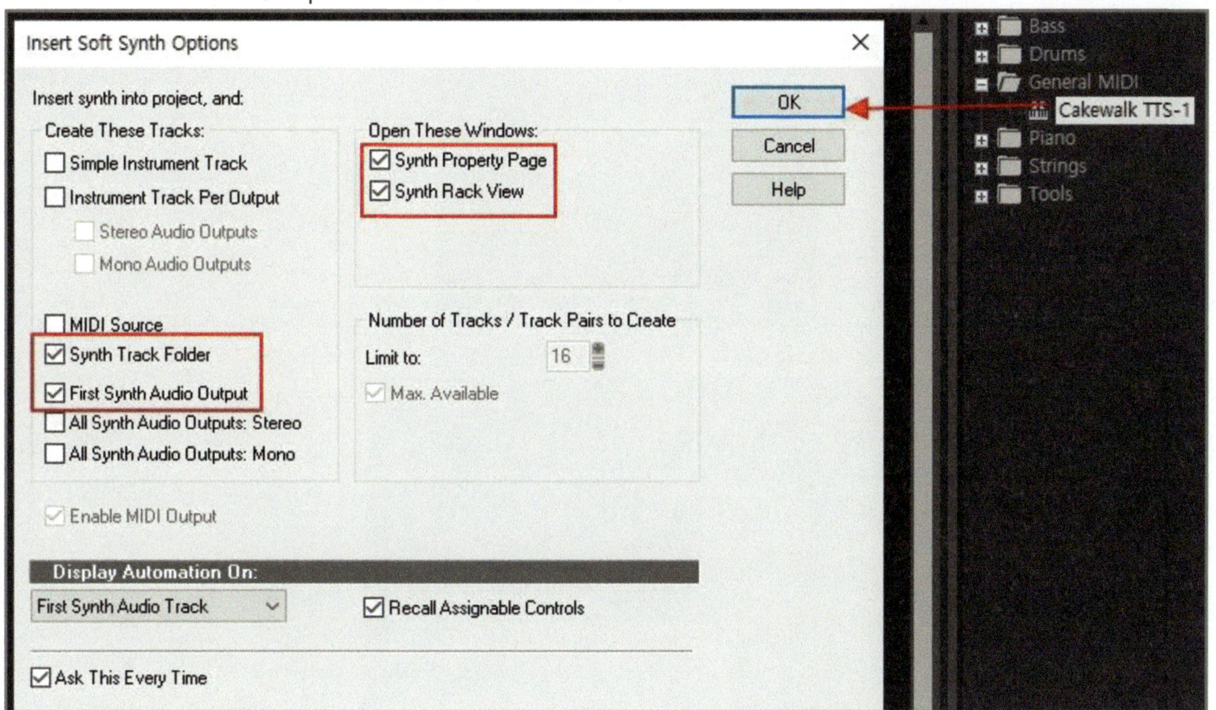

144

4. Cakewalk TTS-1 창에서 Piano1 의 Edit 선택한다.

5. 트랙에 [Cakewalk TTS-1] 트랙이 생기고, 빈 트랙에서 우마우스로 [Insert MIDI Track] 클릭한다.

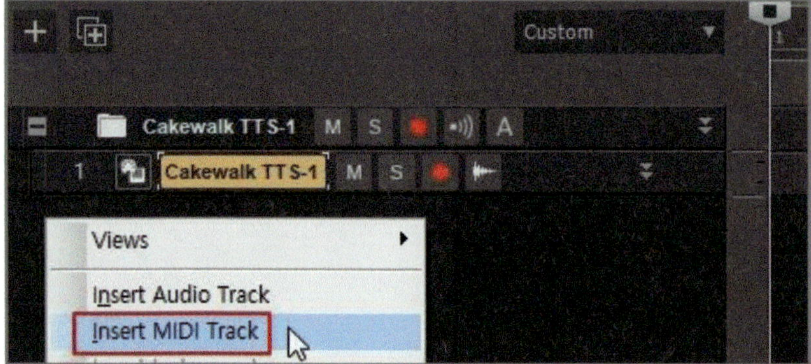

6. **미디트랙**에서 O(Output)을 [Cakewalk TTS-1]으로 변경한다.

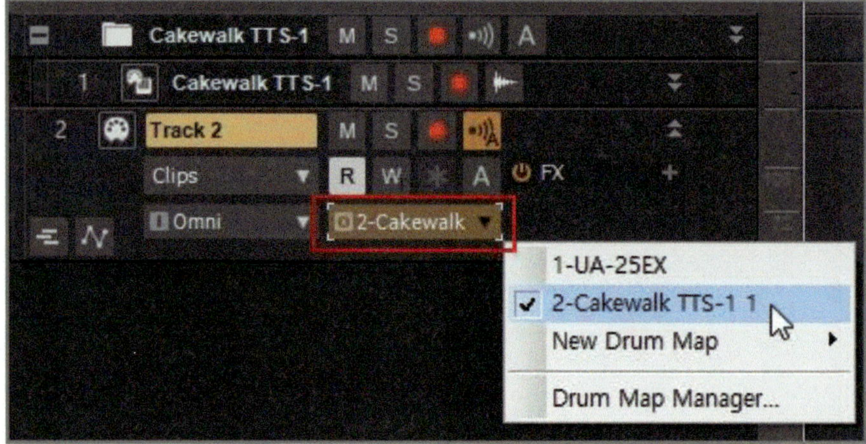

7. **피아노 롤 뷰(Piano Roll View)**에 미디노트 입력하고 편집하기

1) View 메뉴에서 [피아노롤 뷰: Alt+3] 클릭하고 빈곳을 더블 클릭하여 미디노트를 입력한다.

Piano Roll View(피아노 롤 뷰)

2) 피아노 롤의 가로축에서 미디노트의 가장자리를 좌우로 드래그하여 음의 길이를 조절하고, 피아노 롤의 세로축에서 미디노트를 상하로 이동하여 음의 높이를 조절한다.

3) 미디노트 상단에서 편집 툴(연필모양)이 생기면 드래그하여 **벨로시티(Velocity)**를 선택하고,

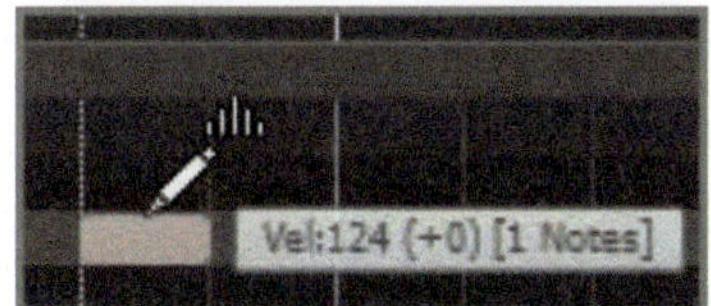

4) [**Show/Hide Controller Pane**] 클릭하여 [Velocity] 선택하고 드래그하면 크레셴도가 된다.

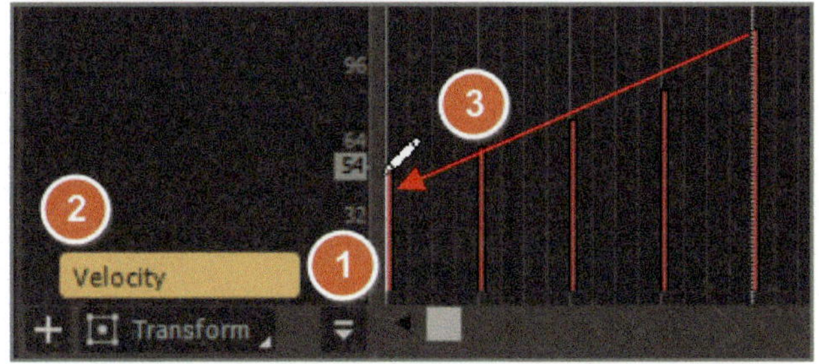

5) 십자모양이 생길 때 미디노트를 이동한다.

6) 미디노트 위에 오른쪽 마우스를 클릭하고 노트를 지운다.

7) Alt + 왼쪽 클릭을 하면 정해진 길이만큼 노트를 찍는다.

8. Staff View(악보 뷰: Alt+6) 클릭하고 4 분음표를 선택하고 오선지에 악보를 입력한다.

9. 멀티 Dock 닫기(단축키 D)로 Piano Roll View(피아노 롤 뷰)를 닫는다.

[57] Smart Tool(스마트 툴) 도구 사용

PC 에서 케이크워크 밴드랩의 도구 기능을 알고 Smart Tool(스마트 툴)로 미디노트 편집하기

1. Tools(도구)의 Smart, Select, Move, Edit, Draw,
   Erase 중에서 [**Smart**] 클릭한다.
2. Smart Tool(스마트 툴)에는
   도구의 Select, Move, Edit, Draw, Erase 기능이 다 있다.

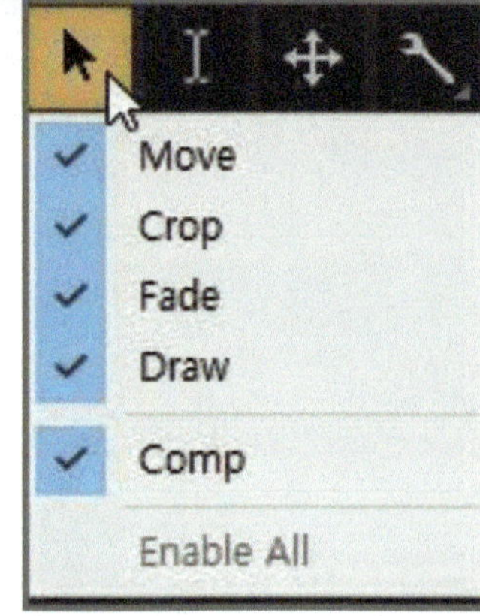

<오디오 트랙에서 미디노트 편집>

 1) Move: 십자모양 보일 때 클립 이동

 2) Crop: 클립 자르기

 3) Fade: 드래그하여 음량 조절

 4) Draw: 더블 클릭하거나 Alt 누르고 입력

 5) Comp: 양쪽 끝을 드래그하여 길이를 조절

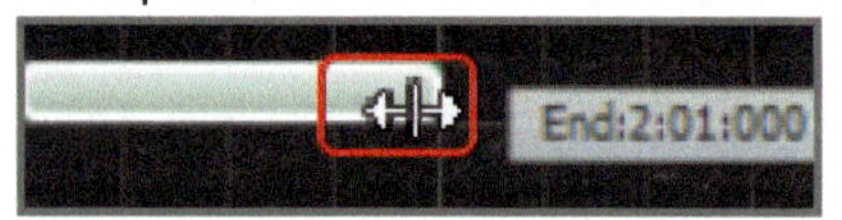

 6) Erase: 우마우스 클릭하여 클립 삭제

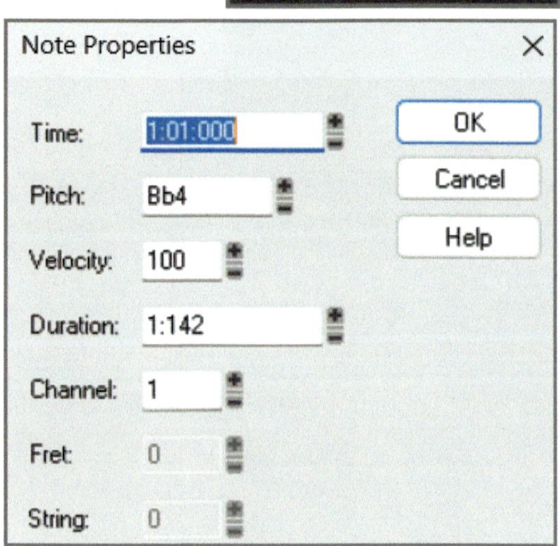

<미디 트랙의 Tools(도구) 사용>

1. Select

- 노트 왼쪽 더블 클릭하여

Note Properties(노트 속성) 창에서
음높이, 음길이, 채널을 입력한다.

- 오른쪽 드래그하여 미디노트 범위를 선택한다.

2. Move

- 노트 왼쪽 클릭하고 드래그하여 이동하고, Ctrl+노트 왼쪽 클릭하고 드래그하여 복사

- Shift 누르고 노트 이동이나 복사할 때 좌우 또는 상하로만 이동

3. Edit

- 노트 양쪽 끝부분 누르고 드래그하여 노트 길이 조절

- 노트 상단 Alt+왼쪽 클릭으로 선택하여 노트 지우기

- 노트 중하단에서 Alt+왼쪽 클릭으로 노트를 선택한 지점으로부터 양쪽으로 나누기(Split)

4. Draw

- 왼쪽 더블 클릭(Alt+클릭)하여 지정된 길이로 노트 그리기(Event Draw Duration 길이)

- 비어 있는 부분에 왼쪽 드래그하여 노트 길이 정해서 그리기

5. Erase: 노트 오른쪽 클릭하여 노트 지우기

[58] ASIO, Goyo, Boost11(Limiter) 케이크워크 단축키

\<ASIO LINK PRO 설치 사용\>

1. 다운

   https://naver.me/Ga2cauTM

2. 설치할 때 'Install 16'의 체크는
   기본적으로 풀려있는데 그대로
   체크하지 않고 넘어간다.
   *공식 Crack 패치도 같이 배포 중

3. 실행되었을 때 'Trial' 이라는
   문구를 삭제한다.
   ASIO Link pro 는 X 표 눌렀을 때
   꺼지지 않고 작업 표시줄 트레이로
   최소화되니까 거기 가서 켰다 껐다 해주면 된다.

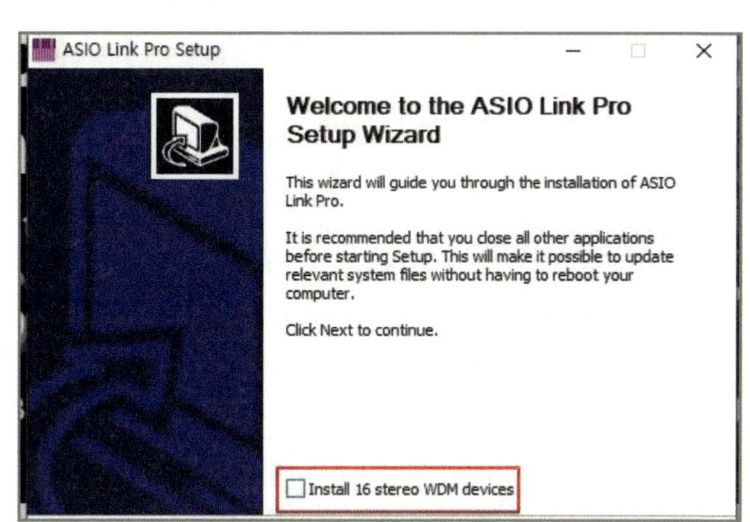

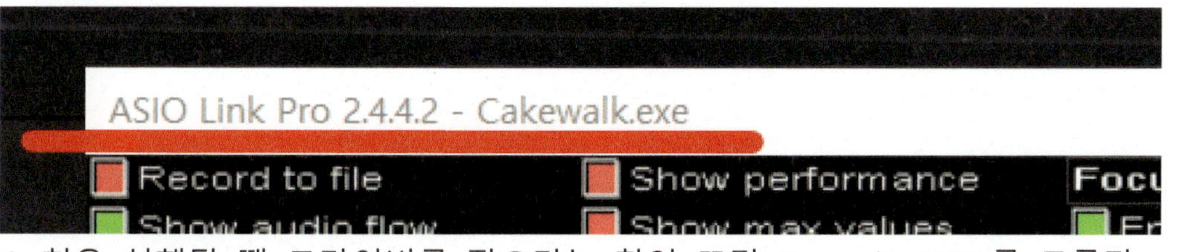

4. 처음 실행될 때 드라이버를 잡으라는 창이 뜨면 Focusrite USB 를 고른다.

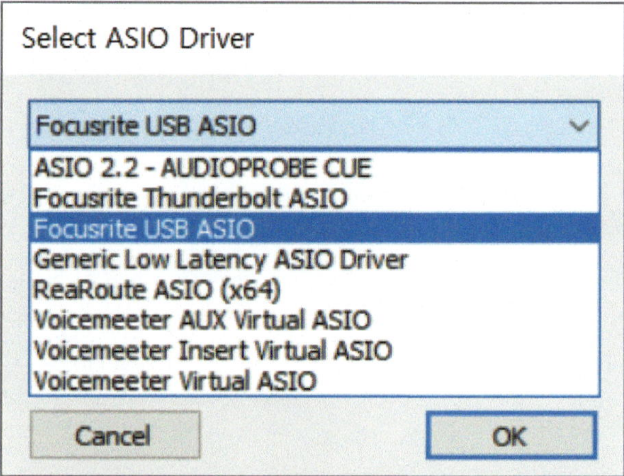

\<ASIO4ALL 다운 설치\>

1. 네이버에서 'asio4all' 검색하여 다운 받는다.

https://asio4all.softonic.kr/download

 2. 다운받은 [asio4all-2.15-installer]를 PC 에 설치한다.

\<ASIO 설정하기\>

Edit 에서 Preferences(P) 열고, [Playback and Recording]의 Driver mode 를 ASIO 로 설정한다.

<컴퓨터 소리 설정하기>

샘플링 레이트는 전부 48kHz 로 통일하기위해 PC 의 [Speaker] 클릭하고 [소리 설정] 선택한다.
소리-재생에서 Speakers 01 선택하고 '녹음'의 Mix 01, 02 다 [고급]에서 48kHz, 24 비트로 옮긴다.

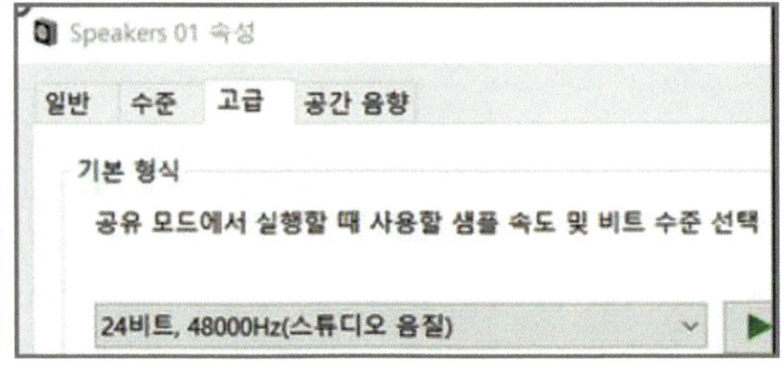

<케이크워크 플러그인 설정>

Bandlab Assistant 로 로그인하고 케이크워크 설치한다.

1. Cakewalk by BandLab 실행하고, [Utilities -> **Cakewalk Plug-In Manager**] 클릭하면,

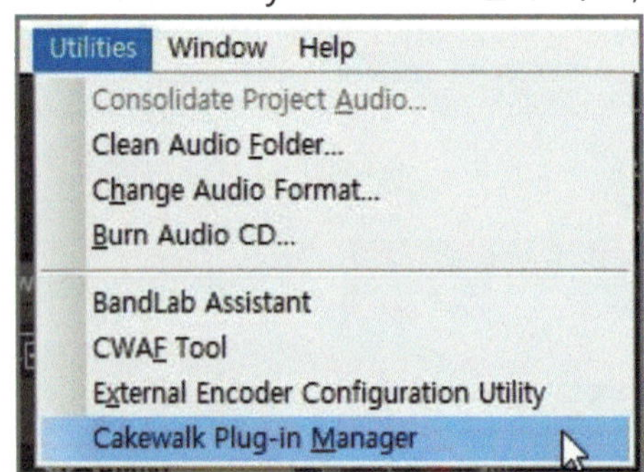

2. 플러그인들을
   관리하는 창이 뜨면,
   1) VST Audio Effects
      (VST) 클릭하고,
   2) **Show Excluded**
      클릭하고,
   3) Registered Plug-ins 을
      선택한 다음
   4) **Enable plug-in**
      눌러준다.

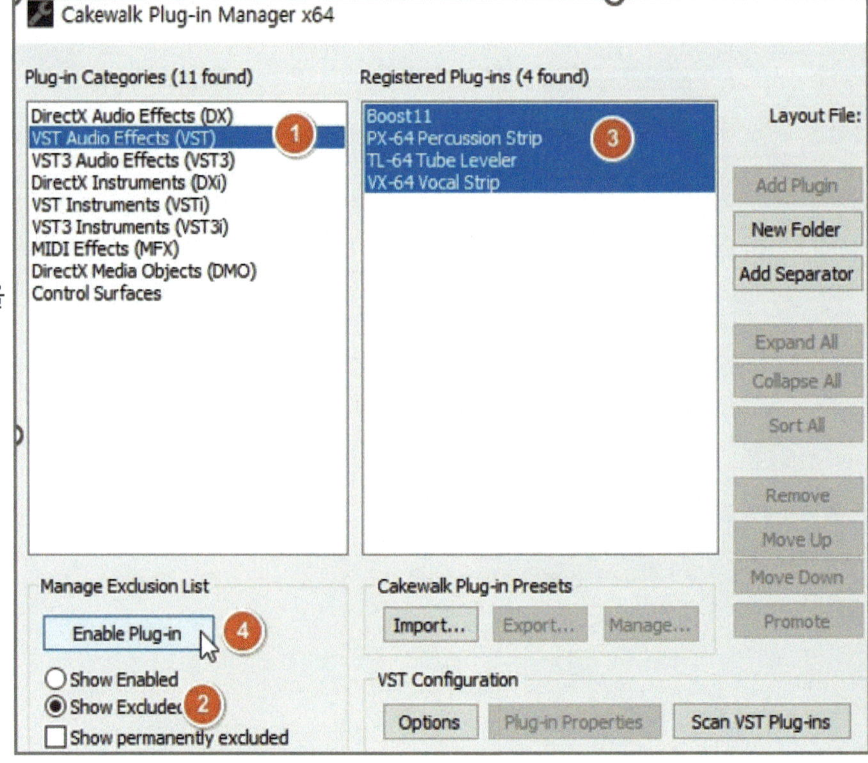

3. Edit -> Preferences 들어가서 Apply 눌러서 적용된 거 다 확인하고, **Mixing Latency** 의
버퍼 사이즈(**Buffer Size**)가 너무 작으면 다 처리하지 못하고 또 소리가 두두두둑 끊긴다.
문제가 생기지 않는 정도까지만 내려준다.

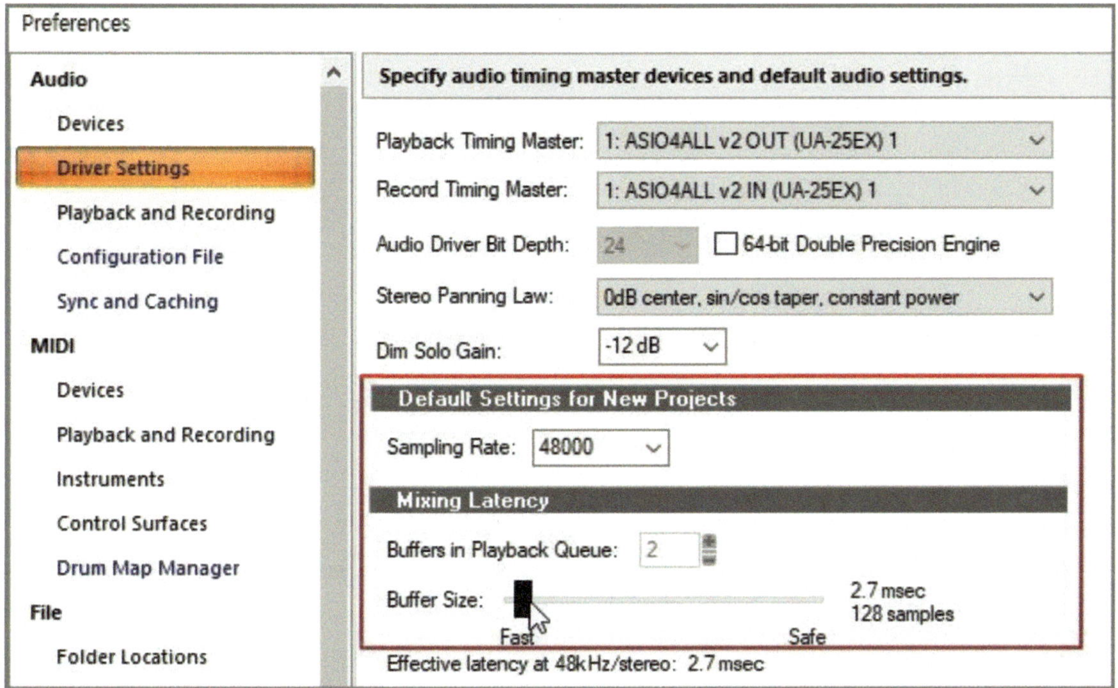

4. Playback and Recording 에서 Driver Mode 를 ASIO 로 설정한다.

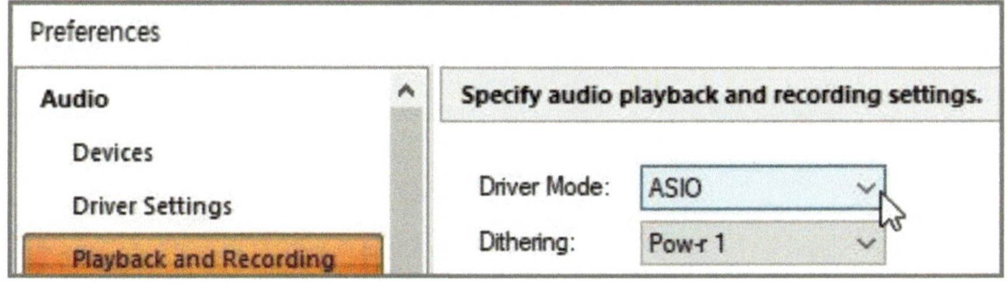

5. [ASIO Panel...] 클릭하여 Buffer Size 를 128 로 한다.

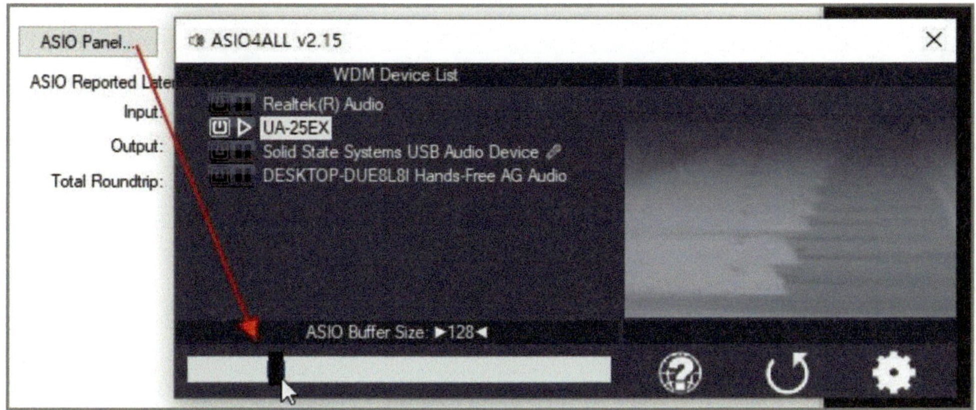

6. NVIDIA Studio 드라이버 설치한다.

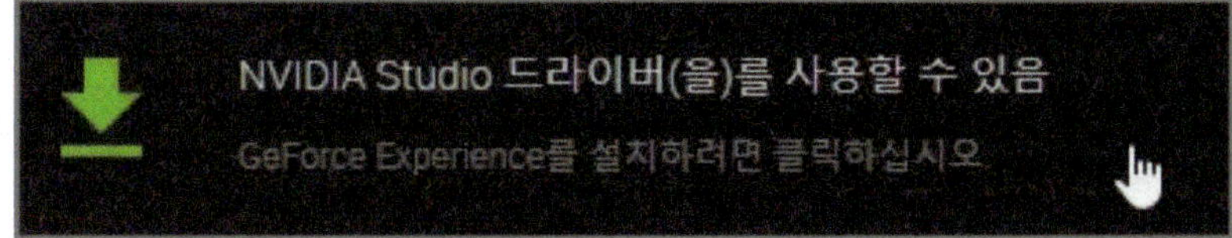

7. 플러그인 핀 고정하지않고 자동으로 설정 하는법: Edit> Preferences> file>VST Settings
   >General> 클릭하여 [**Recycle plug-in Windows**] 체크를 해제한다.

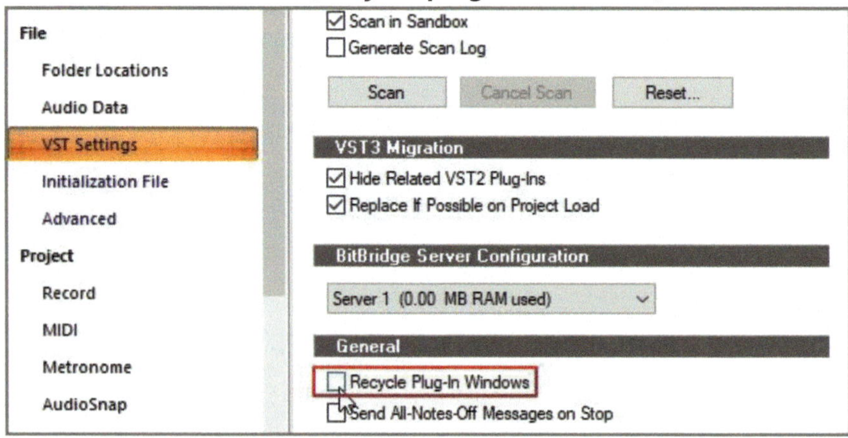

8. Cakewalk Plug-In Goyo 화면 보이기

   1) 오디오 트랙에서 +(**Show Rack Menu**) 클릭하고,

   2) **Insert Audio FX** <Plug-In Layouts> Manage Layouts> **Goyo** 클릭한다.

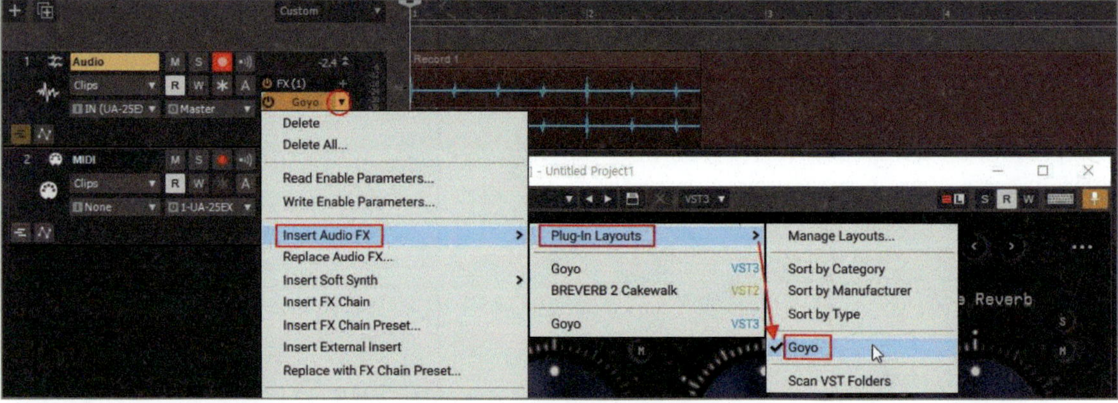

   3) **Goyo** 플러그인 열고 **Ambience** 로 잡음을 제거한다.

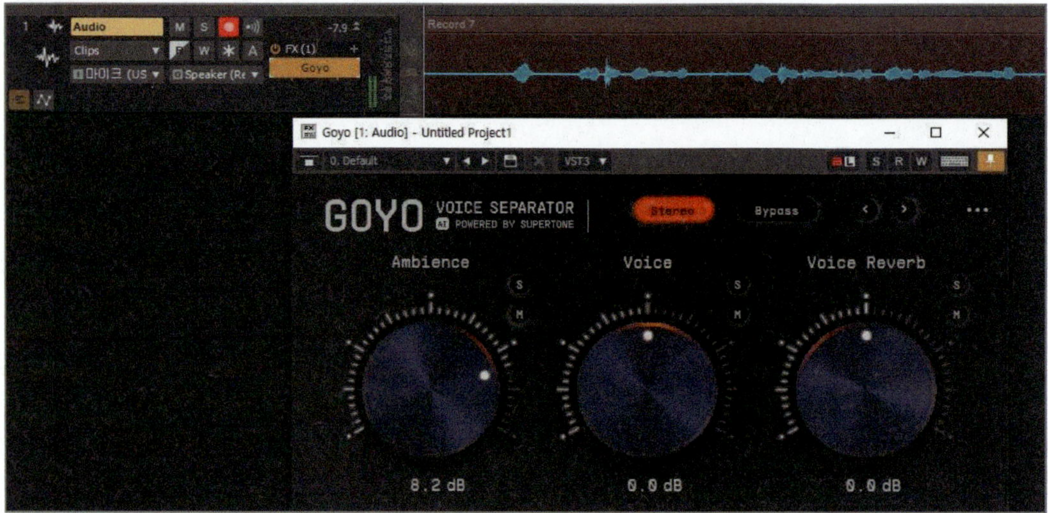

<케이크워크 밴드랩 단축키 모음>

A : Arranger Section

Alt + mouse wheel : 리전 (좌/우) 확대 축소

Alt + R : 녹음 준비(Record Arm)

Alt+왼쪽 클릭: 노트 나누기(Split)

B : Brows(브라우저) (오른쪽 VST 들)

C: Control Bar(상단 패널) 열고 닫기

Click+드래그 : 음표 입력

Ctrl + ↑, Ctrl + ↓ : 리전 (상/하) 확대 축소

Ctrl + Mouse Wheel : 리전 좌우 이동

Ctrl + N: 오디오 미디 트랙 추가

Ctrl + SpaceBar : 플레이헤드 일시 정지

Ctrl + T: 오디오 트랙 추가

D : 멀티 Dock (View 열고 닫기)

F : 트랙크기 균일하게 보기

I : inspector(인스펙터) (왼쪽 설정창)

K : 선택된 리전 숨기기(뮤트)

L : Loop (Cycle) - 구간 반복

M : Marker(마커)

Mouse 우클릭 : 음표 삭제

N : Snap(스냅)

P : Preferences(환경 설정)

Q : 미디 퀀타이즈 (녹음 후, 박자 맞추기)

R : 녹음 시작(Recording)

S : 리전 자르기(Slice)

Shift + C : 상단 패널 축소 확대

Shift + D : 전체 Dock

T : Tools(도구)

Track 우클릭 + L : 트랙 삭제

W : 플레이헤드 처음으로 돌아가기(Rewind)

> **Alt + 1 : 트랙 View**
> **Alt + 2 : 콘솔(믹서) View**
> **Alt + 3 : 피아노 롤(Piano Roll) View**
> **Alt + 4 : 스텝 시퀀스**
> **Alt + 6 : 오선지 악보(Staff View)**
> **Alt + 9 : 신스 랙(가상악기 랙)**
> **Alt + M : 트랙 뮤트(Mute)**
> **Alt + S : 트랙 솔로(Solo)**

<Limiter 와 Boost11>

리미터(Limiter)는 컴프레서로 음원을 압축해서 소리를 크게한다. **Boost11** 플러그인은
케이크워크 밴드랩 리미터로 소리를 크게 올려서 튀어나온 구간은 압축되어 볼륨이 커진다.

1. 트랙의 + (Show Rack Menu) 누르고,
   [Insert Audio FX/Dynamics/Boost11]
   클릭하면, 트랙에 생긴다.

2. BOOST 를
   드래그하여
   올리면,
   아래에 파형이
   커지고, 소리도
   크게 확장되어
   들린다.
   트랙의 파형은
   원상태 크기로
   유지된다.

[59] 오디오 인터페이스, 마이크 녹음, 더빙

PC 에서 밴드랩 케이크워크 실행하고 오디오 인터페이스 설정하여 USB 마이크로 녹음,더빙하기

<Audio 인터페이스 설정하기>

1. [Edit/Preferences: P] 클릭하여 Audio 의 [Playback and Recording] 클릭하고 Driver Mode 를
   MME (32-Bit)로 정한다.

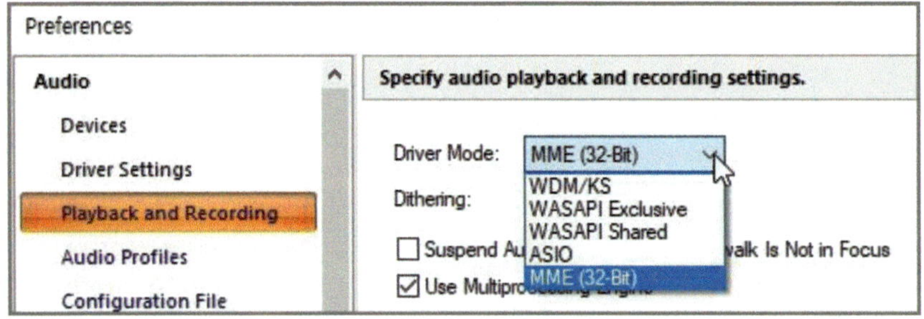

2. Audio 의 Devices 클릭하고 Input Drivers 를 마이크(USB Audio Devices)로 정한다.

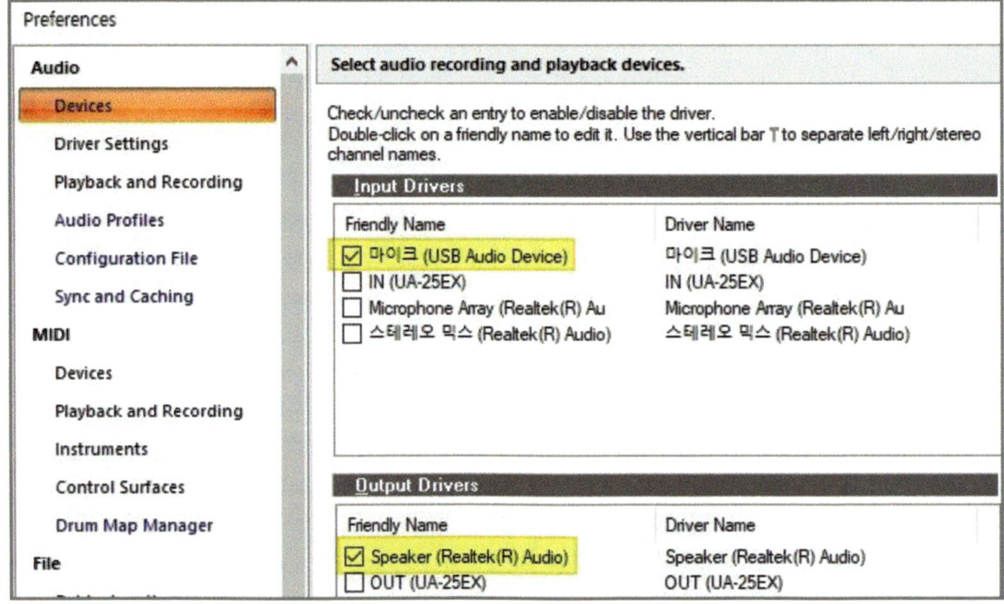

3. Audio 의 [Driver Settings]에서 **마이크(USB Audio Devices)**로 정한다.

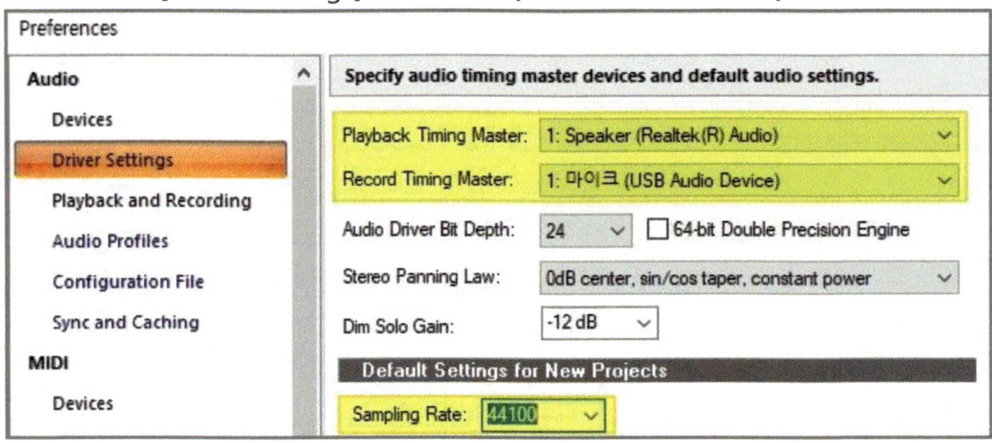

<소리 녹음하기>

1. 오디오 트랙에서 Input 에서 MME Devices/마이크(USB Audio Device)선택한다.
 Out 에서 Speaker 선택한다.

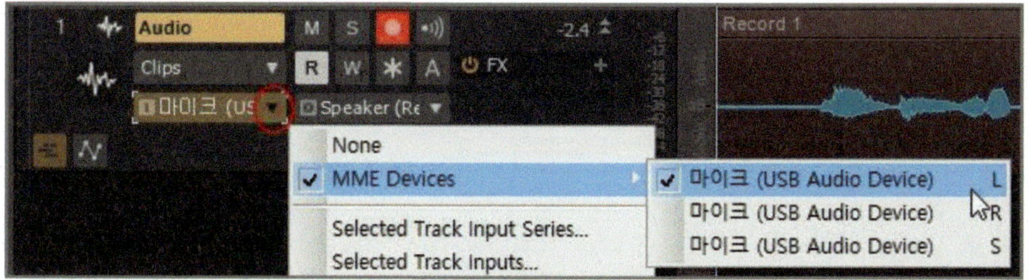

2. 오디오 트랙에서 [Record-off] 누르고, Record(R) 누르고 마이크로 녹음한다.

<Normalize 파형 확대>

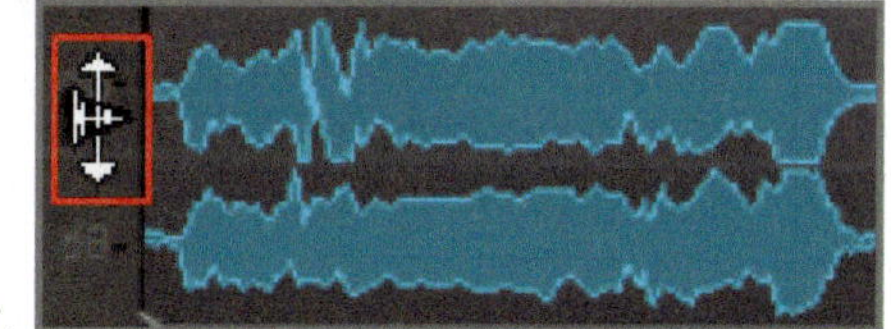

1. 소리 녹음하고 파형이 작아지면, DB 가 있는 트랙에서
 상하로 드래그하면 확대되지만 소리 크기는 변하지않는다.

2. [Process/Apply Effect/Normalize] 클릭하면 파형이 확장된다.

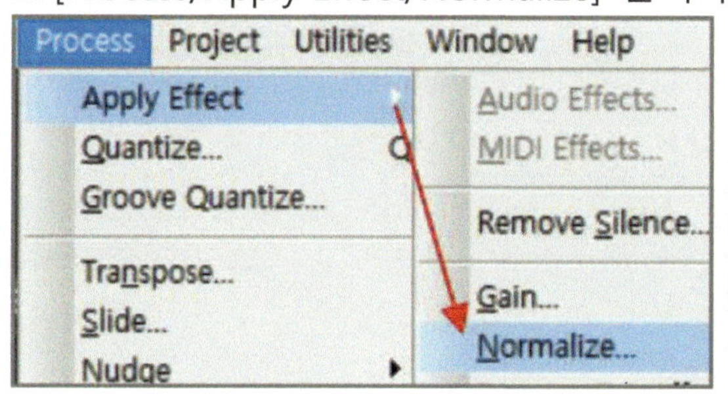

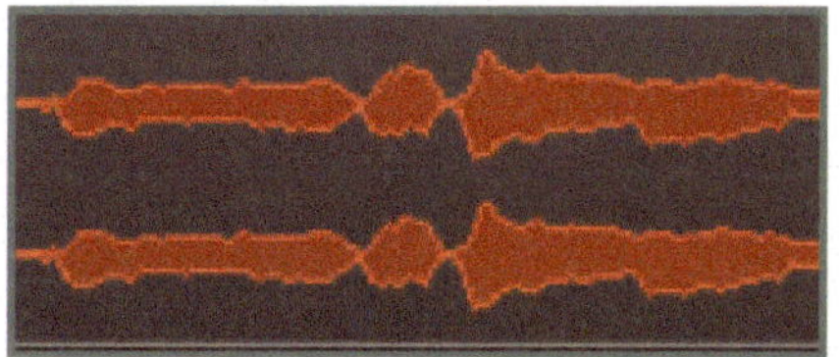

<Buffer Size 설정>

반주음악에 노래를 녹음
할 때(더빙)
[Edit/Preferences: P]
클릭하고,
Driver Settings
클릭하여 **Mixing
Latency** 의 **Buffer Size** 를
30 으로 설정하고
녹음하여 **레이턴시
(Latency)**를 줄인다.

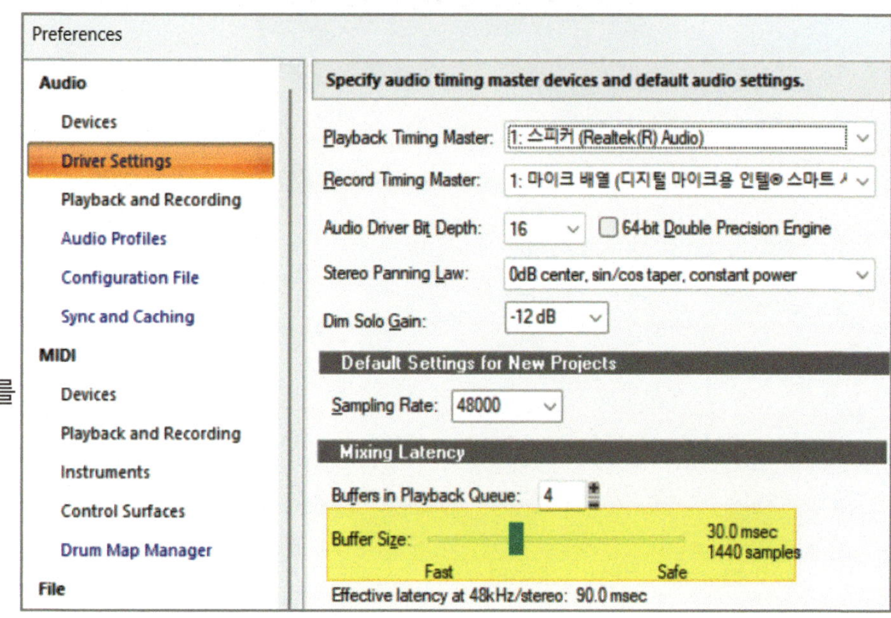

[60] SongStarter, Sonitus Compressor, Sonitus Multiband

SongStarter 는 장르를 지정하고, 텍스트를 넣으면 AI 가 여러 분위기의 음악을 만들어 준다.

1. 스마트폰에서 BandLab 앱을 실행하고 **만들기(+)** 탭한다.

2. **Tools**(보조기능)

   1) Audio Stretch: 음정을 반음,한음, 올리고 내리기

   2) Splitter: 음원 분리하고 추출하기

   3) SongStarter: 텍스트로 음악 만들기

   4) 메트로놈(Metronome): 예비 박자 듣고 녹음하기

   5) 튜너(Tuner): 음정 맞추기

   6) Mastering: 취향에 맞게 음악을 만들기

3. [**SongStarter**] 탭하고 Let's get you inspired 에서

   1) [**Get Started(시작하기)**] 탭하여 음악을 듣고,

   2) 우측 끝의 주사위 탭하고 1,2,3 중에서 음악을 고르고, 왼쪽 끝의 분위기(아침, 저녁, 밤) 중에서 밤의 음악인 **달**을 선택한다.

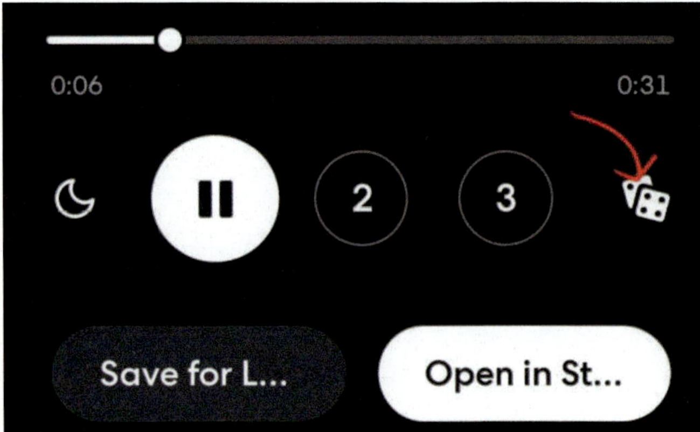

   3) 새로운 아이디어를 산출하기위해 [Get New Ideas] 탭한다.

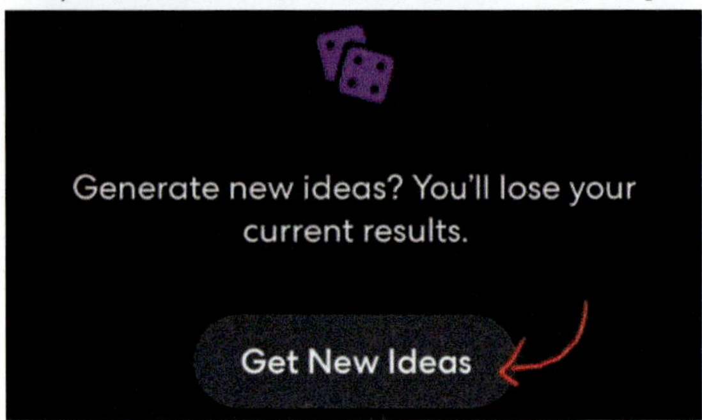

4) Let's get you inspired 창에서 장르(genre)를 [Hip Hot]으로 선택하고, [Enter Lyric] 탭한다.

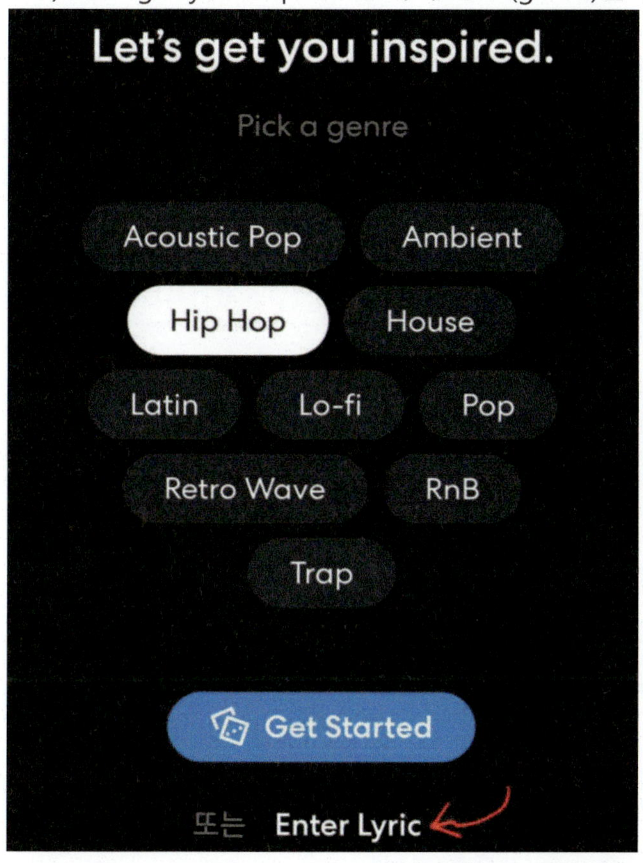

4. [Enter the Lyric/thought] 칸에 원하는 주제나 요점이 되는 텍스트(문장)를 넣고, '축하' 글을 적고 [Let's Go] 탭한다. * 50 자 이내의 글을 적는다.

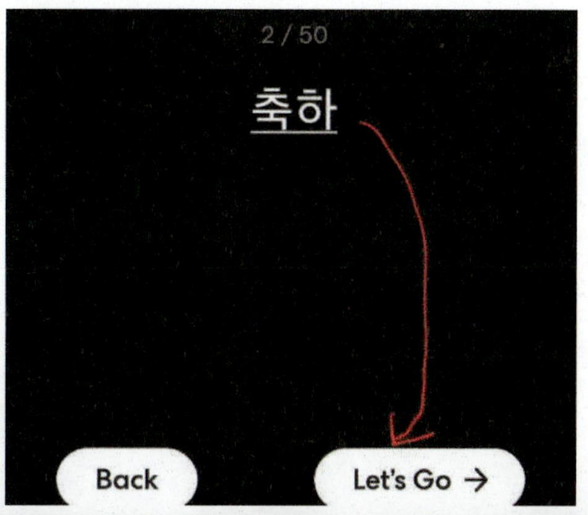

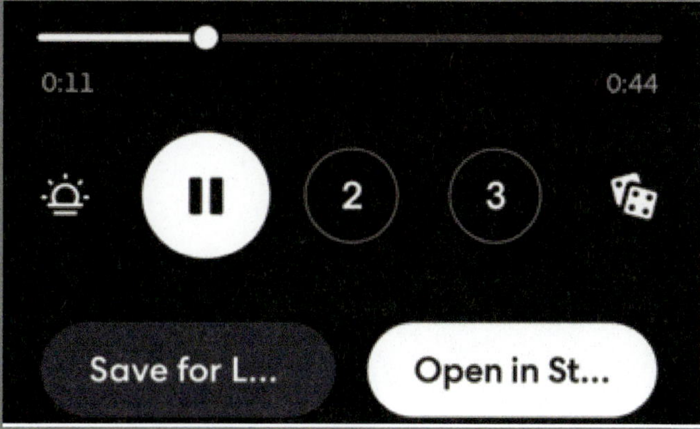

5. 상단에 '축하' 메시지가 보이고
   하단 왼쪽에 [일몰] 아이콘이 보이고,
   음악이 들린다.
   1 번 채널이 마음에 들지않으면
   2 번 채널, 3 번 채널을 재생한다.

6. 왼쪽의 [달] 아이콘을 선택하고 오른쪽의 [주사위]를 누르고 2번 채널을 눌러 음악을 들어보고, 음악이 마음에 들으면 [Open in Studio] 탭한다.

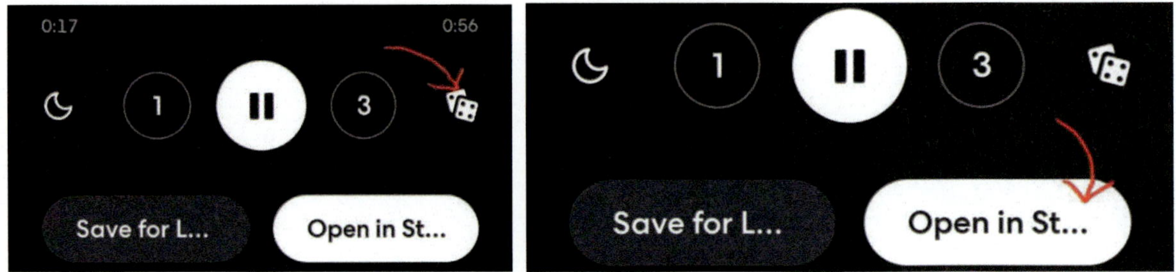

7. [Edit in Studio] 누르면 믹서 에디드 창이 열린다.

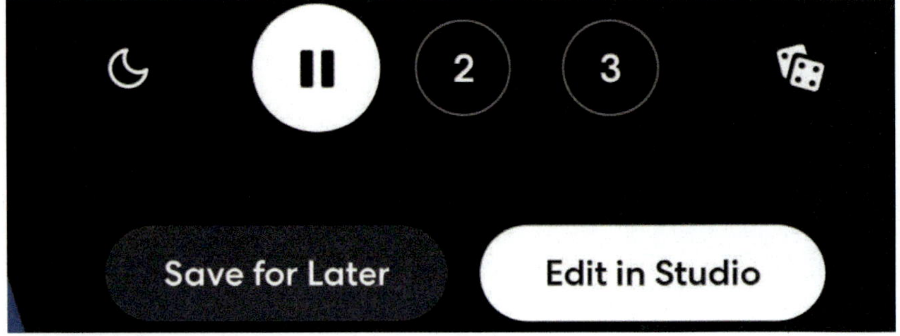

8. 스튜디오에서 미디 노트가 보이면 편집을 하고 우측 상단의 [내보내기] 탭한다.

9. [공개하기] 탭하여 음악을 전달하거나 [**Studio**(편집하기)] 누르고,

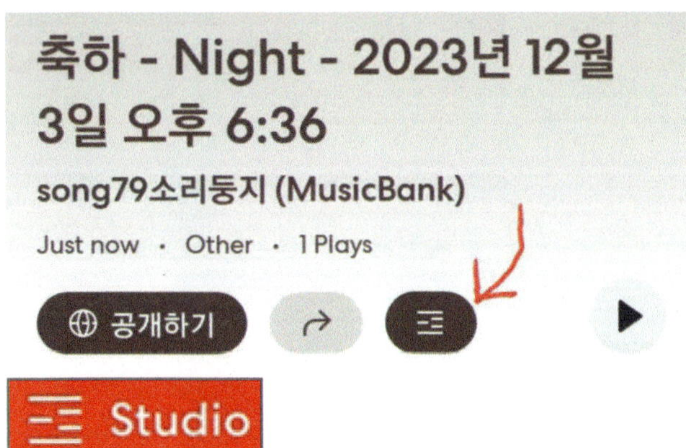

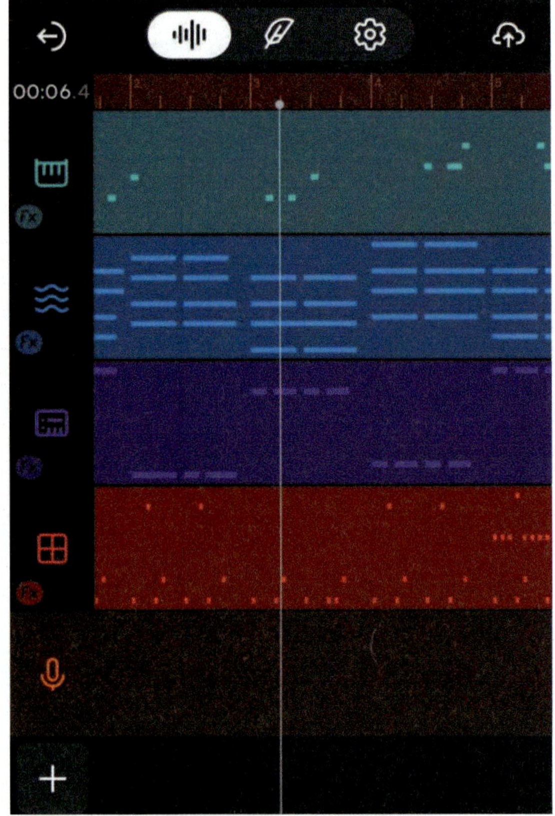

10. [**믹스에디터**]에서 음악을 수정 편집한다.

<케이크워크 밴드랩의 보컬 컴프레싱-Sonitus Compressor>

1. 트랙의 [Fx] 버튼 우클릭하고, Insert Audio FX>Dynamics>**Sonitus Compressor** 클릭한다.

2. **Threshold(트레숄드)**는 설정한 음량부터 압축이 들어간다.

3. **Ratio** 는 Threshold 를 넘은 음량을 얼마나 압축할 것인지 각도를 조절한다.

4. **Knee** 는 Threshold 와 Ratio 사이를 부드럽게 연결한다.

5. Sonitus Compressor 는 **Peak** 를 줄인다.

<멀티밴드 컴프레서(Multiband Compressor)-Sonitus Multiband>

Sonitus Multiband 는 Low, Low mid, High mid, High 등의 음역대에 별도 컴프레싱을 한다.

1. 케이크워크 밴드랩 열고, [Show Rack Menu] 선택하고, [Insert FX/Dynamix/**Sonitus Multiband**] 클릭한다.

2. [Master]에서 **Sonitus Multiband** 를 불러와 중저음역대의 밴드를 S 로 잡고 마스터링 한다.

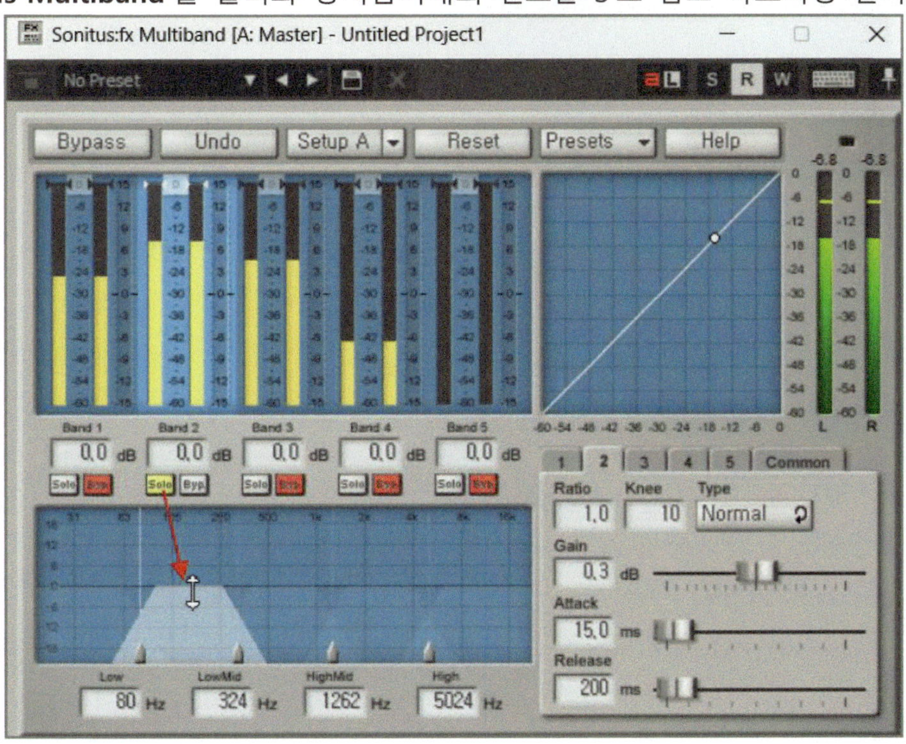

[61] Recording Mode 트랙 추가와 녹음

1. 케이크워크 밴드랩 열고 [+ ADD TRACK] 클릭하여,
   [Audio] 선택하고, **Record Enable** 과 **Input monitoring**
   을 선택하고 [Create] 클릭하면 오디오 트랙이
   생성된다. [Ctrl+T] 클릭해도 오디오 트랙이 추가된다.

2. Record 와 [**Input Echo**]를 선택해야 내 목소리가 들리는데, 이 때 스피커가 켜져있으면
   피드백(하울링)이 생기므로 스피커를 꼭 끈다.

3. Recording Mode 에서 녹음 모드를 선택한다.

   1) **Comping**: 트랙에 반복 녹음하고 녹음할 때 [**Take Lanes**]을 열어 녹음한 클립들을
      듣는다.

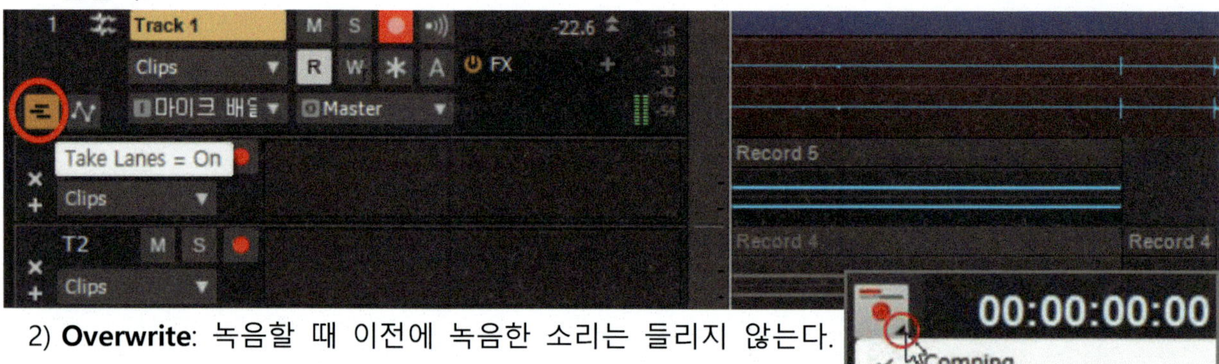

   2) **Overwrite**: 녹음할 때 이전에 녹음한 소리는 들리지 않는다.

   3) **Sound On Sound**: 녹음할 때 이전에 녹음한 소리가 같이
      재생되고 녹음한 소리가 동시에 나오고 똑같은 소리를 반복해
      녹음하는 더블링 기법을 사용할 때 유용하다.

4. [Edit/Preferences: P] 클릭하고 Recording 체크하고, **Metronome During Record(F3)** 끈다.

5. MR 소리가 크면, **ProChannel**
   모듈 버튼을 누르고, MR 트랙을 선택하고, 왼쪽 창에서 페이더를 조금 내린다.

6. **Export Audio**: [File/Export/Audio] 클릭한다.

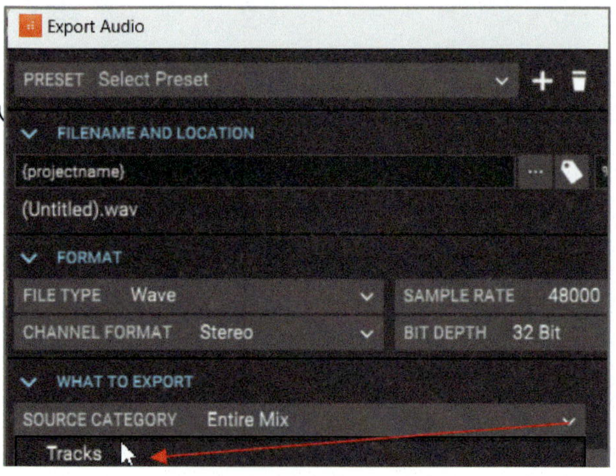

   1) 트랙별로 바운스(Bounce to track)하려면,
      SOURCE CATEGORY 옵션을 Entire Mix 에서
      [Tracks]로 변경한다.

   2) Export 할 때 fast **바운스(Bounce)** 체크
      해제하고 웨이브(Wave)로 받는다.

   3) FILENAME AND LOCATION 에서
      파일명과 저장 위치를 정한다.

   4) FORMAT 에서 Wave, Mp3 선택한다.

[62] 클립다운(Clip Down) 유튜브 비디오,오디오 추출

클립다운(ClipDown)은 PC 나 스마트폰에 설치하면 URL 주소를 통해 영상, mp3 음원 추출이 가능하다. 유튜브를 클립다운에 복사하고 붙여넣기하는 앱으로 밴드랩에 불러와 편집한다.

<스마트폰에서 유튜브 음원 추출하기>
스마트폰에 클립다운(clipdown) 설치하고 유튜브 영상, 음악을 다운로드한다.

1. 스마트폰에서 '클립다운' 검색하고 설치하고, [설정]에서 ClipDown 을 활성화한다.

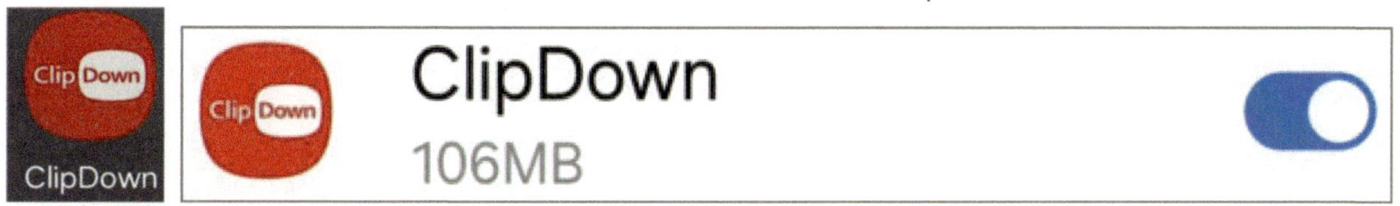

2. URL 에 유튜브 주소를 넣고 **돋보기** 버튼을 누른다.

3. [Audio] 탭하고 mp3 파일을 다운로드한다.

<유튜브 재생에서 비디오 추출하기>

1. 유튜브에서 [공유] 탭하고, [링크 복사] 누른다.

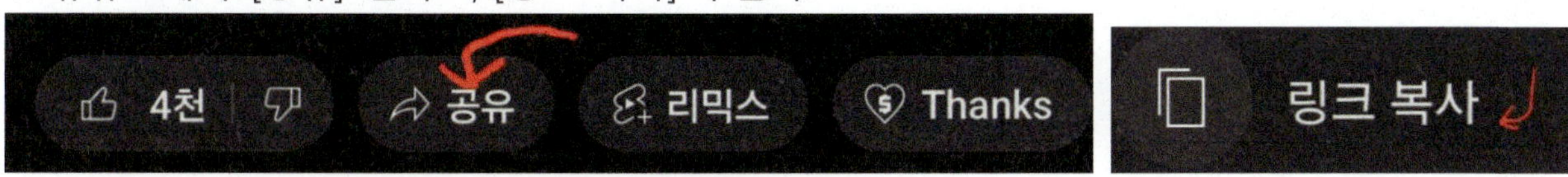

2. URL 에 유튜브 주소를 붙여넣기하고 **돋보기** 누른다.

3. 유튜브 나오면 다운로드 한다.

4. 비디오 해상도(1080P)선택하고, [VIDEO mp4] 탭하면 스마트폰 **내파일**에 저장된다.

<PC 에 클립다운 설치하고 동영상 무료다운하기>

1. 네이버에서 '**클립다운**' 검색하고,

2. [**다운로드 for Window**] 눌러 설치한다.

3. 사이트에서 바로 다운하기:

클립다운(clipdown): https://naver.me/GRO9KPzj

4. 동영상 파일 무료다운하기

  1) URL 주소를 복사하여 넣고,

  2) 다운로드 클릭한다.

  3) 다운로드 완료되면 [폴더 열기] 클릭한다.

<PC 에서 Audio, Video 추출하기>

1. 클립다운(ClipDown) 실행하고,

2. 동영상 주소 입력창과 URL 복사 시 나타나는 팝업의 다운로드 버튼을 활용하여 바로
   다운로드한다.

   1) 유튜브의 URL 을 복사하여 붙여넣기한다.

   2) 다운로드(아래 방향키) 클릭한다.

   3) **Video** 클릭한다.

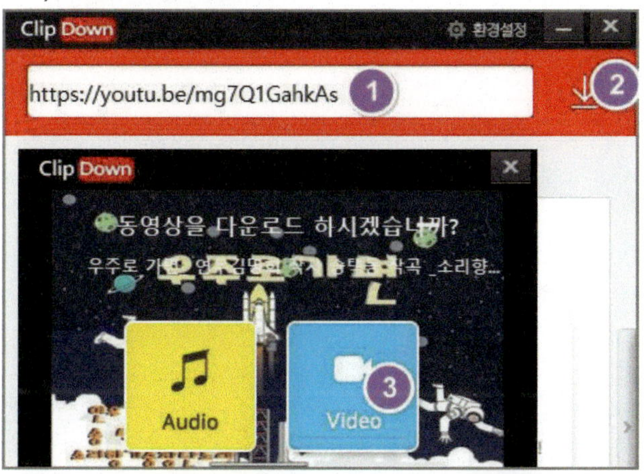

3. 다운로드 설정에서 저장할 폴더 설정하고, **MP3 변환**과 **MP4 변환**을 **사용**으로 설정한다.

4. [Audio] 클릭하여 음원 추출하고,

   해상도를 1080 으로 설정하고 [Video] 클릭하여 동영상 다운로드한다.

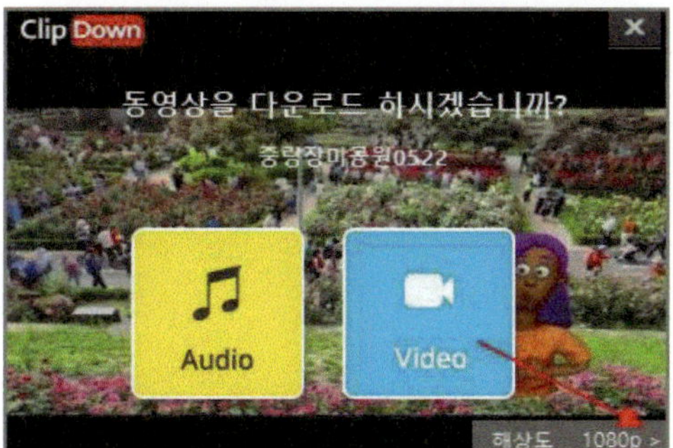

[63] 크롬 뮤직랩 Chrome Music Lab) 구성 탭 기능

크롬뮤직랩(Chrome Music Lab)은 전용 앱 없이 사이트에서 로그인하지않고 바로 사용한다.

1. 스마트폰에서 무설치하고 열기
   네이버에서 '크롬뮤직' 검색하고
   Chrome Music Lab 누른다.

<크롬뮤직랩(Chrome Music Lab) 구성>

1. 쉐어드 피아노(Shared Piano)
   피아노의 연주 기능이 있다. 라이브 기능이 있어 쉐어드 피아노 탭에 들어가면 자동으로 방이
   생성되고, 링크를 공유해 원하는 사람들을 초대하여 합주한다.

2. 송 메이커(Song Maker)

3. Rhythm(리듬)

   1) Spectogram(스펙토그램): 보이는 소리 만든다.

   2) Sound Wave(사운드 웨이브): 피아노를 치면 공들이 움직인다.

   3) Arpeggios(아르페지오): 음을 클릭하면 아르페지오가 재생한다.

   4) Kandinsky(칸딘스키): 그린그림을 변환시킨다.

<메인 화면 탭>

[64] 송메이커(Song Maker) 미디 작곡

웹기반 음악 창작 도구인 송메이커는 설치 로그인이 필요 없는 무료 작곡 프로그램이다. 송메이커(Song Maker)는 크롬 뮤직랩(Chrome Music Lab) 탭 중 하나로 작곡, 편곡 및 기존 곡 커버 활동을 한다. 만들어진 송메이커 커버 곡을 따라 머니코드 음악 창작하기, 모둠별 현악 4중주 편곡하기 등의 활동을 다양하게 디자인하여 활용한다.

<사용 기본 정보 및 제공 서비스>

1. 크롬 뮤직랩 사이트는 로그인이 필요 없다.

2. 제작한 음악을 다운로드 받는다.

3. 아이콘을 클릭해 원하는 기능을 선택한다.

<스마트폰에서 송메이커 열기>

1. 뮤직랩 열기

  1) 구글에서 '뮤직랩' 검색하거나 Chrome Music Lab 에서 송메이커(SONG MAKER) 탭한다.

  2) 구글에서 **'송메이커'** 검색하고, SONG MAKER 누른다

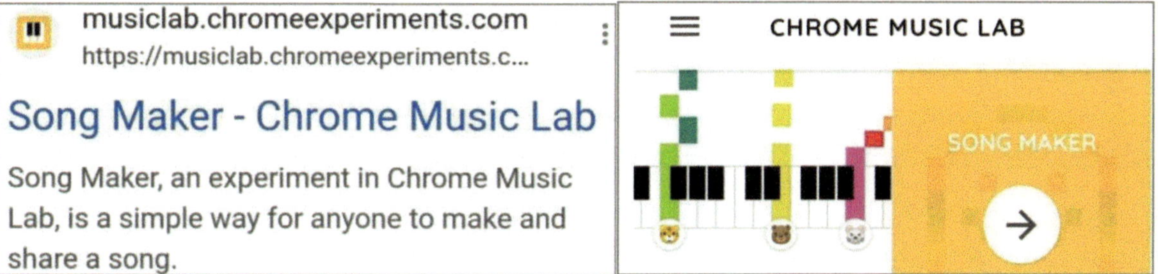

  3) 뮤직랩 검색하고 **송메이커(Song Maker)** 누르면, SONG MAKER 옵션 화면이 보인다.

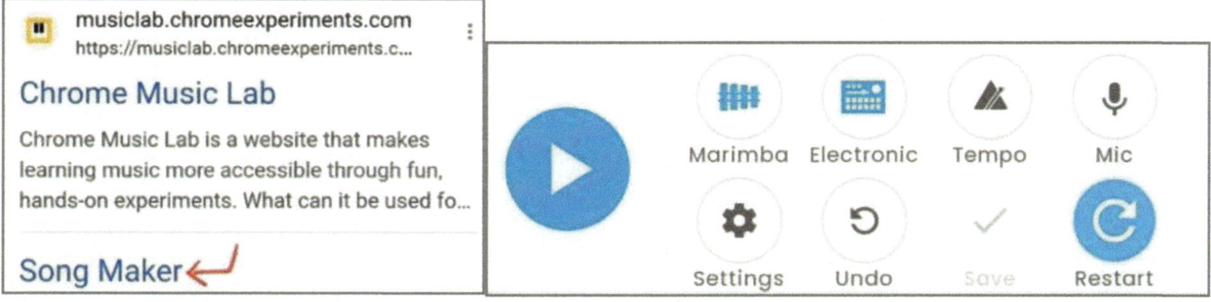

2. 옵션에서 Settings 누르고 Length 에서 [+] 눌러 8 bars 로 늘리고 8 마디 만든다.

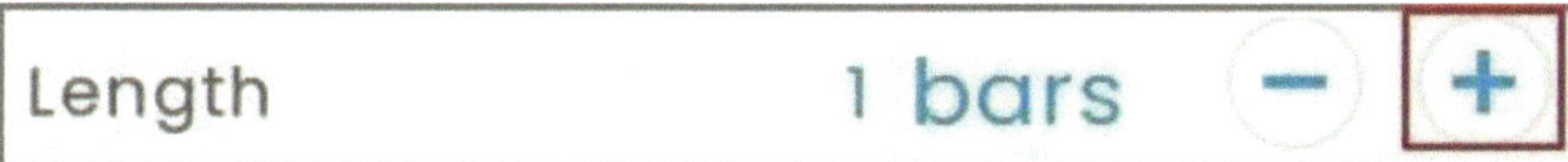

<사용법과 설정>

1. 'Song Maker' 탭을 클릭하고

2. 악보: 전자 키보드와 연결하면 악보에 키보드 음을 바로 입력하고, 마우스로 음을 입력한다.

3. 옵션 영역

반주 악기와 리듬 악기가 변경한다.

1) 반주 구성 영역: 마림바(Marimba), 피아노(Piano), 현악기(Strings), 목관악기(Woodwind), 신디사이저(Synth)

2) 리듬 구성 영역: 전자 비트(Electronic), 블록(Blocks), 드럼(Kit), 콩가(Conga)

3) Tempo: 음악 재생 속도 변경

4) Mic: 녹음하기

5) Settings(설정)

   - Length : 마디수 설정하기(2bars 이면 2 마디)

   - Beats per bar : 1 마디 속에 있는 비트의 (2beats 이면 2/4 박자)

   - Split beats into : 비트 구성하는 칸 개수 설정 (4 이면 음표를 4 개 분할하여 16 분 음표)

   - Scale : 장음계, 반음계, 모음 음계 설정

   - Start on : 제일 아래 칸 음높이를 C 로 설정

   - Range : 음계를 몇 개로 쌓을 것인지 설정(8 이면 1 옥타브)

6) Undo : 실행 취소하기

7) Restart: 노트를 다 지우고 처음 설정으로 돌아간다.

8) Save: 음악 파일 저장하고 링크 공유 및 음악 파일 다운로드하기

   - 'Copy Link' 클릭해 음악 파일을 공유한다.

   - 음악 파일 다운로드: 'Download Midi' 혹은 'Download Wav' 클릭해 음악파일을 저장한다.

4. 공유, 저장, 더보기(링크 복사, 저장된 항목 보기 등)

<소리 녹음하여 미디노트 입력하기>

스마트폰에서 송메이커로 마이크로 목소리 녹음하여 미디노트(악보) 추가 입력하기

1. 구글에서 송메이커 검색하고 [Mic] 탭하고,,

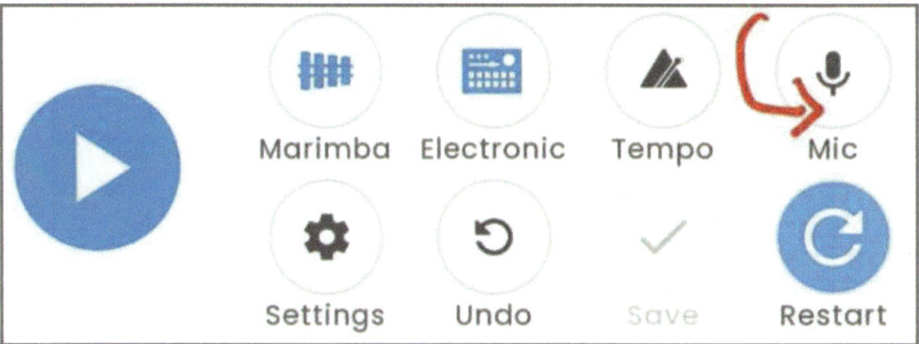

2. 노트를 추가하려면 마이크로 노래를 부른다.

   Mic 위에 'Sing into your mic to add notes'가 보인다.

3. 마이크에 '도' 소리 내면 마이크 아이콘이 생기는데, 아래와 같이 빨간 화살표가 90 도 아래로 향할 때는 미디노트(빨간 네모)가 입력이 안되고, 빨간 화살표가 45 도로 향할 때에 미디노트가 입력된다.

<송메이커로 미디 작곡하기>

2 마디의 미디를 작곡하고, 작은별 16 분음표 2 마디 편곡하기

1. [Settings(설정)] 탭한다.

2. 노래 형식 틀 만들기

  1) Length 에서 [2 bars]로 2 마디를 만들고

  2) Beats per bar 에서 + 눌러 2/4 박자 만들고,

  3) Split beats into 는 1 박자를 몇개로

  4) 분할하는 것인데, +눌러서 4 로하면

    4 분음표를 4 분할하여 16 분 음표가 만들어진다.

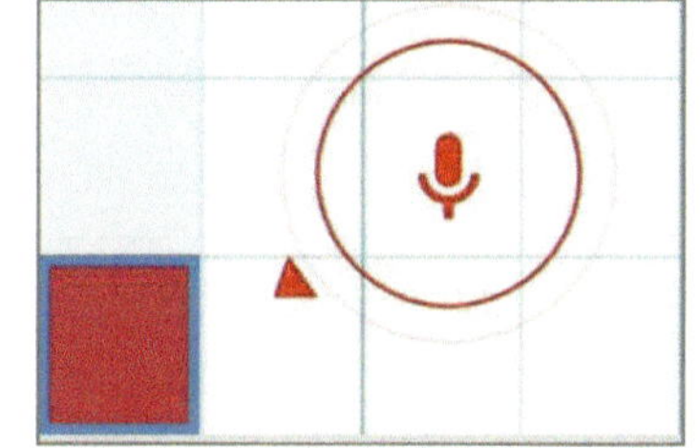

3. '도' 음정을 소리내고, 마이크가 맨 아래로 이동하여 아래와 같이 화살표가 보이면 노트가 입력된다.

4. 노트가 4 개 입력될 때까지 '도' 음정을 길게 소리낸다.

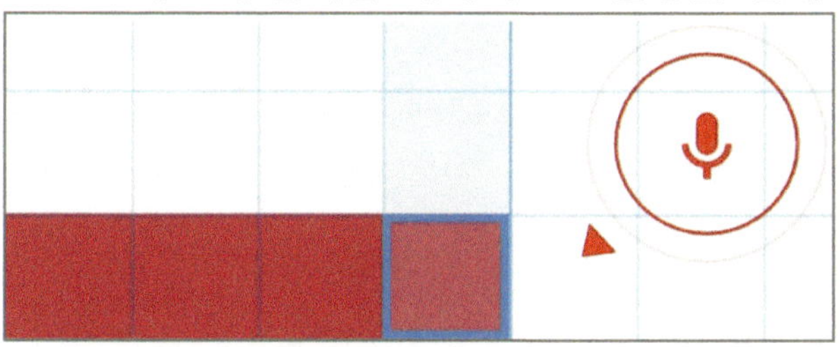

5. 세번째 노트를 클릭(탭)하여 지우고, 아래에 드럼 파트를 탭하여 입력한다.

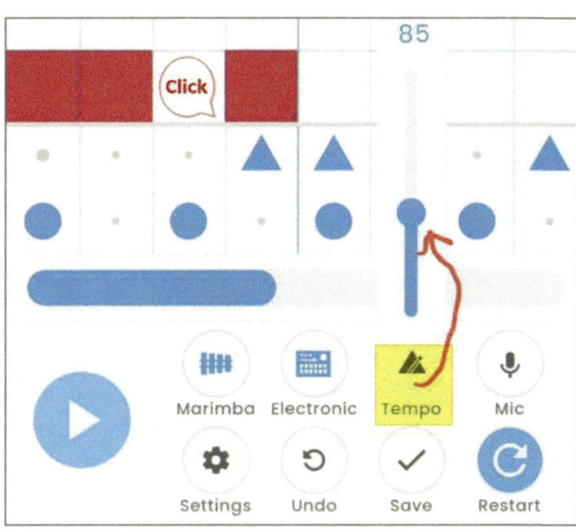

[65] 스펙토그램(Spectogram) 효과음

크롬뮤직랩의 **스펙토그램**으로 목소리 악기 새소리 등 보이는 소리 만들기

<크롬 뮤직 랩(Chrome Music Lab) 구성>
1. 구글의 '크롬 뮤직 랩(Chrome Music Lab)' 검색한다.
2. 크롬 뮤직 랩(Chrome Music Lab) 구성
   쉐어드 피아노(Shared Piano), 송메이커(Song Maker), Rhythm(리듬), Spectogram(스펙토그램),
   Sound Wave(사운드 웨이브), Arpeggios(아르페지오), Kandinsky(칸딘스키) 등 탭으로 구성된다.
   1) 쉐어드 피아노(Shared Piano)
   자동으로 방이 생성되고, 링크를 공유해 원하는 사람들을 초대하여 합주를 할 수 있다.
   2) 송메이커(Song Maker)
   음을 하나씩 찍어보고, 또 그 소리를 들어가며 녹음하고 저장한다.
   3) Kandinsky(칸딘스키)
   동그라미부터 사각형, 삼각형까지 크기와 모양에 따라 음과 배정되는 악기가 다 다르고 겹쳐서
   그리면 화음까지 만들어낼 수 있습니다.
   4) Spectogram(스펙토그램): 밀, 손가락 등 움직임에 따라 보이는 소리를 만든다.

<스펙트로그램 만들기>
1. 구글에서 '뮤직랩' 검색하고 CHROME MUSIC LAB 화면에서 **스펙트로그램** 클릭한다.

2. [손가락] 누르고 위치에 따라 높낮이가 다른 소리가 나고 파형이 보인다.

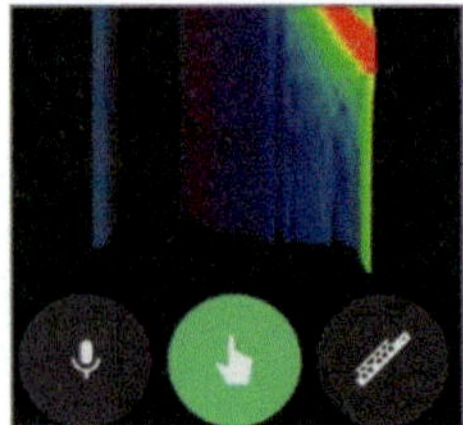

3. [마이크] 선택하고 말하면 소리에 따라 파형이 다르게 보인다.

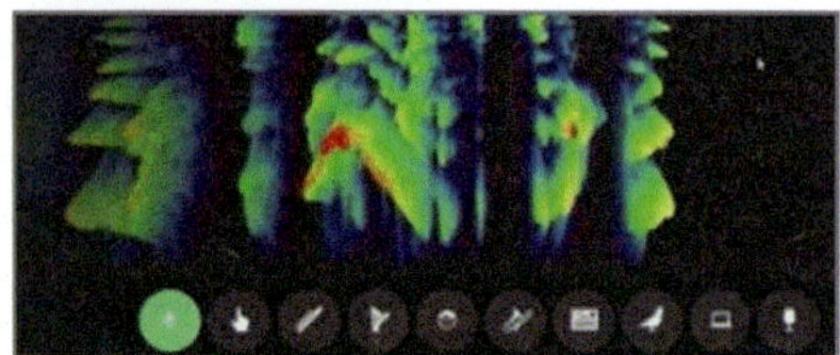

4. 플롯, 새소리 등 효과음을 파형으로 보여준다.

[66] 쉐어드 피아노(Shared Piano) 합주

크롬뮤직랩(Chrome Music Lab)은 앱이 필요하지않고 사이트에서 로그인 없이 사용할 수 있다.
쉐어드 피아노(Shared Piano)로 음을 입력하여 온라인(카톡 등)에서 재생하고 합주를 한다.

<쉐어드피아노 사용법>

1. 온라인에서 열기

  1) 스마트폰에서 검색창에

    '쉐어드피아노'를 입력하고

    구글에서 찾아 사이트 연결한다.

2. SHARED PIANO 열고 연주하고 저장하기

  1) 첫화면에서 건반을 눌러 재생하고

  2) [Save] 탭하고 [Open in new tab] 클릭한다.

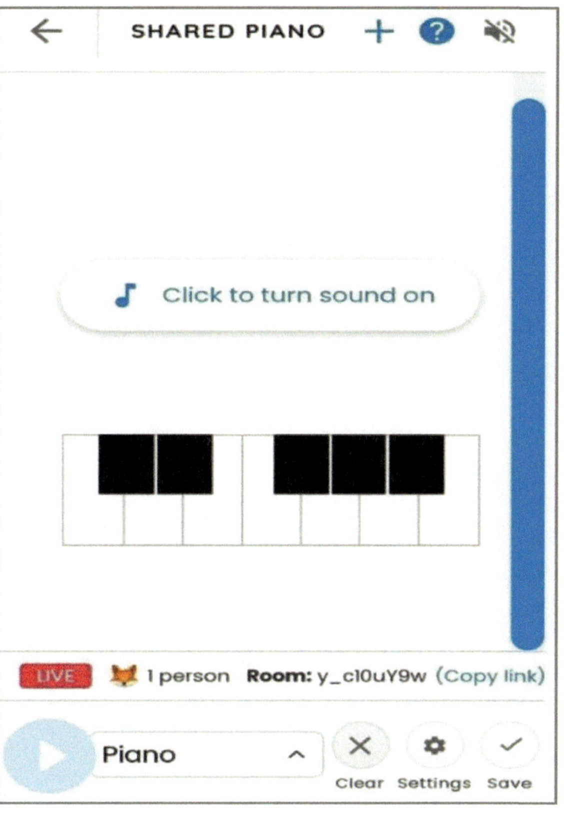

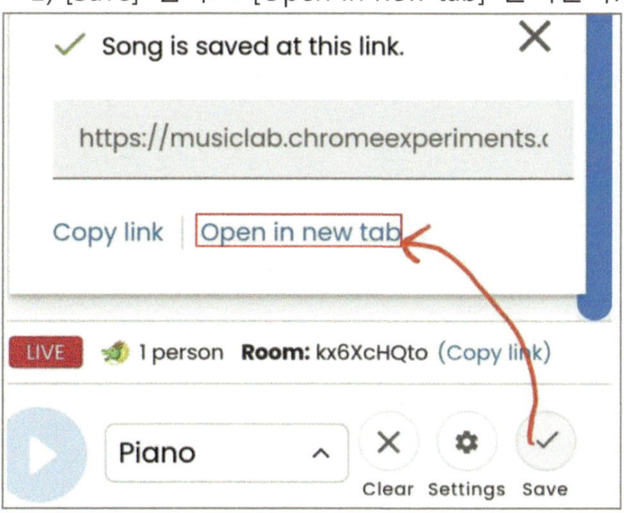

  3) 재생한다.

  4) [Share] 탭하고 [Copy link] 누른다.

  5) 클립보드에 복사한 URL 을 사이트(카톡)에서
열고 재생한다.

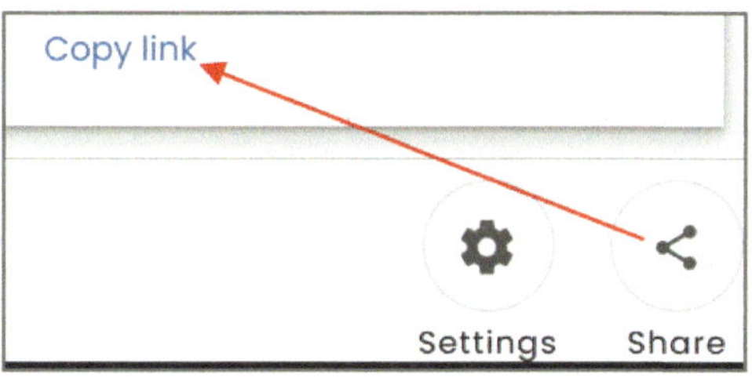

3. Chrome Music Lab 검색하여 쉐어드 피아노 탭한다.

4. [Settings: 설정] 클릭하고, Settings 에서 Octaves 를 2 로 살정하고,
Note Names 를 Show 로 설정하면 건반에 음이름이 보인다.

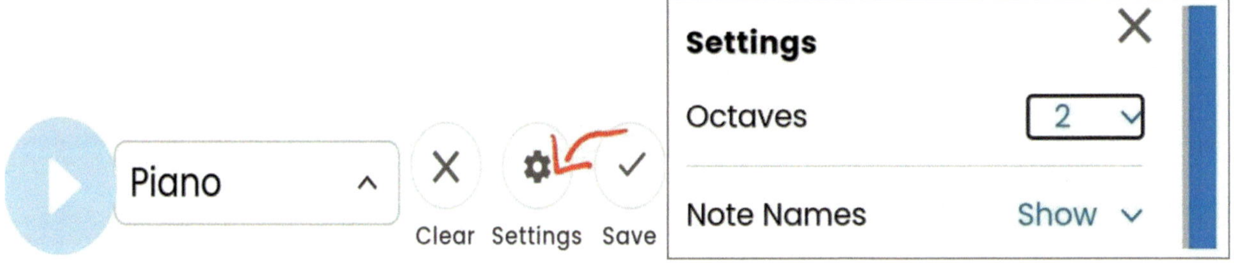

5. 건반을 눌러 입력한다.

<PC 에서 컴퓨터키보드로 입력하기>

1. A 키 누르면 C(도)가 입력된다.

2. sustain 은 누르는 동안 음이 지속된다.

3. 아래 방항키는 1 옥타브 낮추는 것으로 자판의 [Z] 키를 누르고, 위 방항키는 1 옥타브 높이는 것으로 자판의 [X] 키를 누른다.

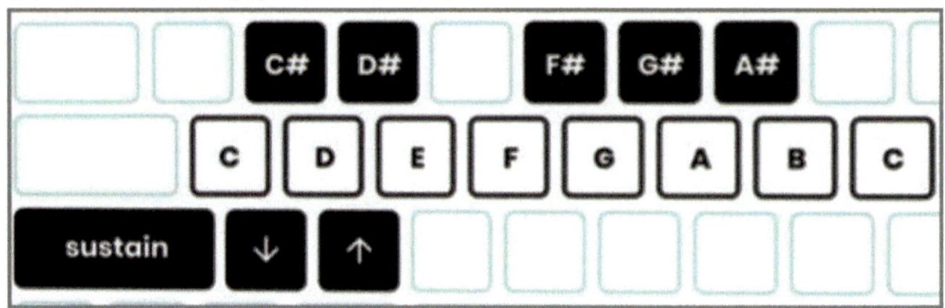

4. [Save] 탭하고
   [Copy link] 눌러 공유한다.
   사이트에서 복사한 URL 을 열고 재생한다.

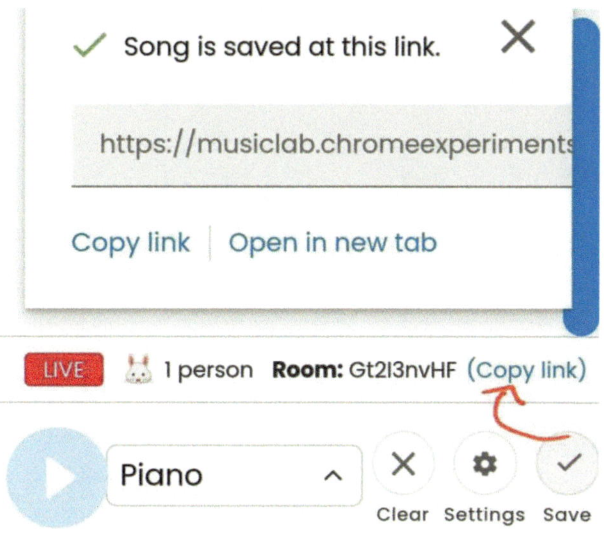

<PC 에서 쉐어드 피아노로 합주하기>

1. 구글에서 '쉐어드 피아노' 검색하여 열고, 마우스로 건반을 눌러 재생한다.

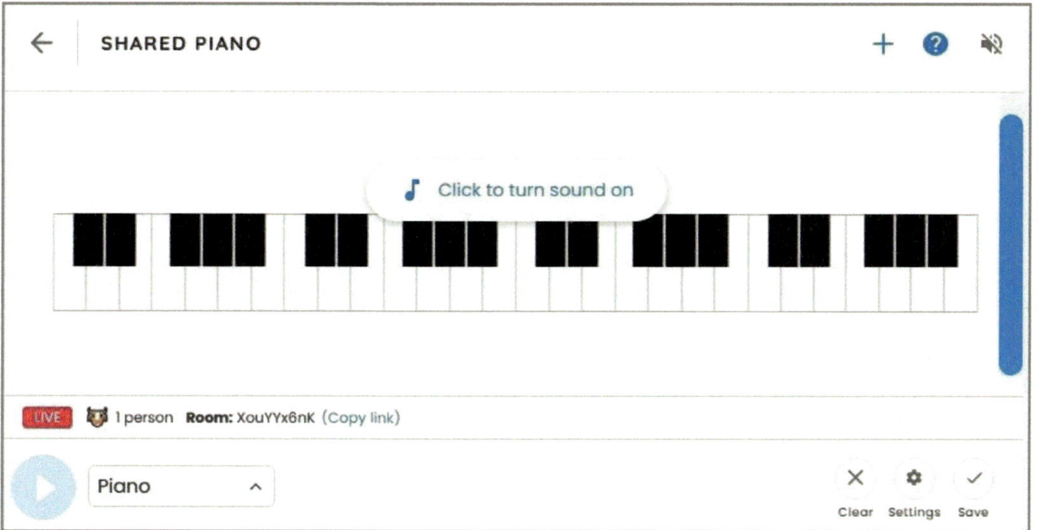

2. [Copy link] 눌러 주소를 복사하고, 카톡에 보내서 다른 사람이 쉐어드 피아노를 열고 함께
   합주를 한다.

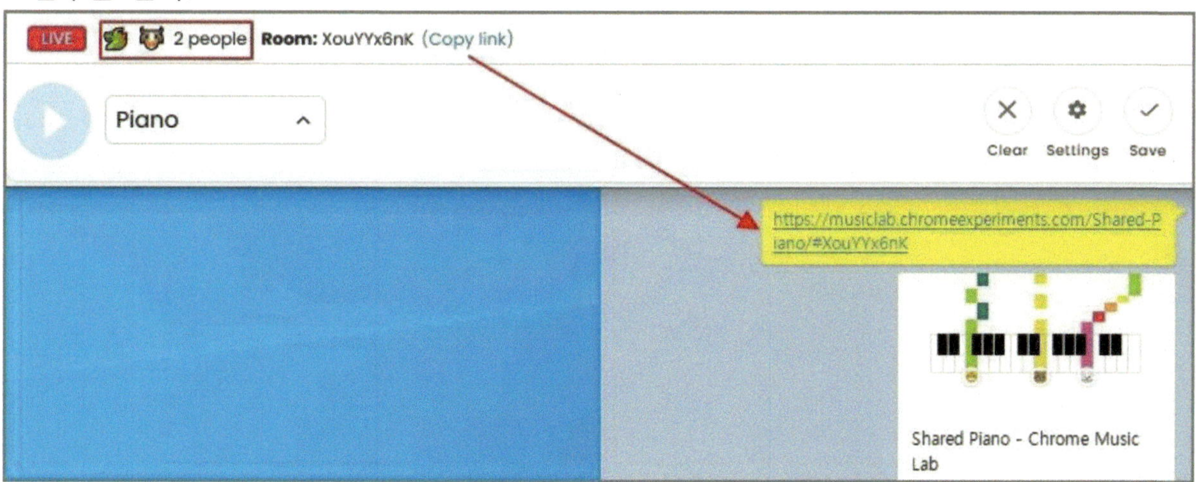

[67] 송메이커(Song Maker) 리프(Riff) 만들기

리프(riff)는 짧은 구절(4~8 마디)을 되풀이하는 패턴이다.
크롬뮤직랩을 통해 리프(riff)를 송메이커(Song Maker)에서 만들기

<PC 에서 송메이커(Song Maker) 열기>

웹사이트에서 '크롬뮤직랩' 검색하여 Song Maker' 클릭하여 열기한다.

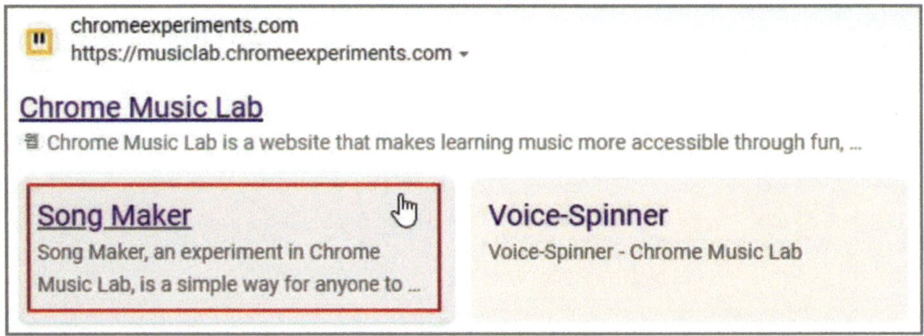

<건반악기와 드럼 리프(Riff) 만들기>

1. 건반악기(piano) 선택하고, [Settings] 클릭한다.

2. Settings(설정)

  1) 전체 마디: Length-8 bars

  2) 박자: Beats per bar-4

  3) 비트 음표: Split beats into-4

  4) 음계: Scale-Chromatic

  5) 조성(Start On) Middle C

  6) 옥타브: Range 2 octave

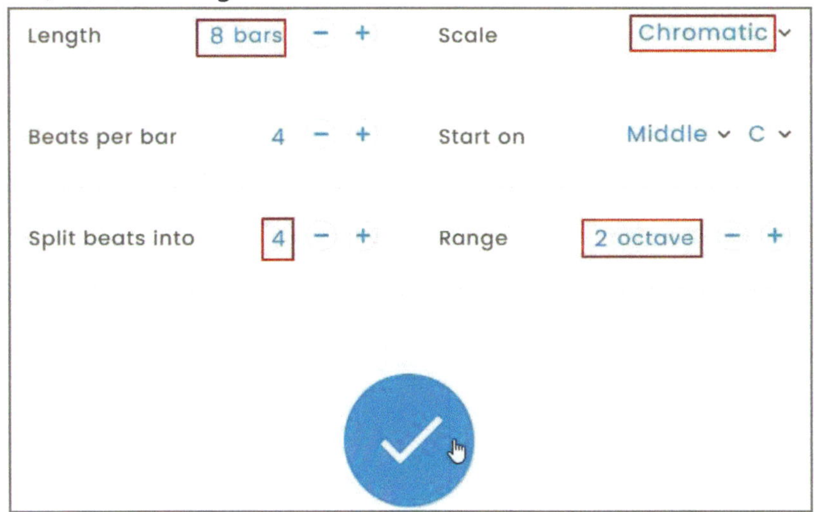

3. 건반, 드럼 파트에 악기를 입력하기

   1) 악보(상어가족) 확인한다.

   2) 위에 건반악기, 아래에 드럼파트를 입력한다.

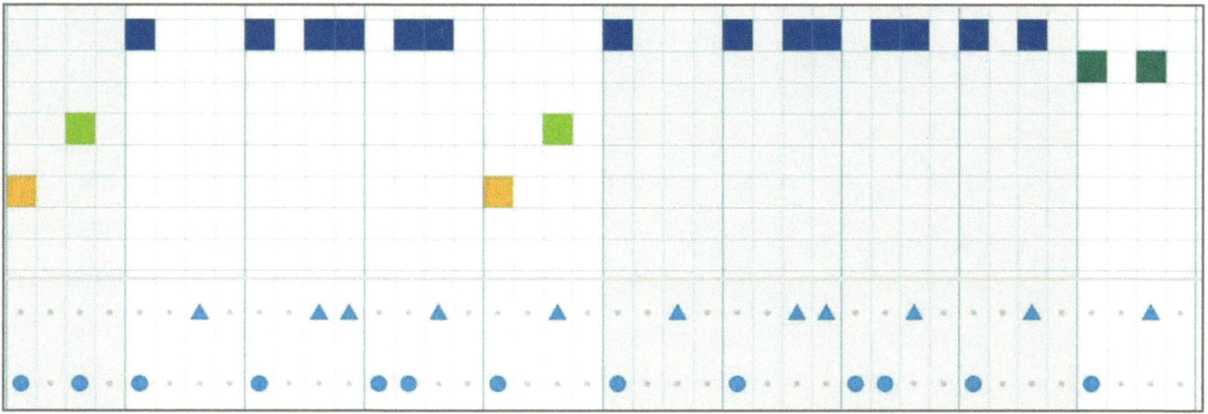

4. Save(저장)

   1) [**DownLoad Wav**] 클릭하여 오디오로 저장한다. DOWNLOAD MIDI 는 미디 파일로 저장

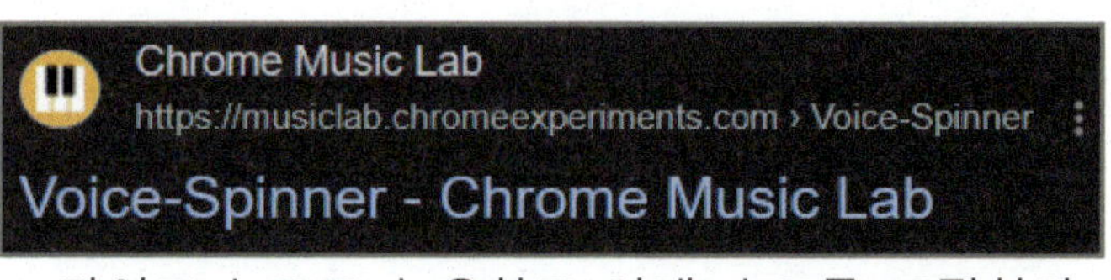

   2) [Copy Link] 클릭하여 원본 저장하고 열기:

   https://musiclab.chromeexperiments.com/Song-Maker/song/4550619365638144

*PC 에 저장하고 스마트폰에서 열기한다.

<Voice-Spinner)

1. 구글에서 '보이스 스피너' 검색하여 열기한다.

https://musiclab.chromeexperiments.com/Voice-Spinner/

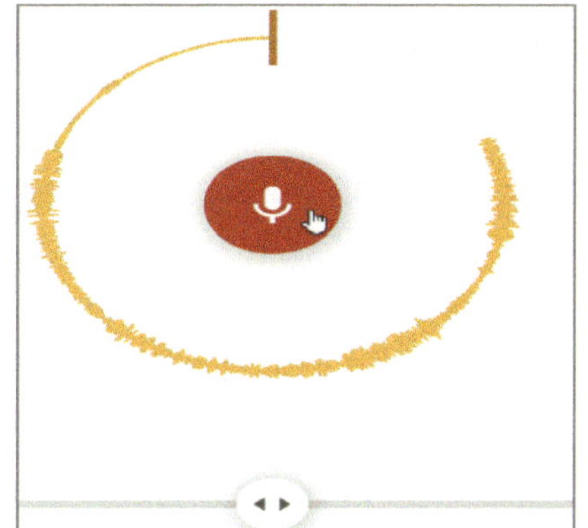

2. 마이크 누르고 녹음하고 아래 속도를 조절한다.

[68] 머니코드(Money Chord) 1564 코드

　머니코드(Money Chord)는 친숙한 코드 진행으로 파헬벨 작곡 캐논의 코드 진행을 변형해서 사용한 것이 많다. 머니코드(Money Chord)는 리듬과 화성 진행의 근간을 이루는 것으로 히트곡들의 코드는 4 코드 진행이다. 특히 일렉트로닉과 접목된 팝의 경우 파헬벨의 캐논의 코드 진행을 차용 및 변형해서 사용한 것이다.

1. 1564(C-G-Am-F) 머니코드
　1) 머니코드는 1-5-6-4 (I - V - VIm - IV)의 코드 진행으로 4 코드 진행이다. 코드의 진행을 숫자로 적는다.
　2) 캐논 머니코드라고 함은 4 코드이다.
　건반 기준으로 C major 키 (다장조), 건반 보이싱은 순서대로 C - G - Am - F 이다.

<스마트폰에서 머니코드 만들기>
1. 머니코드 1564 도(I - V - VIm - IV)의 코드 진행으로 4 코드(C G Am F) 렛잇비가 대표적이다.

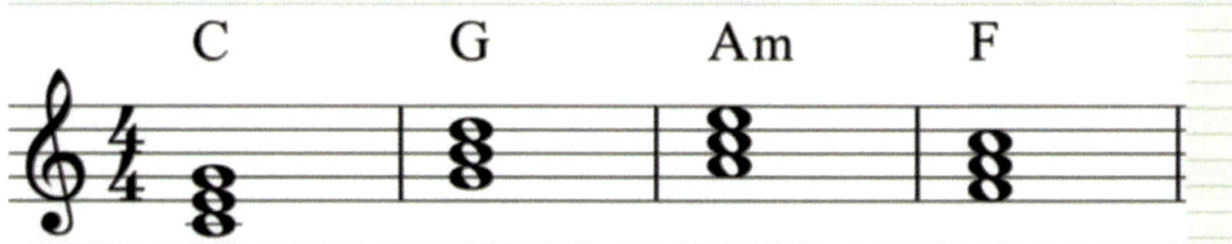

2. 카논 코드(Canon Chords)는 G-Am-Em-F-C-Dm-G 이다.

<스마트폰에서 송메이커로 머니코드 만들기>
1. Settings(설정)에서 곡의 길이나 비트 설정하고,

2. 악기 선택: 음악의 음색을 정하고, 템포를 조절해서 곡의 빠르기를 설정한다.

3. 머니코드를 입력하고 나서 코드 리듬을 변형하여 가락을 입력한다.

[69] [골드웨이브 GoldWave Infinity] 무설치 녹음 편집

스마트폰에서 골드웨이브(GoldWave)를 온라인에서 무설치로 녹음하고 편집하여 저장하기

1. 구글에서 '골드웨이브' 검색하고, 아래 사이트 보이면 탭하고 GoldWave Download 탭한다.

2. [GoldWave Infinity] 누르면, Starting 화면이 잠시 보였다가 사라지고, 첫화면이 나온다.

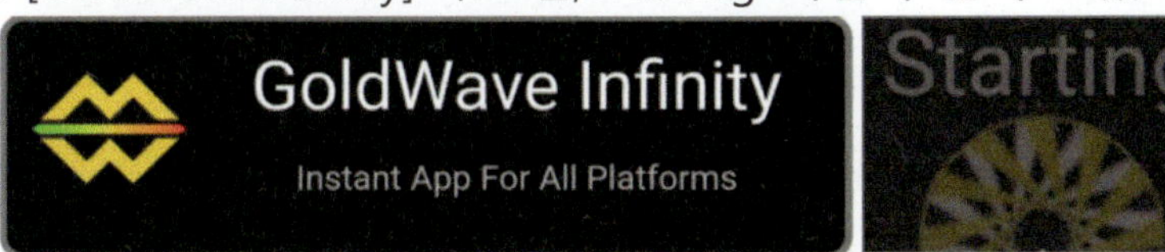

3. GoldWave 첫화면 하단의 [+] 누르면 녹음이 바로 시작되어 녹음하고 정지 버튼 누른다.

4. 녹음(Record)

   1) Record New: 새로 녹음

   2) Record Selection: 영역 녹음

   3) Record Dictation: 녹음과 재생 사이를 빠르게 전환

5. 구간 선택하고 재녹음하기

   + 눌러 가로폭을 늘리고, 좌우 Selection 버튼으로
영역을 정하고, 녹음 누르면 선택한 영역만 녹음하고,
말하지않는 부분은 잡음 없이 녹음된다.

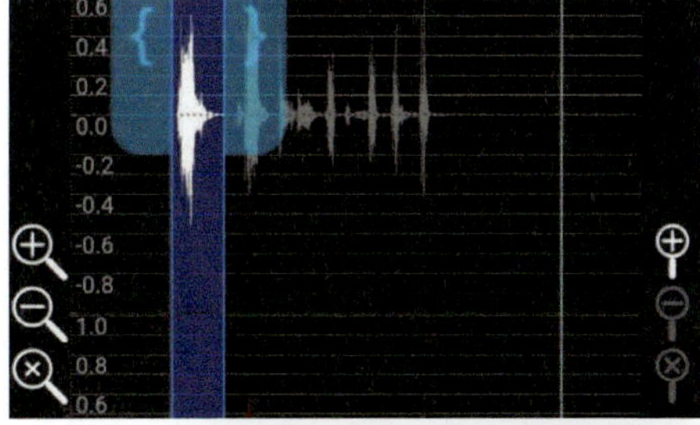

6. **Trim**

   1) [Edit] 메뉴 누르고 [Trim] 버튼 눌러서 선택하지않은
좌우 영역을 제거하는 [Trim] 클릭하면, 선택한 부분만 남는다.

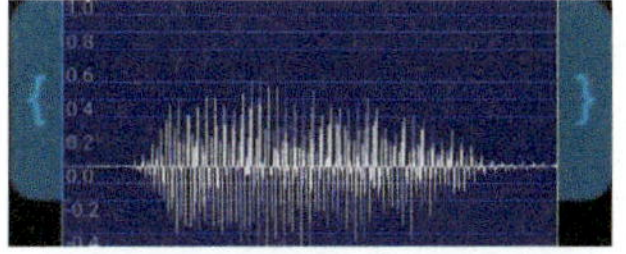

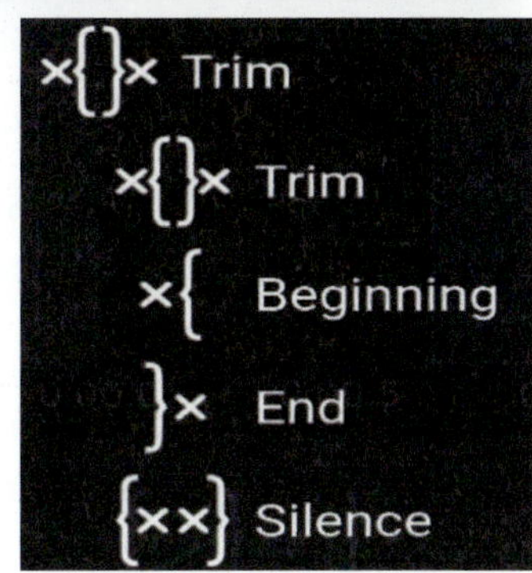

   2) Beginning 은 앞 영역, End 는 뒤 영역,

   3) **Silence** 는 영역을 무음 처리한다.

7. [Save] 메뉴 눌러 mp3 로 저장한다.

8. Volume

  1) 왼쪽 상단의 [Menu] 누르고,
     Effects 의 **Volume** 눌러 하위 메뉴를 펼친다.
  2) Match Volume 으로
     소리가 작게 녹음한 것을 크게 하기
     Menu>Effects >Volume>Match Volume
     누르고, + 눌러서 db 늘리면 소리가 커진다.

  3) [Effects/Volume/**Auto Gain**] 클릭하고,
     Maximum gain 을 올리면, 작은 볼륨이 커진다.
     Silence level 의 [-] 눌러 낮추면 소리가 작아진다.
     오토 게인(Auto Gain)은 작은 소리를 평탄화하여
     설정된 레벨까지 올려준다.

12. **Filter(필터)**
   왼쪽 상단의 [Menu] 누르고,
   [Effects]의 [Filter] 탭하고 하위 메뉴 펼친다.
   1) Pitch(이조): [Preserve tempo]를 활성화하면,
   템포를 유지하고, 음정을 조절한다.
   Scale 에서 100 을 95 로하면 반음,
   90 으로하면 온음이 내려간다.
   110 으로하면 한음이 올라가 C 조는 D 조가 된다.
   2) 잡음 제거: 잡음이 있는 부분을 선택하고,
   [Effect/Filter/Noise Reduction] 클릭하고,
   팝업창이 뜨면, Preset 값을 Hiss removal 로
   변경하면 한번에 잡음이 제거된다.

13. **Time**: [Effect/Time] 탭하고,
   1) Playback rate 를 아래로 펼치고, FFT size 에서
   - +로 증감하여 템포를 조절한다.
   2) 음정 유지하고 템포 조절하기
   FFT(Preserves pitch)에서 FFT size 를 증감한다.

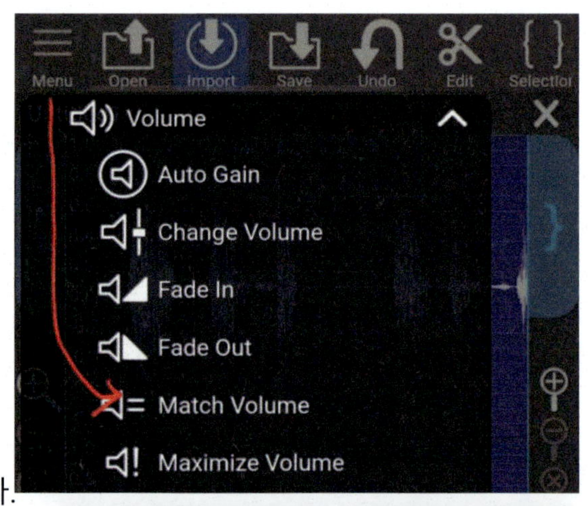
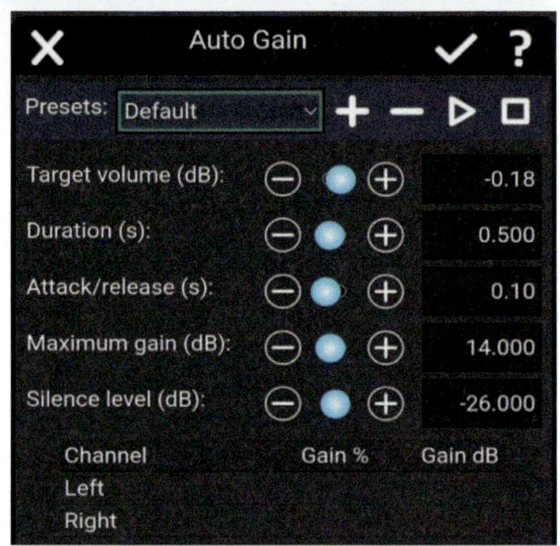

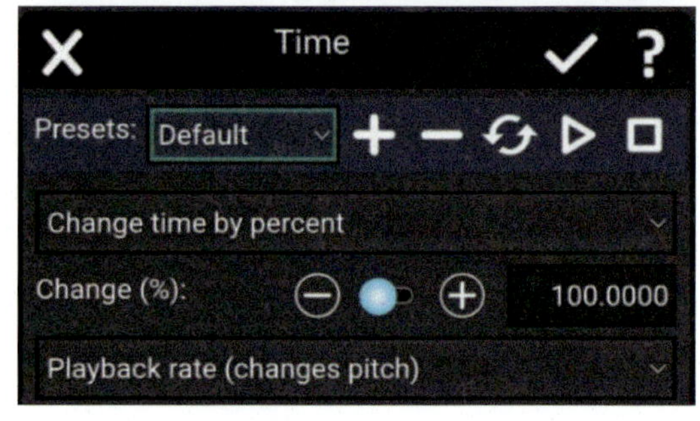
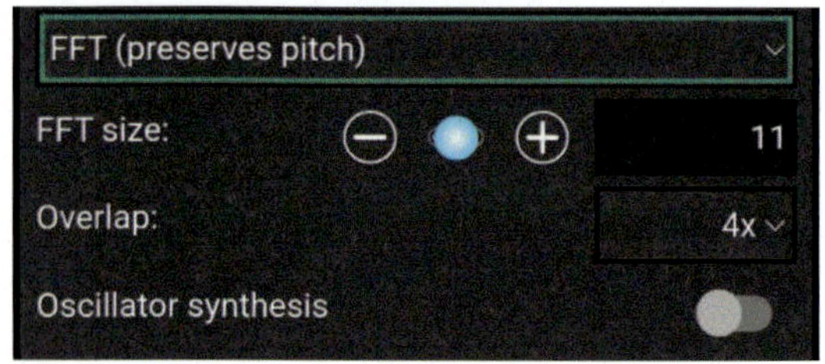

[70] 골드웨이브(GoldWave) 볼륨 최대화 일괄 처리

PC 에서 골드웨이브(GoldWave)는 외부 사운드 입력, 자르기, 붙이기, 녹음, 음원의 목소리 제거, 잡음 제거. 믹싱하여 볼륨을 최대화하고 일괄처리하는 프로그램으로 무설치한다.

구글에서 '골드웨이브' 검색하여
GoldWave Infinity 를 클릭하여 바로 사용한다.

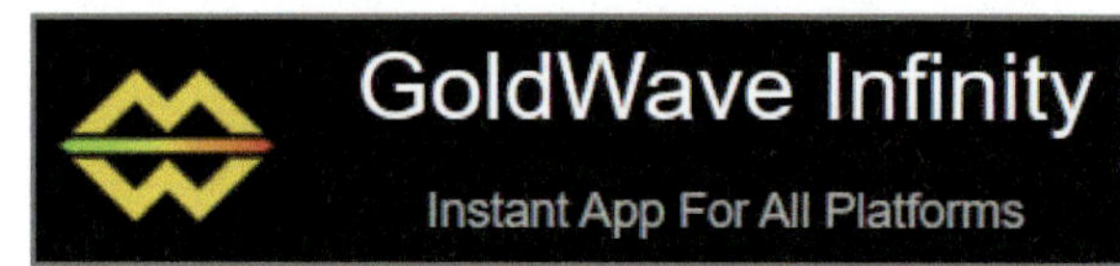

<컨트롤 속성(Control Properties) 설정>

1. 재생 에러창(Cannot start playback) 보이면, [컨트롤 속성 설정] 클릭하고, [장치]에서 재생, 녹음을 Realtek 으로 선택한다.

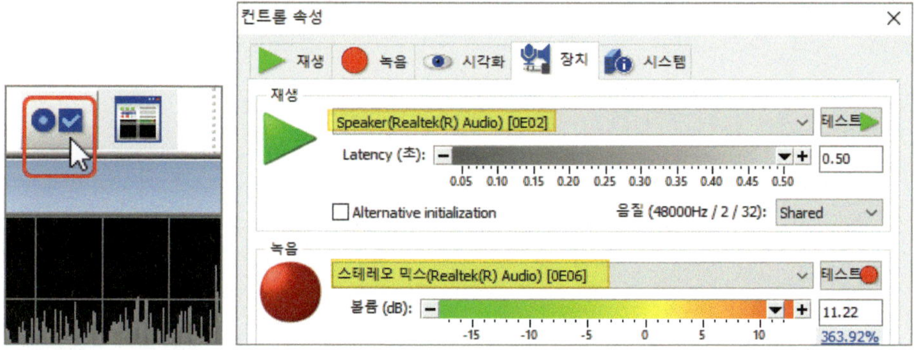

<볼륨 최대화(Maximize Volume)>

볼륨이 작게 녹음되었으면 파형을 크게한다.

1. [Maximize Volume] 누른다. 재생하여 확인하고 OK 누른다. 작은 소리가 커진다.

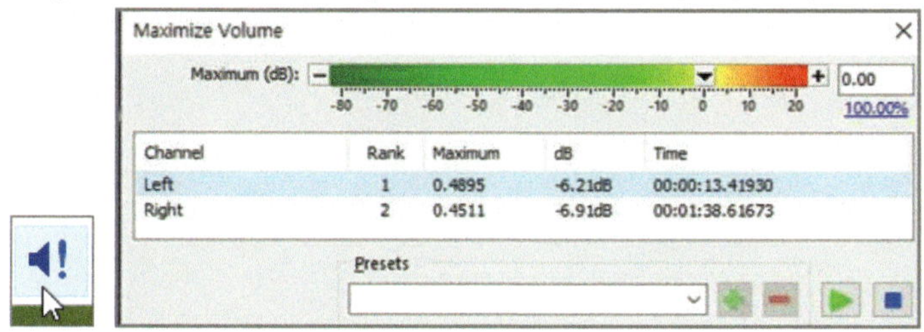
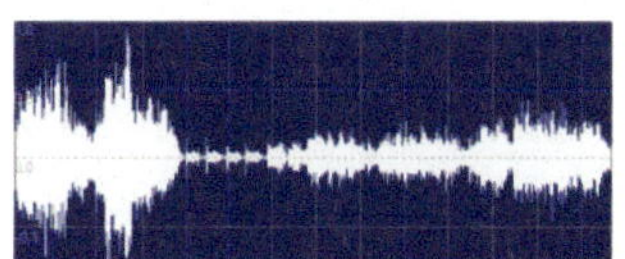

<일괄 처리(Batch Processing)>

1. [불러오기 Open] 실행하여 파일을 불러온다.
2. 일괄적으로 작업하기 위해서 [파일 File]에서 [일괄 처리 Batch Processing]를 실행한다.
3. [Source] 탭에서 [All Sound windows]를 선택하면
   현재 화면에 불러온 파일을 대상으로 작업한다.
   현재 파일(Current Sound window)이나,
   탐색기를 이용하여 여러 개의 파일과
   폴더(Files and Folders)를 대상으로 작업한다.
4. [Process] 탭을 누르고 오른쪽에 있는 [Add Effect]

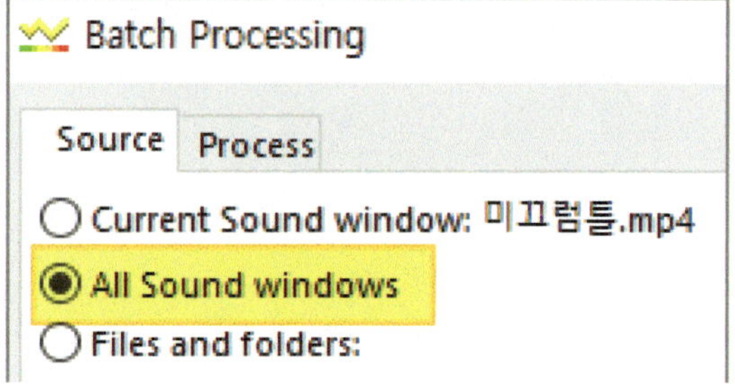

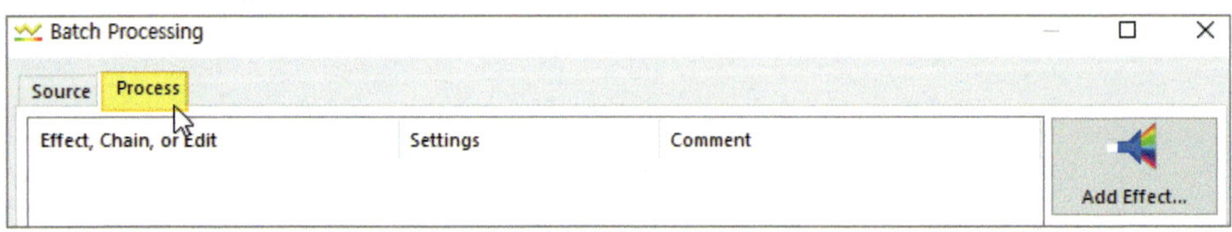

5. [Add Effect] 창에서 [Goldwave] 선택한다.

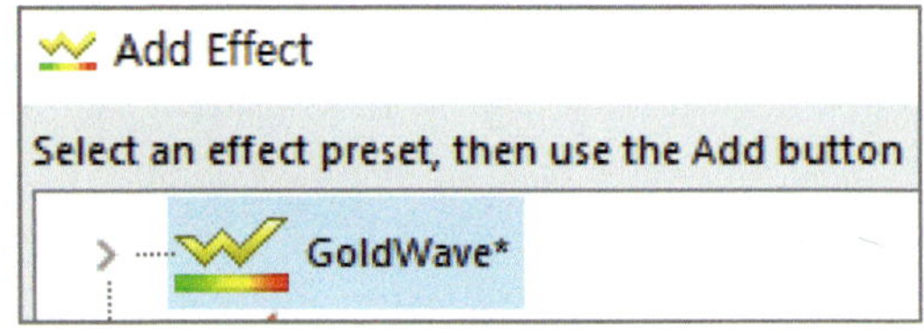

6. 아래 쪽으로 스크롤 막대를 움직여 [Match Volume]을 클릭하여 그 중에서 [Default]를 선택하고, [Add] 버튼을 클릭한다.

   볼륨 조절은 기본값 외로 Match Volume 을 적용하면 작은 소리가 고루 커진다.

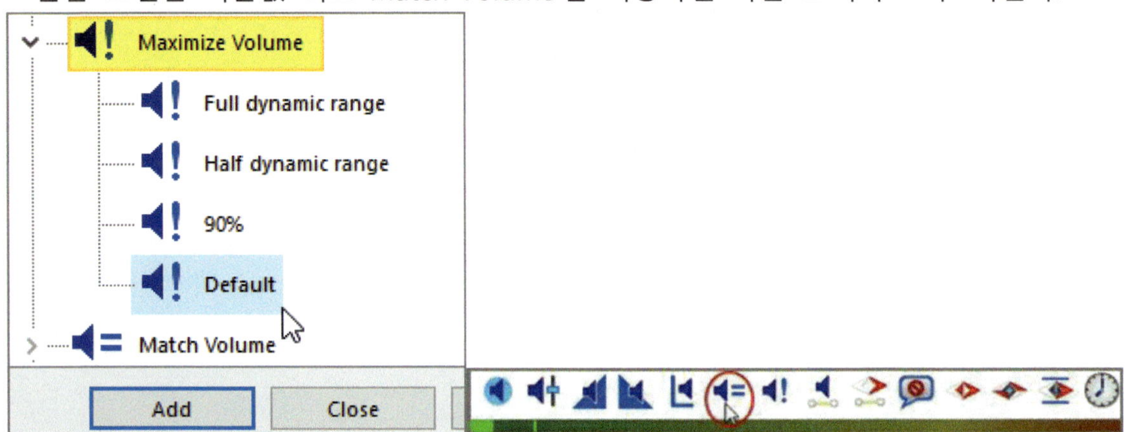

7. Batch Processing 에 일괄 처리 작업 내역이 [Process] 탭에 등록된 것을 볼 수 있다. 아래 쪽에 있는 [Begin] 버튼을 누르면 배치 처리 작업을 시작한다.

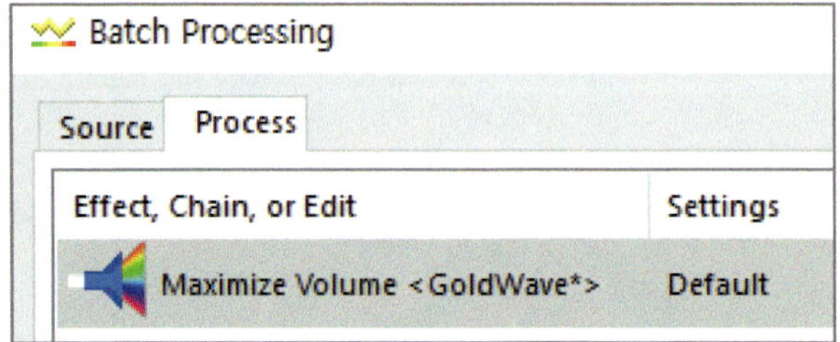

8. 작업이 완료되면 작업 내역을 표시해주는 창이 뜨게 된다.

   내역을 확인하고 [OK] 버튼을 누르고, 일괄 작업 창도 [Cancel] 버튼을 눌러 닫는다.

9. 작업이 완료된 파형을 보고 처음과 비교해보면 볼륨의 높낮이가 정돈된 것을 확인한다.

10. 개별 창을 닫으면 저장 여부를 묻는다. 저장을 하면 볼륨이 정돈된 파일로 바뀌게 된다.

    [파일/File] 메뉴의 [모두 저장/Save All]을 실행하면 열려 있는 모든 파일을 저장한다.

11. 일괄처리 기능은 골드웨이브 프로그램을 닫더라도 기억되어 있어서 다음에도 사용한다.

12, 볼륨을 증폭시키기 위해 [효과] - [볼륨] - [볼륨 최대화]를 선택한다.

13. 배치 기능을 이용하면 많은 작업을 쉽고 빠르게 작업한다.

[71] Dolby On 설치, 비디오 오디오 변환

스마트폰에 돌비온(Dolby On) 설치하고, 카메라로 촬영하거나 녹화한 비디오 파일을
Dolby On 에 불러와 오디오로 변환하고 편집하기

<앱 다운 설치>

구글 앱스토어, 플레이스토어에서 '돌비온' 검색해서 설치한다.

<비디오 파일을 고음질 오디오로 변환하기>

1. 돌비온 실행하고 왼쪽 아래 [재생목록] 탭한다.

2. 우 상단의 [내려받기] 누르고, 스마트폰에서 비디오 파일 선택하면, Importing 이 진행되고,
Successful 되면 OK 한다. Importing Successful 보이면 OK 한다.

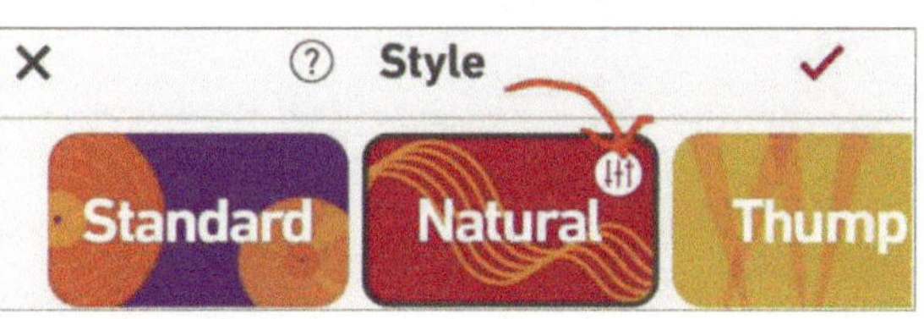

3. [Tools] 탭하고, [Style] 선택하고, Style 의 [Natural]에서 속성 버튼 누른다.

4. Strong 으로 강도를 높이고, [Done] 누르고 완료한다.

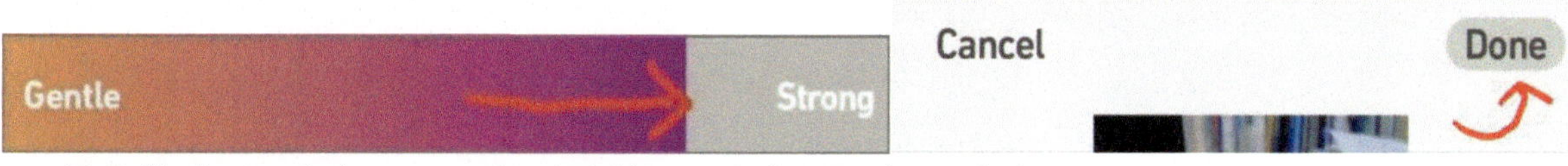

5. [공유하기] 눌러서 Drive 에 저장하고, 카카오톡에 보낸다.

<돌비 온(Dolby On) 최초 세팅과 설정>

돌비 온(Dolby on)은 고음질로 녹음하여 편집하고 저장하는 앱으로, 녹음하기전 처음 실행하여
세팅하고 설정하기를 먼저한다.

1 스마트폰에서 '돌비온' 검색하여 설치하고,
 Welcom to Dolby On 창이 나오면, [Not now] 누른다.
2. 돌비 온 소개하는 창이 나오면 [Skip] 누른다.

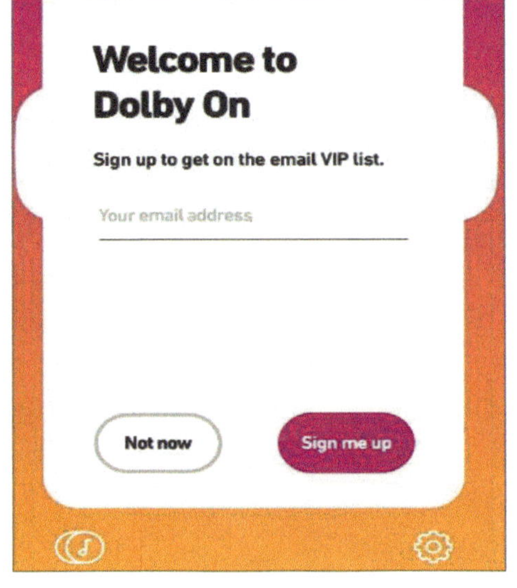

3. Dolby On adds 창이 나오면, [Got It] 누른다.

4. Help us improve 창이 나오면 [Sure] 누른다.

5. 오디오 녹음 허용 창이 나오면,
 '앱 사용중에만 허용' 누른다.

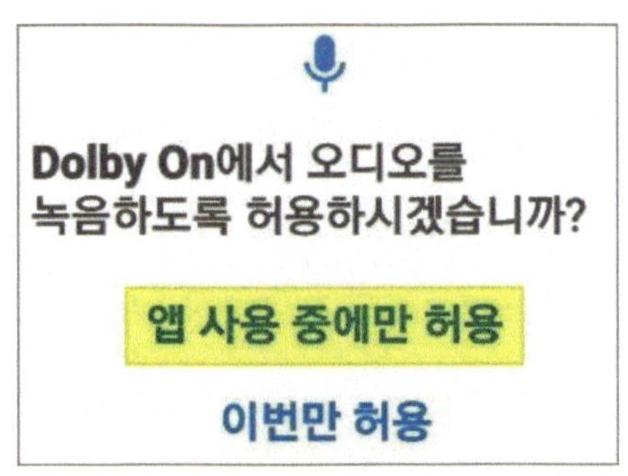

6. **Share Dolby On** 공유하기
 재생 버튼 나오는 파일 선택하고 [설정] 클릭한다.
 1) [설정] 누르고 [Share Dolby On] 누르고 작업 파일을 공유한다.

 2) 카카오톡 선택하면 작업중인 파일을 카카오톡에서 볼수있다.

[72] 고음질 녹음 편집, 설정, 파일 수정 저장

돌비 온(Dolby On)은 16bit 48kHz 의 WAV 고음질로 돌비가 자체 개발한 노이즈 감소 기술, 다이내믹 EQ, 압축과 리미팅 기능 등으로 공연 실황 녹음 가능하고, 동영상 녹화, 소리 녹음, 인터넷 스트리밍에 사용된다. EQ, 컴프레션, 잡음 제거, 스테레오 확장 등 효과를 자동 적용하고, 자르기 등 오디오를 편집한다.
스마트폰에서 녹음한 음악에 베이스(bass), 트레블(treble), 부스트(boost) 등 편집기술을 적용한다.

1. [비디오/오디오/스트리밍] 메뉴 중에서 마이크로 녹음하기위해 [오디오 녹음] 모드를 선택하고

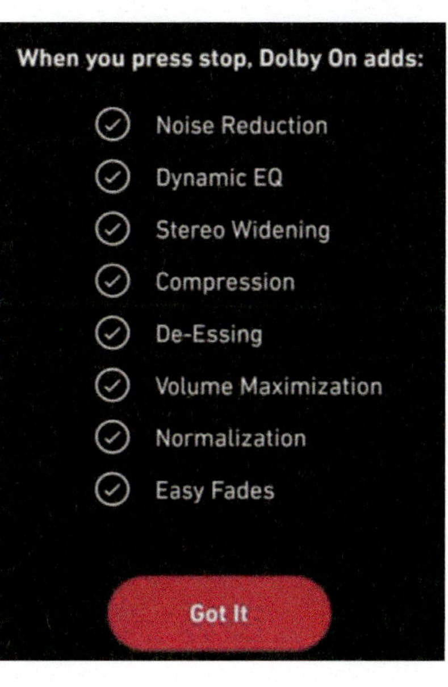

2. 원하는 돌비 효과 추가하고(Dolby On adds), [Go it] 누른다.

3. Audio Options 창에서 무손실 WAV 포맷 녹음 설정하기

   1) Countdown 활성화(녹색)하면 녹음전에 카운트한다.

   2) Audio options 에서 **Lossless audio** 에 활성화(녹색)에 체크

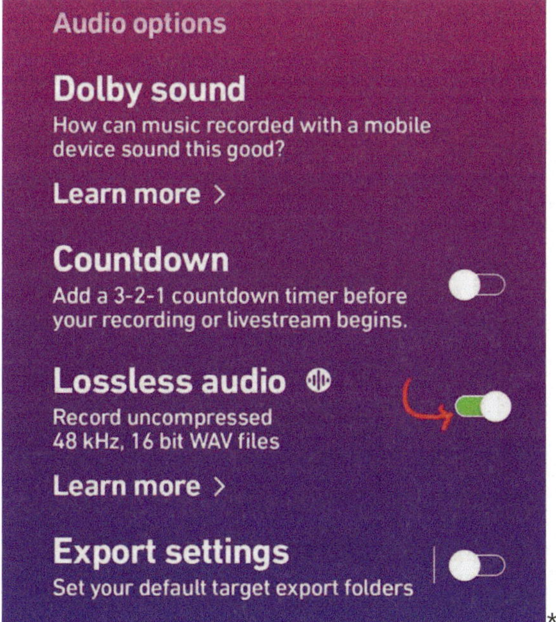

***Lossless audio** 는 무손실 wave 로 48KHz, 16bit 녹음

4. 도구(Tools)에서 오디오 편집하기

   1) [Tools] 클릭하고,

2) [Noise] 클릭하고,

   Noise Reduction level 을 Strong 으로 이동하고 확인✔하면, 잡음만 제거되고 목소리는 남는다.

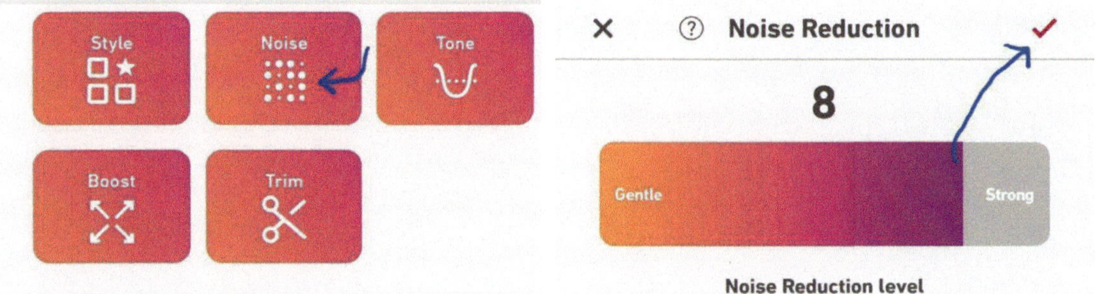

3) Tone 에서 Treble, Mids, Bass 선택한다.

4) Boost 에서 Light, Heavy 중에서 선택한다.

5) Trim 에서 사운드 일부분을 자르기 위해 [Start], [End]를 드래그하여 영역을 설정하고,
   우상단의 [Done] 눌러서 작업을 완료한다.

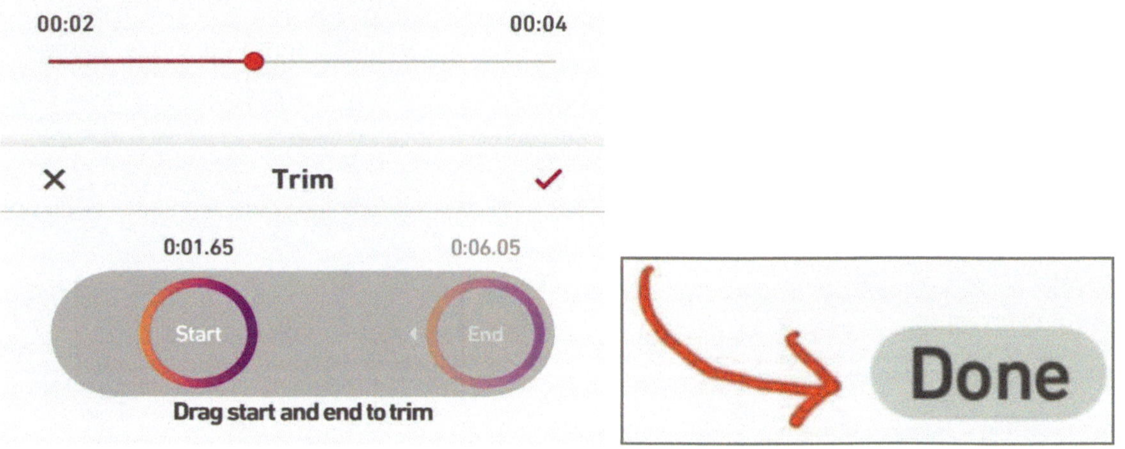

5. 재생과 파일 삭제하기

  1) 재생목록 누르고 재생 버튼 누른다.

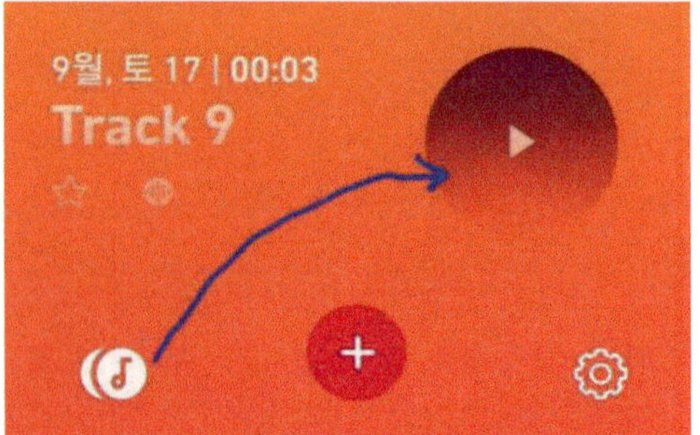

  2) 전체 선택하고 휴지통 누르고 [Delete] 눌러 파일 전체를 삭제한다.

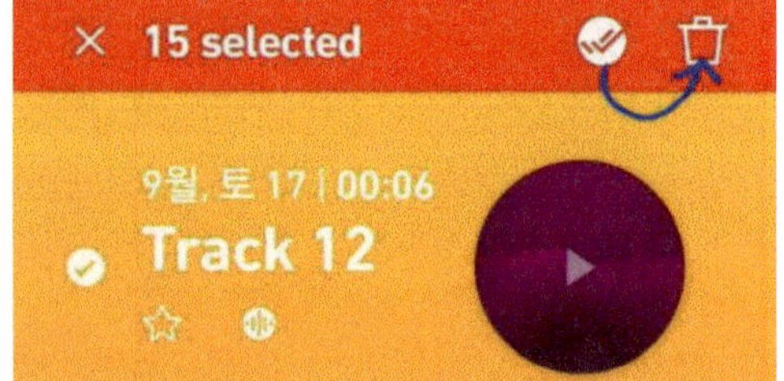

6. 파일명 수정하고 저장하기

   1) Track21 재생 누르고

   2) 더보기[...] 누른다

   3) [Rename] 누르고 텍스트 넣고 파일 이름 수정하고 [완료] 버튼을 누른다.

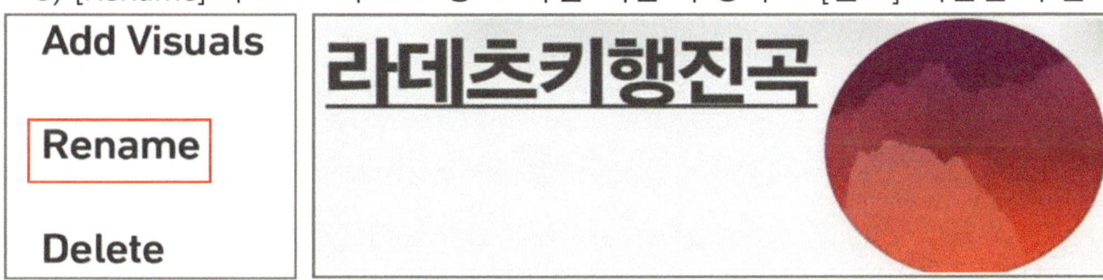

7. 공유 저장하기

   1) 저장하기위해 재생 버튼을 누른다.

   2) **공유(Share Audio)** 버튼 누른다.

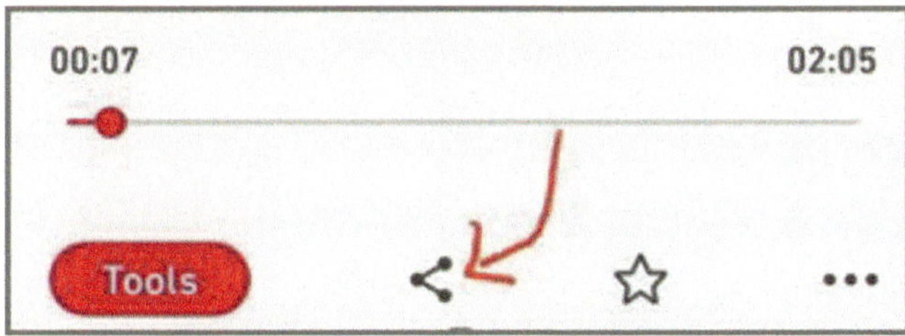

   3) [Share Audio]의 [**Save Audio**] 누르고, 폴더 만들어 저장하기위해

      [**Choose now**] 누르고 돌비온 폴더 만들어 저장한다.

   4) [More Audio Apps] 클릭하고 원본 파일(**m4a**)로 내보내기한다.

[73] 고음질 오디오 저장과 전송-Share Audio

돌비 온은 녹음한 파일을 전송하는 앱으로 16bit 48kHz 의 WAV 포맷의 고음질로 녹음이 가능하다. 노이즈 감소 기술, 다이내믹 EQ, 압축과 리미팅 기능이 있어 공연 퍼포먼스의 사운드를 담는다.

1. 녹음 파일 선택하고, 전송(공유: Share Audio) 버튼 누른다.

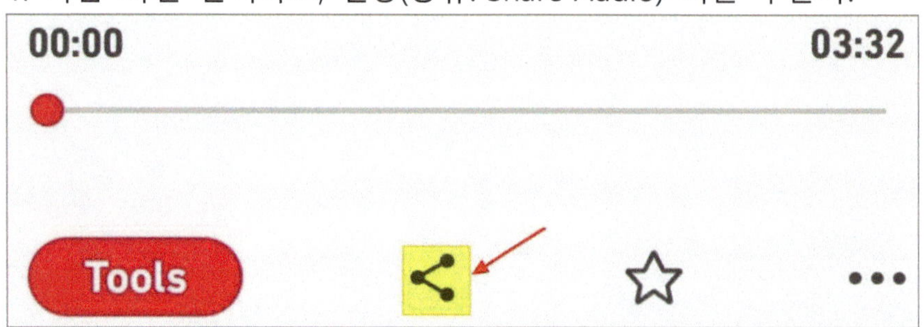

2. Share Audio 에서 [**Export Lossless**] 누르고, Exporting lossless WAV file...하고, 전송한다.

3. [Save Audio] 누르고, [Locate] 진행하고, 스마트폰의 [내파일]에 저장한다.

4. **리미터(Limiters)**는 압축비율(Ratio)이 매우 높은 컴프레서로 클리핑이 생기지않게한다.

5. 설정(Settings): [**Export Settings**] 선택하고 Audio files location, Video files location 에서 Audio 는 MyAudio Editor, Video 는 Studio 에 보내기(Export)한다

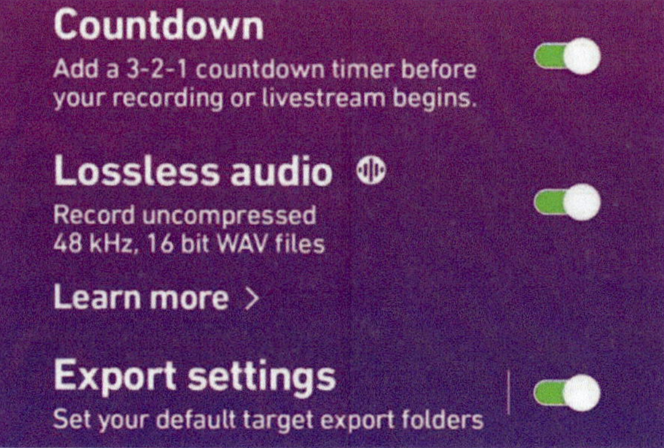

[74] 동영상 촬영, 녹화, 유튜브 생방송(Go Live)

스마트폰에서 돌비 온(Dolby On)을 통해 동영상을 녹화하거나 촬영하여 유튜브로 실시간으로
생방송(Live streaming)하기

<YouTube 로 생방송(Live streaming)하기>

1. 돌비 온(Dolby On) 실행하여 [**Live Show(스트리밍)**] 모드를 누르고,

2. Go live 보이면, [**Stream options**] 누른다.

3. Title 적고, [Done] 누르고, [회전] 버튼을 누르면 전면이 촬영된다.

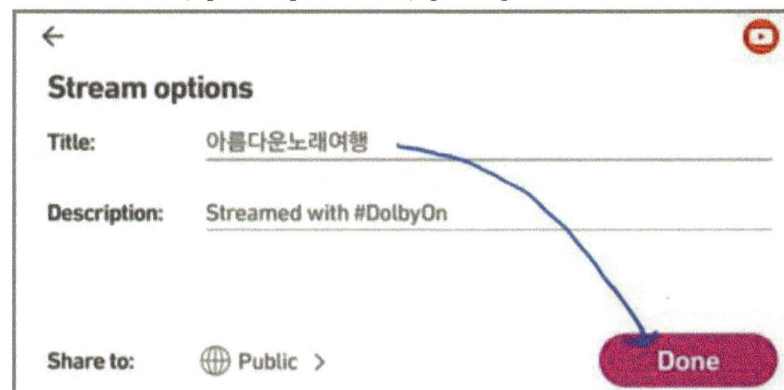

4. [Setup] 누르고, 스트리밍 플랫폼에서 [YouTube] 선택하고, [**Go Live**] 클릭하면 생방송된다.

5. [Choose streaming account] 눌러서

6. YouTube 선택하고, [**Get Started**] 누르고, [Set up] 눌러서 [Sign into YouTube] 눌러 계정
   선택하고, Dolby On 서비스로 로그인한다. [계속] 누르고 [Go Live] 누르면 생방송 된다.
   상단에 **Live** 보이면 생방송하기 시작한다. 유튜브 채널에서 보면 **실시간** 자막이 보인다.

7. [Set up] 누르고, 플랫폼에서 [YouTube] 선택하고, [Go live] 누르고 생방송 시작하면,
   화면에 [Live] 자막이 보인다. 유튜브 채널에서 보고 '실시간'이 보이면 생방송이 진행된다.

<실시간 스트리밍 에러 해결하기>

1. Problem occurred 창이 보이면, Google 계정으로 로그인하여 설정을 다시 한다.

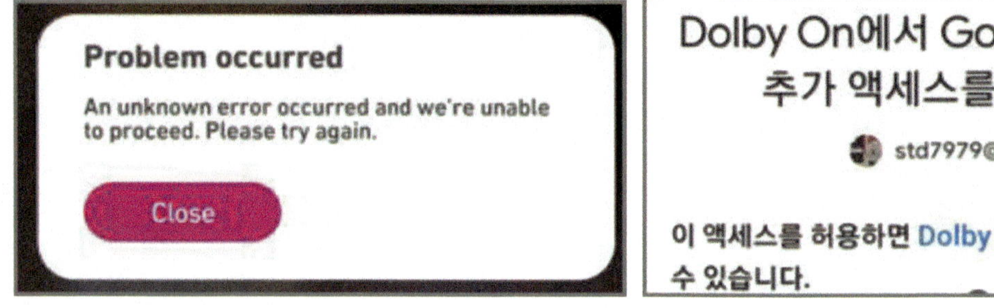

<동영상 촬영(녹화)>

1. 돌비 온(Dolby On)에서 [비디오] 모드를 선택하고, [회전] 버튼을 눌러 전면을 보게한다.

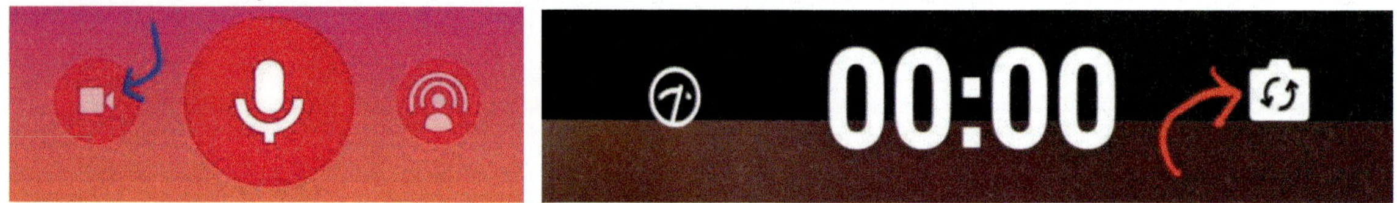

2. [촬영] 버튼을 눌러 녹화하고, 왼쪽 아래 [재생 목록]을 누른다.

3. 동영상 파일을 재생하여 확인한다.

[75] Reaper(리퍼) 다운 설치 리버브 효과 녹음

리퍼(Reaper)는 여러 프로그램들을 연동시켜주는 eWire 기능이 안정적인 소프트웨어이다.
Reaper를 다운받아 사용하면 가상 믹서 없이도 유튜브 및 컴퓨터의 소리를 녹음할 수 있다.

1. PC에 Reaper 다운 설치하기

  1) 웹사이트에서 'Reaper' 검색하여 사이트 누른다.

https://www.reaper.fm/

  2) [DOWNLOAD] 클릭하고, Window 64-bit의 **reaper707_x64-install** 클릭하여 설치한다.

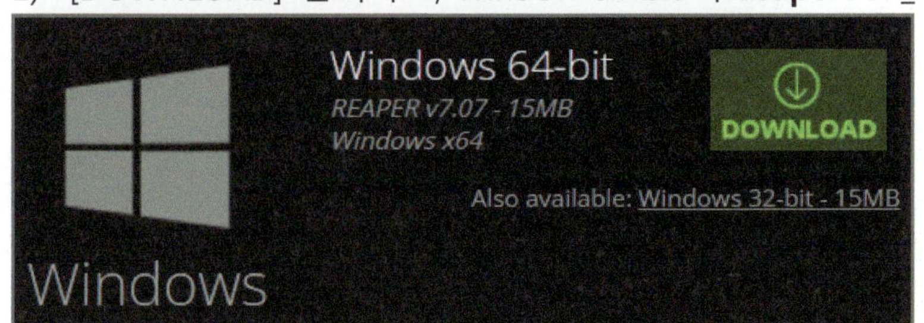

2. 설치 사용하기

  1) 우측하단의 'Buy Me' 버튼이 보이고 Counting이 되면, **Still Evaluating**로 바뀐다.

 * Counting이 안되면, [Buy Me] 누른다.

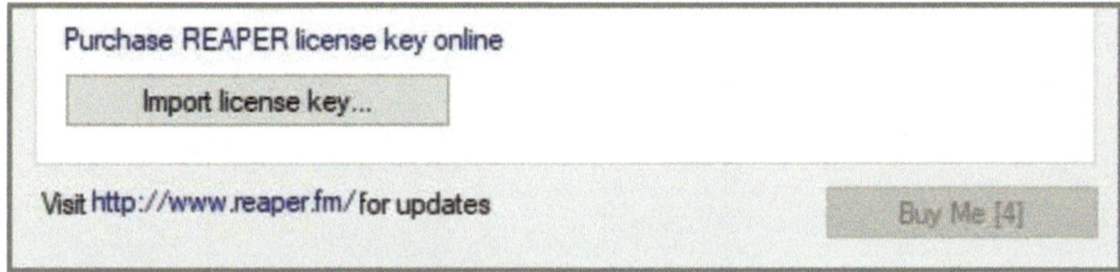

  2) [**Still Evaluating**] 클릭하여 사용한다.

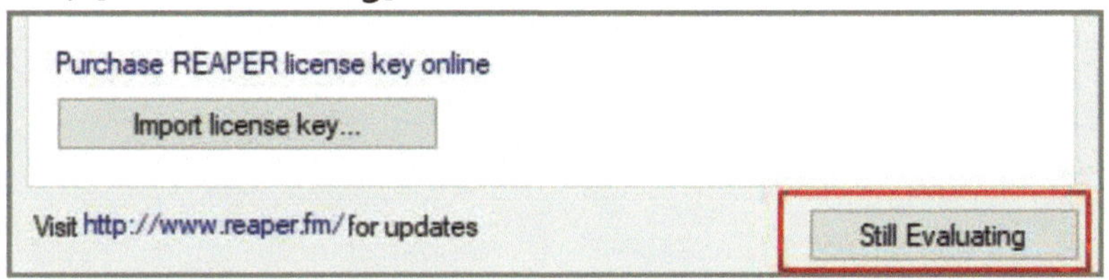

 * 창을 닫으면 'Buy Me' 버튼이 보이는 창이 안 생긴다.

<마이크로 소리를 녹음하기>

1. 녹음 설정(REAPER Preferences)

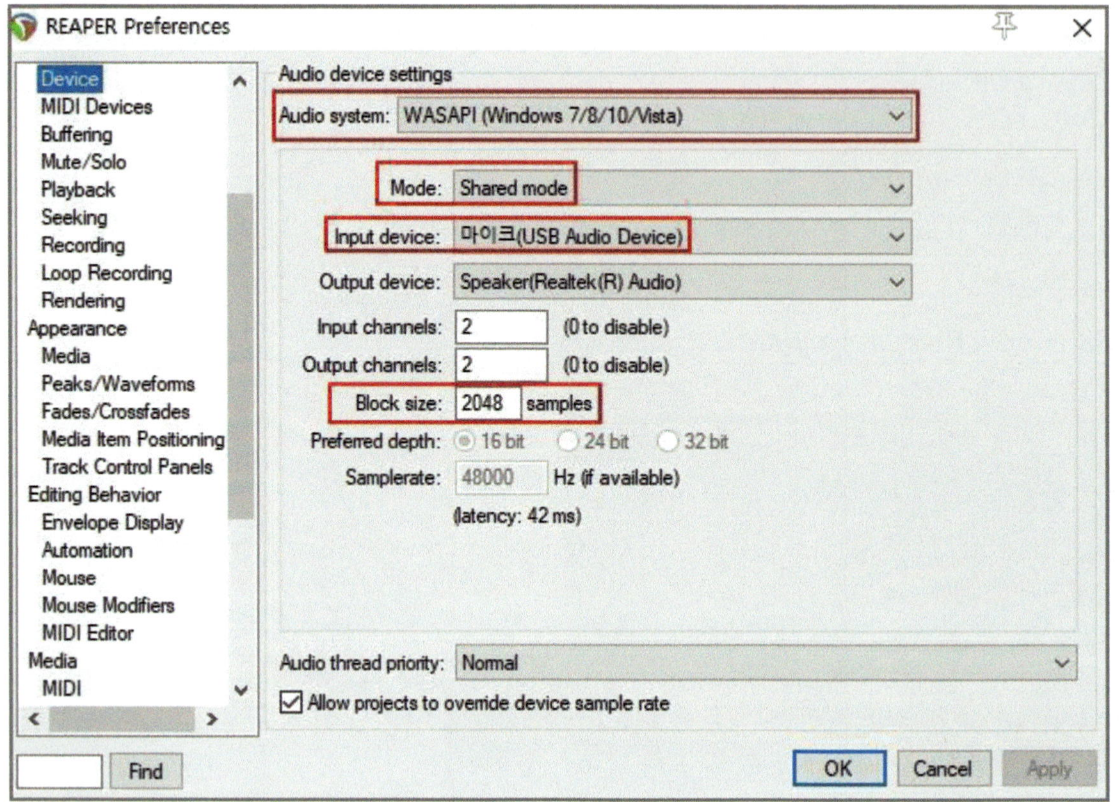

1) Options > Preferences (단축키 Ctrl + P)로 들어가 Audio > Device 항목에 들어가서

2) 오디오 디바이스를 **WASAPI** 로 변경한다.

Audio system 을 **WASAPI (Windows 7/8/10/Vista)**로 바꾸고, Mode 를 [Shared mode]로 바꾼다.

3) Input device 를 **마이크(USB Audio Device)**로 설정한다.

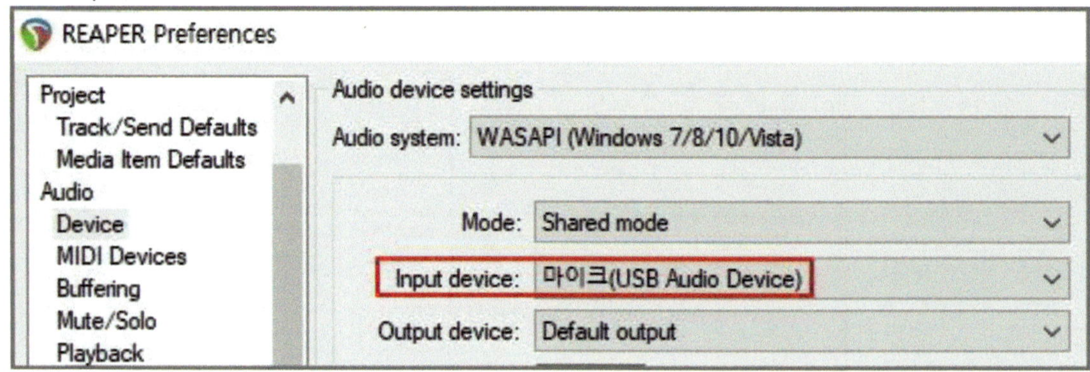

4) Block Size 를 2048 로 바꾼다.

5) 녹음된 음원에 지직거리거나 튀는 소리 들리면, 버퍼사이즈를 늘려 잡음을 방지한다.

2. 트랙 생성하기

1) 트랙에서 우마우스로 [Insert new track] 클릭한다.

2) Input 채널을 바꿔주는 INFX 가 보이지 않는다면 트랙의 아래선을 드래그해 늘린다.

3. **Record Monitoring**

1) Record Monitoring 키면 윈도우에서
   나오는 소리를 Reaper 에서 녹음하면서
   다시 윈도우로 재생해주는 피드백
   순환이 생기기때문에
   Record Monitoring: OFF 로 설정한다.

2) **Monitor Input**(입력 모니터링)
   트랙에서 Record Arm 버튼 누르면,
   Record Monitoring 이 활성화된다.
   Record Monitoring 우마우스 누르면
   기본적으로 켜져있다.

   사운드 카드가 다이렉트 모니터링 기능을 지원하면 [Monitor Input]을 끈다.

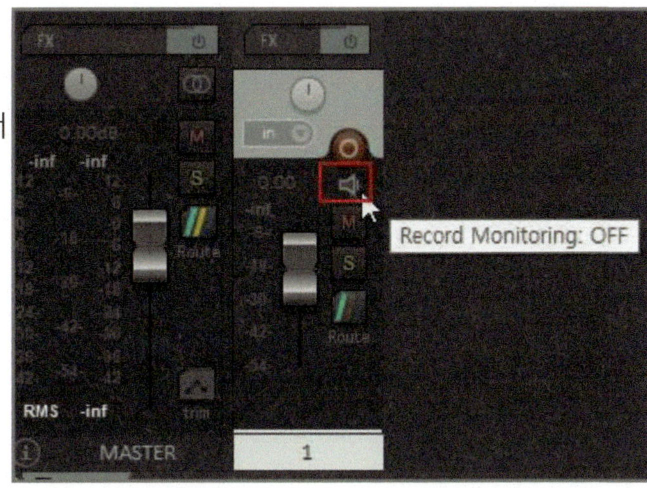

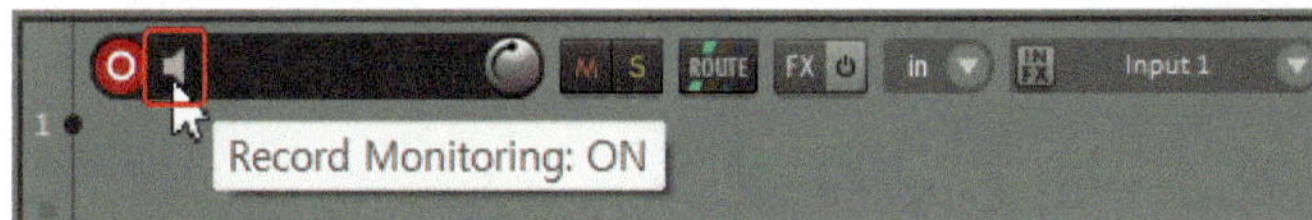

4. 마이크로 녹음하기

1) [Record Arm] 누르고 마이크 테스트하면 입력 상태가 보인다.

2) Mixer 에서 [Record: Ctrl+R] 누르면 녹음한 리전이 생긴다.

5. 효과(리버브) 넣어 녹음하기: [FX] 클릭하고 [**ReaVerb**] 클릭하여 효과를 준다.

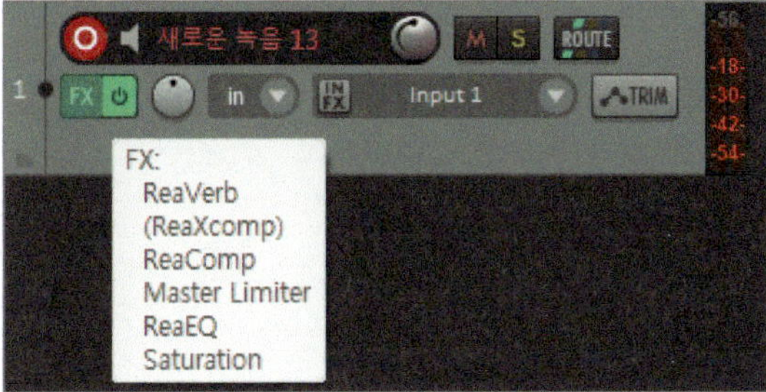

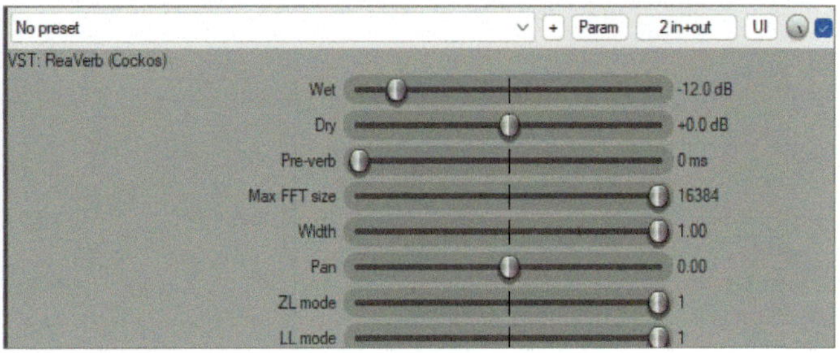

6. 소리(**스피커**) 설정하기위해 이어폰(헤드셋)을 PC 에 꽂는다.

   1) 컴퓨터의 **Speaker(스피커)** 클릭하고 [소리 설정] 클릭한다. *Window11 버전에서 작업

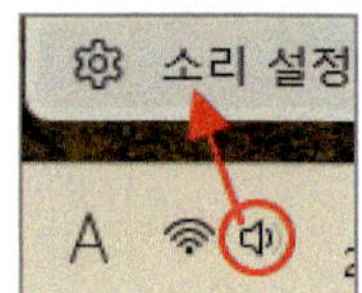

   2) 소리의 고급에서 [더많은 소리 설정] 클릭하고, [재생] 탭 클릭하여 [Headphone]을
      기본 장치로 하고 선택하여 더블클릭한다.

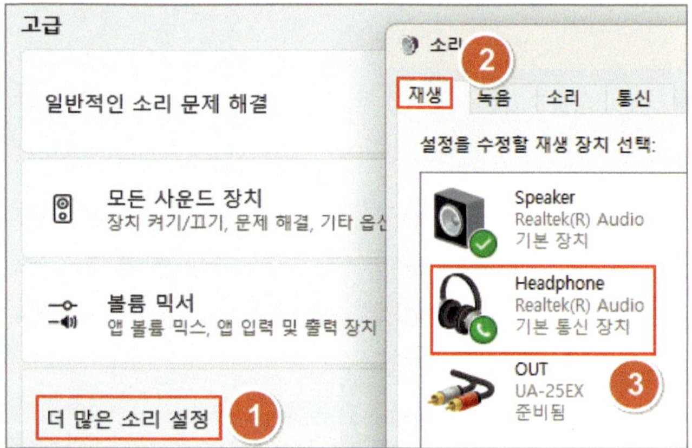

   3) 장치를 더블클릭해 속성의 [고급] 탭에서 샘플레이트를 24 비트, 44100Hz 선택한다.

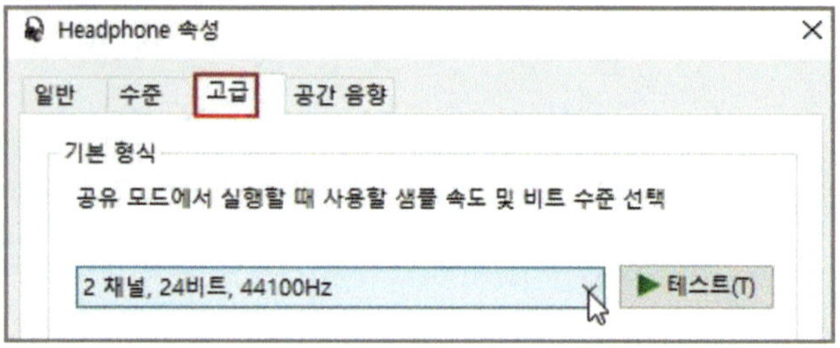

<소리 지연(Latency) 없이 리버브 걸고 노래 녹음하기>

1. 트랙의 이펙트(Fx) 눌러서

2. ReaVerb 의 Dry 를 드래그하여 내리고, 트랙의 모니터링(Arm) 버튼을 끄고 녹음한다.

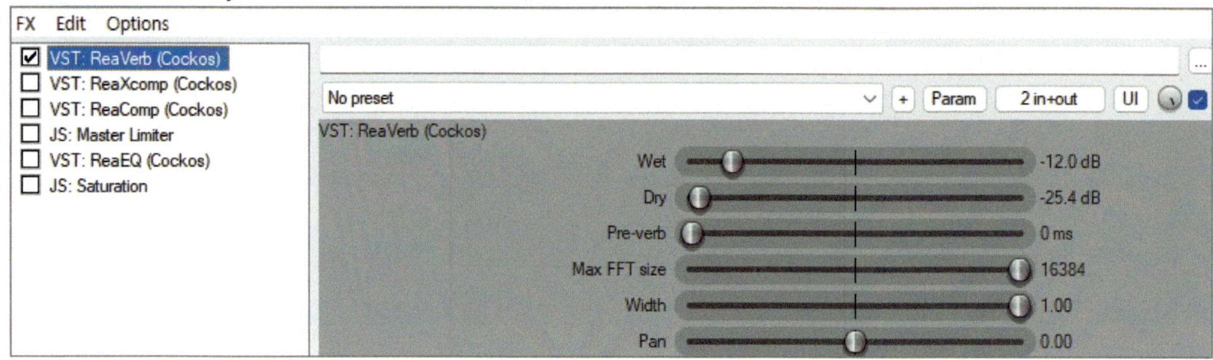

[76] 리퍼 인터페이스, 단축키(Action) 모음

<기본 화면 인터페이스>

1. Title Bar
2. Menu Bar
3. Main Toolbar
4. Track
5. Media Item(클립)
6. Track Control Panel(TCP)
7. Arrange Area(작업공간)

8. VU Meters(게이지)
9. Mixer Control Panel(MCP)
10. Master
11. Transport Bar
12. Time Indicator(타임 인디케이터)
13. Ruler/Timeline

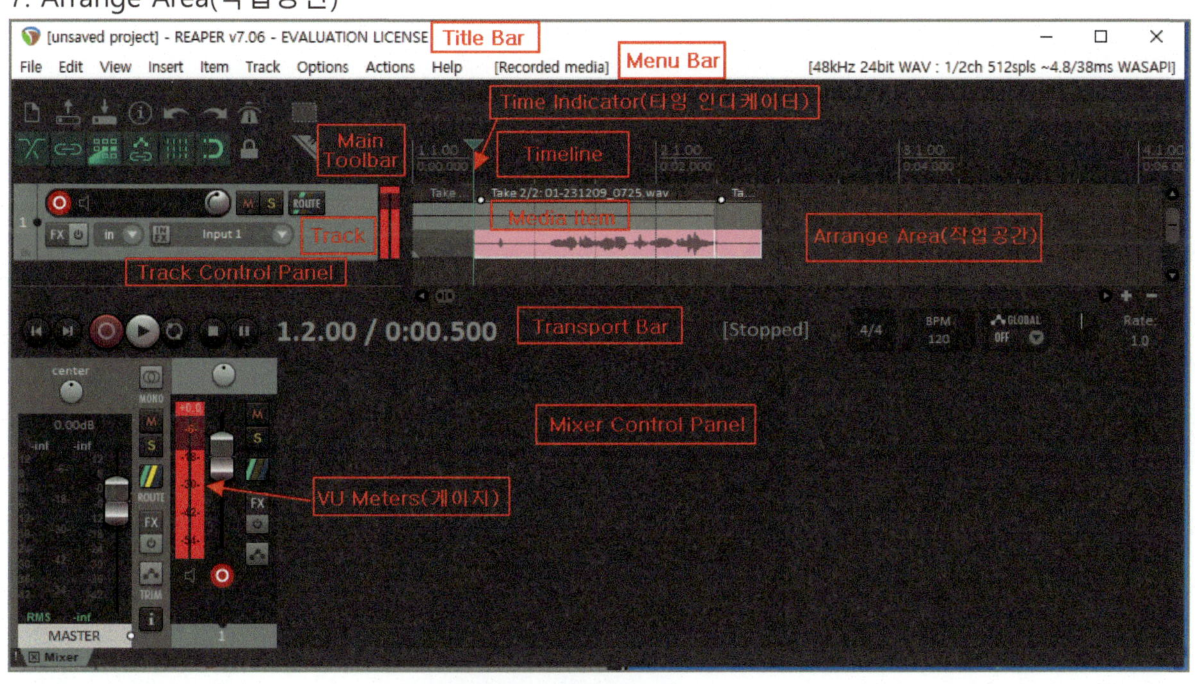

<설정(Settings)>

1. 프로젝트 설정
   (Project Settings):
   [Alt + Enter] 클릭한다.
   Project BPM: 120
   1) Project sample rate: 44100
   2) Project BPM: 120
   3) Time signature: 4/4
   4) Project start measure: 1

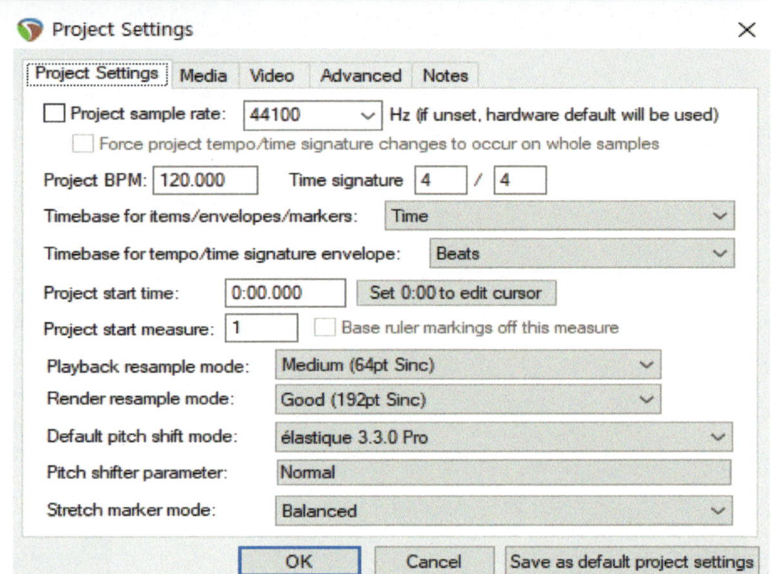

2. Snap/Grid Settings: Snap 우클릭하여 몇분 음표 단위로 Snap 이 걸리게한다.

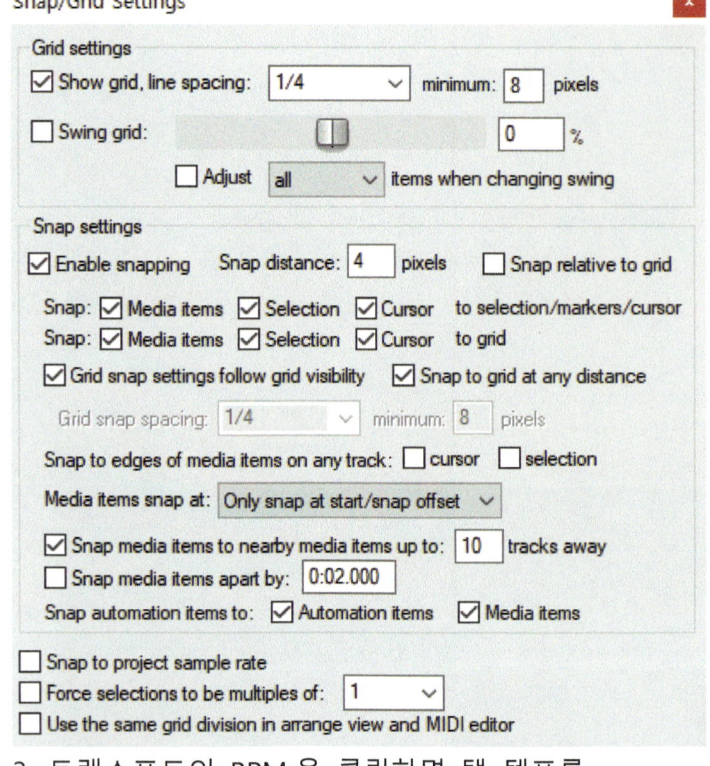

3. 트랜스포트의 BPM 을 클릭하면 탭 템포를
   입력할 수 있고, 숫자를 더블 클릭하여
   프로젝트 템포를 변경한다.

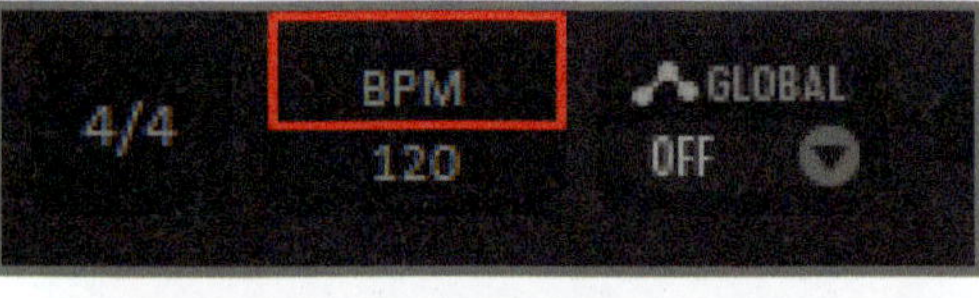

4. 클립 복사 이동

   Ctrl + 드래그하면 클립을 복사할 수 있다.
   트랙에서 트랙으로 움직일 때 살짝 움직여주면
   자동으로 똑같은 위치에 맞춰서 이동된다.

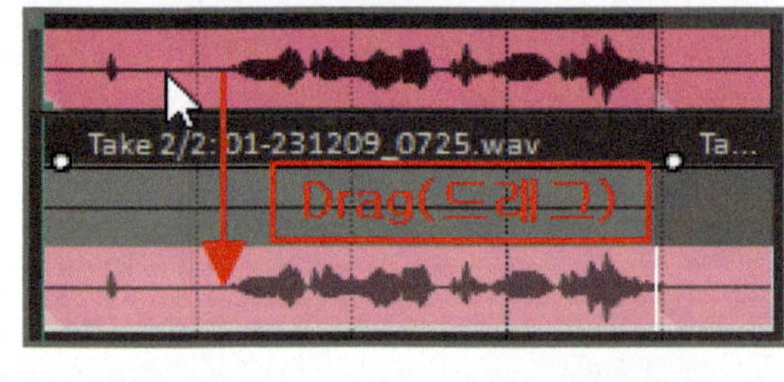

5. **Locking**: 버튼을 우클릭해

   items (prevent left/right movement)에
   체크한 뒤, 좌 클릭해 [**Locking**]을 켜면,
   클립이 좌우로 움직이지않고,
   위 아래로만 움직이게 된다.
   단축키 [L]로 껐다 켰다 한다.

6. Fade In/Out
   클립의 끝 상단을 드래그하면 페이드 인/아웃을 걸 수 있다.

7. **Time Stretching**(속도): Alt 키를 누른 채 클립의
   끝 중간을 드래그하면 클립의 전체 속도를 조절할
   수 있다. Rate 가 1 이 정상 속도이고, 1 아래로
   감소할수록 느려지고 1 이상이면 빨라진다.

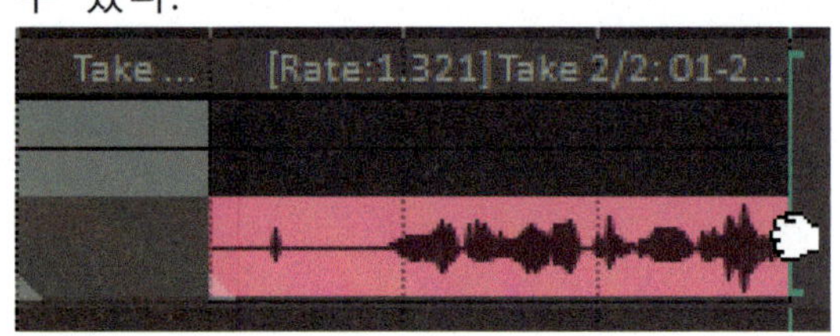

<리퍼 단축키 모음>

Auto Crossfade: Alt + X

Big Clock: Alt + C

Grid Lines: Alt + G

Insert Point: Shift + Click

Item grouping: Alt + Shift + G

Locking On/Off: L

Marker: M

Master View: Alt+R

Notation(악보): Alt + 4

Pitch: Shift+0(반음 증가), Shift+9(반음 감소)

Play/pause(재생 일시정지): Enter

Preferences: Ctrl + P

Project Setting: Alt+Enter

Render: Ctrl +Alt + R

Repeat(Cycle: 순환): C

Ripple Editing: Alt + P

Routing:

Show Master Track: Ctrl +Alt +M

Snap On/Off: Alt + S

Snap/Grid Settings: Alt+L

TimeStretch: Alt+드래그

Virtual MIDI Keyboard: Alt + B

Record arming: Ctrl+R *재설정

녹음하기: Ctrl + R

믹서창 열기/닫기: Ctrl + M

수직 줌인 아웃: Ctrl + 마우스휠

수직 화면 이동: 마우스휠

수평 줌인 아웃: 마우스휠

수평 화면 이동: Alt + 마우스휠

아이템(Item) 뮤트: Alt + M

음원 불러오기: Insert

음정: Shift+0(반음 증가), Shift+9(반음 감소)

자르기: S

재생과 시작위치로 돌아가기: Space Bar

재생중 자리에 멈추기: Ctrl + Space Bar

처음으로 돌아가기: W

클립 복사: Ctrl + 드래그

트랙 생성: Ctrl + T(트랙 더블 클릭)

파형 확대/축소: Shift + 방향키

<단축키(Action) 변경하기> *

1. 창의 상단을 우클릭해서
   Remember last action filter 를
   체크하고, 단축키를 적용한다.

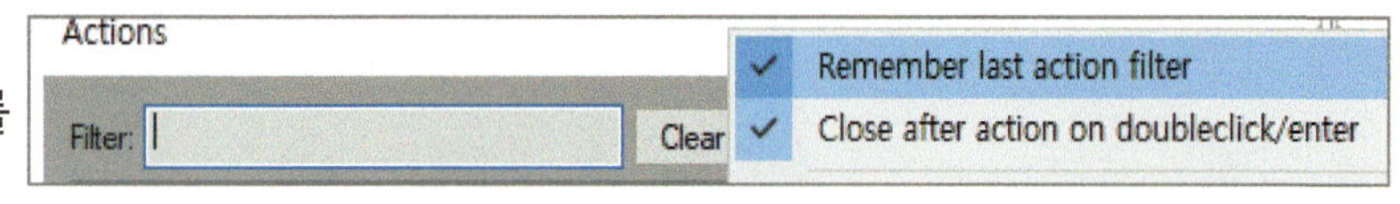

2. **Find shortcut** 을 클릭해 해당 키를 바꾸도록 찾으면, [Ctrl+R] 선택하고 [Delete] 클릭한다.
   Record 검색한 상태에서 [Add] 클릭하고, Shortcut 에 [R]을 키보드로 넣고, OK 하면

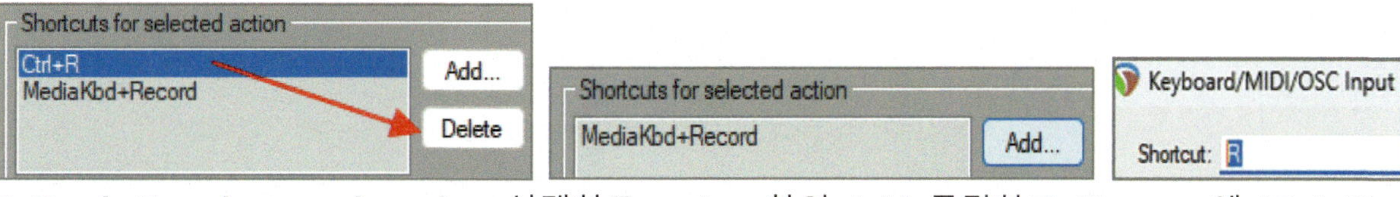

3. **Track: Toggle record arming** 선택하고 action 창의 Add 클릭하고, Shortcut 에 [Ctrl+R]
   입력하여 단축키를 재설정한다.

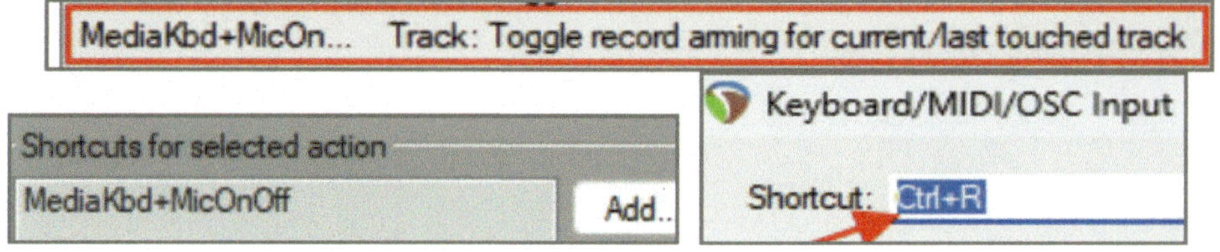

[77] Track Control Panel(TCP), Normalize

리퍼(Reaper)는 디지털 오디오 워크스테이션으로 작곡, 믹싱, 마스터링까지 한 프로젝트 내에서 작업하고, 오디오카드로 윈도우에서 재생하는 유튜브(YouTube) 소리를 녹음하고 음원 합성한다.

<Track Control Panel(TCP) 특징>

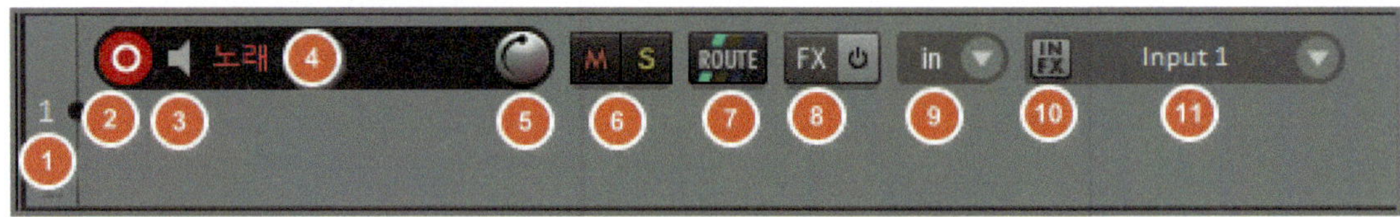

1. Track Number – 트랙 번호

2. Record Arm – 녹음 준비

3. Record input monitoring – 입력 신호를 듣는 여부 설정

4. Track Name – 트랙 이름 넣기

5. Volume Fader – 오디오 볼륨 조절하기

6. Mute and solo – 트랙 무음이나 단독 재생하기

7. I/O routing – 트랙 안팎의 라우팅을 구성하기

8. Track FX chain and bypass – 트랙에 대한 효과 추가 및 편집

9. Record Input(Audio or MIDI)

10. Show Track Input FX- 효과 플러그인 선택

11. Input: mono, stereo 선택

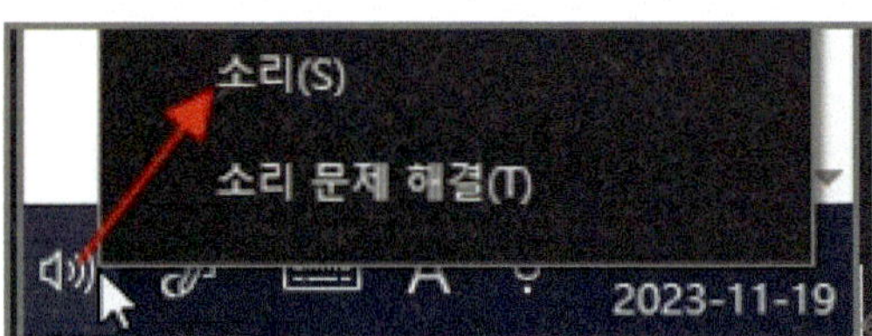

<유튜브 및 컴퓨터의 소리 오디오카드로 녹음하기>

오디오카드(UA-25EX)로 유튜브 소리 녹음하기

1. PC 의 우 하단의 [스피커 Speaker] 클릭하고,

2. 설정에서 [소리]의 [출력장치]를 [OUT(UA-25EX)]로 선택한다. *Window10 버전에서 작업

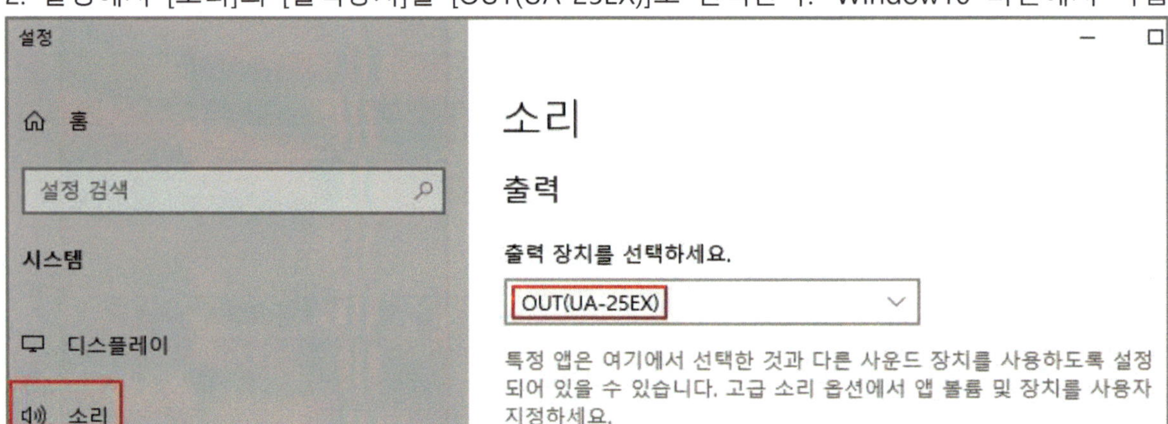

2. 오디오 디바이스 설정하기

Options > Preferences(Ctrl + P) 클릭한다.

1) Audio > Device 항목에 들어가서

2) Audio system : WASAPI (Windows 7/8/10/Vista)로 바꾸고,

3) Mode: Shared mode 로 바꾼다.

4) Input device: IN (UA-25EX)

5) Output device: OUT (UA-25EX)

6) Block size: 512 samples

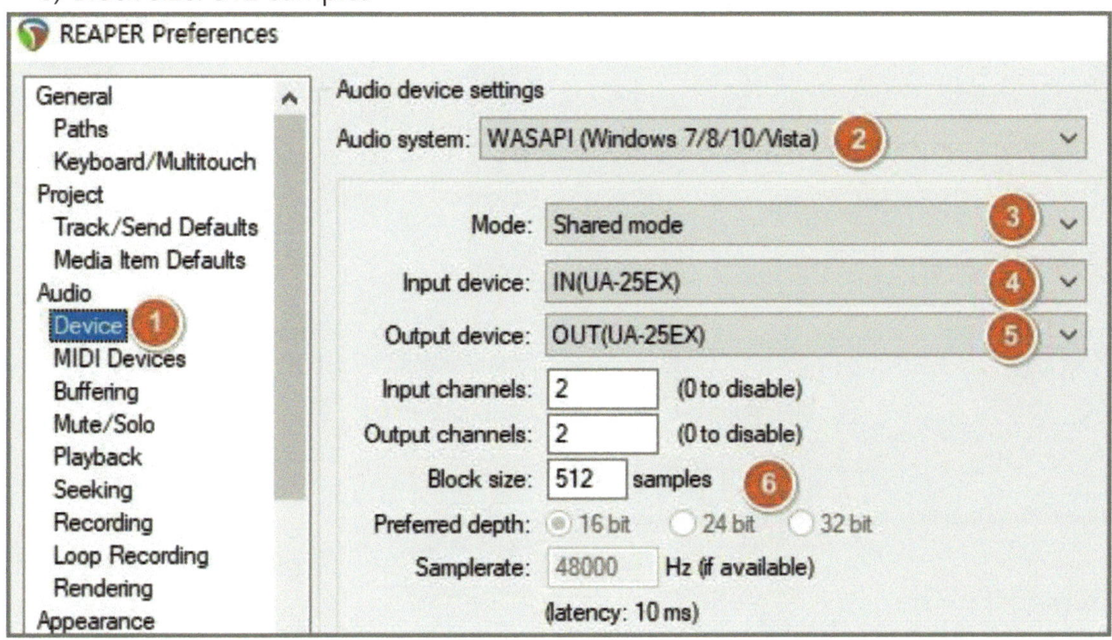

3. 트랙 생성하기

1) 트랙에서 우마우스로 [Insert new track] 클릭하거나 트랙을 더블클릭한다.

   *Insert new track 으로 새트랙을 만들고 자동으로 각 성향에 맞는 트랙이 추가된다.

2) Input 채널을 바꿔주는 INFX 가 보이지 않는다면 트랙의 아래선을 드래그해 늘린다.

3) 믹서의 Record Monitoring 눌러서 Off 한다.

4. 유튜브 소리 녹음하기

유튜브 재생하고 믹서에서 녹음 버튼을 눌러 녹음하고 [Save All] 클릭하여 저장한다.

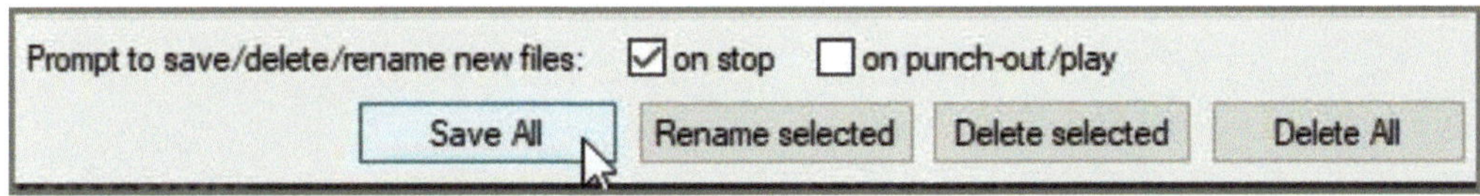

5. 녹음 편집하기(Normalize)

1) 녹음 파일 선택하고 우마우스 클릭하여 [Item properties: F2] 클릭한다.

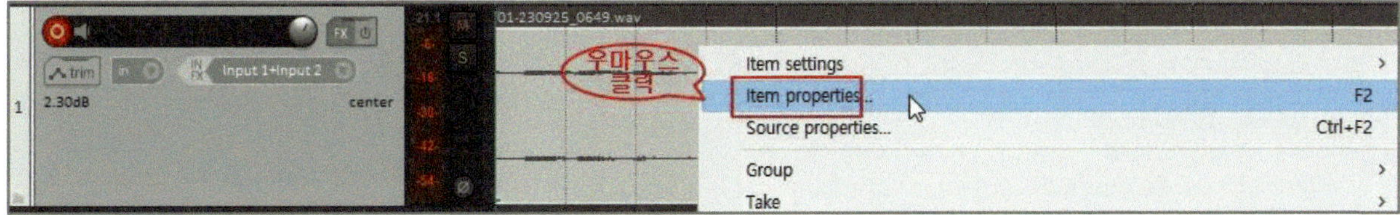

2) [Normalize] 클릭하고, Normalize to: LUFS-1 과 -10LU 설정한다.

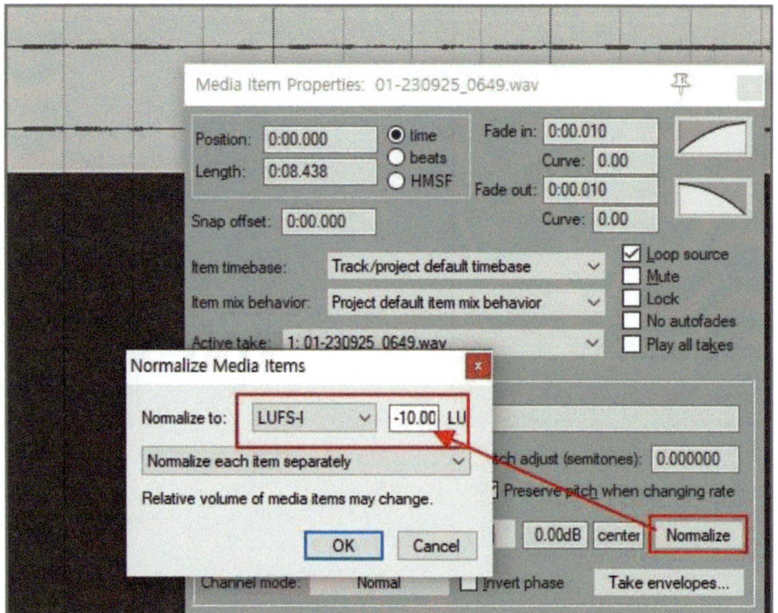

3) 음원 파형이 커진다.

<음원 합성과 음정 조절>

1. 배경음악 불러와서

2. 트랙 추가하고 BGM 맞추기한다.

3. 클립 자르기하여 복사한다.

4. [Shift+0] 클릭하여 반음(Pitch) 올리고, [Shift+9] 클릭하여 반음을 낮춘다.

<USB 마이크 오디오 인터페이스로 녹음하기>

 오디오 인터페이스(Audio Interface)는 마이크의 아날로그 신호를 컴퓨터에 디지털 신호로 연결하는 녹음장치로, 레이턴시(지연 시간)를 줄이고 녹음 음질을 좋게한다.

 PC 에 USB 마이크를 연결하고 'USB Audio Device' 창이 보이면 '예' 클릭한다

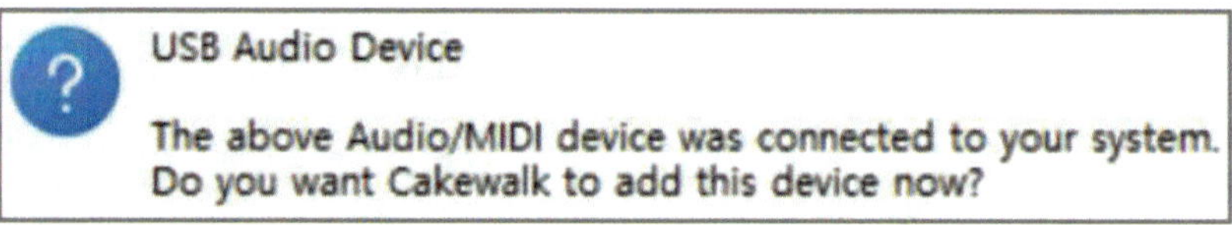

[78] 녹음 설정, 편집, Automation

리퍼에서 배경음악 불러와서 마이크로 녹음하여 Vst 설정하고, Normalize 넣어 음원 확장하여
저장하고, Automation 에서 편집하기

<준비물>

USB 마이크, 헤드폰, 컴퓨터, 오디오 인터페이션

<녹음 설정>

1. [Insert new track: Ctrl+T] 클릭한다.

2. [Record Monitoring] 클릭하여 OFF 한다.

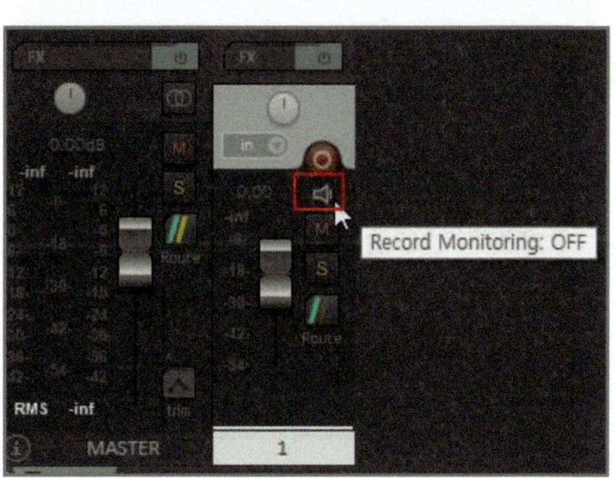

3. 트랙에서 [Record Arm] 클릭한다.

4. [Options/Preferences: Ctrl+P] 클릭한다.

  1) [Audio/Device] 클릭하고

  2) Audio system: WASAPI

  3) Mode: Shared mode

  4) Input device: 마이크(USB Audio Device)

  5) Block Size: 512

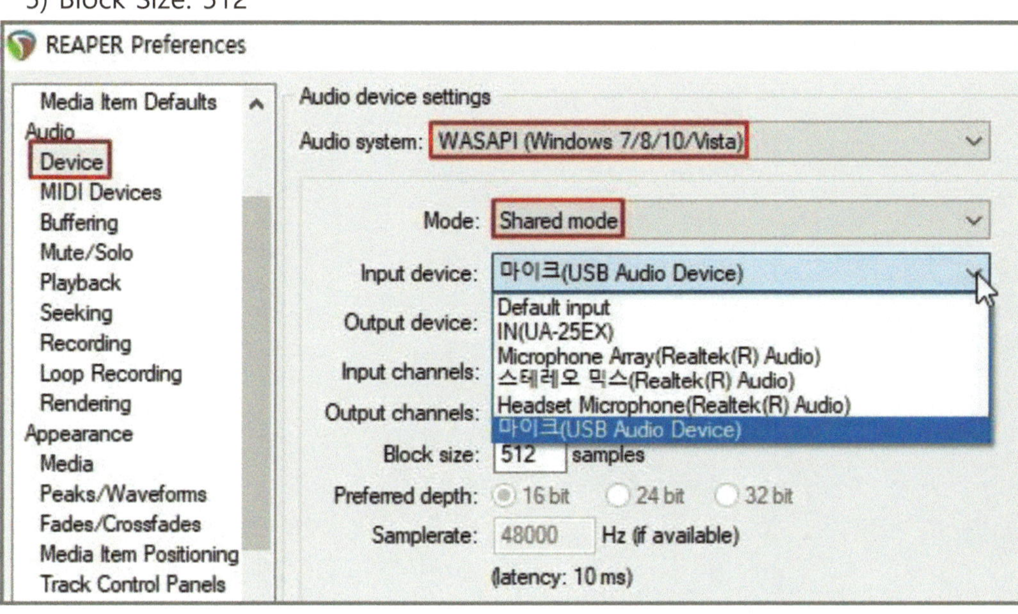

<배경음악 편집하기>

1. 배경음악 불러오기위해 [Insert new track: Ctrl+T] 클릭한다.

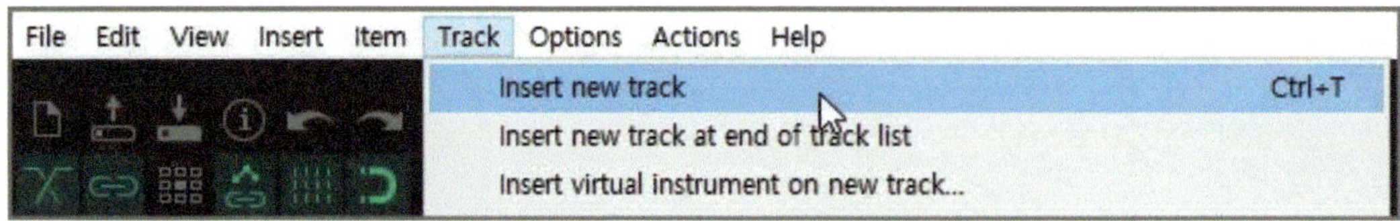

2. [Insert-Media file] 클릭하고,

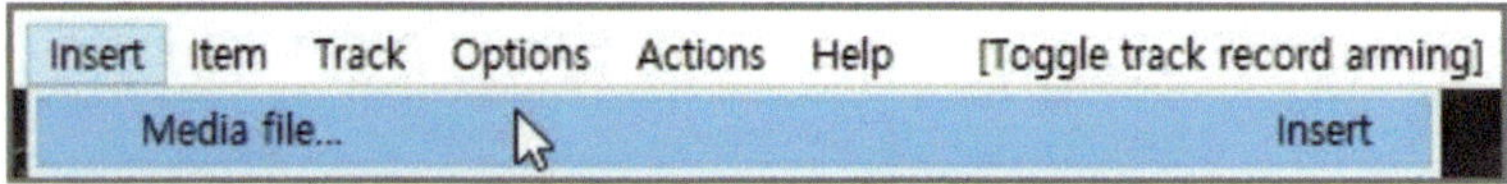

3. 배경음악 불러온다.

4. 음악파일 선택하고 우마우스로 [Items Properties] 클릭하여 [Normalize] 클릭한다.

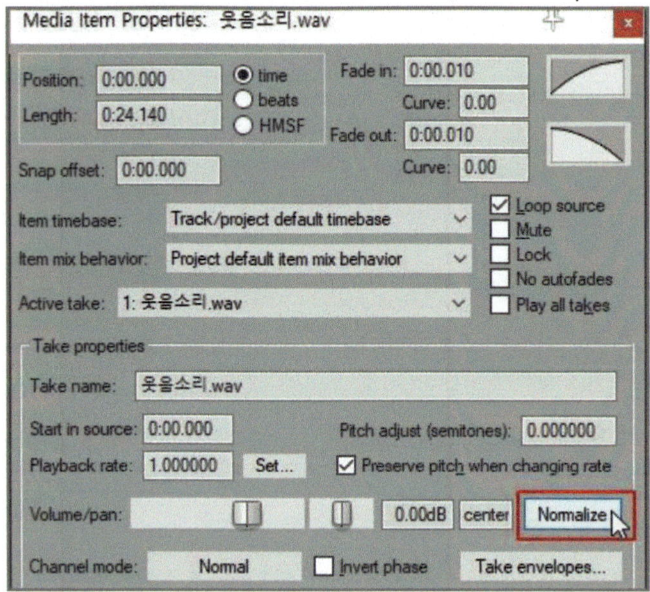

5. Normalize to: LUFS-1, -22 선택하고 OK 한다.

6. 편집하기위해 [Snap enabled: Alt+S] 클릭하고

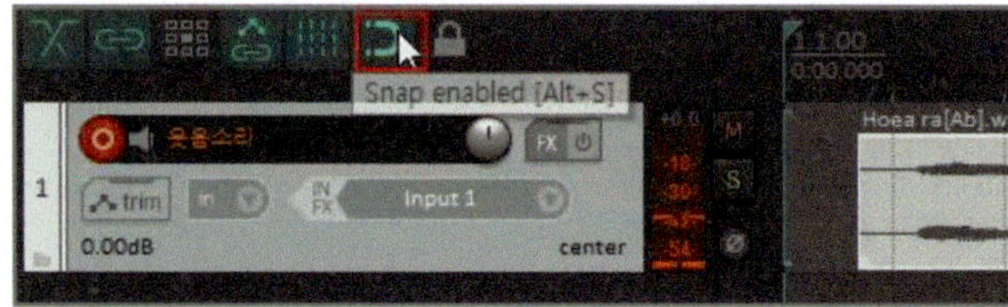

7. Snap 끄고 음원을 드래그하여 오디오 클립을 드래그하여 길이를 조절한다.

<목소리 녹음하기>

1. [Options/Preferences] 클릭하고, Output device 의 Headphone 선택하고 목소리를 녹음한다.

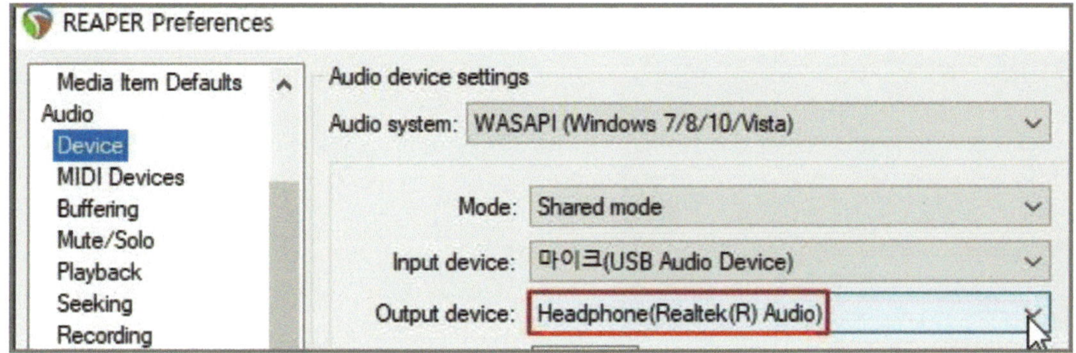

2. [Record arm] 눌러 테스트하고, 믹서에서 레코드 [Ctrl+R] 누르고 녹음한다.

<Automation mode 로 배경음악 편집하기>

1. 배경음악 트랙의 **trim**(Automation mode)클릭하고,

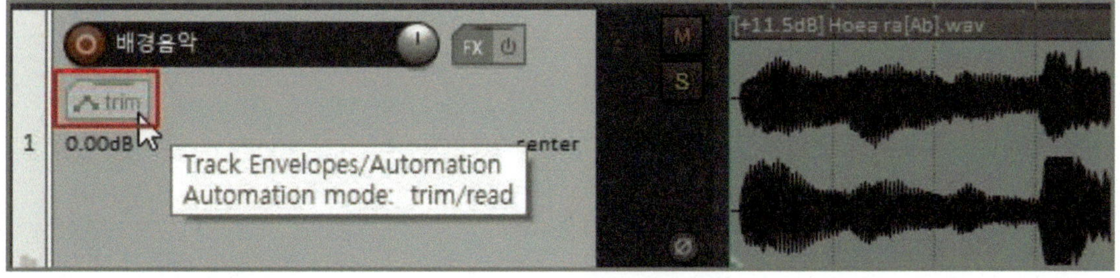

2. [Volume] 선택한다.

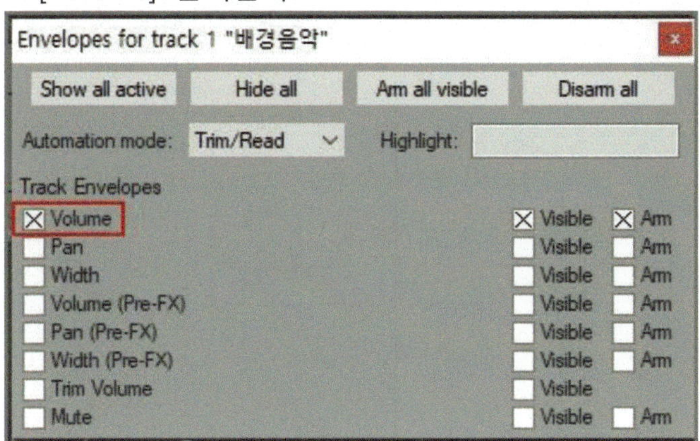

3. 우마우스로 [Insert point: Shift+Click] 클릭한다.

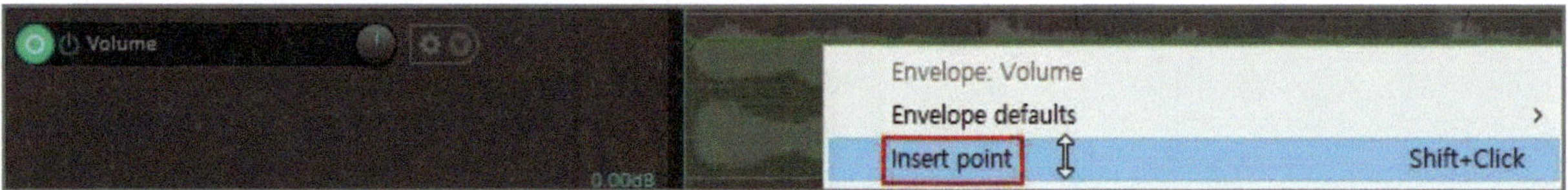

4. 포인트(Point)를 아래로 드래그한다.

5. [Shift+Click] 클릭하여 포인트를 2개 추가하고 포인트를 위로 드래그한다.

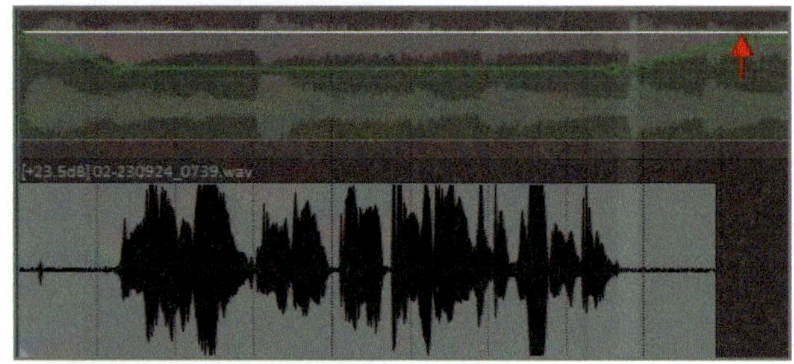

6. 필요 없는 음원에 [S] 클릭하여 자르고 지운다.

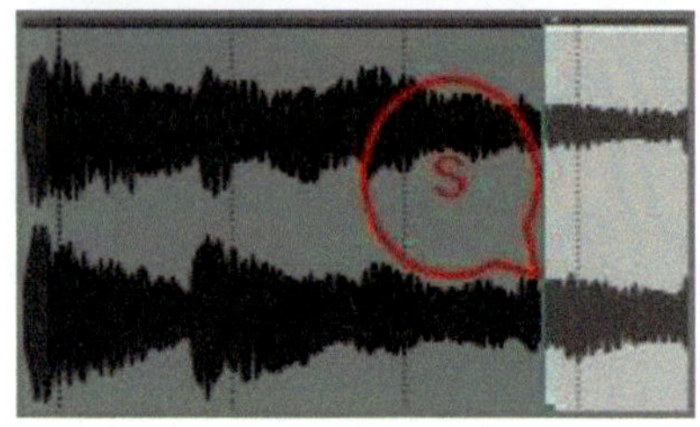

<저장하기(Render)>

[File/Render: Ctrl+Alt+R] 클릭하여 Browse 클릭하여 바탕화면에 저장한다.

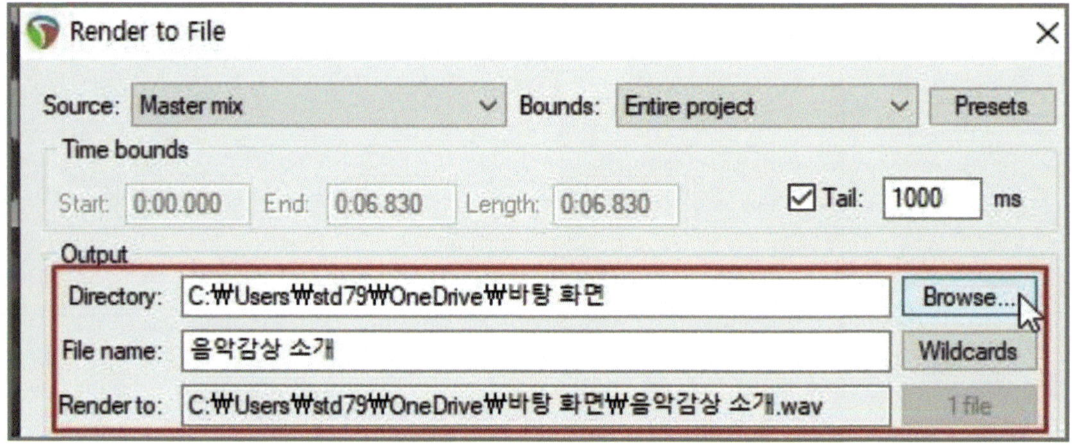

[79] Ripple Editing 아이템 위치 이동

Reaper 의 Ripple Editing(리플 에디팅)은 미디어 **아이템(items)**이 중간에 삽입되거나 삭제될 때 뒤에 있는 다른 미디어 아이템들의 위치가 변하는 편집 방식 모드이다.

1. 리플 에디팅 모드 Off(Ripple Editing Disabled)가 기본 모드이다.
  리퍼의 기본 에디팅 모드(비활성)는 미디어 아이템이 중간에 삽입되거나 삭제될 때 뒤에 있는 다른 미디어 아이템들의 위치는 변하지 않는다.

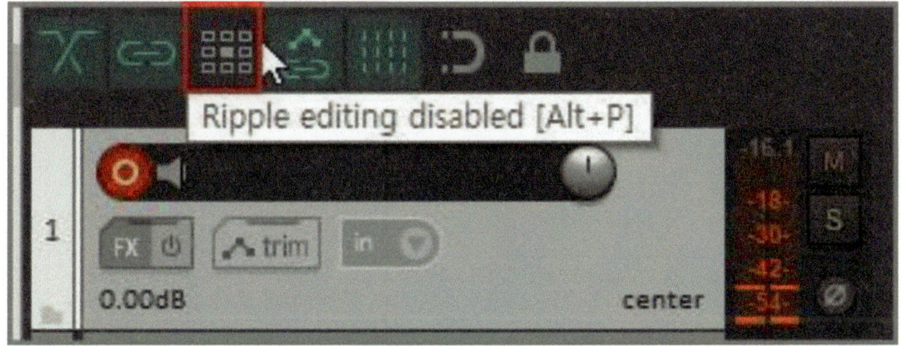

  1) 아이템(Items)을 삭제하면

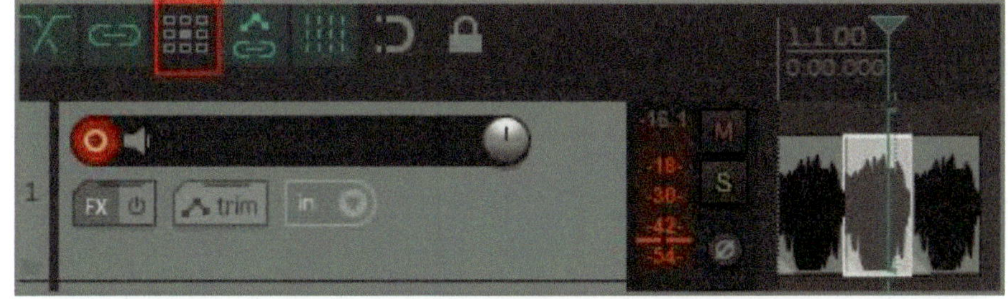

  2) 빈 공간으로 남고, 삽입 될 때는 빈 공간이 충분하지 않으면 뒷 아이템과 겹쳐진다.

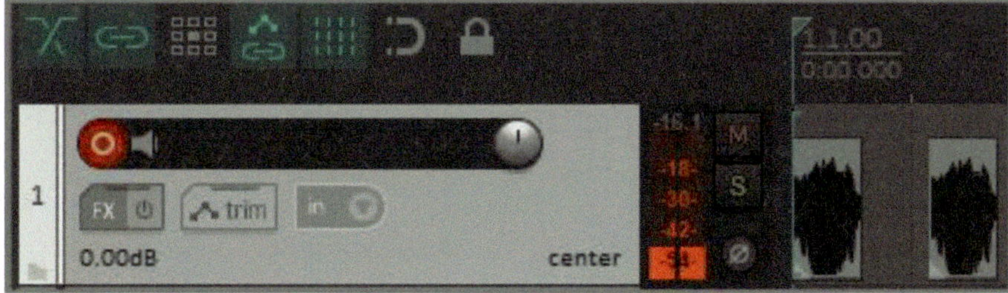

2. 리플 에디팅 모드 On(Ripple Editing Per-track: Alt+P)이면, 아이템이 삭제되어 뒤에 있는 아이템들이 앞으로 당겨져서 빈 공간을 메운다.

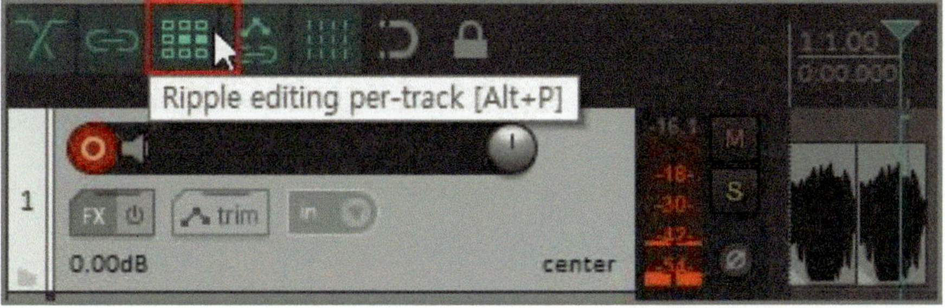

3) 삽입될 때 빈 공간이 충분하지 않으면, 겹쳐지지 않게 뒤에 있는 다른 아이템들이 뒤로
밀려난다.

3. 리플 에디팅(Ripple editing) 모드 전환(Options)

1) 단축키 [Alt + P] 반복해서 누르면, Ripple editing disabled, Ripple editing per-track,
Ripple editing all tracks 모드가 순환된다.

2) Ripple Editing 버튼을 우클릭하면 아래와 같은 팝업 메뉴가 열린다.

Options > [Ripple edit per-track]에서 [Alt + P] 누르면 [Ripple edit all tracks]로 바뀐다.

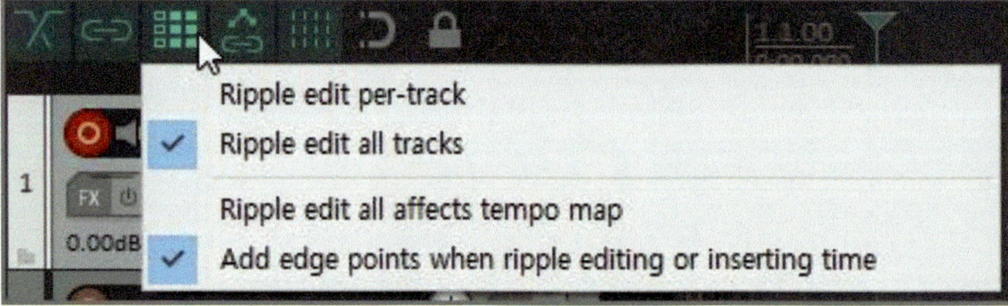

(1) Ripple edit per-track: 아이템 삭제하면 뒤의 아이템이 당겨져 공간을 메운다.

(2) Ripple edit all tracks: 아이템 삭제하면 공간이 남는다.

(3) Ripple edit al affects tempo map

(4) Add edge Points when ripple or inserting time

[80] 다중트랙 미디 녹음,키보드(Keyboard),온더플라이(On the Fly)

REAPER 에서 MIDI 파일을 재생하면 소리가 들리지않아 오디오 인터페이스를 연결하여 설정한다.
가상악기(Instrument)로 미디를 녹음하고 미디 트랙을 추가하여 미디를 입력할수 있다.
마스터 키보드로 미디를 입력하고, Router 에서 여러대의 가상키보드를 연결하여 녹음한다,

1. REAPER 의 오디오 인터페이스를 PC 에 연결하고 미디 장치 인식하기
  1) **Options > Preferences > Audio > MIDI Devices** 선택하고, 오디오인터페이스를 PC 에 연결하고,
  2) Device 의 [UA-25EX]를 더블 클릭하고, [Enable input from this device] 체크하고 OK 한다.

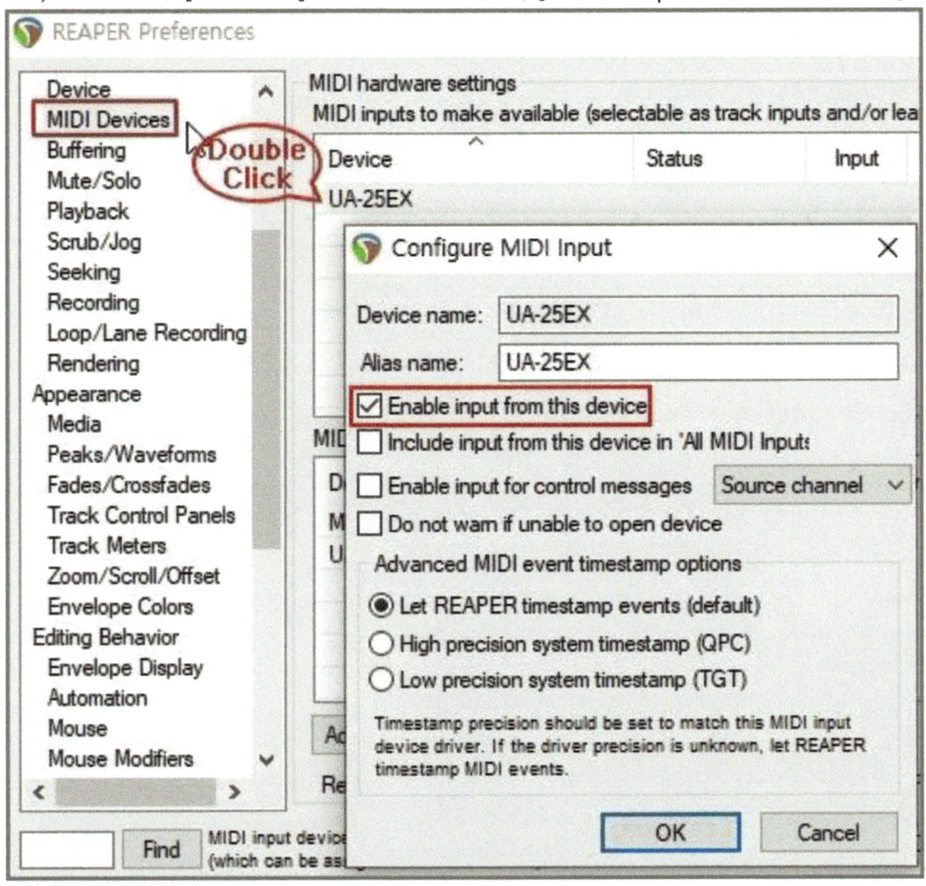

2. 트랙에서 우마우스로 [Insert virtual instrument on new track] 클릭한다.

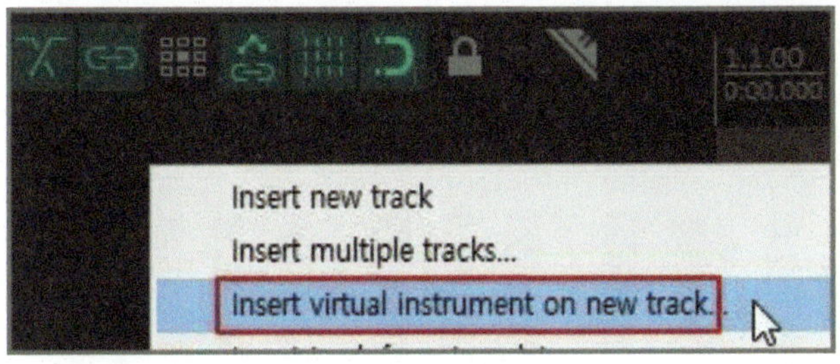

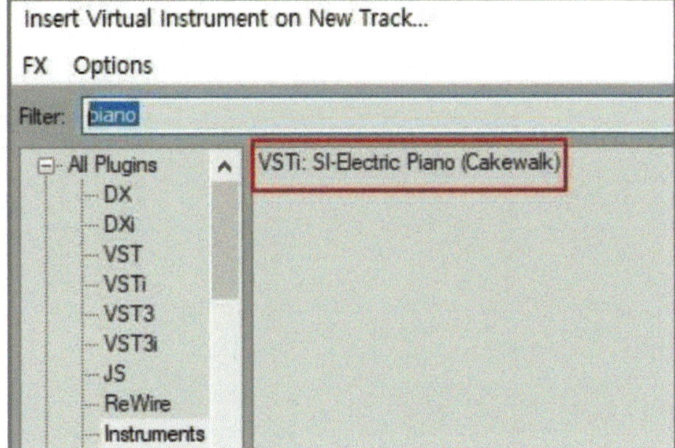

3. Filter 에서 'piano' 검색하고
 [**VSTi**: SI-Electric Piano] 선택한다.

4. **마스터 키보드**를 연결하여 입력하기

　미디 건반을 눌러 소리를 확인하고, 마스터 키보드로 미디를 녹음하여 입력한다.

<컴퓨터 키보드로 다중트랙에 미디 입력하기(온더플라이 녹음)>

가상키보드로 미디 입력하여 소리를 확인하고, 컴퓨터 키보드로 미디 노트를 입력하기

온더플라이 녹음(ON the Fly Recording)은 녹음 중에도 추가로 다른 트랙을 녹음 상태로 만든다.

　1. 노트북에 USB 마이크(이어폰)를 연결하고나서, 리퍼 실행하고 빈 트랙에서 우마우스로

[Insert virtual instrument on new track] 클릭하여 미디트랙을 추가하고,

[Insert new track: Ctrl+T] 클릭하여 밑에 미디트랙을 추가한다.

*노트북에 USB 마이크(이어폰)를 연결하지않으면 키보드 눌러도 재생이 안되고 입력이 안된다.

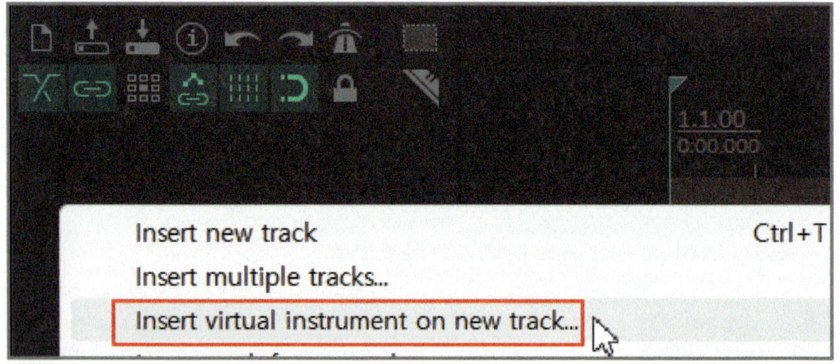

　2. [Alt+B] 클릭하여 가상키보드(Virtual MIDI keyboard)를 화면에 보이기한다.

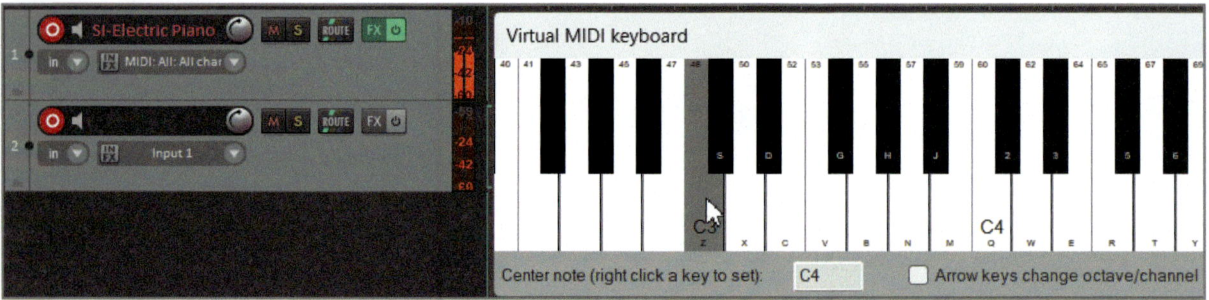

3. 미디트랙의 [Record Armed] 누르고, in 클릭하여 [Input: MIDI > All MIDI Inputs >
   All Channels] 선택한다. *트랙에서 Arm 버튼 누른 클립만 녹음이 된다.

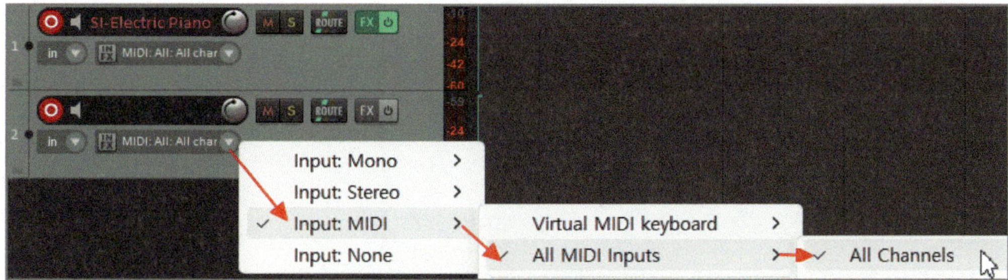

4. 가상키보드의 C3 건반 누르면 미디트랙에 입력신호가 보인다.

* 미디트랙 2 에는 노란 바가 움직인다.

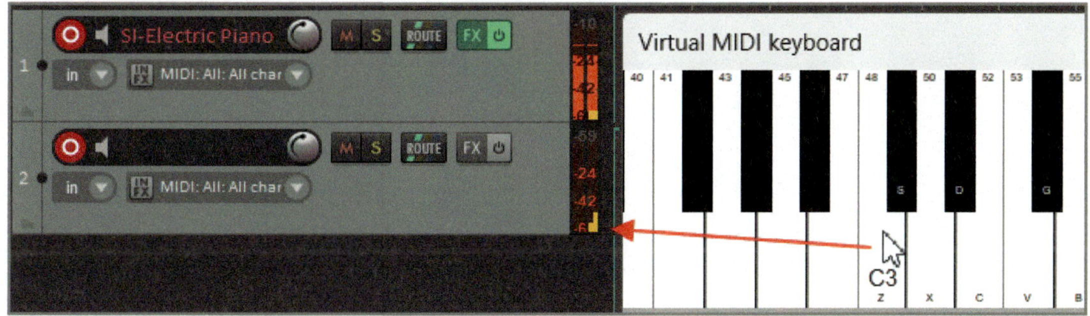

5. 미디 입력(녹음)하기

   1) 빈트랙을 더블클릭하여 미디트랙을 추가하여 [Record Armed] 누르고

   2) **트랜스포트**의 [Record: Ctrl+R] 누르고 가상키보드의 C3 눌러 입력을 확인하고

   3) 컴퓨터 키보드의 Z, X, C 누르면 도, 레, 미 소리가 들리고 녹음된다.

   4) 미디 녹음하고 [Save All] 클릭하면 미디노트가 입력된다.

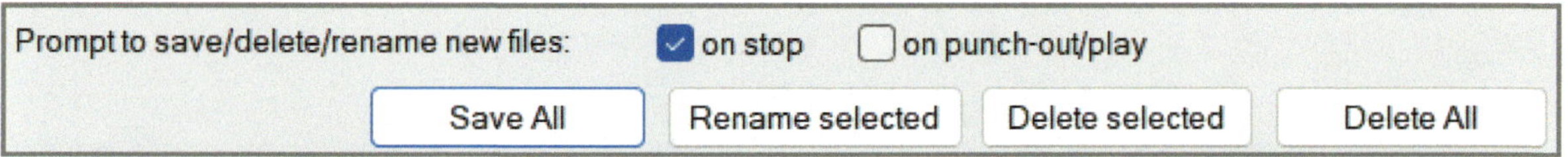

<PC 키보드(컴퓨터 키보드)로 미디 입력하기>

1. [View/Virtual MIDI Keyboard: Alt+B] 클릭하여 가상키보드(Virtual MIDI Keyboard)를 열기한다.

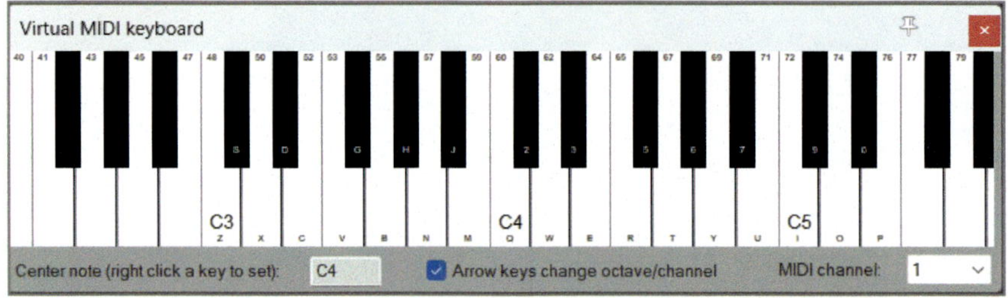

2. 컴퓨터 키보드에서 Z 키를 누르면 '도' 음이 입력된다.

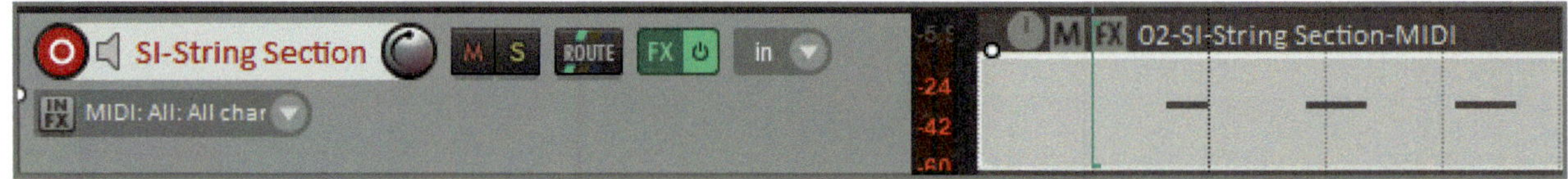

<미디파일 불러와 재생하기>

1. 미디파일(빗방울.mid)을 불러와 작업 영역에 드래그한다.

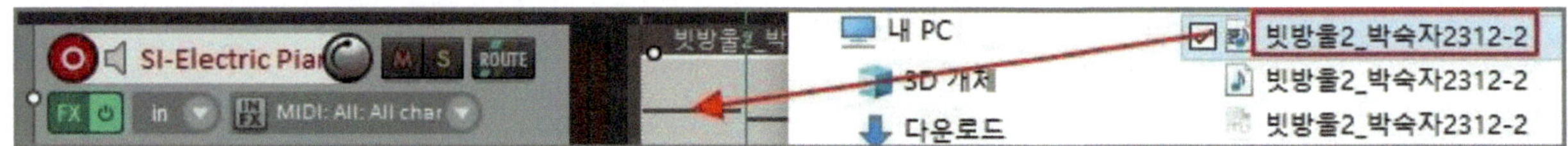

2. 재생하면 소리가 난다,

3. Routing 을 통해 Master send 가 켜져있고 Record Arm 버튼과 Record Monitoring 버튼이 눌러져 있어야한다. [ROUTE] 클릭하면 Routing 속성이 보인다.

   *버튼들이 보이지 않으면 트랙의 끝을 드래그해서 확대한다.

   *트랙을 만들고 인풋이나 FX, 라우팅을 설정하면 자동으로 각 성향에 맞는 트랙이 된다.

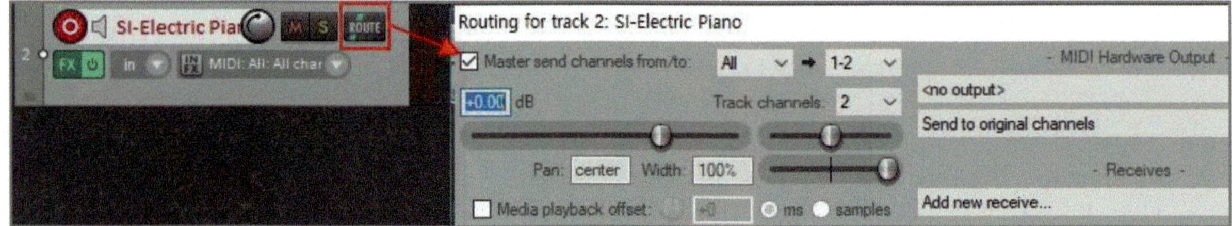

4. 미디 클립을 더블클릭하여 [Notation: Alt+4] 클릭하면 악보가 보인다.

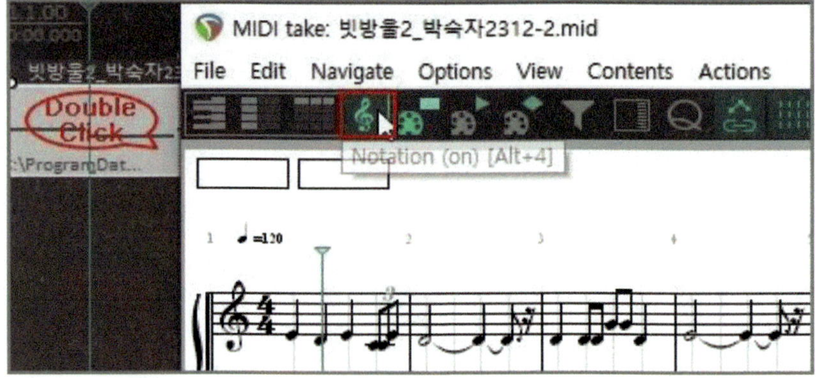

<미디 파일 내보내고 저장하기>

1. [File > **Export project MID**] 클릭하여 미디파일로 저장한다.

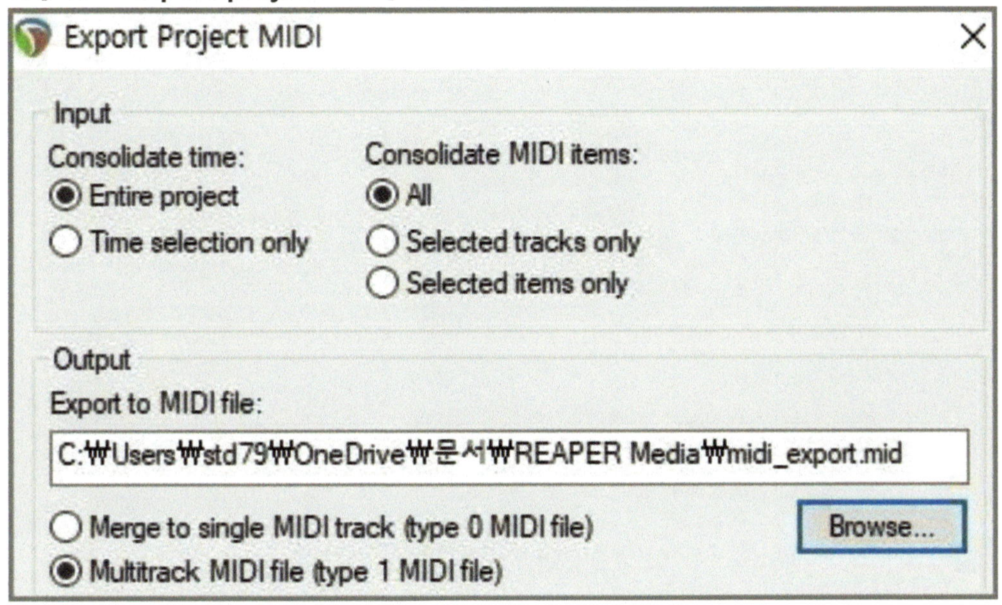

1) 구간과 트랙을 선택할 수 있다.

2) Entire project : 프로젝트 전체 영역을 저장한다.

3) Time selection only : Ruler 에서 선택한 영역만 저장한다.

4) All : 프로젝트에 있는 모든 미디 소스를 저장한다.

5) Selected tracks only : 선택한 트랙에 있는 미디 소스만 저장한다.

6) Selected items only : 선택한 아이템만 저장한다.

7) Browse 를 선택해 경로를 지정하고 OK 를 누르면 미디(.mid)파일이 생성된다.

2. [File > Lender: Ctrl+Alt+R] 클릭하여 오디오 파일로 저장한다.

오디오 파일로 저장하고 리퍼가 실행한 상태에서 PC 에서 오디오 파일 재생하면 문제가 발생한다.

1) 오디오 파일 재생하여 아래와 같이 Window Media Player 재생 문제가 발생하면,

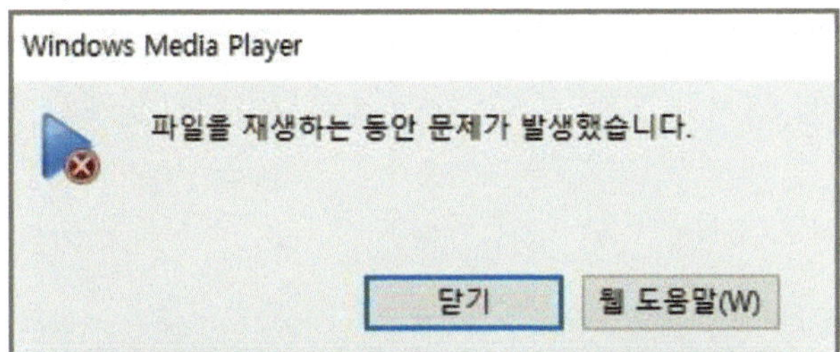

2) 트랙에 있는 [Record Arm]을 눌러 끄고 컴퓨터의 사운드 파일을 재생하면 소리가 난다.

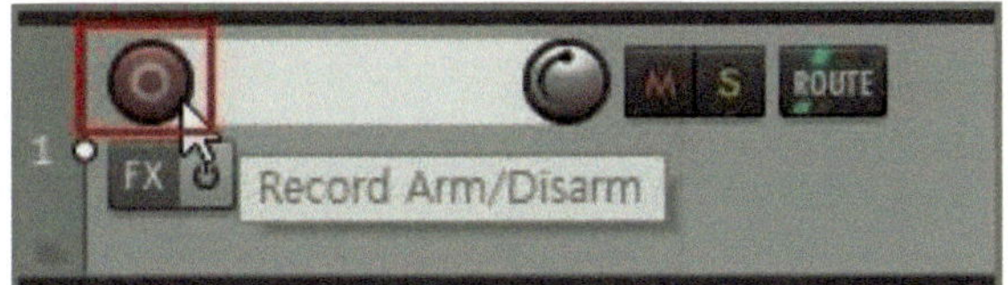

[81] 유튜브 소리 효과 녹음 추출

리퍼(Reaper)를 사용하면 가상 믹서 없이 USB로 다른 컴퓨터에서도 녹음 편집할 수 있다. 오디오 디바이스를 변경하고 효과를 주어 녹음하고 저장 및 추출한다.

1. 오디오 디바이스 변경하기

Options > Preferences Ctrl + P) 클릭하고 [Audio > Device] 항목에 들어가서 Audio system을 **WASAPI** (Windows 7/8/10/Vista), Mode를 Shared loopback (CAUTION)으로 바꾼다.

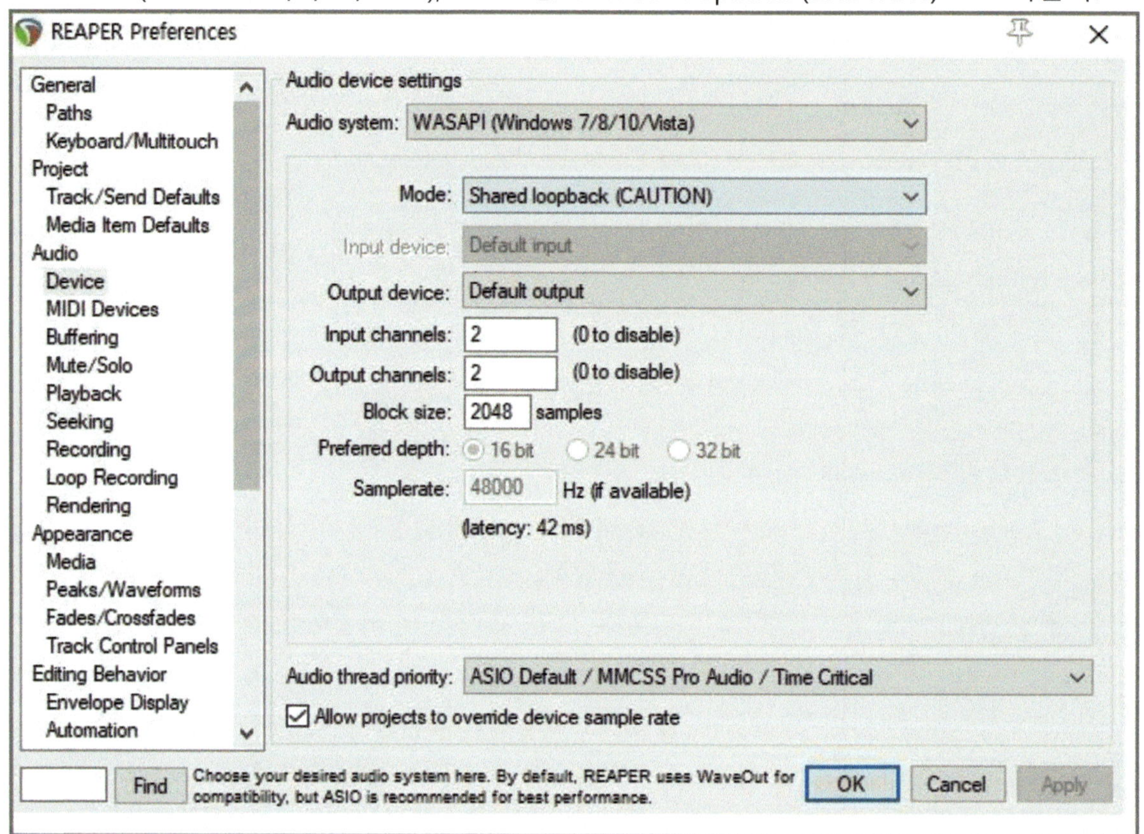

2. Block Size를 2048로 바꾸어 녹음된 음원에 지직거리거나 툭툭 튀는 소리가 들어가지않게 **버퍼사이즈**를 늘리는 효과로 잡음을 방지한다. 버퍼사이즈를 줄이면 레이턴시 지연이 줄어든다

3. Record 누르고 'Error opening devices' 창이 나오면,

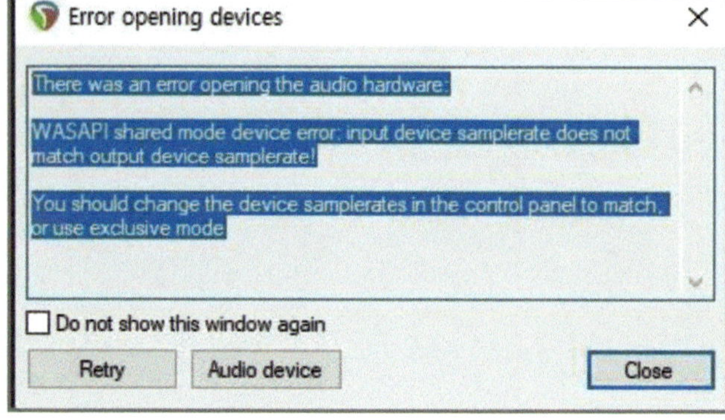

4. Mode 를 [**Exclusive mode**] 로 바꾸고 다시 녹음한다.

5. 레이턴시(Latency)를 줄여 녹음하기

   1) Input 채널을 바꿔주는 INFX 가 보이지 않는다면, 트랙의 아래선을 드래그해 늘려준다.

   2) 녹음 트랙의 Record Monitoring 을 OFF 로 하면 레이턴시가 줄어든다. 

6. 유튜브 재생하고 녹음하기

   1) Sample Rate 가 44.1kHz 로 바뀌는데, 컴퓨터에 48kHz 로 되어 있으면, 유튜브 소리를 녹음한 파일의 샘플레이트가 달라 문제가 생기어, WASAPI 드라이버의 샘플레이트를 바꾼다.

   2) 트랙의 [Record Armed] 누르고, Record(Ctrl+R) 누르고, [Save All] 눌러 녹음하고 저장한다.

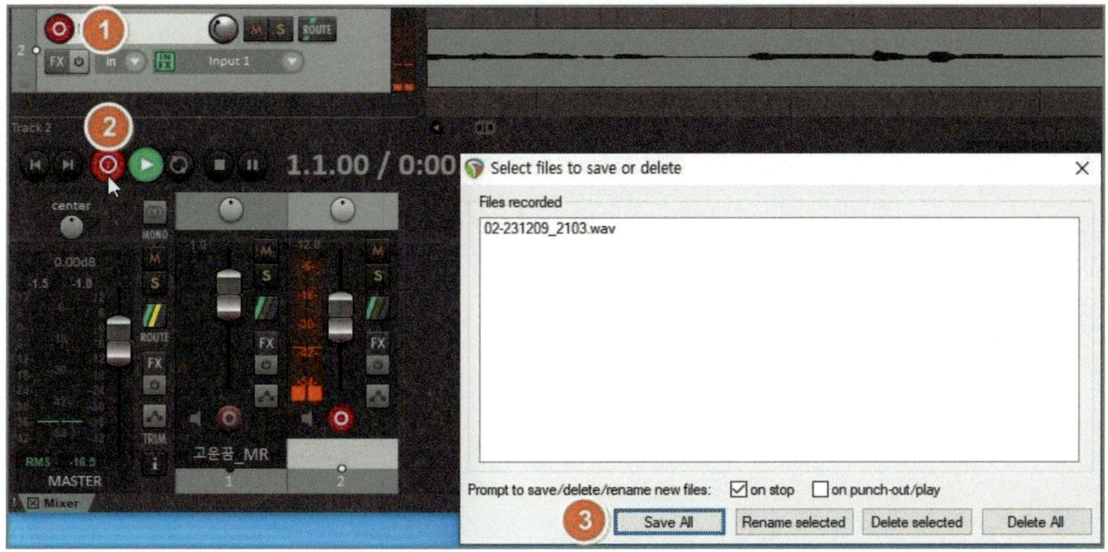

7. 레이턴시(Latency: 지연시간)를 줄이고 효과를 넣어 녹음하기

   IN FX(Show Track..) 누르고(2), [VST: ReaVerb(Cookos)] 선택하고(2), Dry 를 내리고 녹음한다.

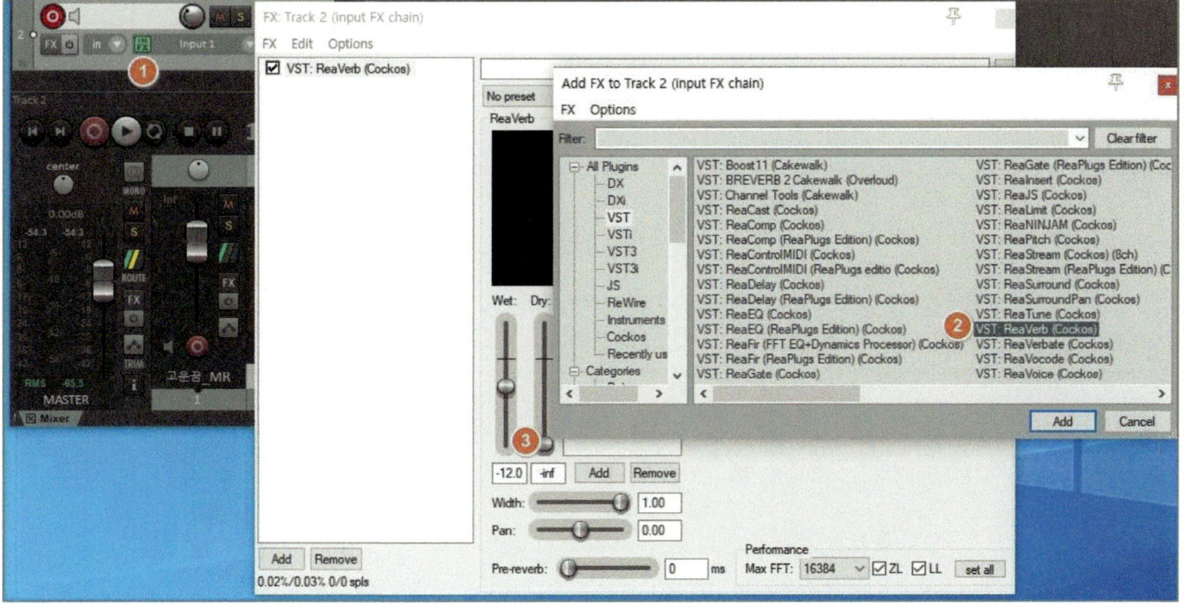

8. Render 단축키(Ctrl + Alt + M) 누르거나 메뉴의 [View - Master Track]을 선택하면
   모든 트랙의 가장 위로 마스터 트랙이 나타난다.

<저장 및 결과물 추출>

1. File/ Project Settings(Alt+Enter) 누르고, **Project Sample Rate**: 44100 에 체크하고 고정된
   샘플레이트를 사용한다.

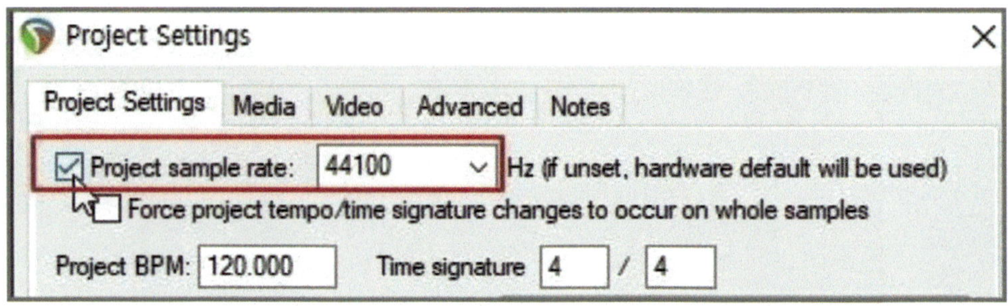

2. 저장하기(Ctrl + S)를 누르고, [Copy all media into project directory]를 체크하면, 프로젝트
   내의 모든 음원 파일들이 같은 폴더 안에 저장된다.

3. 오디오 파일 추출하기
   1) File > Render[Ctrl + Alt + R]을 누른다.
   2) [Render 1 file]을 클릭하면 스테레오 상태의 WAV 파일이 추출된다.
   3) MP3 파일로 추출하려면 Output Format 을 MP3 (encorder by LAME project)로 선택한다.
      *파일을 교환할 때는 WAV 확장자를 사용한다.

4. 선택한 구간 추출하기
   Render to File 에서 **Bound(바운스)**를 [Time Selection]으로 바꾸어 선택한 구간만 추출한다.

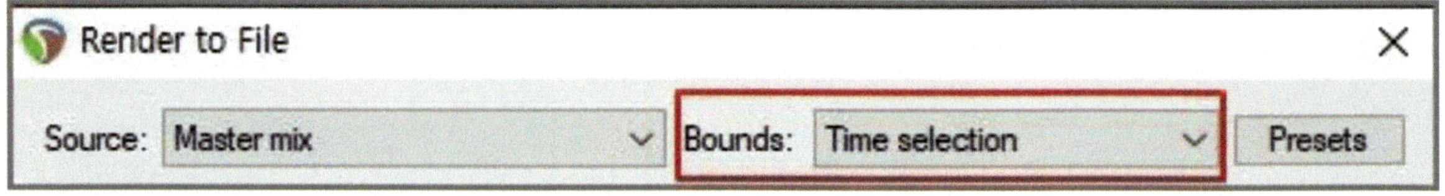

5. 특정 트랙만 추출하기
   원하는 트랙만 클릭해서 선택하고, Render 의 Source 에서 [Selected tracks via master]를
   선택하면 선택한 트랙만 추출된다

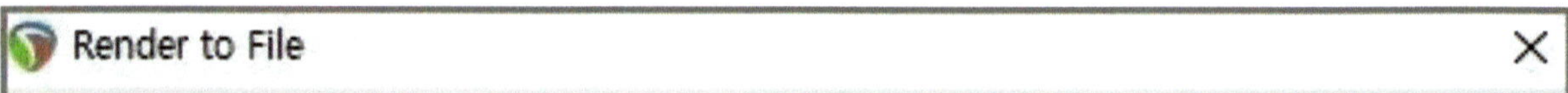

[82] 메트로놈, 템플릿, BPM, 음정, LoudMax Loudness Maximizer

Reaper 는 음원합성 프로그램으로 BPM 에 맞춰서 음성 파일을 정렬할 수 있는 기준선을 제공하고, 작업한 것을 모두 템플릿으로 저장하여 불러오면 작업을 쉽게 할 수 있다.
BPM 은 분당 박자수(Beats per minute)로 곡의 빠르기이다.

<메트로놈 녹음>
녹음을 하려면 이어폰을 끼고 오디오 트랙을 만들어 인풋 설정을 한다.
1. [Options/Preferences: Ctrl+P] 클릭하여 [Device]의 [Input device: 스테레오 믹스] 선택한다.

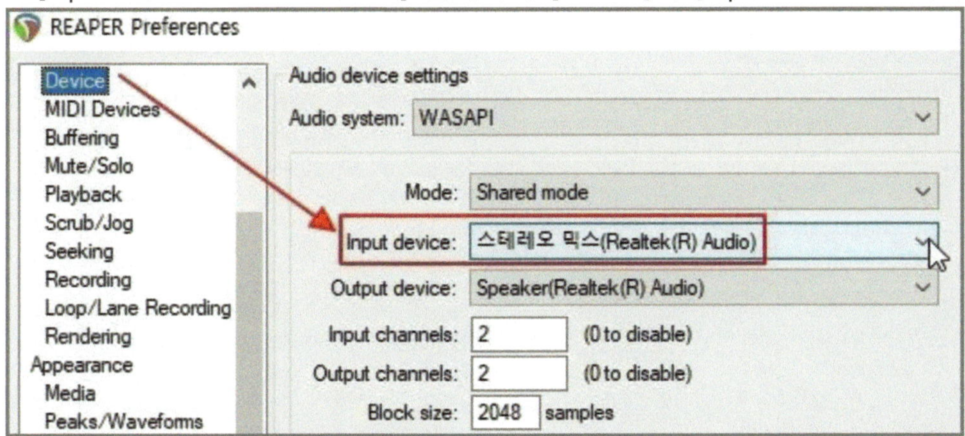

2. [Metronome enabled] 활성화하고, 트랜스포트의 BPM 클릭하여 탭템포를 입력한다.

3. [Record Armed] 누르고, 레코드 모니터를 끄고(Record Monitoring: OFF),

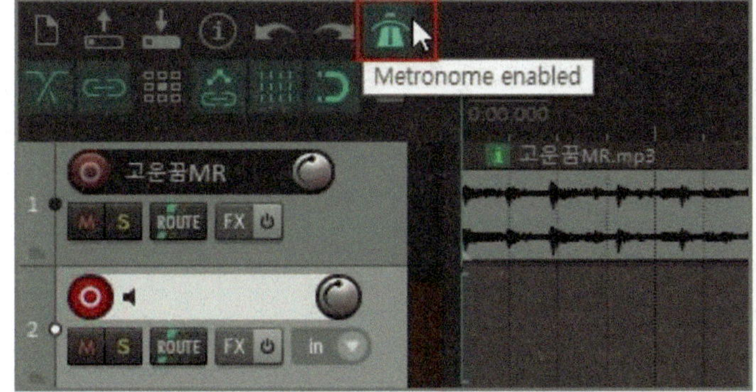

4. Record 눌러 녹음하고, [Save All] 눌러 저장한다.

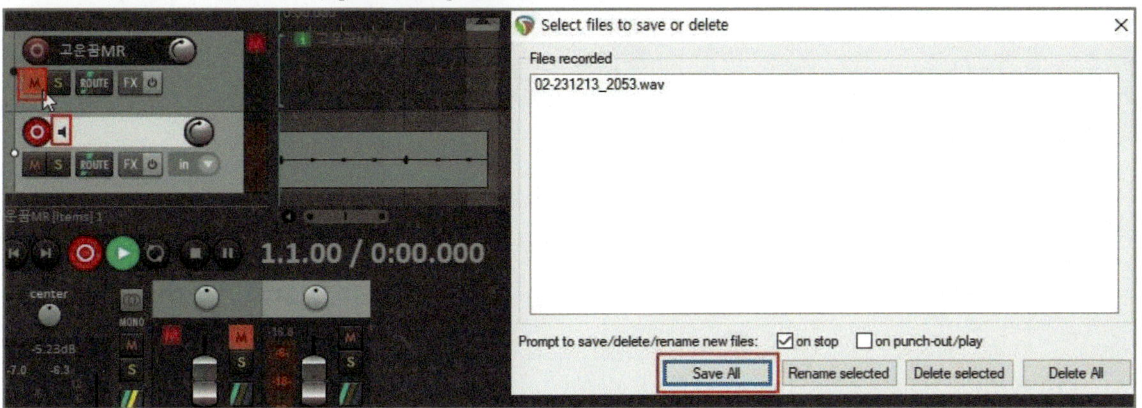

<녹음하고 소리 확장하기>

1. [Record Armed] 누르고, [Record: Ctrl+R] 눌러 녹음하면 파형이 작게 녹음이 되었다.

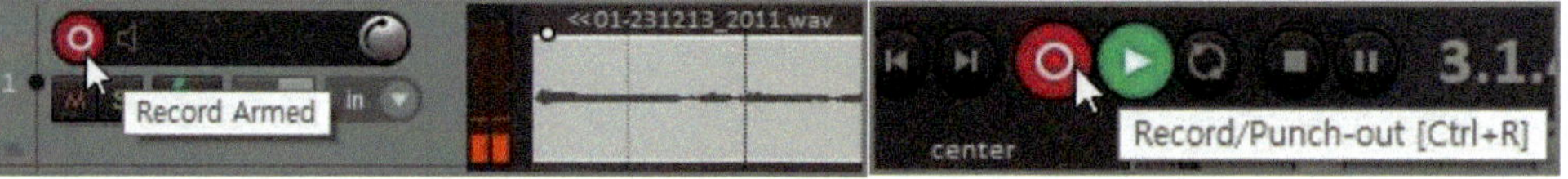

2. 소리 클립을 더블클릭하여 [Normalize] 클릭하여 [OK]하면 소리가 확장된다.

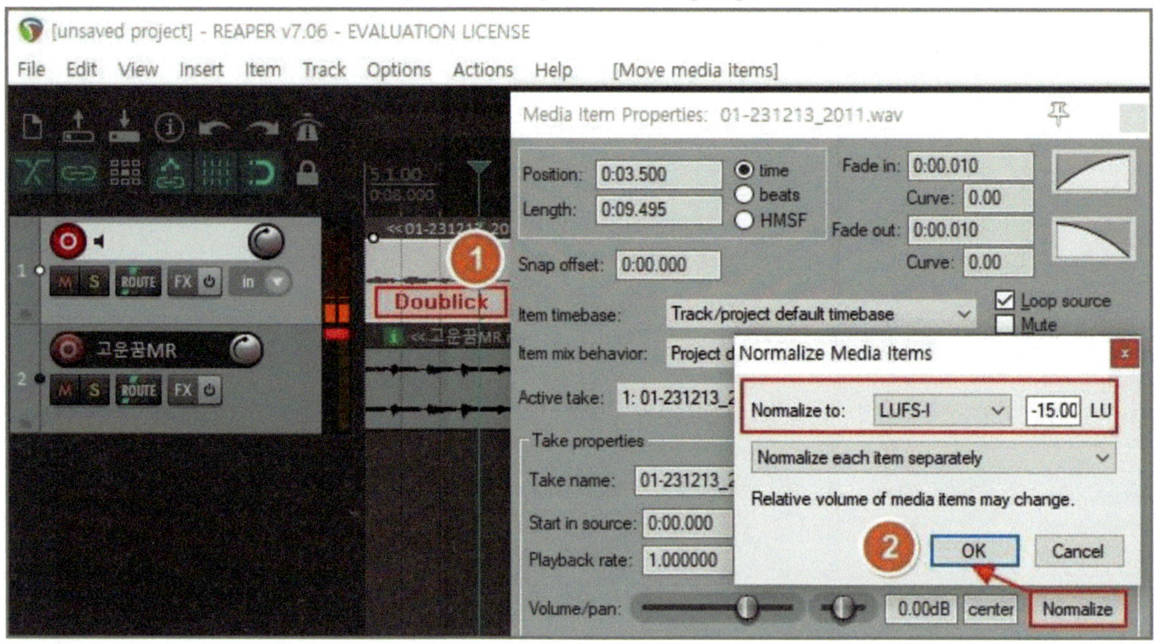

<템플릿(Template)>

템플릿(Template)은 프로젝트를 새로 생성할 때 특정 작업에 편리하게 설정이 되어있는 상태로 불러온다. 기본 작업을 템플릿으로 저장하여 템플릿을 불러오면 작업을 쉽게한다.

1. 템플릿 저장: 트랙 이름, 미디어 항목, 엔벨로프도 함께 템플릿으로 Save 눌러 저장한다.

   1) [Track / Save tracks as track template] 클릭하고, 파일 형식을 Template 로 저장한다.

   2) [File/Save/Project save/ Save project as templete]로 저장하기도 한다.

   * 저장 경로 C:\Cakewalk Content\Cakewalk Core\Project Templates

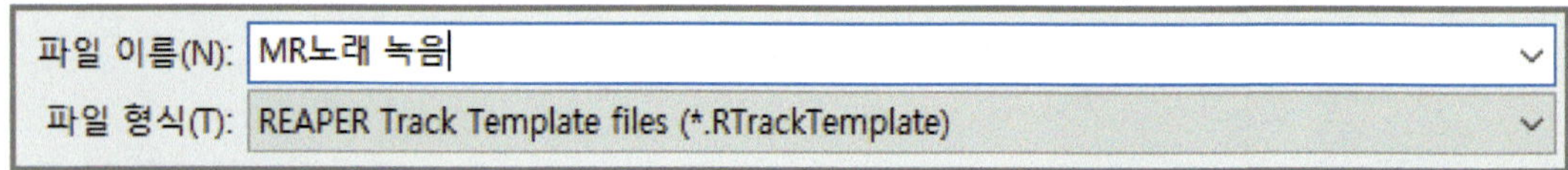

2. 템플릿 열기

   1) [Track 메뉴에서 Insert track from template 클릭하고, Open template 선택하여 연다.

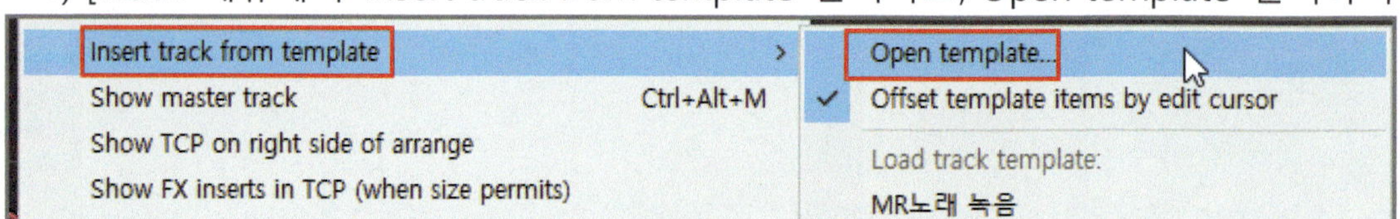

   2) Insert track from template 하위 메뉴의 [Offset template items by edit cursor] 클릭하면, 모든 미디어 항목들과 엔벨로프들이 편집 커서의 위치에 추가된다.

<그리드 라인>

도구창의 [Grid lines enabled] 클릭하여 그리드 라인이 더 잘보이게 한다.

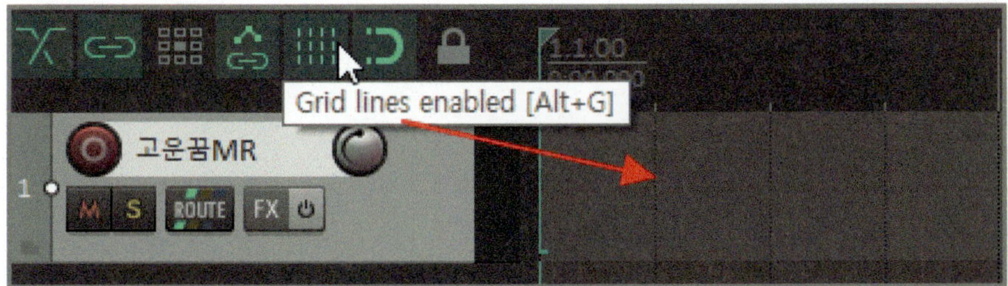

<음정(Pitch) 조정>

1. [Insert new track: Ctrl+T] 클릭하고,가야금 음원을 불러와 S 키로 자르기한다.

2. 가야금 1 은 '도' 음이다. '도'음을 복사하고 붙여넣기한 클립을 선택하고

[Shift+0]을 2 회 누르면 '레' 음이된다.

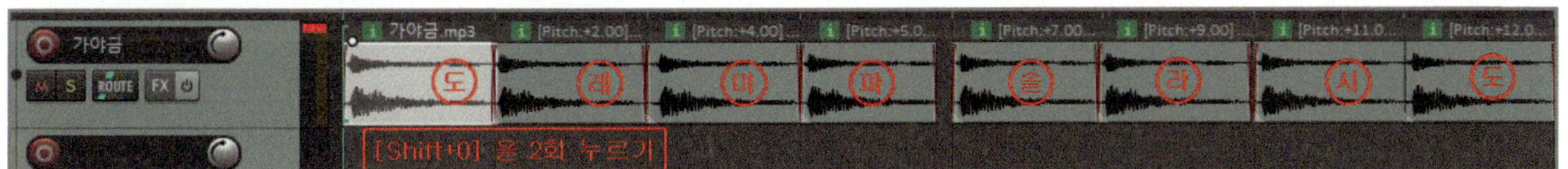

* [Shift+0] 클릭하면 반음이 올라가고, [Shift+0] 클릭하면 반음이 내려간다.

<BPM (템포) 측정>

1. 아래 사이트를 클릭하고, 재생을 하고 스페이스바(SpacBar)를 눌러서 BPM 을 측정한다.

https://naver.me/GSUzUOEZ

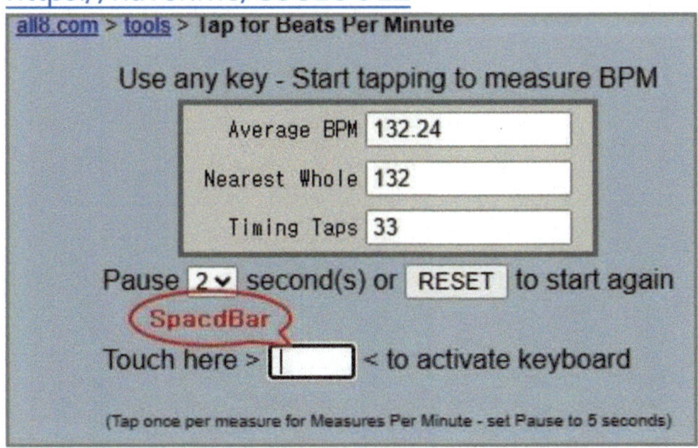

2. 리퍼를 키고 숫자를 입력한 다음, 곡을 리퍼에 넣고, 음원 파일을 넣어서 일정한 간격으로 배치한다.

<메트로놈 설정과 사용>

1. 녹음할 때 메트로놈을 설정해 사용한다.

2. [Options > Metronome enabled] 누르거나 툴바의 메트로놈 클릭하여 킨다.

3. [Options > Metronome/pre-roll settings...] 클릭하거나 툴바의 메트로놈을 우클릭 한다.

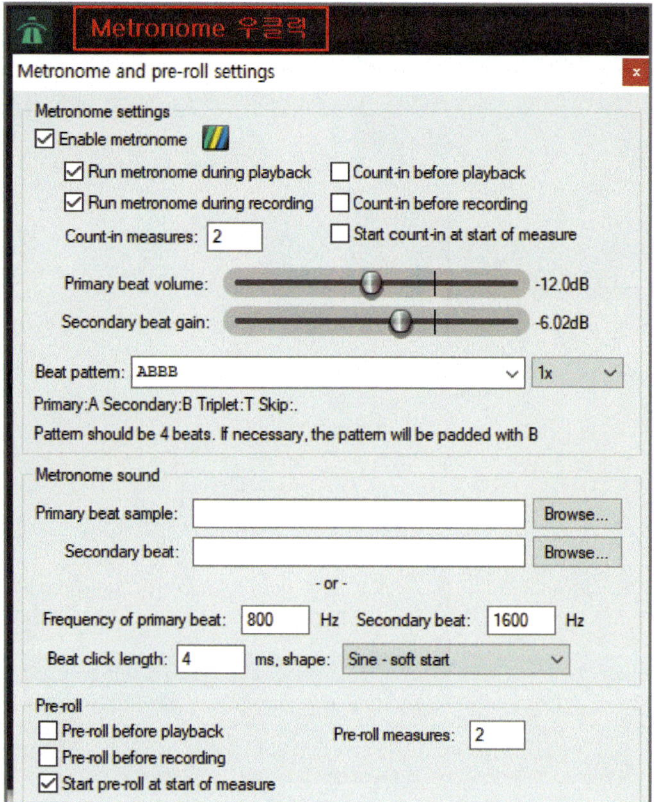

< Metronome and pre-roll settings>

1) Enable metronome: 내장 메트로놈을 킨다.

2) 출력 지정 단추: Enable Metronome Play.metronome thru Monitor FX 메뉴가 보인다.

3) Run metronome during playback: 재생 중에도 메트로놈 소리를 켠다.

4) Count-in before playback: 재생 전에 선행 박자(예비박) 소리 켠다.

5) Run metronome during recording: 녹음하는 중에 메트로놈 소리를 켠다.

6) Count-in before recording: 녹음 전에 선행 박자 소리를 준 후 녹음이 시작된다.

7) Count-in length (Measures): 선행 박자의 마디 수 만큼 기다렸다 녹음한다.

8) Primary beat volume: 메트로놈 주 박자 소리의 음량을 조절한다.

9) Secondary beat gain: 보조 박자 소리의 음량을 지정한 만큼 차감한다.

10) Beat pattern: 속도를 높이려면 4x 등을 선택한다.

11) First beat sample: 첫박자의 메트로놈 소리를 바꾼다.

12) Subsequent beat: 첫 박자 외의 소리 지정 4/4 박자에서 2, 3, 4 박자의 소리이다.
    *Preferences > Project 페이지에서 저장한 프로젝트를 기본 템플릿으로 지정한다.

13) Frequency: 신스 메트로놈으로 첫 박자와 나머지 박자들에 대한 주파수를 Hz 단위이다.

14) Beat click length xx ms: 박자 소리가 지속되는 시간.

15) Start shape: 큰소리로 hard 작은 소리로 soft

16) Pre-roll: 지정된 마디 수만큼 메트로놈이 진행된 후 녹음이나 재생이 시작된다.

<LoudMax: Loudness Maximizer 고음질 녹음하기>

LoudMax 효과를 넣고 재생하면 소리가 선명하고 음량이 풍부해진다.

1. 다운 설치: 구글에서 'LoudMax' 검색하여 설치한다.

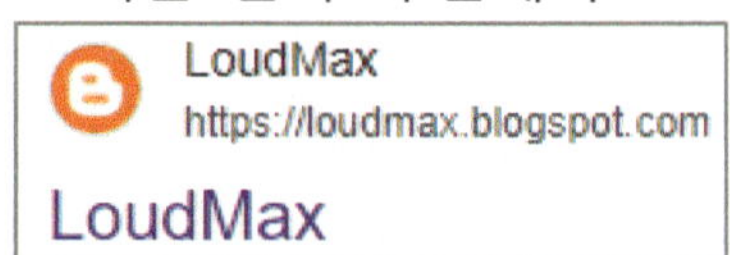

LoudMax Loudness Maximizer https://loudmax.blogspot.com/

  1) Downlods 의 VST3 plugin 클릭하여 다운 받고 [LoudMax.vst3]를 복사한다.

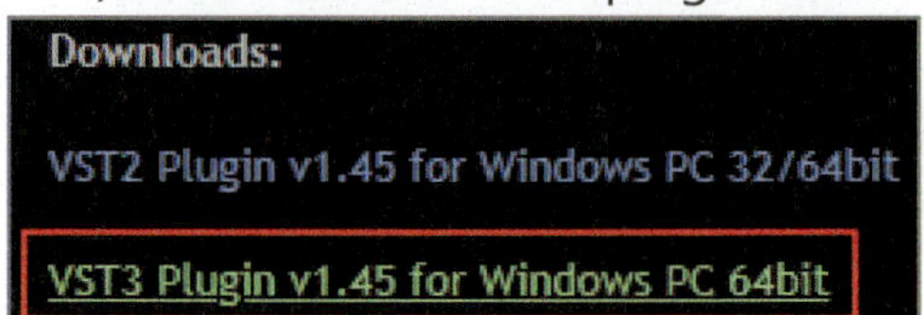

  2) [LoudMax.vst3]를 [Programs>Common Files] 클릭하고. [VST3] 폴더에 붙여 넣는다.

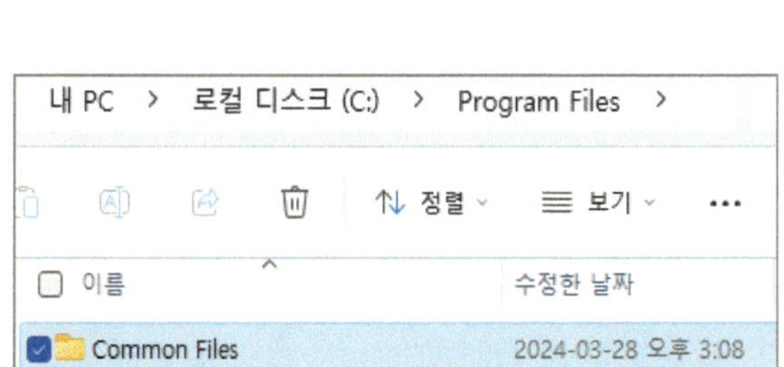

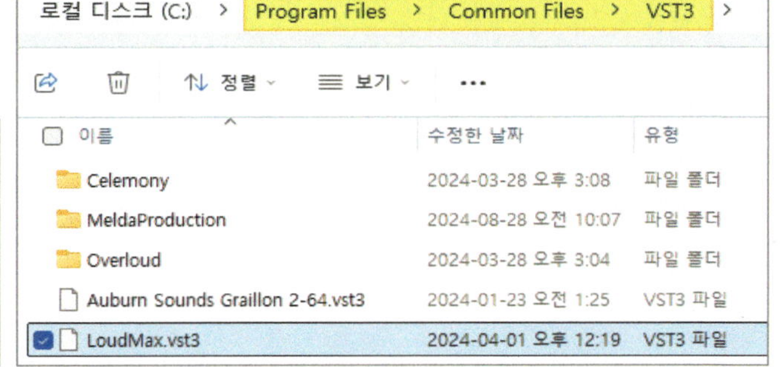

2. 트랙 추가(Ctrl+T)하고, [FX] 클릭하여 Filter 에서 'loud' 찾아 [VST3: LoudMax]를
   더블클릭(Doube Click)한다.

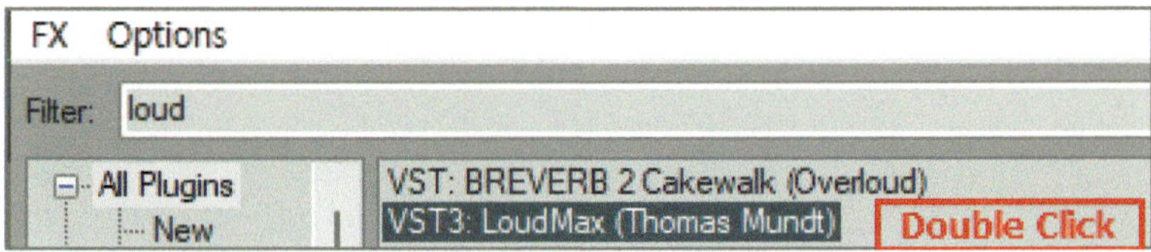

3. 소리를 들어가면서 LoudMax 에서 Thresh 를 (-12.3db)로 하고 바를 움직여서 설정한다.

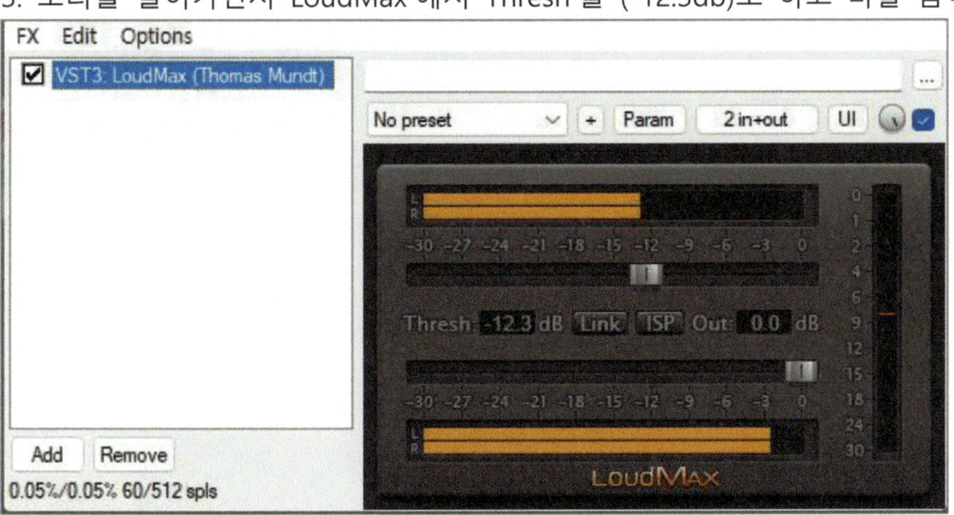

[83] 동영상 사운드 추출과 노이즈 제거 ReaFIR

동영상 파일을 불러와 오디오 파일로 추출하고, 내장된 Reafir 플러그인으로 노이즈를
제거(Noise reduction)하고, ReaFIR(리퍼브)는 노이즈만 있는 구간의 정보를 노이즈
프로파일링으로 분석하여 정보를 반대로 캔슬링하여 자동으로 목소리의 소음을 줄인다.

1. 리퍼를 실행하고, 트랙에 동영상 파일을 불러오면 오디오 파일이 생긴다.

2. 트랙에서 [FX] 버튼을 누르고, **Filter** 에서 'reafir' 검색하여 [VST: ReaFir(FFT EQ+]를
   더블클릭하거나 [Add] 클릭하면, [FX]가 활성화된다.

3. ReaFIR 불러와, Mode 에서 [**Subtract**] 선택하고, **'Automatically build noise profile'**을
   체크하고 자동으로 소음을 제거한다.

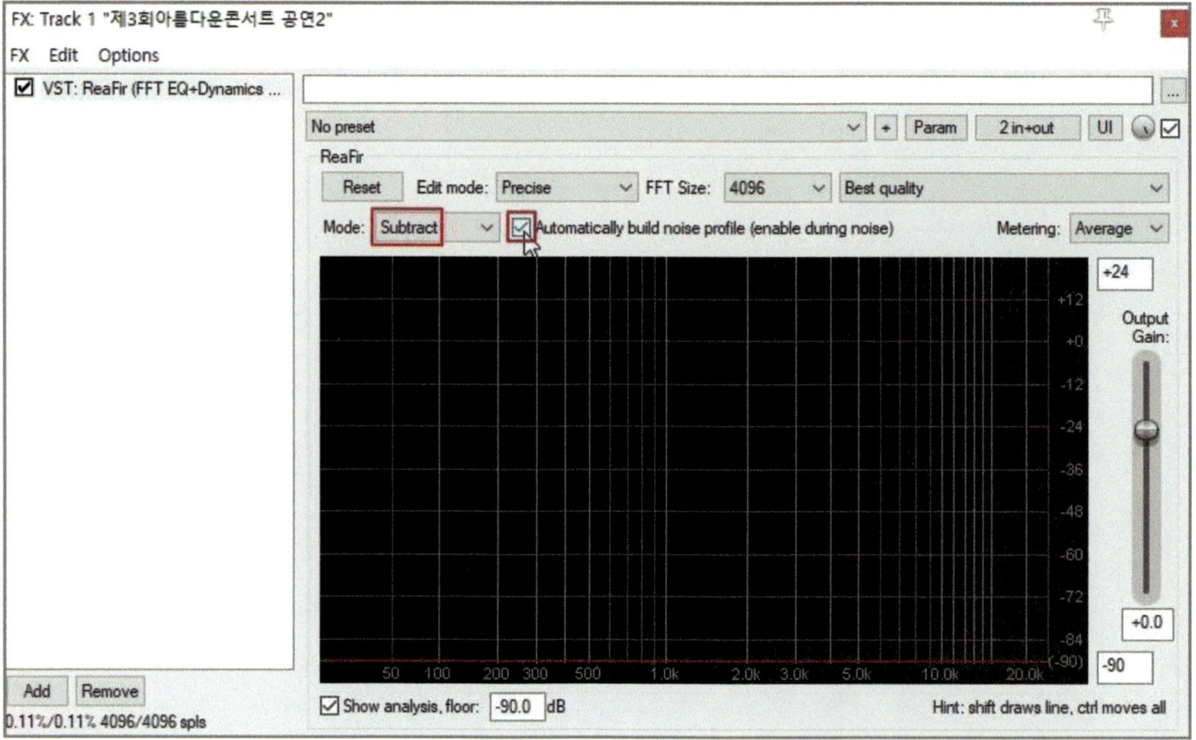

4. 트랜스포트의 [Toggle Repeat: C] 선택하고, 노이즈 구간만 반복 재생해주면, 화면에서 빨간
   선이 올라오는 것이 노이즈 프로파일 정보이다. 노이즈 구간이 안들릴 때까지 반복 재생한다.

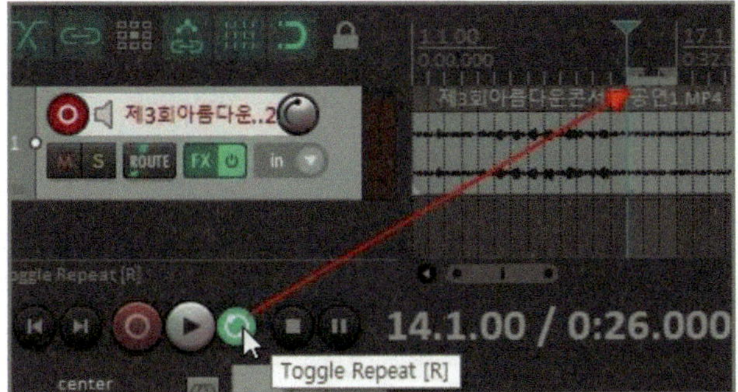

5. 악기 소리가 왜곡되어 들리면 우측 상단의 **wet** 를 드래그하여 90%로 줄인다.

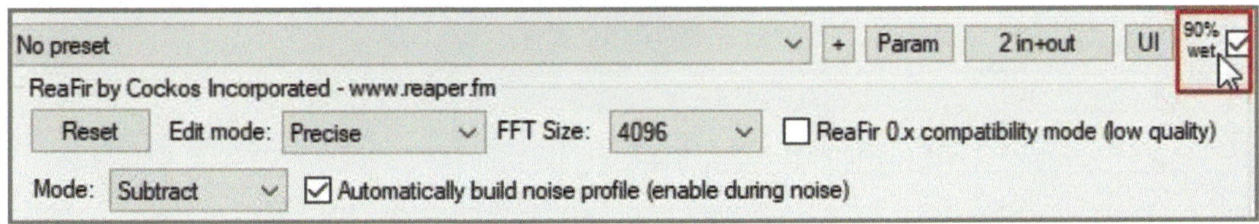

6. Ctrl 누르고 드래그로 빨간 파형을 위아래로 움직여 Reduction 양을 조절한다. 감소량을 늘릴
   수록 음원 손상을 준다. 작은 소리에선 좋으나 커지는 부분에선 울렁이는 소리가 발생한다.

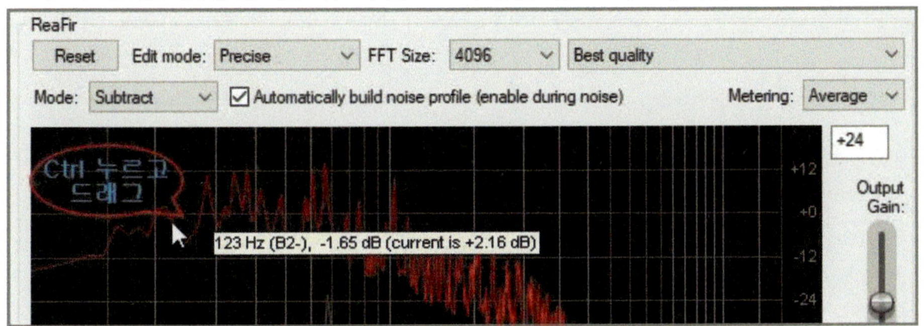

7. 'Automatically build noise profile' 체크 해제하고 음원을 재생해주면 ReaFIR 플러그인을 통해
   음원에 포함된 배경 노이즈가 캔슬링된다. 음원을 선명하게 다듬어 줄 수 있다.

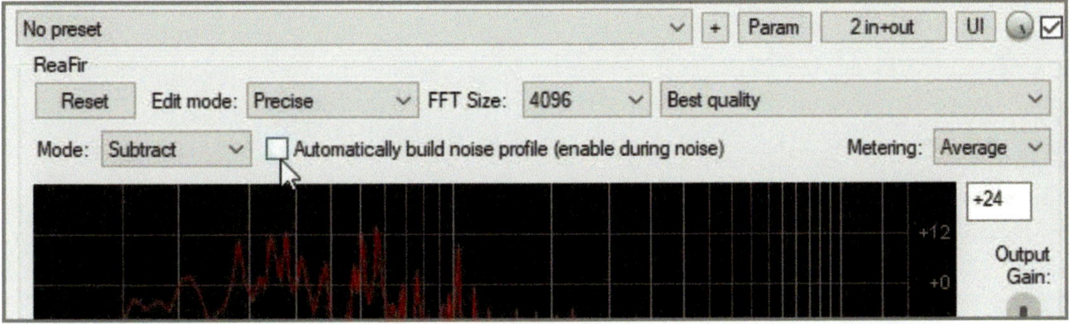

8. 레이턴시 줄이기

   EQ APO 의 ReaFir 설정에 들어가서 **FFT size** 를 1024 로 바꾼다. 기본값은 4096 인데 딜레이가
   심하게 느껴진다. 소음 제거 퀄리티와 FFT size 는 trade-off 관계이므로 맞는 세팅을 고른다.

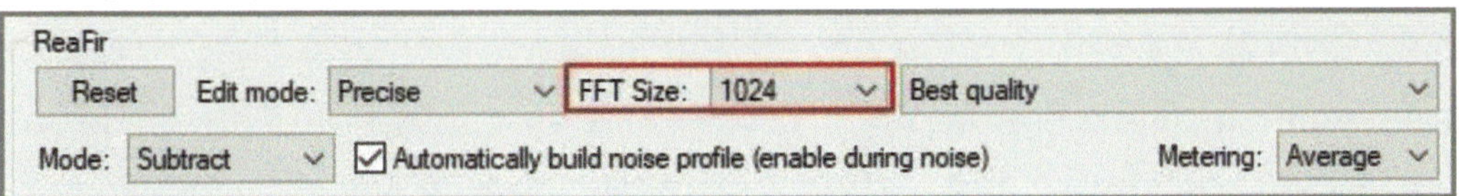

9. 원하는 구간 렌더링하기

   1) 드래그하여 구간을 정하고, [File/Render: Ctrl+Alt+R] 클릭한다.

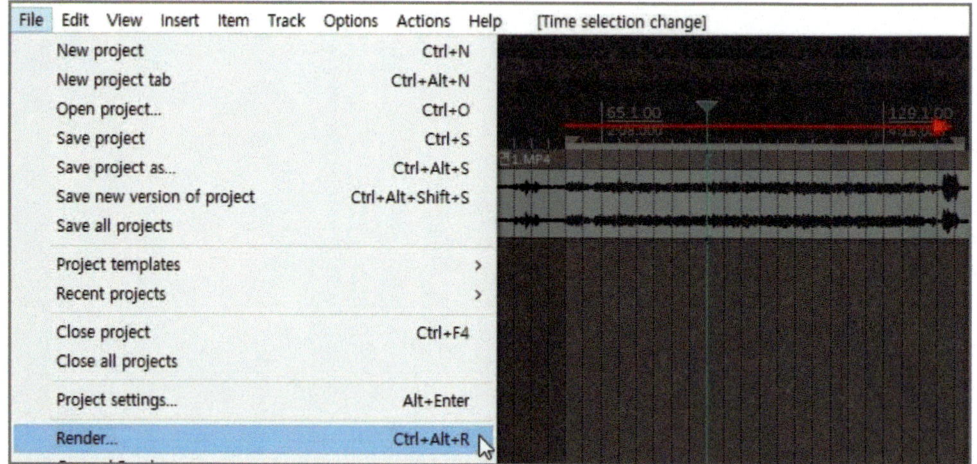

   2) Bounds 를 [Time selection]으로 정하고, [Render file1] 클릭하여 사운드 파일로 저장한다.

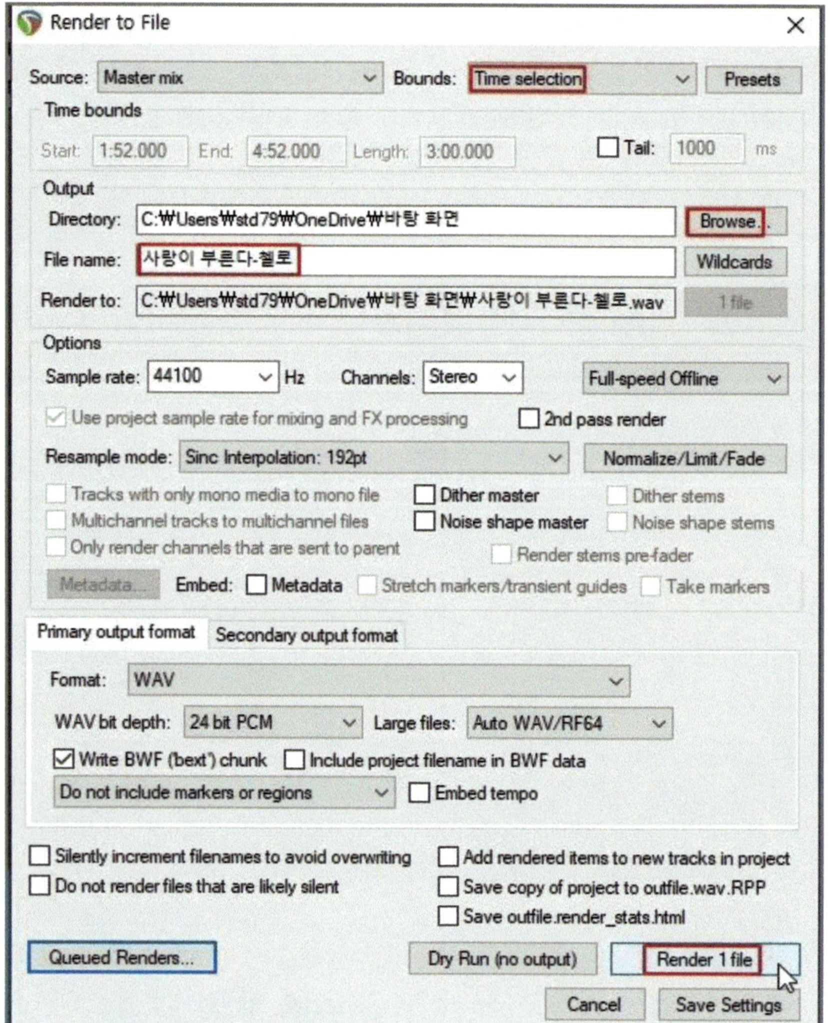

10. 자동으로 소음 제거하기

   1) '**Automatically build noise profile**' 체크하고 소음 구간을 반복 재생하여 학습을 시킨다.

   2) 'Automatically build noise profile' 체크 해제하고 재생하면, 소음이 자동으로 제거된다.

<ReaComp FX 설정하기>

USB 마이크와 이어폰을 연결하고 ReaComp 압축키로 크고 작은 불륨 변화를 부드럽게한다,

1. Reaper 를 실행하고, [Options/Preferences: Ctrl+P) 클릭하고, Device 클릭한다.

　　Input device: 마이크(USB...) 선택하고, Out put device: 헤드폰 선택한다.

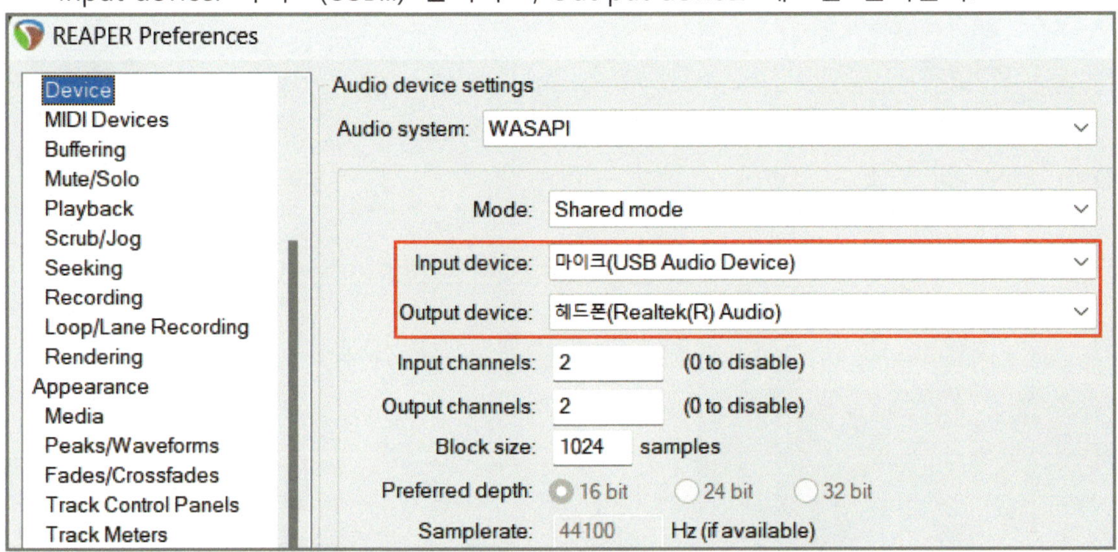

2. 트랙 추가(Ctrl+T)하고, [FX] 클릭하여 Filter 에서 'rea' 검색하여 [VST: ReaComp] 더블클릭한다.

3. Release(301), Ratio(3.00), Threshold(-271)는 마이크 입력하면서 -6 정도로 조절한다.

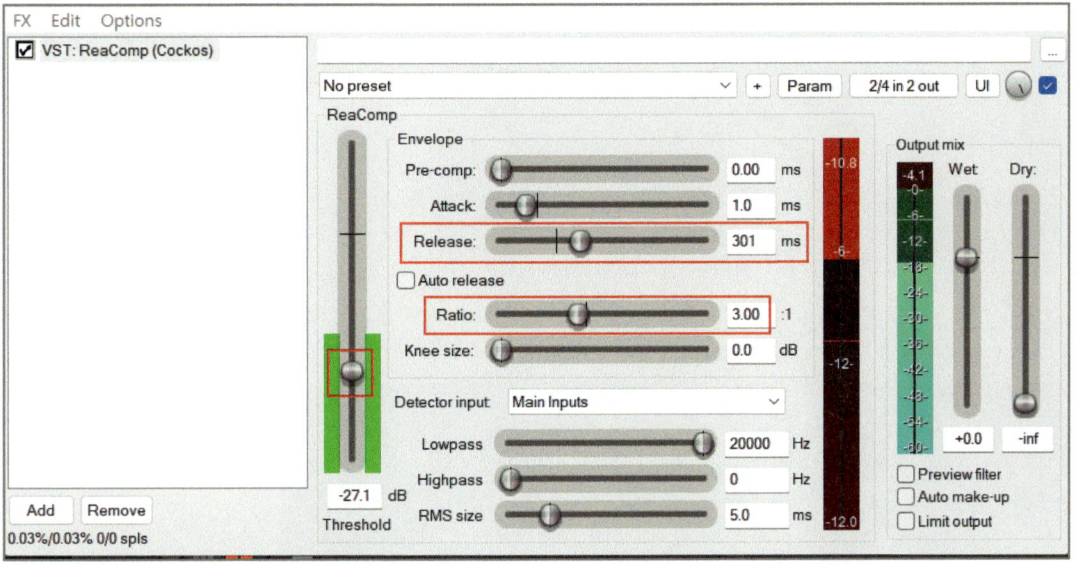

4. [Ctrl+R] 클릭하여 녹음한다.

[84] MAutoPitch 플러그인 설치 보컬 효과

MAutoPitch 는 무료 플러그인으로 오토튠 작업을 통해 퀄리티 높은 보컬 효과를 낸다.
목소리를 기계적으로 튜닝해 음에 딱딱 맞게 만드는 '오토튠 효과'는 'T-Pain' 효과이다.
곡의 키를 맞추면 튠이 키에 맞춰지며 불협이 안나는 자연스러운 오토튠 작업이 완성된다.

<MAutoPitch 다운 설치>

1. 다운: 구글에서 'mauto pitch' 검색하고 사이트(meldaproduction.com>MAutoPitch) 누른다.

https://www.meldaproduction.com/MAutoPitch

https://www.meldaproduction.com/downloads

1) [Get it with MFreeFXBundle] 클릭하고 [Free Download] 클릭하고,

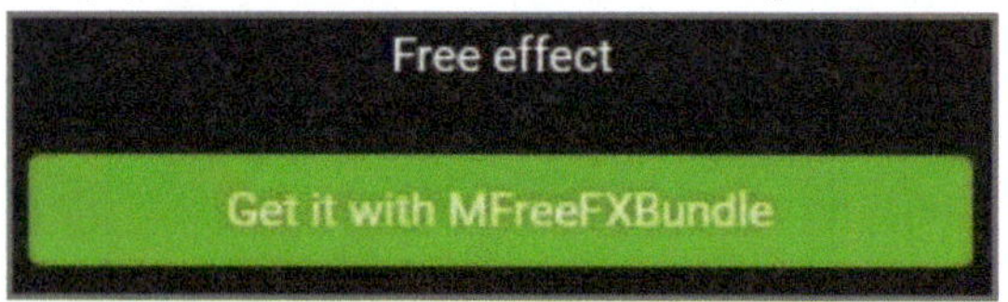

2) [Download(Win)] 클릭하여 다운 받는다.

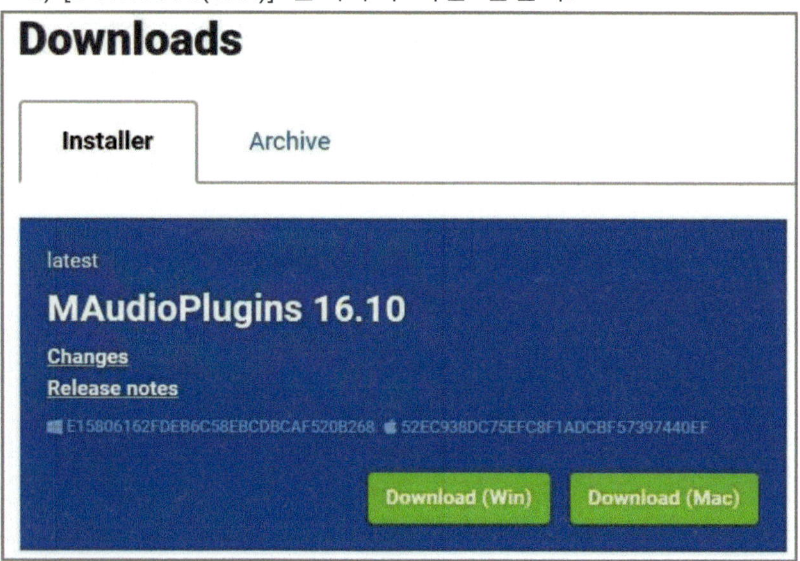

2. Install

1) VST plugins Agree 하고 Next 클릭한다.

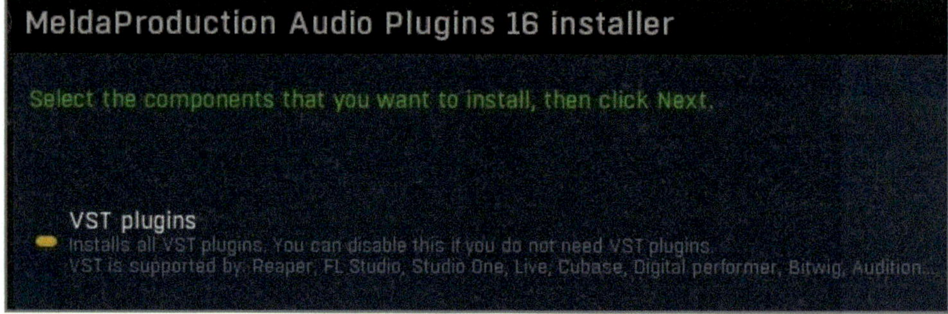

2) FREE EFFECTS 에서 [MAutoPitch] 선택하고 Next 클릭한다.

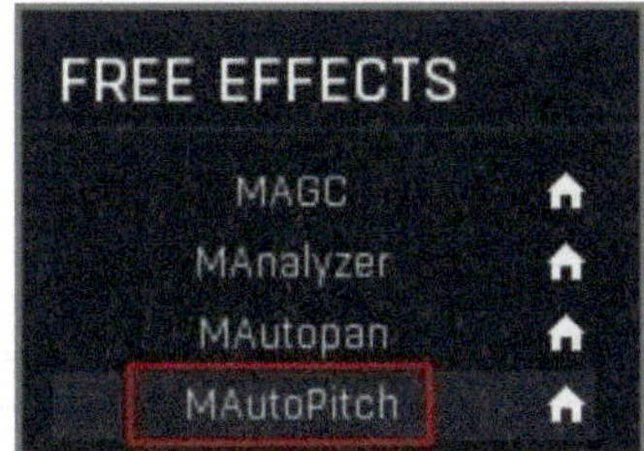

3) Installer 창이 나오면 Next 클릭한다.

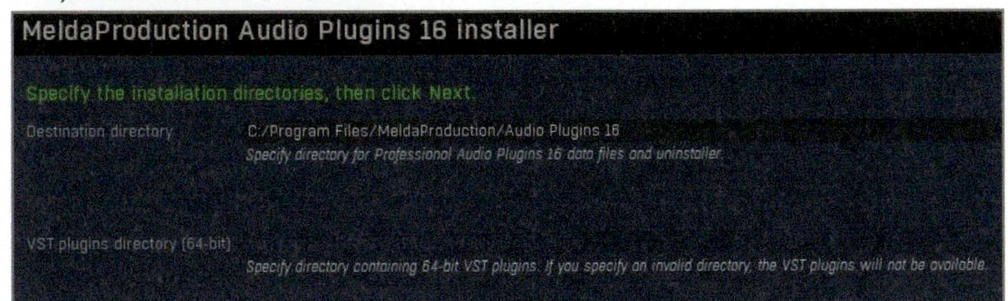

4) 인스톨이 성공했다는 창이 나온다.

3. 리퍼 실행하고, 보컬 오디오 파일을 불러오면 해당 트랙에 FX 효과로 MAutoPitch 를 불러오고, 오디오트랙에서 [FX] 클릭, Filter 에서 'mauto'검색하여 [VST3: MAutoPitch] 더블클릭하거나 [Add] 클릭한다.

4. MAutoPitch 플러그인이 실행된다.

<Automatic Tuning(오토튠) 노브 효과 속성>

1. Depth: 원하는 사운드가 나올 때까지 조절하고, 오토튠이 얼마나 많이 적용되게 할지 정한다.

2. SPEED: 스피드 노브는 음이 보정되었다가 원음으로 돌아오는 속도를 결정한다.

3. DRY/WET: 기본값은 100%WET, 오토튠이 적용이 안된 소리와 섞이면서 겹치는 소리가 안다.

4. SCALE: 곡의 조성을 결정한다. 기본값은 CHROMATIC 으로 12 음계에 맞춰 오토튠이 된다.

   [Major 의 C] 선택하고 클립을 재생하면 MAutoPitch 가 적용된다.

5. DETUNE: 다튠은 원음과 변형된 음 사이에 음정 변화를 만든다. 50 이면 반음이 올라간다.

6. WIDTH: 스테레오 이미지를 변경해 보다 넓은 음정 효과를 만든다.

7. KEEP FORMANTS : 포먼트 변경으로 부자연스러워지는 것을 방지하며 이상하면 줄인다.

8. FORMANT SHIFT: 보컬의 톤을 바꿔준다

<DETUNE 적용>

1. 오디오 클립을 드래그하여 선택하고, **DETUNE** 을 더블 클릭한다.

2. 속성 창에서 DETUNE -100cents 으로 하면 한음, -50 cents OK 면 반음이 내려간다.

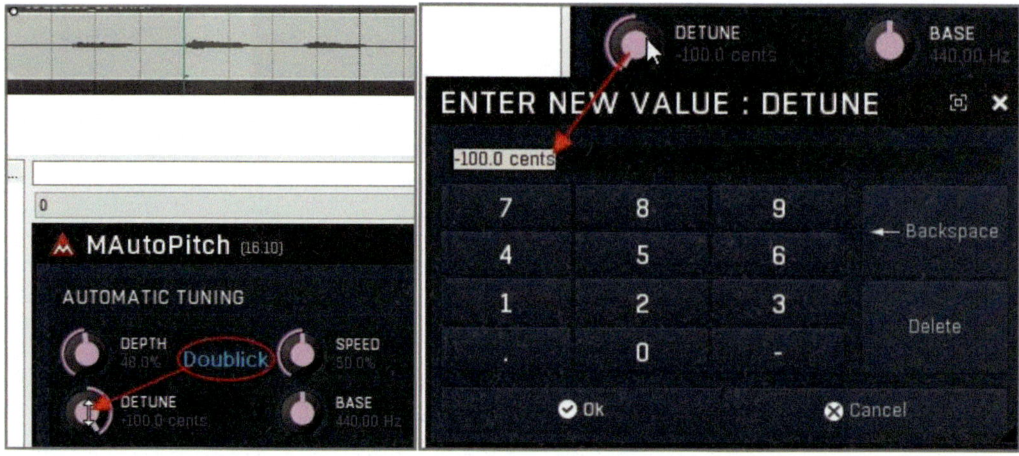

<케이크워크 밴드랩에서 MAutoPitch 적용하기>

1. [Insert Audio FX/Pitch Shift/MAutoPitch] 클릭하면, 트랙에 MAutoPitch 가 생긴다.

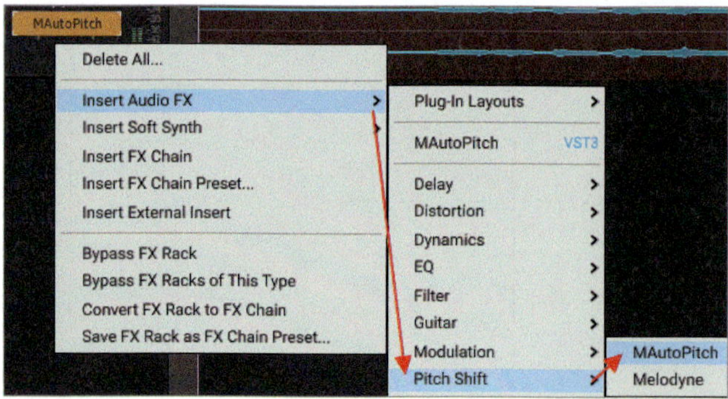

[85] 리퍼 설정(Preferences), 프로젝트 설정(Project Settings)

노트북에 USB 마이크를 연결하고 목소리 녹음하기위해 오디오 인터페이스 설정하기

1. 오디오 인터페이스(Audio Device Settings) 설정

   1) Options>Preferences(Ctrl + P) 클릭하고, [Audio > Device] 클릭하고,

   2) Audio system: **WASAPI,** Mode: **Shard mode,** Input device: **마이크(USB)**로 설정한다.

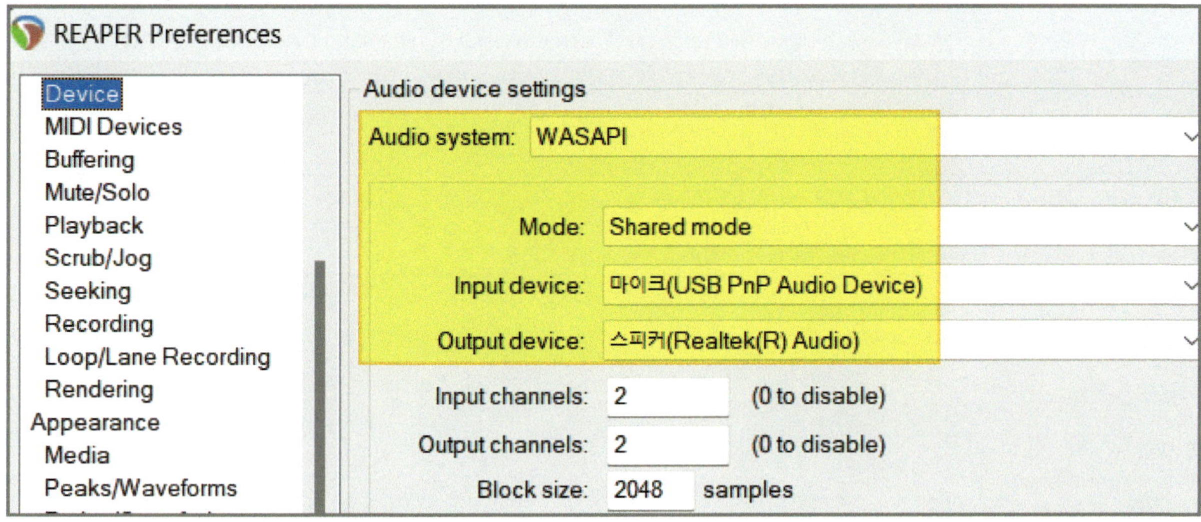

2. Sample Rate 와 Bit Depth 설정

   높은 샘플레이트와 비트 뎁스(Bit Depth)를 사용하면서 모두 동일한 값을 사용하지 않으면 드롭아웃이 생기거나 소리가 느려지거나 조성이 달라진다. [Options > Preferences > Device] 클릭하고 **Request Sample Rate** 에 체크 후 값을 설정한다.

   1) Project Sample Rate

[Alt+Enter] 눌러 Project Settings 탭에서 **Project Sample Rate** 에 체크하고 44100 Hz 로한다.

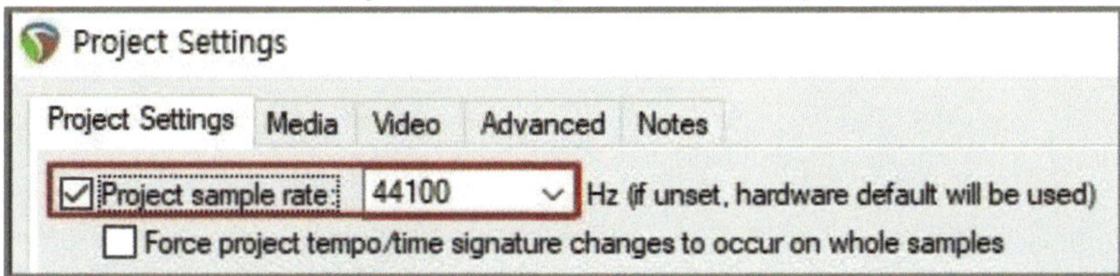

   2) Bit Depth 설정하기

Projects Settings (Alt + Enter)>Media>Recording>WAV bit depth 에서 **24bit PCM** 선택한다.

3. 플러그인(**VST**) 경로 설정

   [Options > Preferences] 클릭하고 Plug-ins > **VST** 에서 경로를 확인한다.

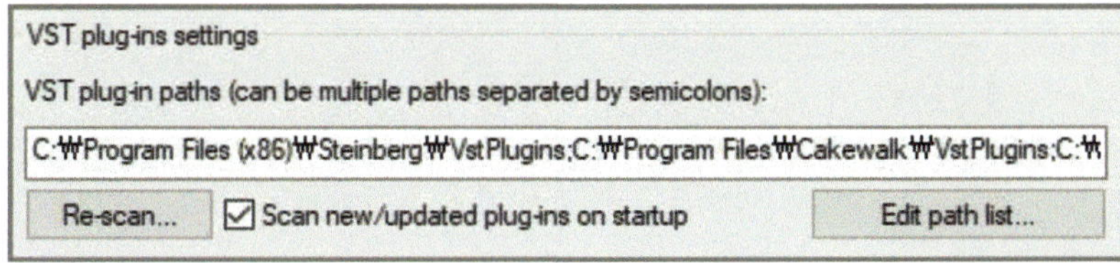

4. Space Bar 기능 재설정

Space Bar 누르면 녹음이 정지되면서 음원 저장, 삭제 기능을 끄려면, Options>Preferences
Audio>Recording>**Prompt to save/delete/rename new file : on stop** 에 체크를 해제한다.

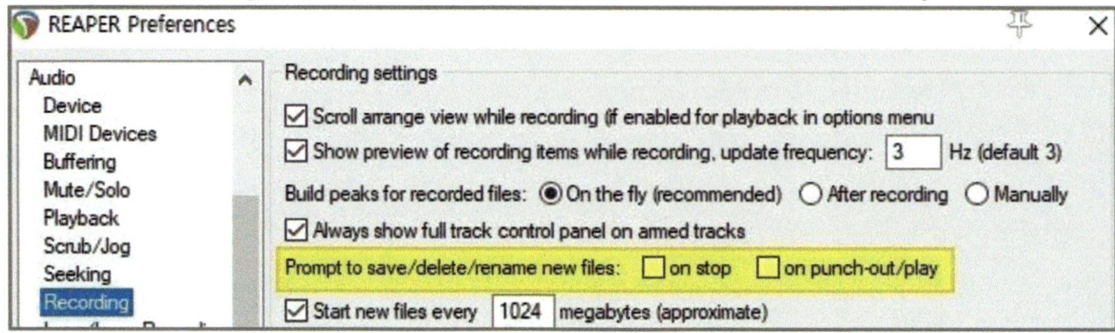

5. Startup settings 변경: [Options > Preferences > General] 클릭하여 Startup settings 에서
Open project(s) on startup 을 **New Project** 로 변경한다.

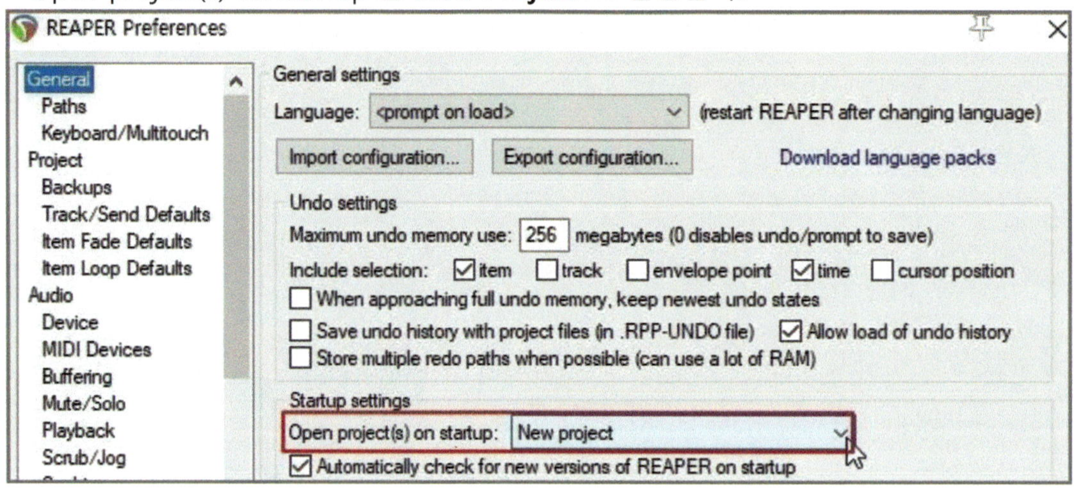

6. Alt 단축키 재설정: [Options > Preferences] 클릭하고, [General > Keyboard> Multitouch]
클릭하여 **Prevent ALT key from focusing main menu** 에 체크한다.

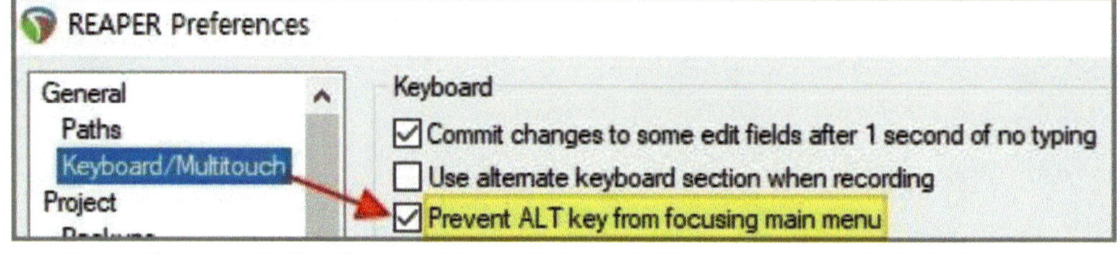

7. 템포 적용: 녹음할 때 템포를 변경하면 음원의 속도가 달라져서 **Time** 으로 설정한다.
Save as default project settings 로 저장하면 다음 프로젝트에도 적용된다.
Project Settings>Project Settings>Timebase for items/envelopes/makers 를 Time 으로 변경한다.

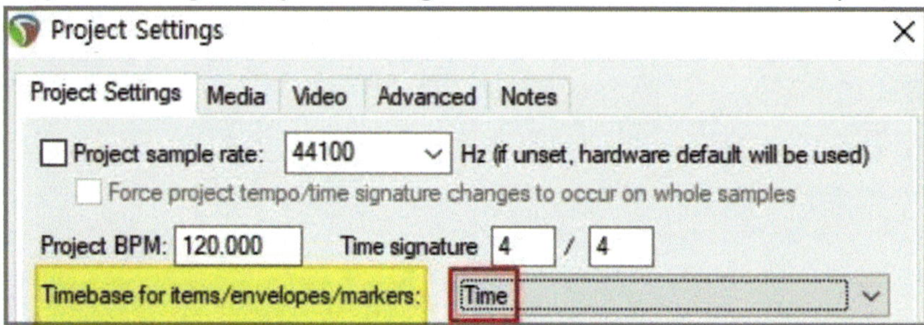

[86] FX, Mixer, Master, Mastering, Reacomp, ReaEQ

마스터링은 믹싱에서 소리를 다듬고 곡들의 음의 크기, 곡의 간격을 조절하는 마무리 과정이다.
FX 로 오디오에 효과를 주어서 믹싱하고, 마스터링하여 여러 사운드를 믹서에 적용한다.

1. ReaComp
 ReaComp 는 노래의 크고작은 볼륨을 부드럽게 조절하여 마스터링한다.
 1) 트랙 추가하여 [FX(Show Master FX Window)] 클릭하고 [ReaComp] 더블클릭하여
  효과를 추가한다.

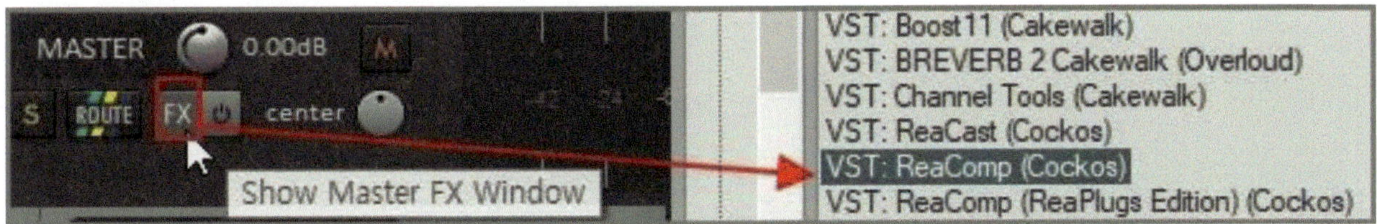

 2) Attack(71.9), Release(2419), Knee(12.5) 각각 늘리고, Ratio(1.399)는 줄인다.

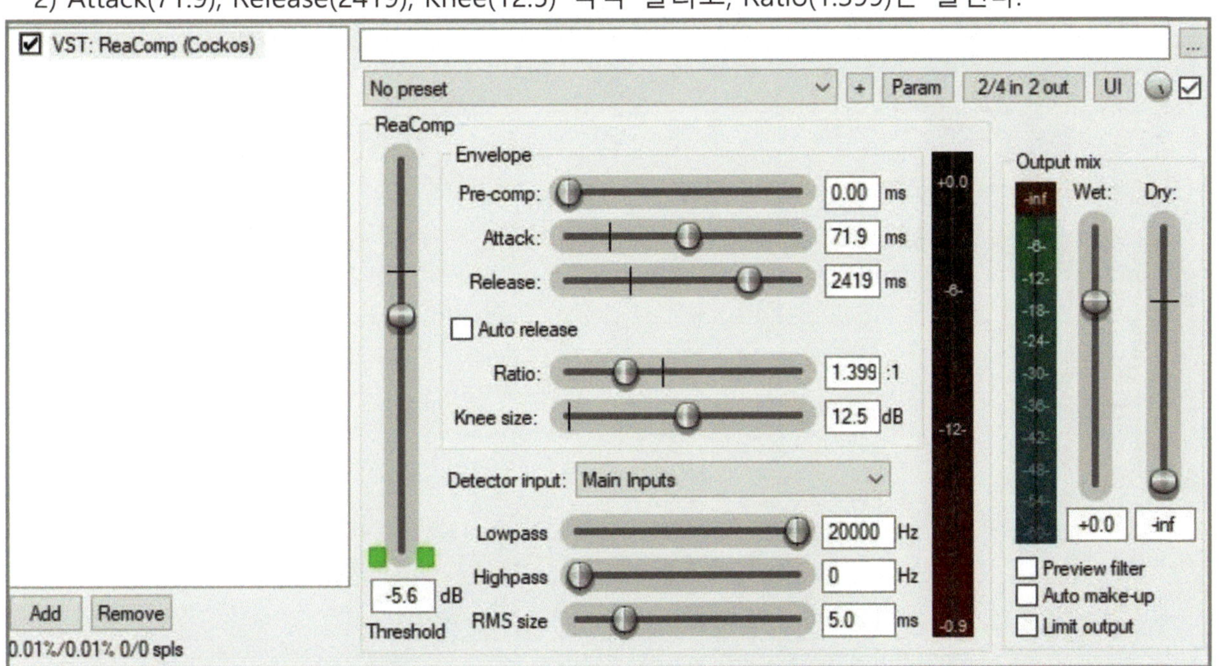

 3) Add 클릭하여 ReaXComp 를 열고 preset 에서 [mastering 3band: smile] 선택하여 적용한다.

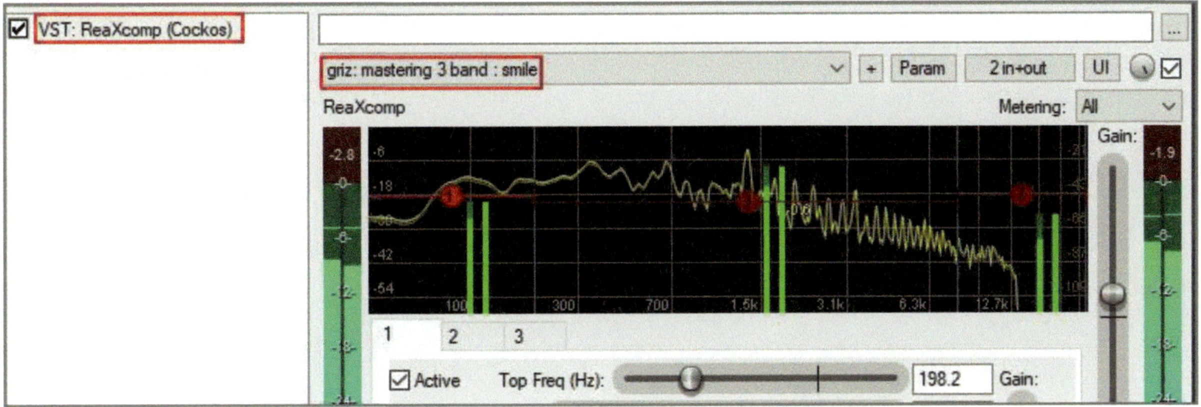

2. Limiter(리미터)

Filter 에서 'Limiter'를 검색하고 리미터를 너무 많이 올리면 피크가 뜨지 않아도 소리가 깨지는 경우가 생긴다. Limiter 의 **트레숄드(Threshold)**를 조금 내린다.

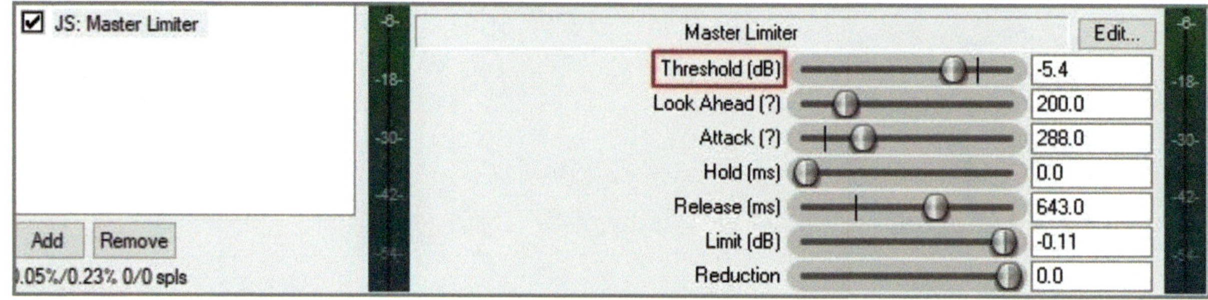

3. ReaEQ

저음역대를 낮추어 저음에 있는 소음을 줄이고, **Frequency** 를 조금 올린다.

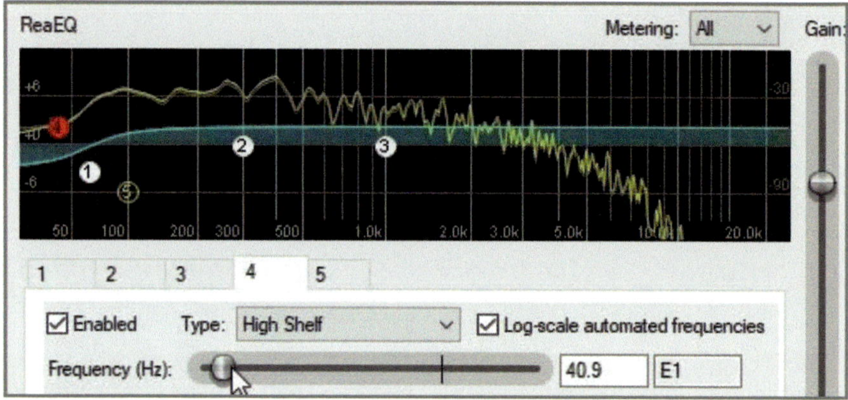

4. Saturation: Amount 를 100 으로 올린다.

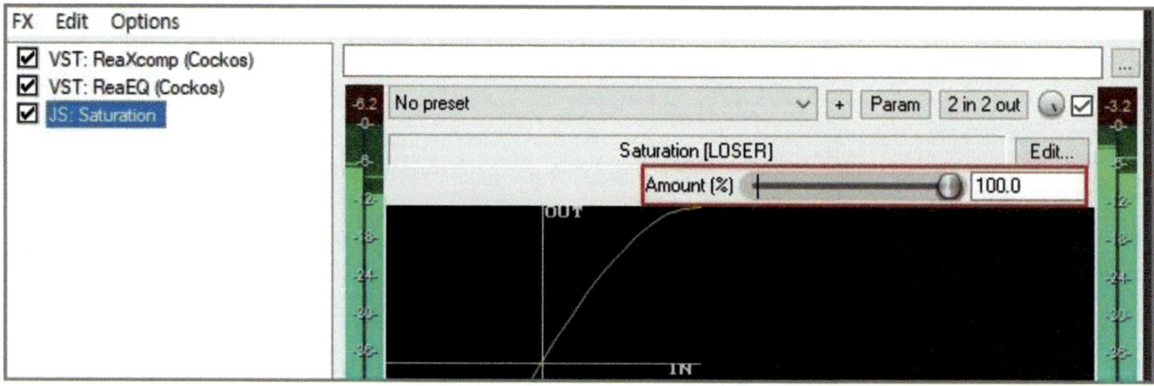

5. 마스터링하기

1) 믹서 효과를 적용한 트랙을 불러온다.

2) 사운드를 불러와 믹서 트랙에 올리면 자동으로 효과가 적용되고 저장하면 마스터링이 된다.

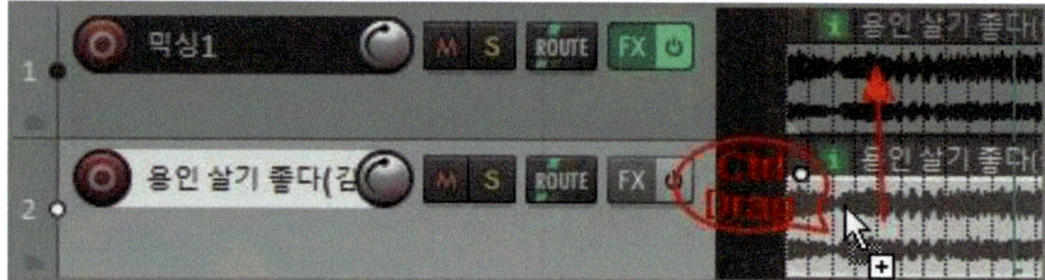

[87] ReaGate 잡음 제거 녹음

ReaGate 플러그인은 잡음(noise)을 제거하면서 녹음하거나, 녹음한 클립의 잡음을 제거한다.

<사운드 파일의 잡음 제거하기>

1. 트랙의 [FX] 버튼을 눌러 [ReaGate]를 더블클릭하여 실행한다.

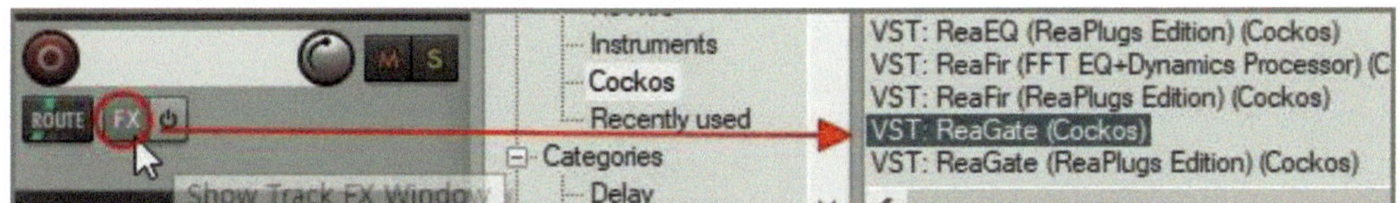

2. 목소리가 들어가지않은 잡음을 드래그하여 선택하고, [Repeat] 버튼 반복해서 재생한다.

3. 재생하면 Gate 의 노이즈(초록색)가 보이는데, 노이즈 임계점인 **트레숄드(Threshold)** 꼭대기까지 레벨을 올리고 재생하면 기본적으로 노이즈가 줄어든다.

4. **Attack** 은 문이 열리는 속도로 레벨 값을 0ms 로 한다.

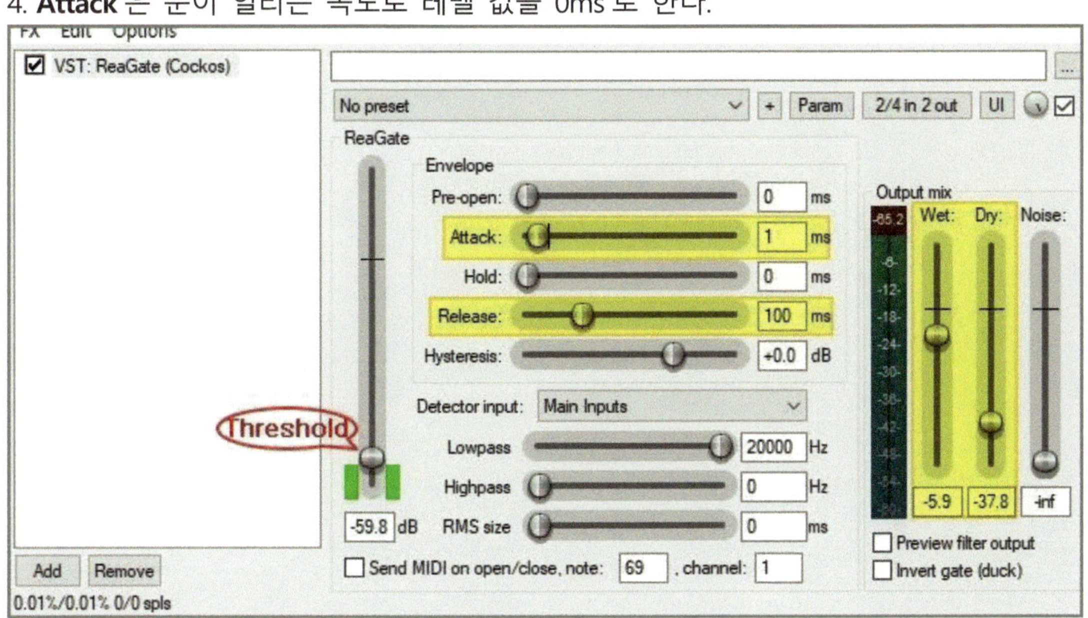

5. **Release** 는 문이 닫히는 속도로 레벨값을 100ms 로 한다.

6. **Hold** 는 Gate 값을 유지하는 것으로 레벨 값을 0 으로 한다.

7. **Wet** 는 플러그인을 거친 소리로 조금(-5.9) 내리고, **Dry** 는 원본 소리로 0 으로 하면 씹히므로 조금(-37.8) 올린다.

8. 재생하면 노이즈가 제거된다.

<마이크 연결하고 잡음(Noise) 제거하며 녹음하기>

1. 트랙을 생성(Ctrl+T)하고, [FX] 버튼을 클릭하고,

2. Cockos 의 [ReaGate]를 더블클릭한다.

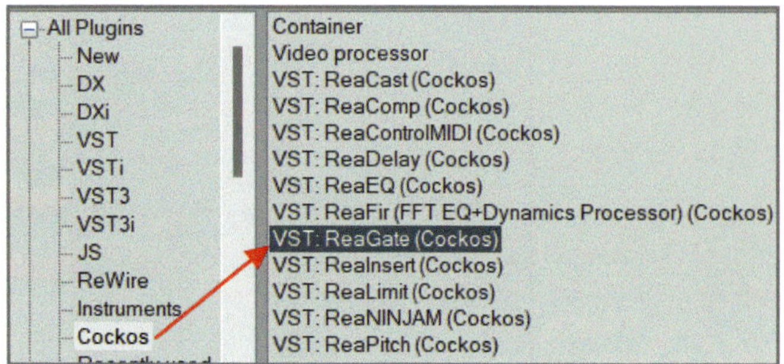

3. 노트북에 마이크를 연결하고 설정하기

   1) 노이즈인 녹색바 위로 레벨을 이동한다.

   2) Attack 을 1 로 조절한다.

   *Attack Time: 게이트가 열리는 속도

4. Wet 는 -5.3, Dry 는 -16.1 로 조절한다.

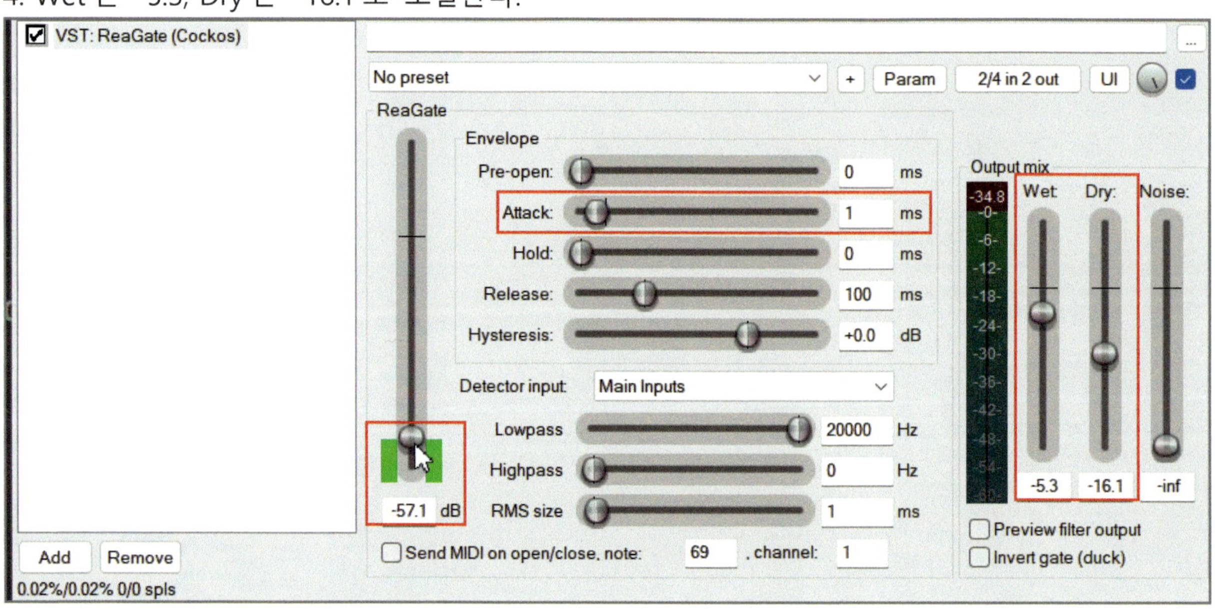

5. 설정 완료하고 마이크로 녹음한다.

[88] 오디오 인터페이스 USB 마이크 가상케이블

외장 녹음기(Zoom H1n), USB 마이크 등 오디오 인터페이스와 컴퓨터를 USB Cable 로 연결하고,
Zoom H1n 녹음기에 이어폰을 꽂고, 가상 케이블로 리퍼와 밴드랩에 고음질로 녹음하기

<리퍼에서 오디오인터페이스 설정하고 녹음하기>

1. ZoomH1n 오디오레코더의 전원 연결하고, PC(노트북)에 Micro USB cable 을 연결하기,

  1) ZoomH1n 녹음기에 [USB Audio I/F Card Reader]가 보이면 [PC/Mac], [Bus Power] 선택하고,

  2) 녹음기에 '**USB Audio I/F**'가 보이면, ZoomH1n 오디오레코더로 들으면서 녹음한다.

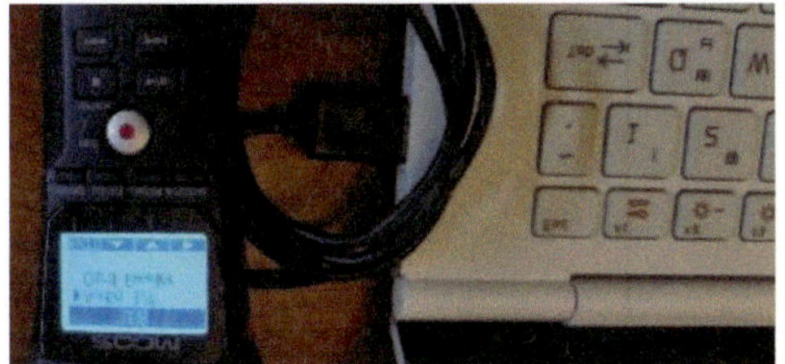

2. 리퍼에서 [Options/Preferences(Ctrl+P)] 클릭하고 Device 클릭하고, Audio system: WASAPI,
   Mode: Exclusive mode, Input device: 마이크(H Series Stereo Track USB Audio)로 선택하고,

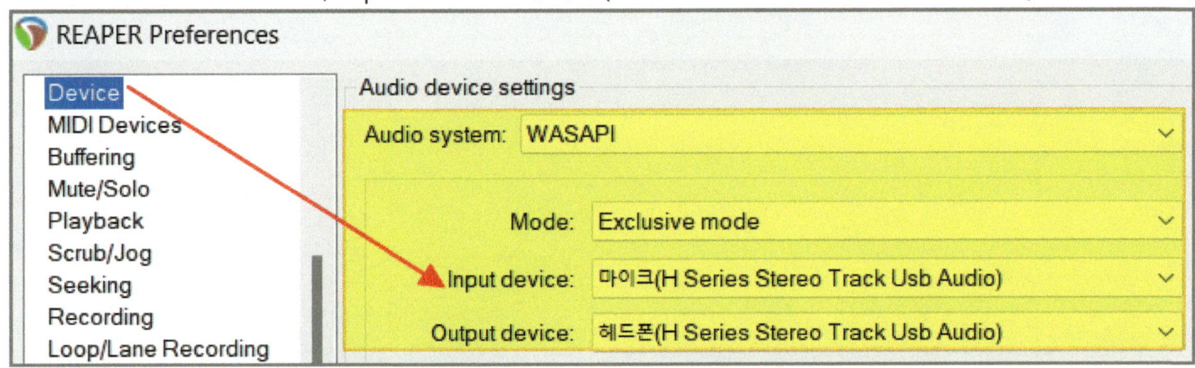

3. Record(Ctrl+R) 버튼 누르고 녹음한다.

<밴드랩 어시스턴트에서 마이크로 녹음하기>

1. BandLab Assistant 실행하고, [Create] 클릭하여 [Voice/Audio] 클릭한다.

2. 왼쪽 아래 Input 에서 '**마이크(H Series Stereo Track USB Audio)**' 선택하고,
   Start Recording(R) 버튼 누르고 녹음한다.

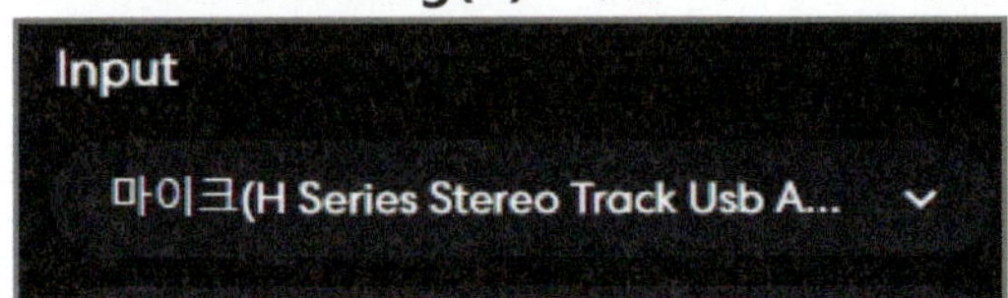

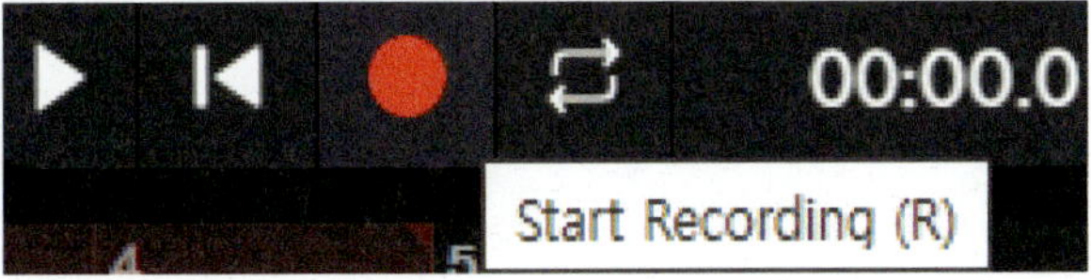

<VB-Audio Cable(VBC) 가상 케이블 설치하기>

VB-Audi 가상 케이블은 컴퓨터의 사운드 출력을 오디오 입력장치로 보내고,여러 사운드 스트림을 한 번에 실행하여 사운드를 품질을 잃지 않거나 속도 저하를 일으키지 않고 전송한다.

1. VBCABLE 다운: VB-Audio 가상 케이블 https://vb-audio.com/Cable/index.htm 클릭하고 'VBCABLE_ Driver_Pack43' 찾아 [Download] 클릭한다.

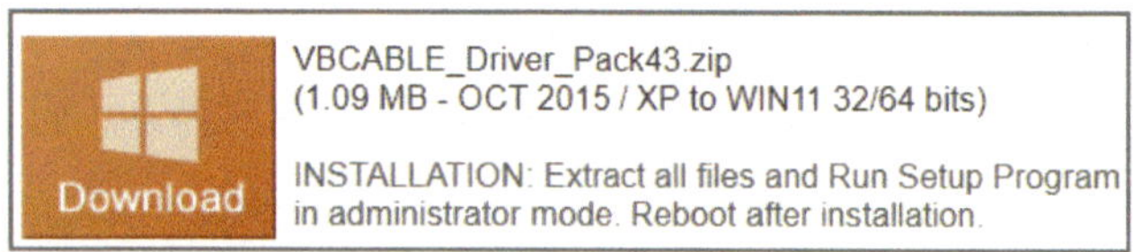

2. 압축을 풀고 [VBCABLE_Setup_*64]의 우마우스에서 [관리자 권한으로 실행] 누르고,

3. [Install Driver] 클릭하여 설치한다.

4. [Options/Preferences: Ctrl+P] 클릭하여 [Device] 클릭하고,

Output device: CABLE Input(VB-Audio Virtual Cable 선택한다.

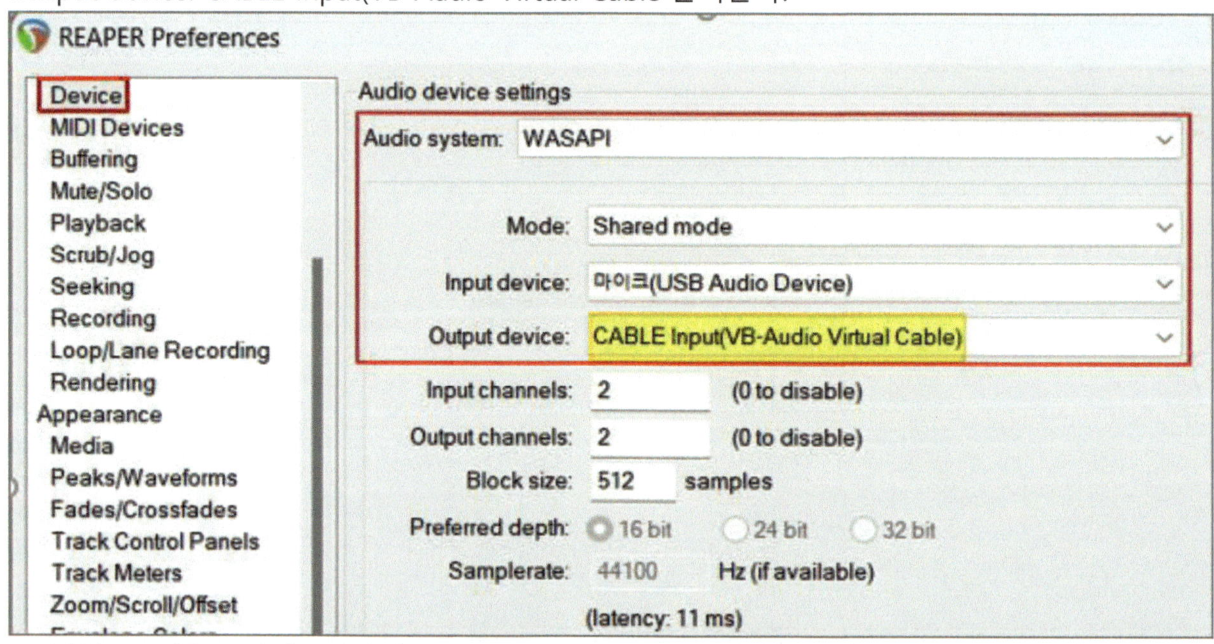

5. [파일/프로젝트 저장] 클릭하여 [plugin chain]으로 저장한다.

6. PC [스피커] 우마우스로 [소리 설정] 클릭하고 [소리]에서 입력을 [CABLE Output] 선택한다.

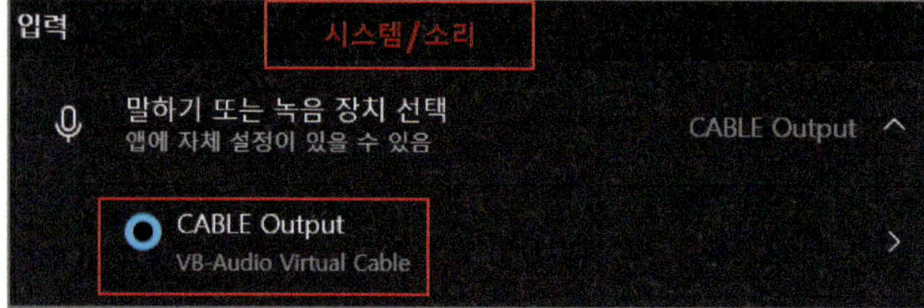

7. Preferences(Ctrl+P)의 Device 클릭하고, Block Size: 1024 samples 로 녹음한다.

[89] 영상 더빙과 커스텀마이징(Customizing)

영상에 음성을 녹음하여 더빙하고, Video(비디오) 창과 Big Clock 의 위치를 커스텀마이징 (Customizing)하고 영상을 렌더링하기

<영상에 음성을 더빙하기>

1. 동영상 파일 불러오기

  1) [Insert] 키 클릭하여 영상 파일 불러오면, 작업 창에 사운드 아이템(Items)만 보인다.

  2) [View/Video] 클릭하면 비디오 창이 보인다.

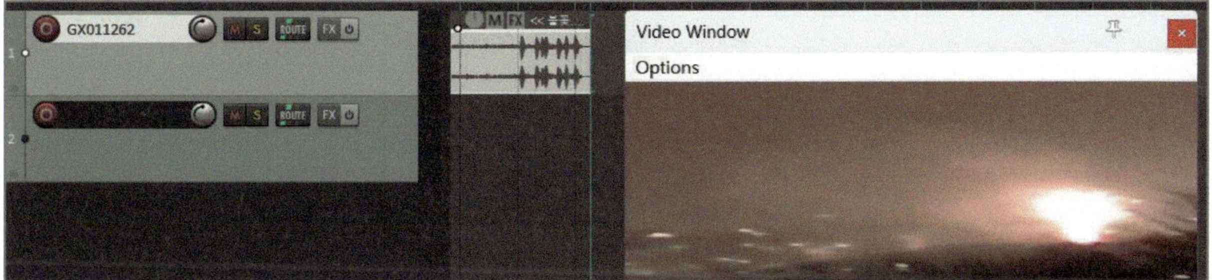

2. 트랙을 추가[Ctrl+T]하고, 영상을 보면서 [Enter] 키 눌러 일시 정지하면서 녹음하고 더빙한다. *Enter 키 누른 후에 스페이스바 눌러야 녹음이 완료된다.

<커스텀마이징(Customizing)하기>

1. 비디오 창의 [Options] 클릭하여 [Dock] 선택하여 창을 고정한다.

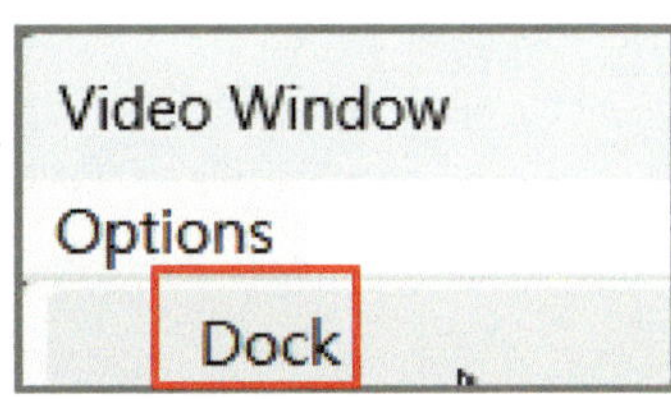

2. 큰 시계(Big Clock)

  1) [View > Big Clock: Alt + C] 클릭하여 Big Clock 을 켜고 끈다.

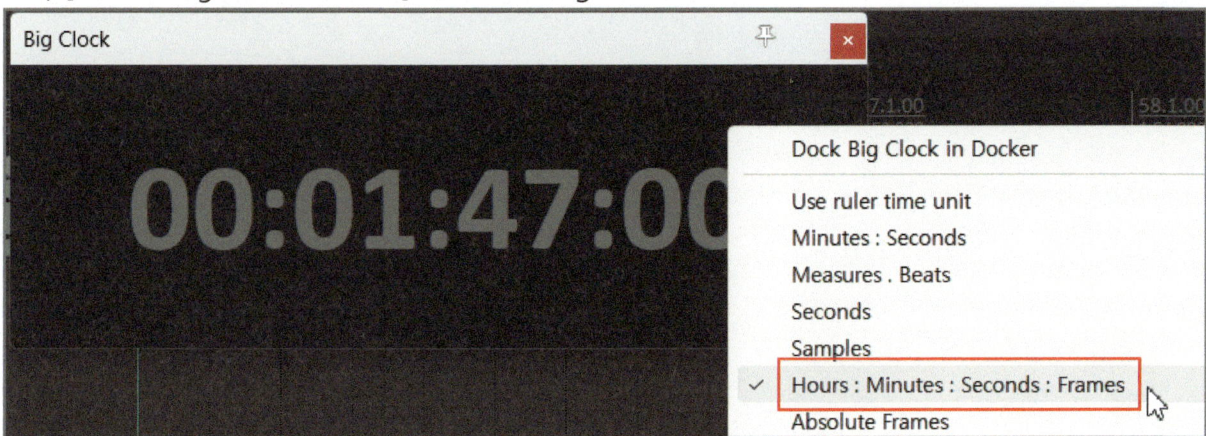

2) 우마우스로 [Dock Big Clock in Docker: Alt+C] 클릭하여 창을 우 상단에 고정한다.

<Monitor input 로 모니터링 해제하기>

1. 트랙을 생성하면 Record Monitoring 이 자동으로 켜지고, 녹음하면 하울링이 생긴다.

2. [Options/Preferences: Ctrl+P] 클릭하고, Project 의 [Track/Send Defaults] 클릭하여
   [Record Config]의 [Monitor input] 체크를 해제한다.

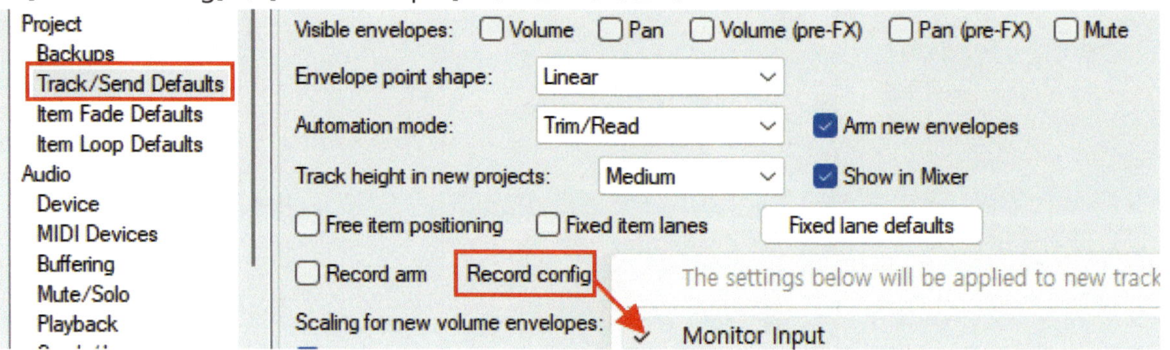

  * 사운드카드가 다이렉트 모니터링을 지원하지않는다면, 트랙의 우마우스로 입력 모니터링
  (Monitor Input)을 켜둔다.

<FFmpeg 설치와 렌더링>

FFmpeg 은 디지털 음성 스트림과 영상 스트림에 대해 기록하고 변환하는 컴퓨터 프로그램이다.

1. 다운: https://www.gyan.dev/ffmpeg/builds/

2. [Options > Show REAPER resource path in explorer/finder...] 클릭하고,
   [UserPlugins] 폴더를 열면 '이 폴더는 비어있습니다' 로 보인다.

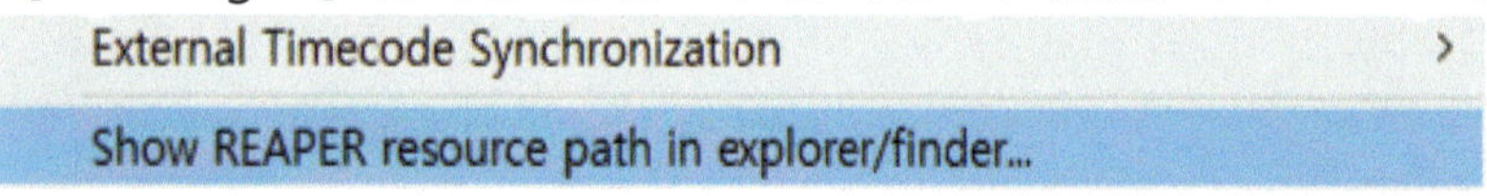

3. 다운받은 [ffmpeg-6.1.1-essentials_build]의 [bin] 파일들을 [UserPlugins]에 붙여 넣는다.

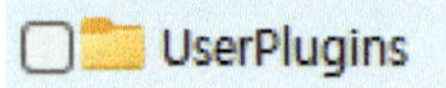

4. File >[Render: Ctrl + Alt + R] 클릭하고, [Primary out format]에서 아래와 같이 설정하고,
   [Render 1file] 클릭하여 렌더링한다.

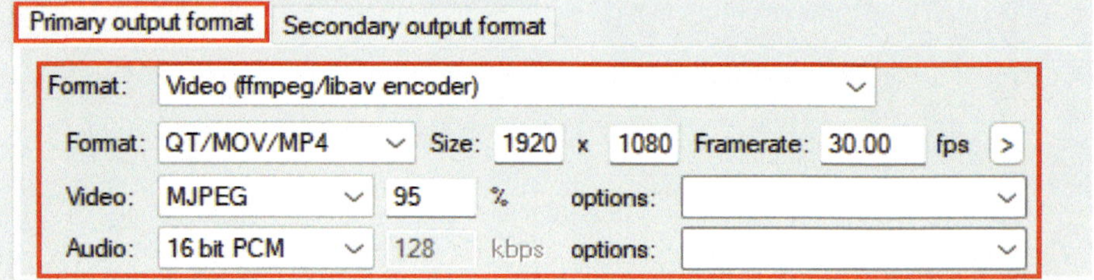

[90] 믹스오디오(Mix.Audio) AI BGM, AI Remix

믹스오디오(MixAudio)는 저작권 걱정없는 AI 생성 음악 앱으로, 음악 스타일을 텍스트로 입력하거나 사진·이미지, 오디오를 업로드하면 AI가 배경음악(BGM) **스트리밍**을 생성한다.

<스마트폰에서 믹스오디오 무설치 실행하기>

1. 믹스오디오 실행하기

 1) 구글에서 '믹스오디오' 검색하고 MixAudio 사이트 탭하고 구글 계정으로 로그인한다.

  * 믹스오디오 바로 열기: https://mix.audio/

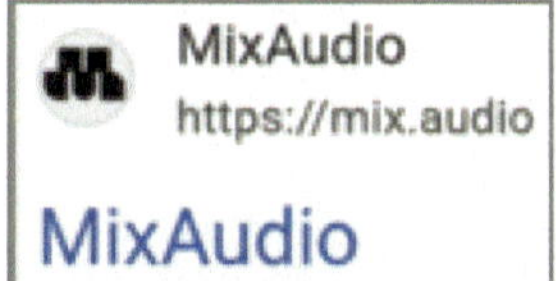

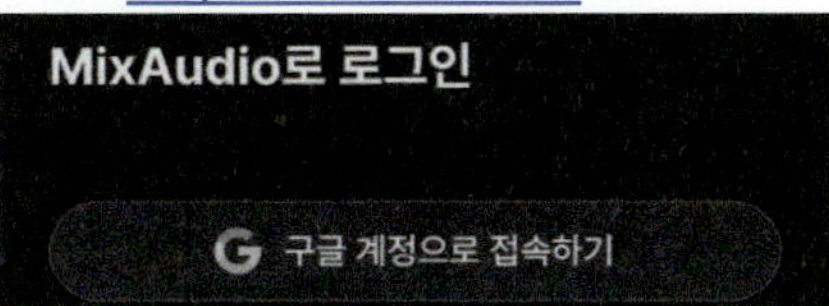

 2) 웹사이트에서 'mix.audio' 검색하고, 믹스오디오 첫화면 하단의 [Try it for free] 누른다.

<AI BGM>

1. Menu에서 [**AI BGM**] 선택하여 탭하고, 프롬프트 칸에 '바다에서 혼자 걷는 모습' 넣고 [**프롬프트 지니어스**(Prompt Genius)] 누르면, 프롬프트(Prompt)를 자동으로 생성한다

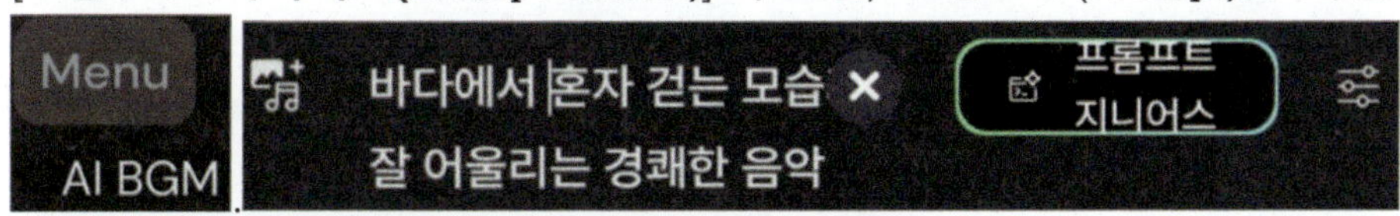

2. [**필터**] 눌러서 스타일에서 테마, 장르, 무드, 길이의 [장르] 선택하고 [생성하기] 누른다.

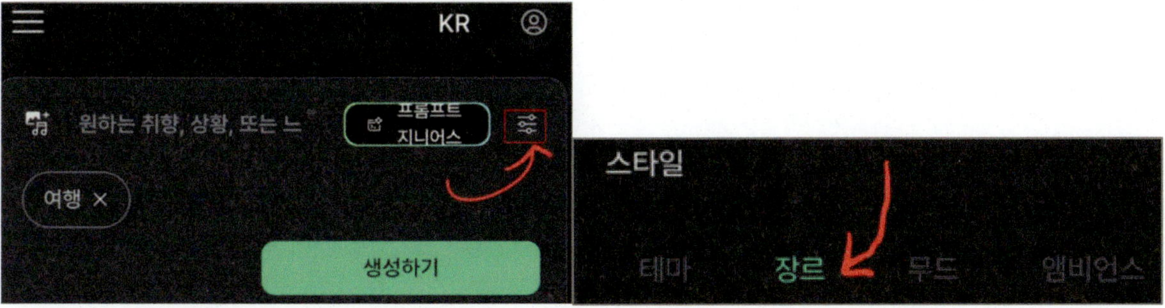

3. 재생하고, [편집] 버튼을 누르고, 악기 선택에서 블록을 조립 선택하여 AI 리믹스한다.

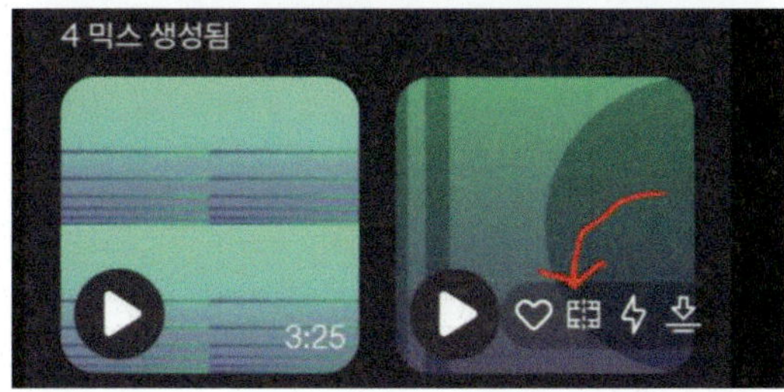

4. 오디오 다운로드

  1) 우측의 [다운로드] 누르고,

    [오디오 다운로드] 누르고, 오디오를 저장한다.

  2) 크레딧을 사용하여 다운로드한다. *월 4 곡 다운

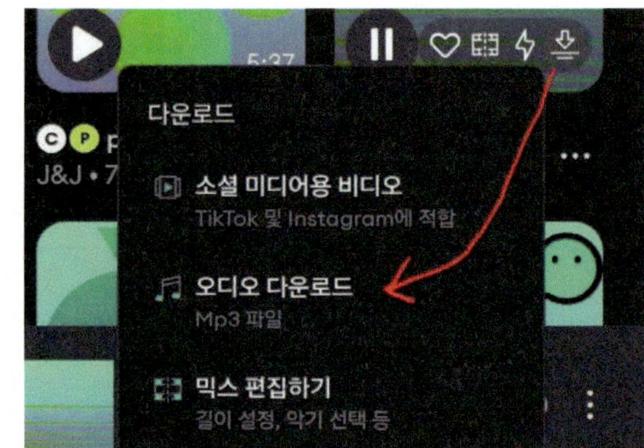

* [믹스 편집하기]하고 저장하려면 유료를 사용한다.

<AI 리믹스(Remix)>

AI 리믹스는 음악을 불록 단위로 나누어 다른 요소들과 조합하여 독창적인 음악을 만든다.

1. PC 에서 [Menu]의 [AI 리믹스] 누르고, 생성하기(Create) 누르고 [REMIX] 눌러서
  [편집하기]를 누른다.

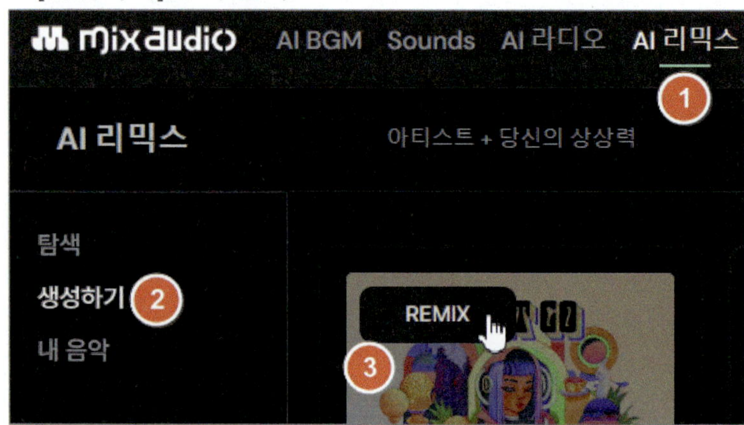

2. 음악의 길이 설정하고, 악기 선택의 [MELODY] 해제하면, 가락이 제외된 BGM 이 들린다.

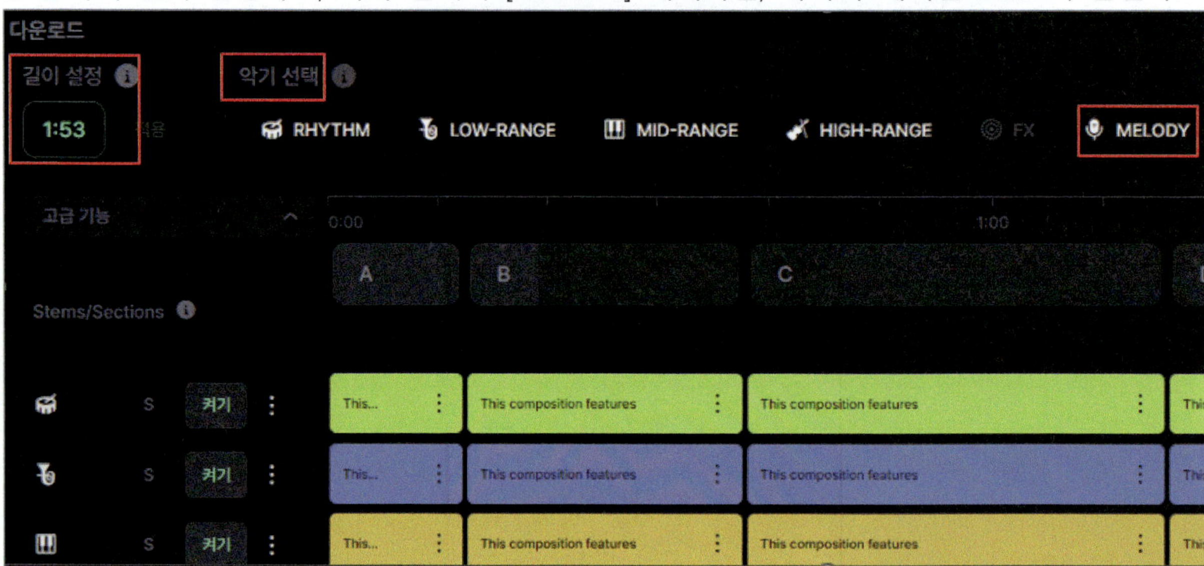

  1) 스템(Stem)을 교체하거나 삭제하고, 블록의 길이를 방향키로 조절한다.

  2) [S] 눌러서 해당 악기 소리만 들을 수 있다.

<오디오 생성하기>

1. [필터] 누르고, 오디오에서 음악 불러와서,
장르를 [힙합] 선택하고 [생성하기] 탭한다.

2. 'AI 가 음악을 생성중입니다....' 화면이 보인다.

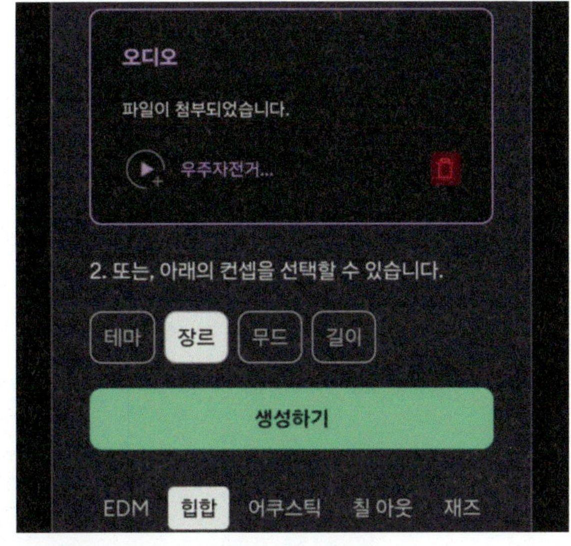

<AI 리믹스(Remix)>

음악을 불러와서 리믹스하기

1. PC 에서 '**mix.audio**' 검색하면, 설치하지않고
믹스오디오 창이 바로 열린다.

2. [Menu]에서 [AI 리믹스] 클릭하고,

3. 프롬프트 입력창을 클릭하고, [Image/Audio] 클릭하고 오디오 파일을 업로드한다.

3. 오디오 생성되면, 오디오 창에서 [편집하기] 누르고,

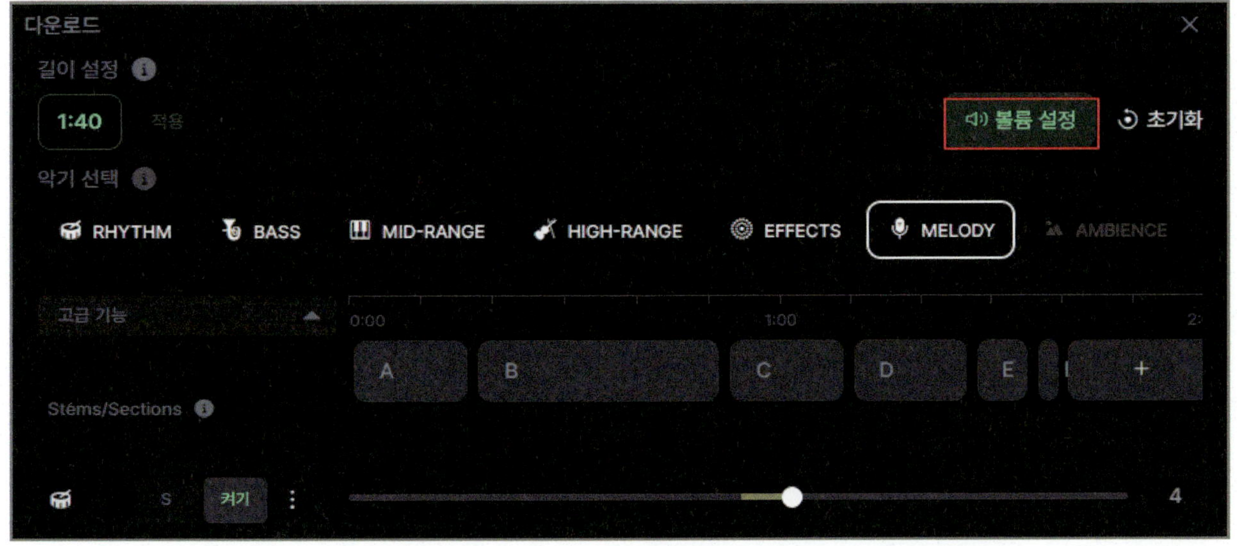

4. [MELODY] 선택하면 노래가 들리고, [볼륨 설정] 누르고 조절한다.

5. [RHYTHM] 악기 선택하고 [켜기] 누르고 볼륨을 조절한다.

<블록뮤직 AI>

블록뮤직은 입력값을 분석하여 어울리는 블록들을 조합하여 새로운 음악을 생성한다.
블록뮤직 AI는 등록한 음악을 리듬, 악기, 멜로디 등 음악 요소별로 분리해 조립할 수 있는
'음악 블록'의 형태로 변환해 AI 음악을 생성한다. 변환된 블록 음악의 원곡은 AI 리믹스
페이지에 게시되어 블록 음악을 AI를 통해 조립하듯 교체, 변형, 생성해 다양한 리믹스
버전을 만들어 콘텐츠에 활용한다.

1. [**필터**] 누른다.

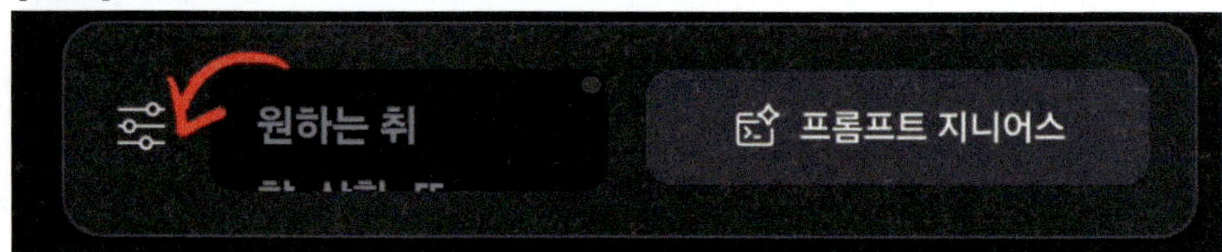

2. 업로드 누르고 오디오 파일을 불러온다.

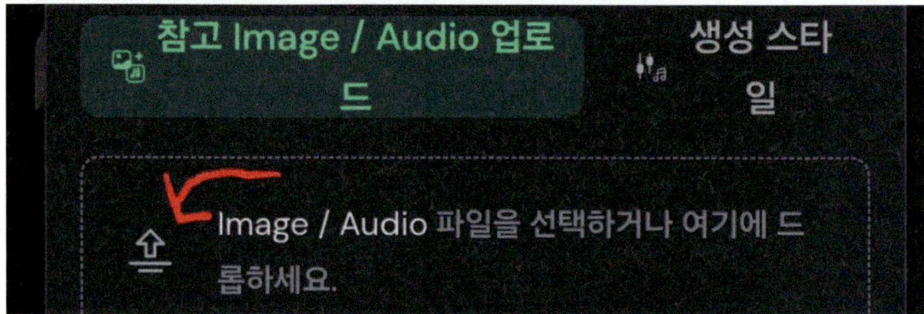

3. [편집하기] 누르고 블록을 조립한다.

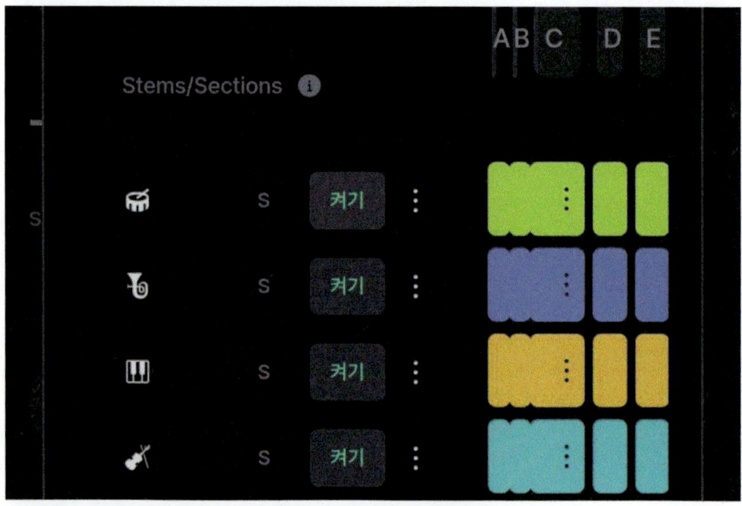

4. 블록 이동은 왼쪽 방향키, 블록 길이는 오른쪽 방향키로 조절한다.

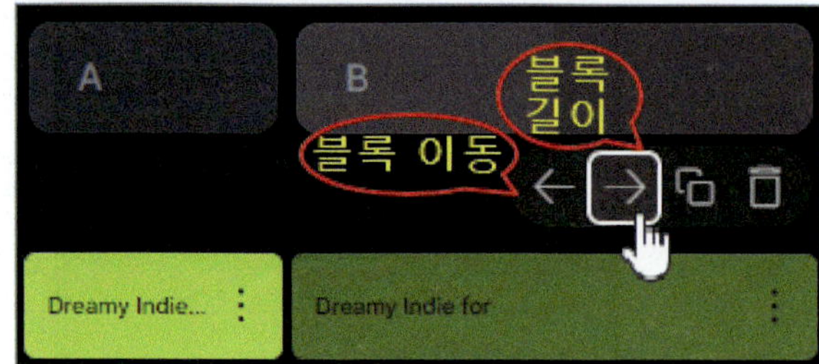

[91] 뮤지아원(Musia One) AI 음악 생성

뮤지아 원(Musia One)은 저작권 100% 무료 AI 작곡프로그램으로 퀵 모드에서 AI 로 음악을 생성하고, 베이직 모드에서 코드를 자동생성하여 미디로 내보내기하고, 밴드랩(BandLab) 트랙에 가져와 미디를 편집한다. 스마트폰과 PC 에서 작업이 가능하다.

<퀵 모드로 음악생성하기>

1. PC 열고, 구글에서 '뮤지아' 또는 'musia.ai' 검색하여 열고, [무료로 시작하기] 클릭한다.

2. [구글 로그인] 클릭한다.

3. [퀵] 모드 클릭하면 음악이 자동으로 생성된다.

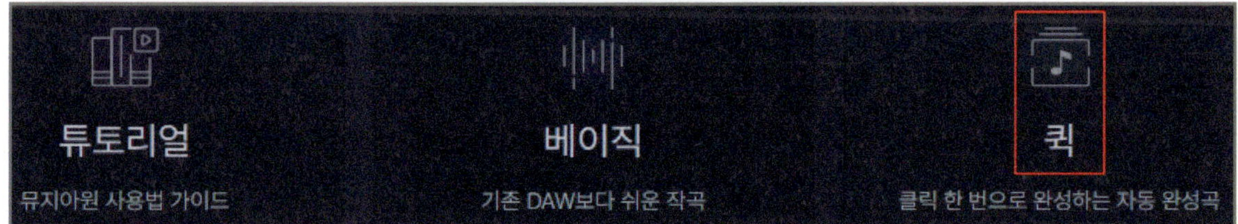

4. [옵션 선택 모드]로 이동하고, 장르에서 [K 팝] 선택하고, 무드의[메이저] 선택하고
   [**AI 음악 생성하기**] 클릭한다.

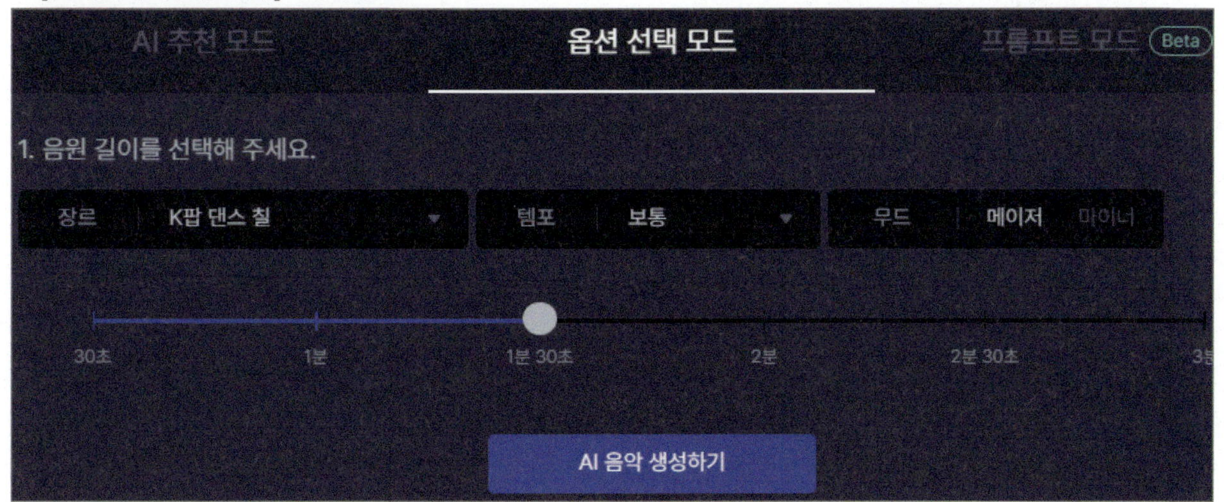

5. AI 음악 생성하고, MP3 다운하여 저장하고, [**스튜디오로 가져가기**] 클릭하여 편집한다.
*스튜디오 무료이용 횟수는 매일 1 회 가능

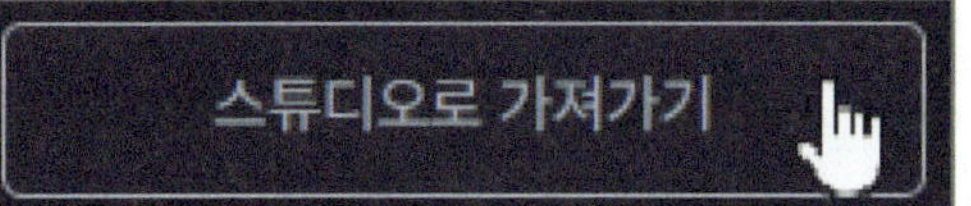

6. 미디 파일 내보내기

   [폴더] 클릭하고, [현재 프로젝트 내보내기]
   누르고, [전체 트랙별 MID 내보내기] 클릭하고,
   미디 파일로 내보내기하고,
   MIDI(미디) 파일로 저장한다.

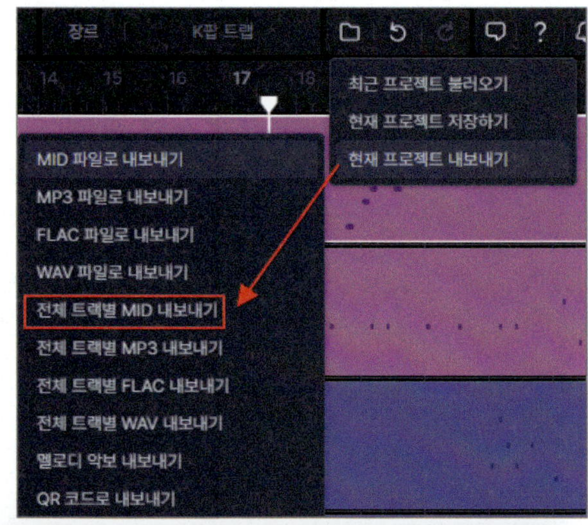

7. 미디 압축 파일 해제하고 미디 파일을
   [Drop a loop...]에 드래그하고,

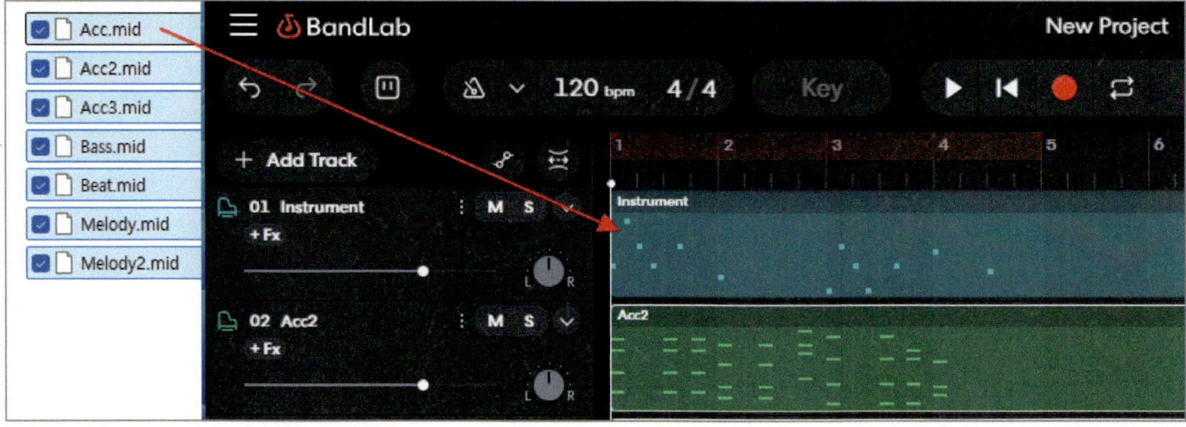

8. 밴드랩(BandLab) 트랙에 가져와 편집한다.

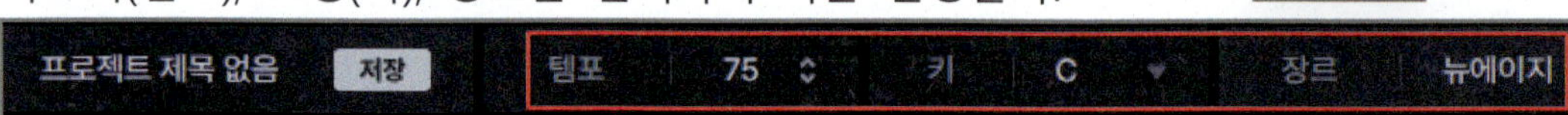

<베이직 모드로 음악 생성하기>

1. [베이직] 모드를 선택하여 스튜디오로 이동하고,
   상단의 [프로젝트 제목 없음] 더블클릭하여 프로젝트 이름 적고,
   빠르기(템포), 조성(키), 장르를 선택하여 기본 설정한다.

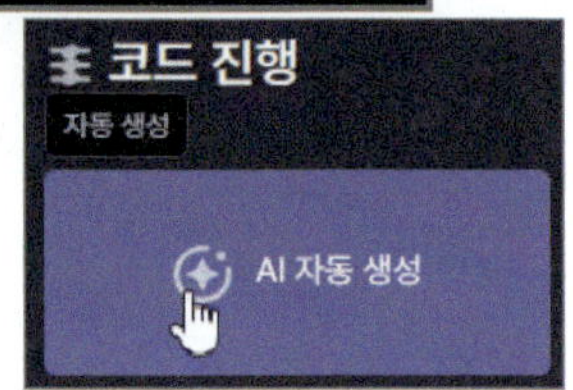

2. 코드 만들기
   코드 진행 메뉴 아래 [**AI 자동 생성**] 버튼을 누르면
   빠르기, 조성, 장르에 맞게 코드가 8 마디 단위로 자동 생성된다.
   한 마디에는 두 개의 코드가 들어가고, 코드를 수정할 수 있다.

3. 파트 이름을 변경하기위해 파트 A 의 [더보기] 누르고 [이름변경] 눌러 's01' 로 적는다.
   [**파트 지정**] 누르고 's01' 선택한다.

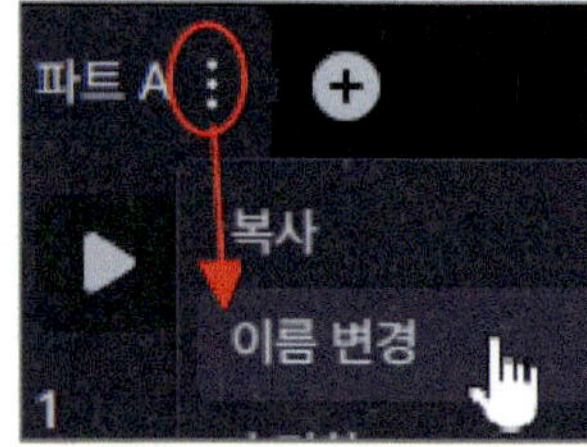

4. 코드 자동 생성

1) 스튜디오에서 템포(118), 키ⓒ, 장르(케이팝)를 선택하고, [**AI 자동생성**] 선택하고

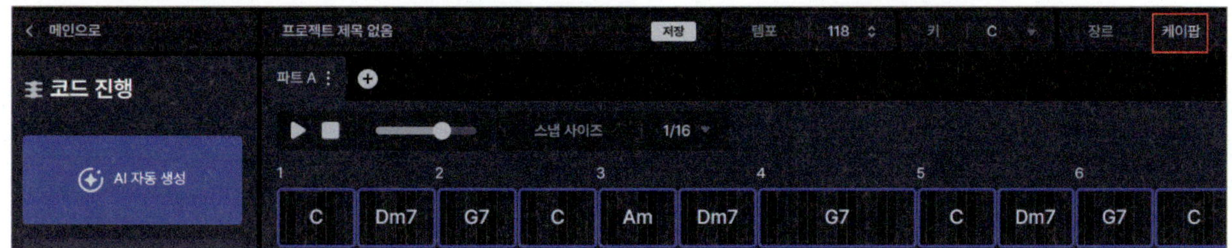

2) 트랙에서 [자동 생성] 누르면 선택한 트랙만 음악이 만들어지고,

[모든 리전에 자동 생성] 누르면 모든 트랙에 리전이 생성된다.

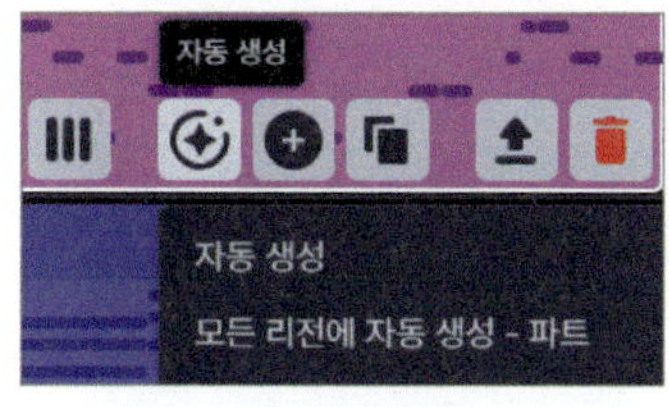

5. 가사 생성하기

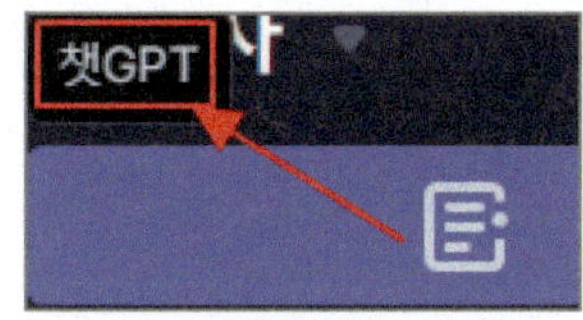

1) [챗 GPT] 버튼을 누르고,

2) [가사 가져오기] 누른다. 주제(산길을 걸으며 산책)를 적고, [**가사 생성하기**] 누른다

3) 챗 GPT 가 가사를 만들면, [**파트 지정**] 누르고, [**자동 생성**] 클릭한다.

6. 미디 편집하기: 멜로디 트랙을 더블클릭하여 에디트 뷰에서 미디노트를 편집한다.

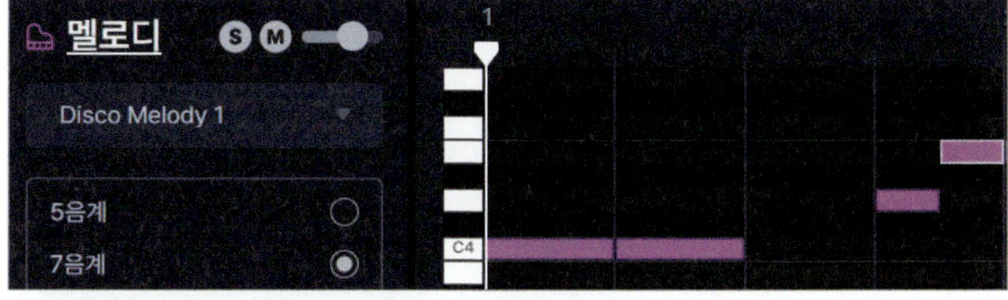

<가사와 코드 만들고 음악 생성하기>

1. [코드 진행]의 [**챗 GPT**] 클릭하고,

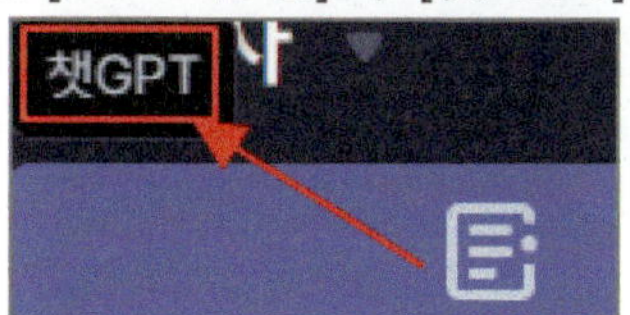

2. 주제를 입력하고, [**가사와 코드진행 생성하기**] 눌러 [**음악 만들기**] 클릭한다.

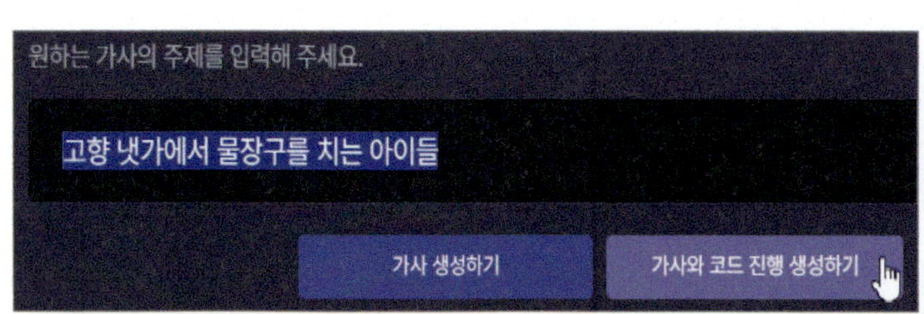

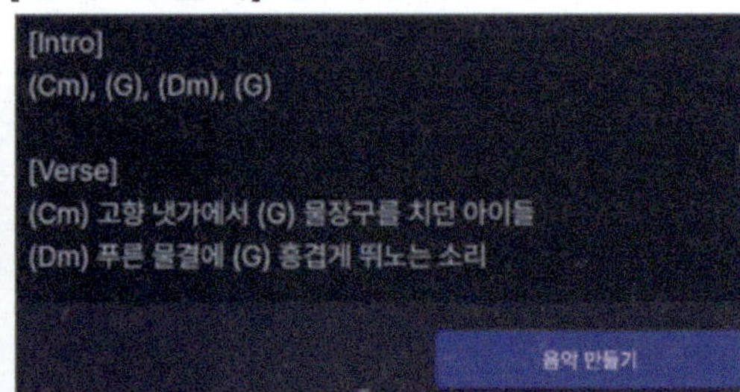

3. 코드와 가사와 음악이 생성되면, 멜로디 트랙의 악기를 'Marimba'로 변경한다.

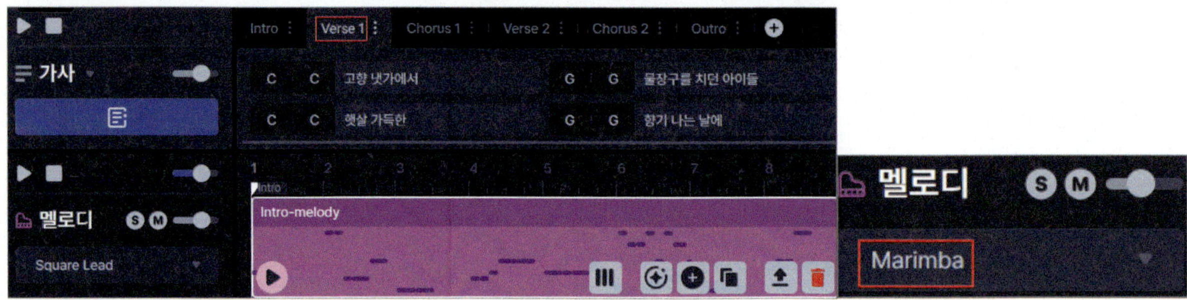

4. 코드를 좌우로 드래그하여 2박을 분할하여 공간에 D 코드를 추가한다.

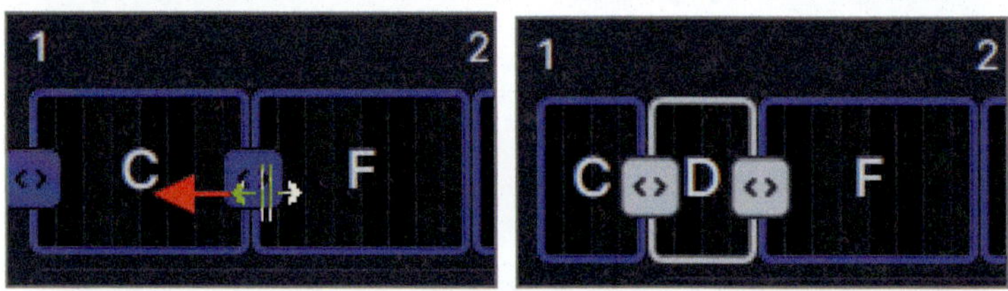

5. [**프롬프트 모드**] 클릭하여 음악의 느낌을 입력하고, [AI 음악 생성하기] 클릭하여 만든다.

6. 파일 내보내기

1) [파일] 아이콘을 눌러
   미디(MIDI)나 MP3 파일로 저장한다.
2) [내보내기/멜로디 악보 내보내기] 누르고,
   PDF 악보로 저장한다.

3) Esc 눌러 스튜디오 뷰로 이동한다.
4) 에디트 뷰에서 왼쪽 상단의 [스튜디오로] 누르면,
   트랙 리전이 보인다. 하나의 리전은 8 마디

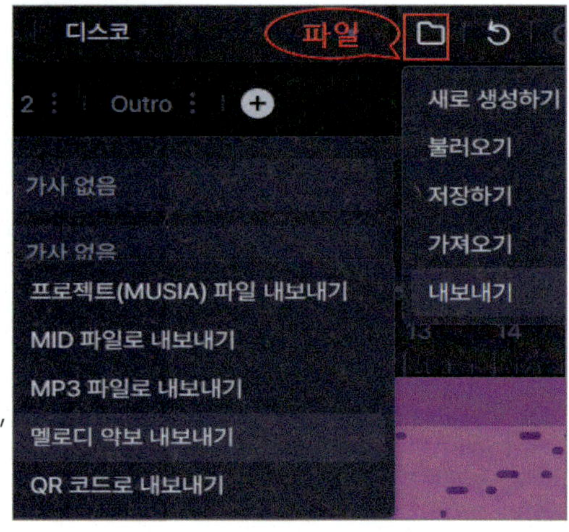

[92] Audiobox(오디오박스) Sound Effects ai 효과음 생성

오디오박스(Audiobox)는 원하는 소리를 텍스트로 입력하여 소리, 효과음을 생성한다.

<스마트폰에서 **Sound Effects** 로 효과음 생성하기>
1. 웹사이트(네이버)에서 '오디오박스' 검색하고 Audiobox 사이트 누른다.

2. 쿠키(Cookies) 사용을 허용하려면, [Accept] 누른다.

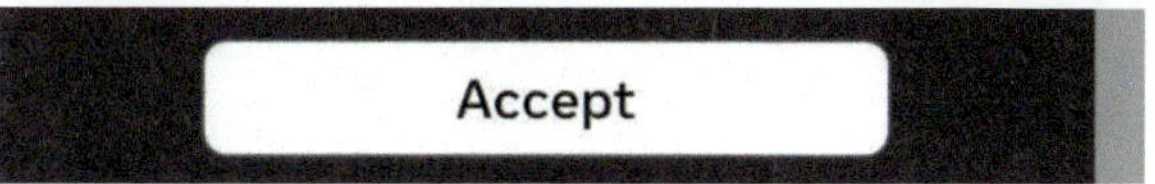

3. Capabilities 창에서 [Try demos] 클릭한다.

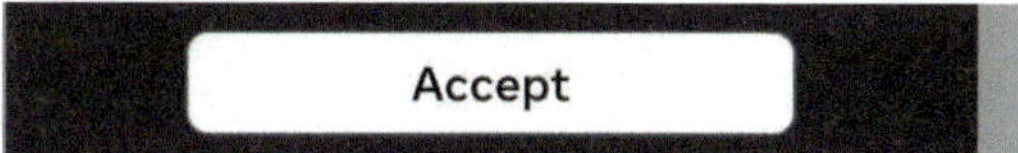

4. [Accept] 클릭한다.

5. **Sound Effects 에서 효과음 생성하기**

   1) 메뉴에서 [Capabilities] 탭한다.

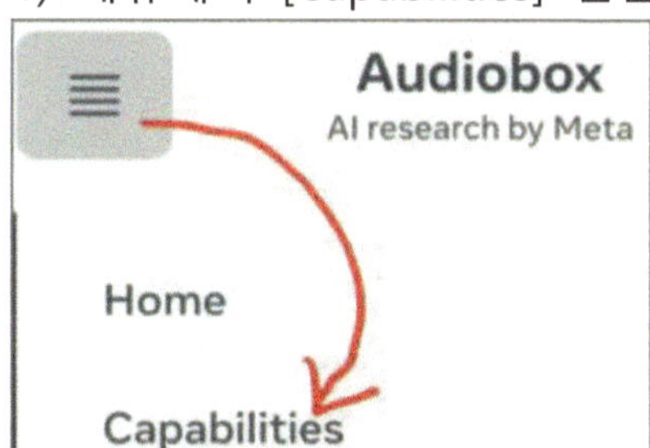

   2) **Capabilities**(기능)이 나오면, 방향키 누르고, 다음에서 [**Sound Effects**] 탭한다.

Capabilities

Explore the six individual AI model features to
see what you can create with Audiobox.

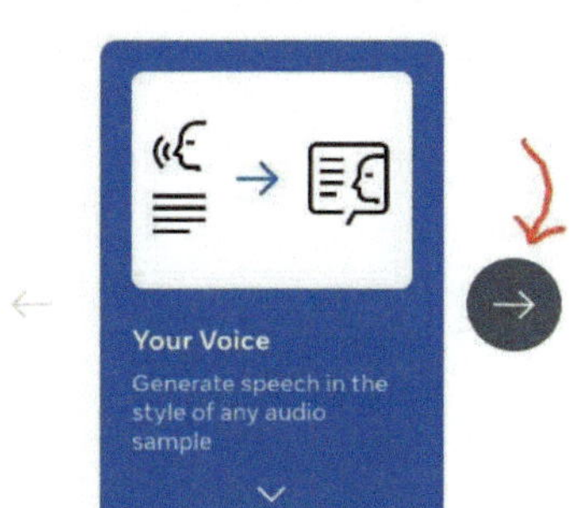

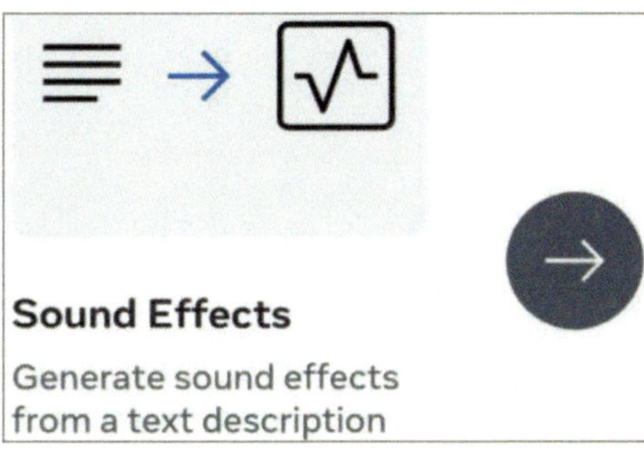

6. Describe A Sounds Effects 에서 원하는 텍스트(영문)를 넣어 [**Generate(생성)**] 탭하고,
   Sound Effects Results 에 음악이 생성되면 재생하고, [X] 눌러 창을 닫는다.
   *예시: The Sound of River running & birds chirping -> 강이 흐르고 새들이 지저귀는 소리

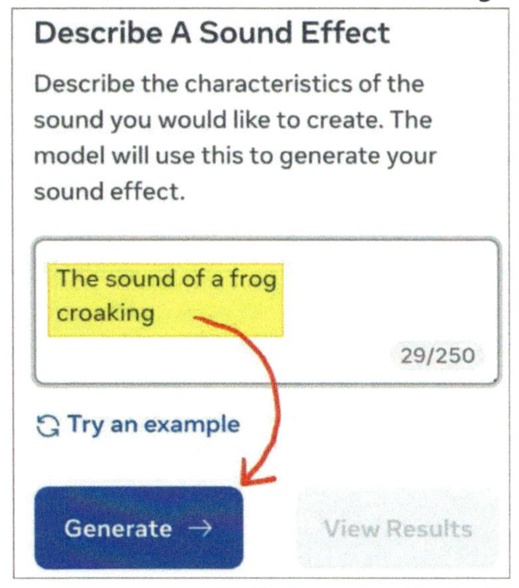

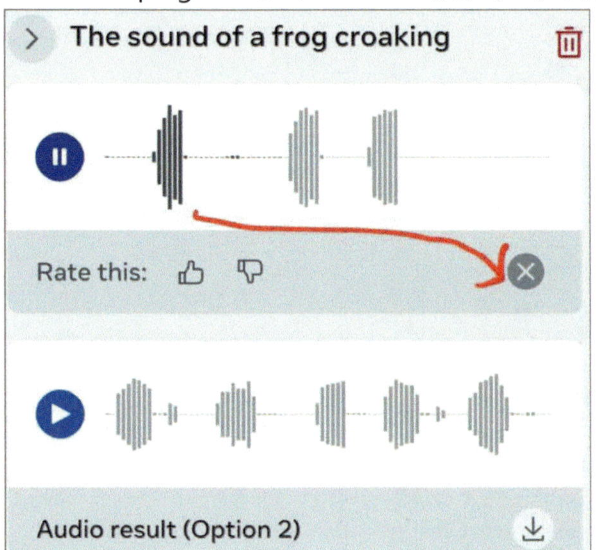

7. [Download] 탭하여 스마트폰의 내파일에 저장한다.

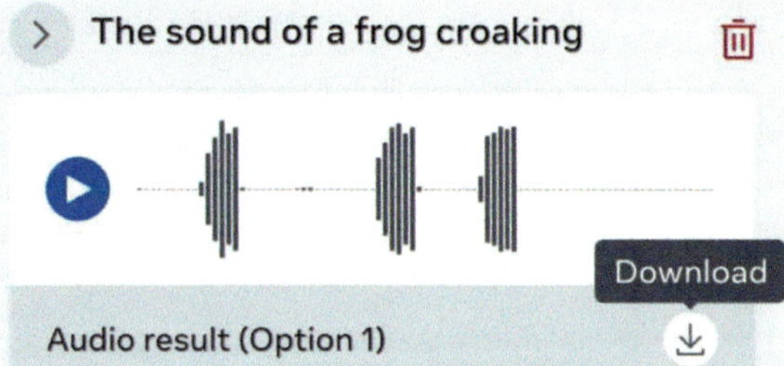

<오디오박스 기능(Capabilities)>

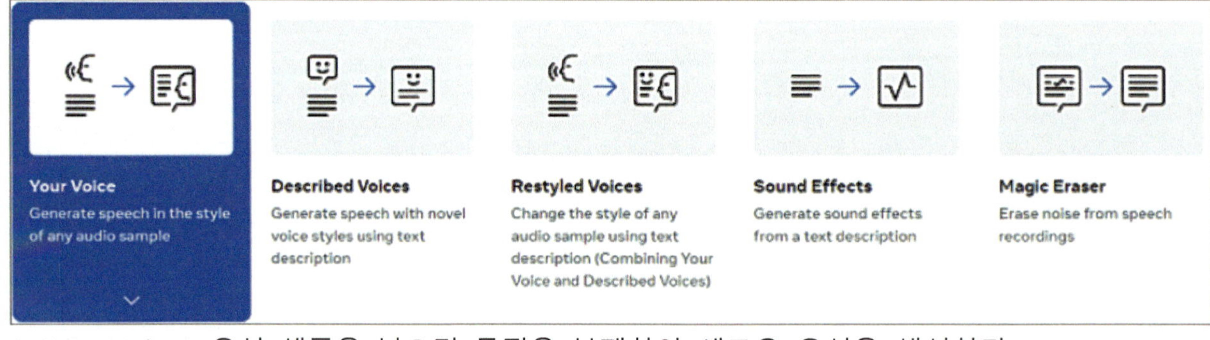

1. Your Voice : 음성 샘플을 넣으면 특징을 복제하여 새로운 음성을 생성한다.
2. Described Voices: 텍스트 설명을 기반으로 음성 스타일을 변경한다.
   텍스트로 묘사적인 음성을 만드는 기능으로, Text To Speak 칸에 대사를 입력하고,
   Describe the Speaking Voice 에 목소리의 특징을 입력한다.
3. Restyled Voices : 음성 샘플을 넣고, 프롬프트를 통해 스타일을 변형한다.
4. Sound Effects : 프롬프트를 통해 효과음을 생성한다.
5. Magic Eraser : 음성 파일의 잡음을 제거한다.

[93] 일레븐랩스(ElevenLabs) Sound Effects 의 효과음 생성

일레븐랩스에서 프롬프트의 텍스트로 효과음(ASMR) 만들고, 텍스트를 음성파일로 변환하기

1. PC 열고, 구글에서 '일레븐랩스' 검색하고 **elevenlabs.io** 클릭하고 온라인으로 실행한다.

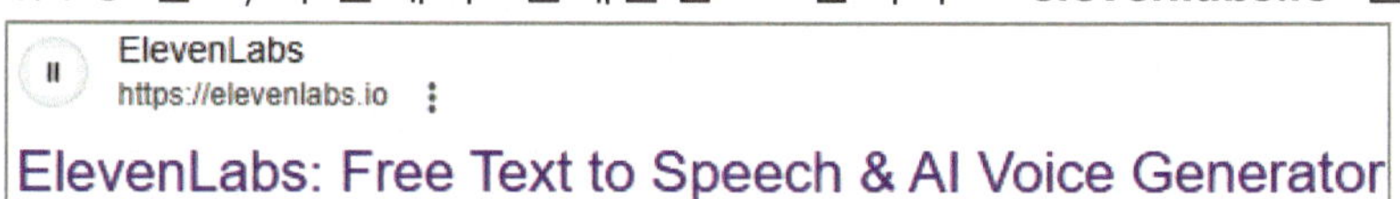

2. CREATE 창에서 [**Sound Effects**] 클릭하고, 프롬프트 칸에 'Sound of Train' 넣고,
[Settings] 클릭한다.

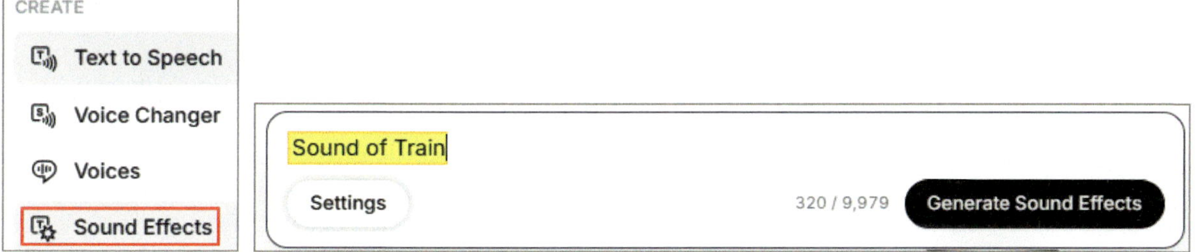

3. Settings 에서 생성 길이(Duration)와 프롬프트 반영 정도(Prompt Influence)를 조절한다.
   [Automatically pick the best length]를 활성화하면 프롬프트에 따라 최적의 길이를 정한다.
   [**Generate sound effects**] 클릭하면, 오디오 클립이 4 개 생성되고,

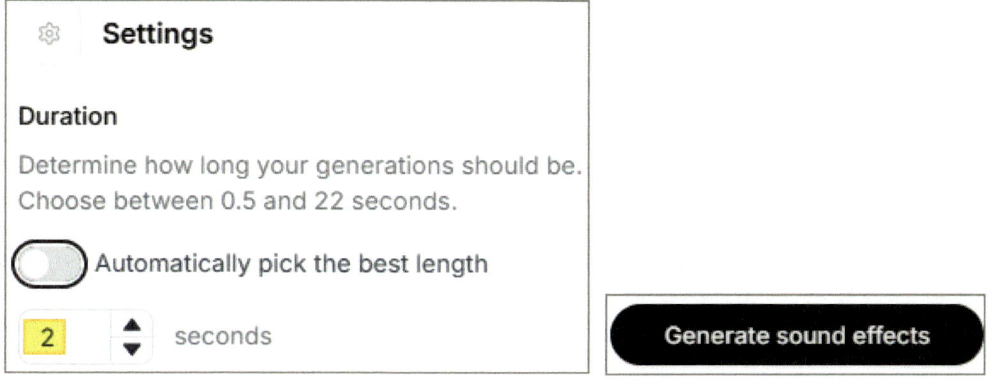

4. 재생하여 사운드를 확인하고 [Download] 클릭하면 스마트폰의 내파일에 저장이 된다.

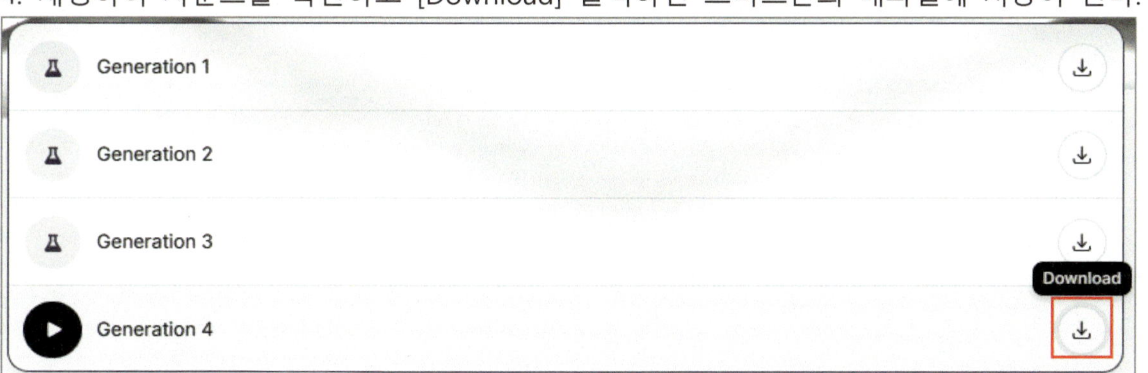

<스마트폰에서 효과음(ASMR)을 자동 생성하고, 텍스트를 음성으로 변환하기>

1. 구글에서 '일레븐랩스' 검색하고 아래 사이트 누르고, [GET STARTED FREE] 탭한다..

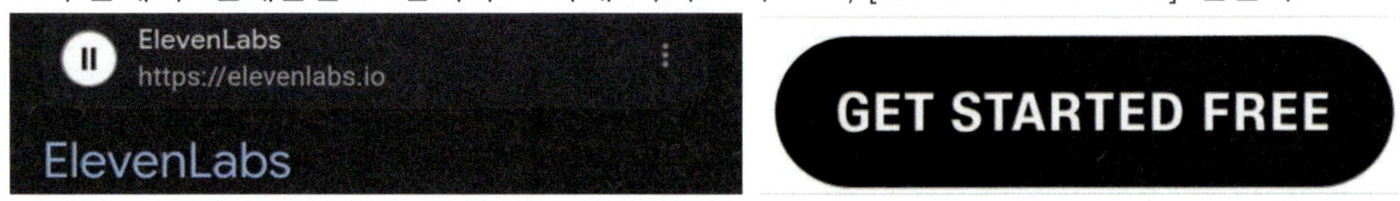

2. Text to Speech 에서 텍스트를 넣고, [**Generate Speech**] 누르면 텍스트가 음성으로 변환된다.
   우측의 Settings(설정: 톱니바퀴 모양) 클릭한다.

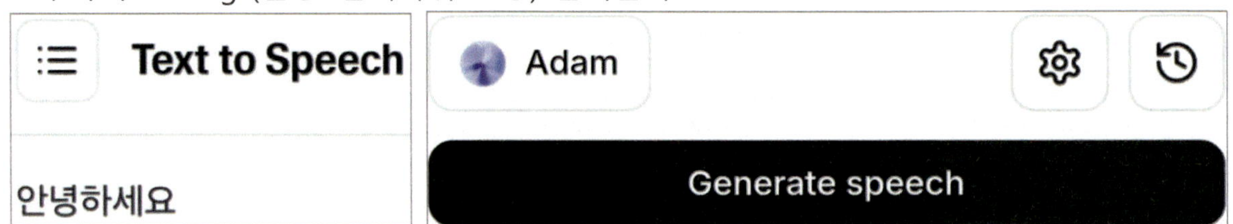

3. **Stability** 에서 **More stable** 쪽은 차분하고, **More variable** 쪽은 말하는 것처럼 들린다

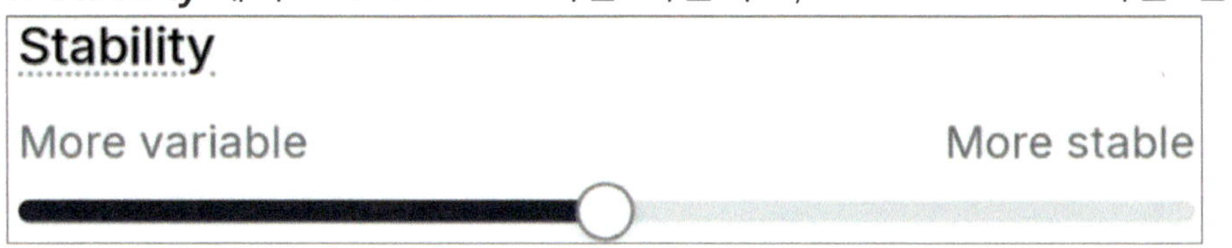

4. [Type anything...] 칸에 텍스트를 넣고, [GENERATE] 탭하면 효과음이 생성된다.

5. 좌측 상단의 메뉴를 탭하고, [Sound Effects]에서 'The wind is blowing hard' 텍스트를 넣고,
   [Generate] 탭하여 사운드를 만들고, [Download] 탭하면, 스마트폰의 내파일에 저장이 된다.

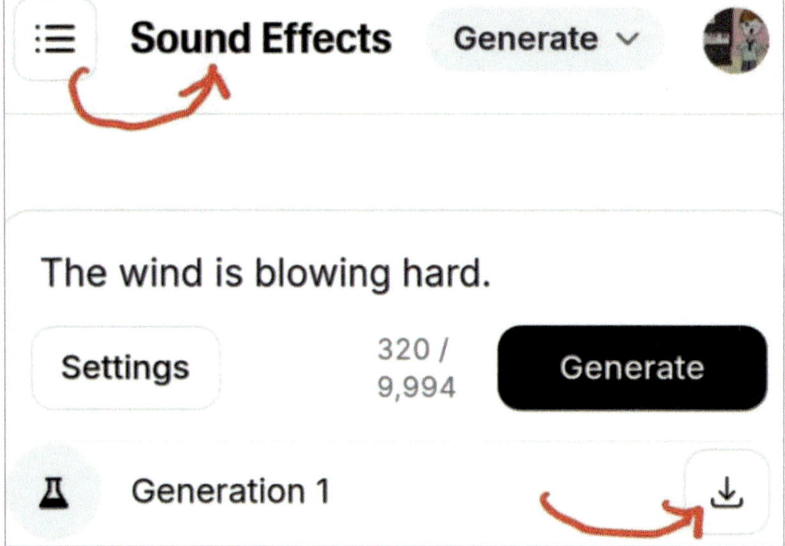

<Video To Sound Effects 비디오에 맞게 사운드 효과음 생성하기>

스마트폰에서 Video To Sound Effects 로 비디오에 어울리는 오디오 효과를 생성하기

1. 구글에서 'videotosoundfx' 검색하고 사이트 누른다.

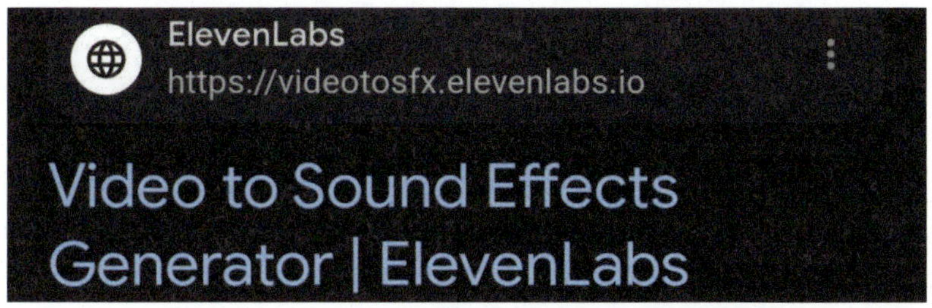

2. 또는 사이트 아래 [Video To Sound Effects] 누른다.

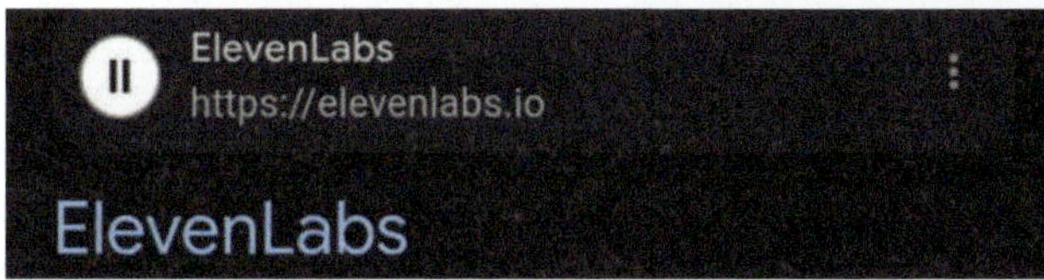

3. [**Upload a Video**] 누르고 비디오를 불러오면, Analyzing...진행하고, 영상에 효과음이 삽입된다.

4. 영상에서 더보기 누르고, 생성된 사운드 들어보고 다운 누른다.

5. [다운로드] 누르면, 배경음이 들어간 비디오가 스마트폰에 저장이 된다.

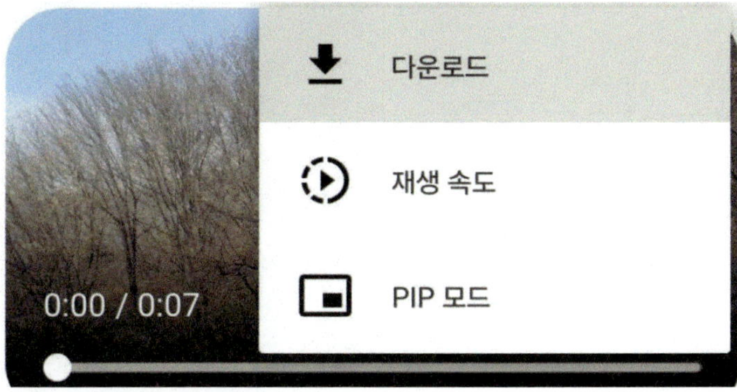

[94] 오디오 커터(Audio Cutter) 오디오 편집

오디오 커터(Audio Cutter)는 온라인에서 스마트폰으로 녹음한 파일을 편집한다.

1. 구글에서 '오디오 커터'를 검색하여
   MP3 Cutter(오디오 커터) 누른다.

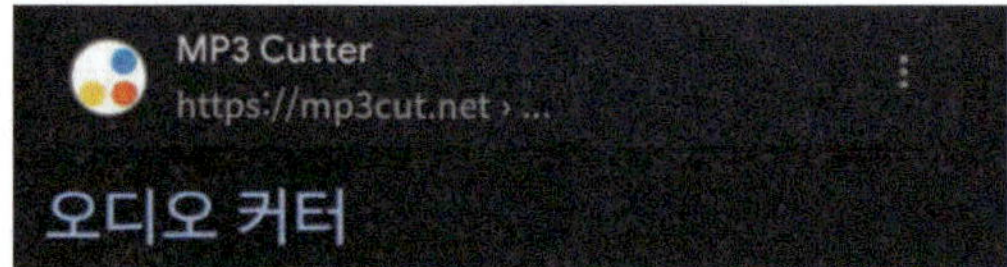

2. [파일 열기] 누르고, [미디어 선택도구] 누른다. *광고창이 나오면, X 눌러 닫는다.

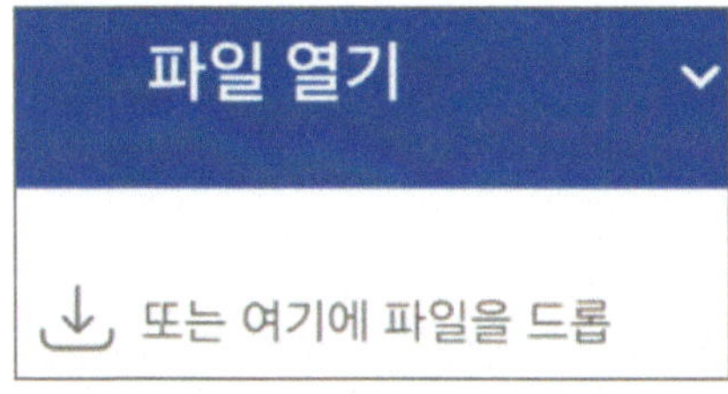

3. [오디오] 메뉴 누르고, 스마트폰에서 녹음한 **M4A 오디오** 파일 선택한다.

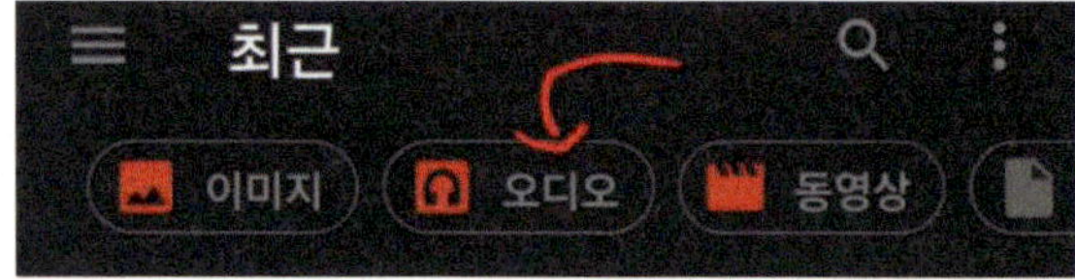

4. 재생바를 드래그하여 영역을
   선택하고, [mp3] 선택하고 [저장]한다.

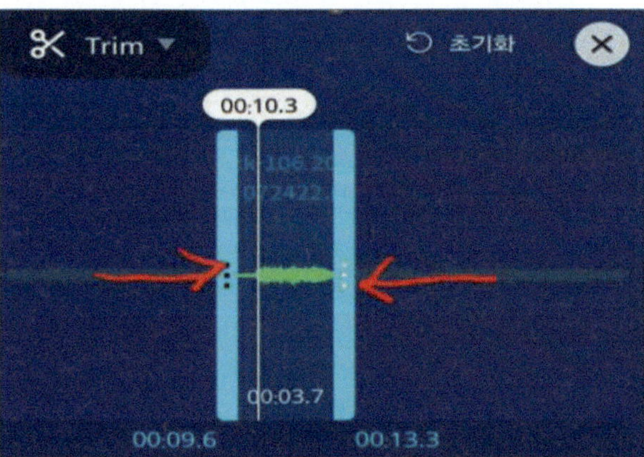

5. 스마트폰의 **내파일**에 저장이 된다.

6. 다운로드가 완료되면 [열기] 한다.

7. 페이드 인(Fade in), 페이드 아웃(Fade out) 정한다.

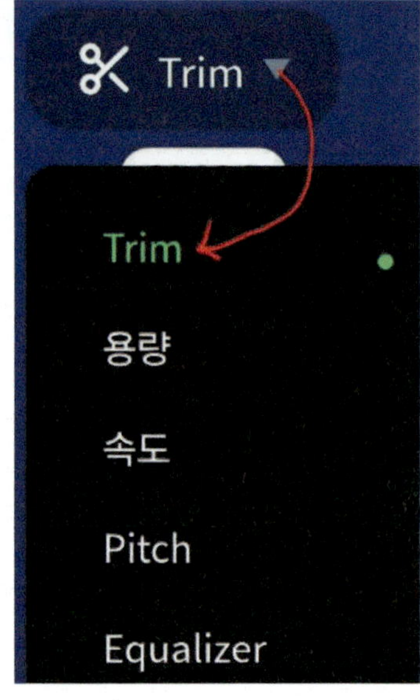

8. 용량(볼륨), 속도, 피치, Equalize 를 변경한다.

[95] 화면녹화 Convertio 음원 추출

스마트폰의 화면녹화로 동영상을 캡쳐하고, 스마트폰 안의 소리를 녹음하고, 음원 추출하기

<스마트폰에서 미디어 녹음하기>

1. 스마트폰의 빠른 도구 모음에서 '**화면 녹화**' 아이콘 누른다. 녹화가 시작되면,

2. 믹스오디오에서 생성된 파일을 재생하여 녹음하고, [**다운로드**] 탭하여 저장한다.

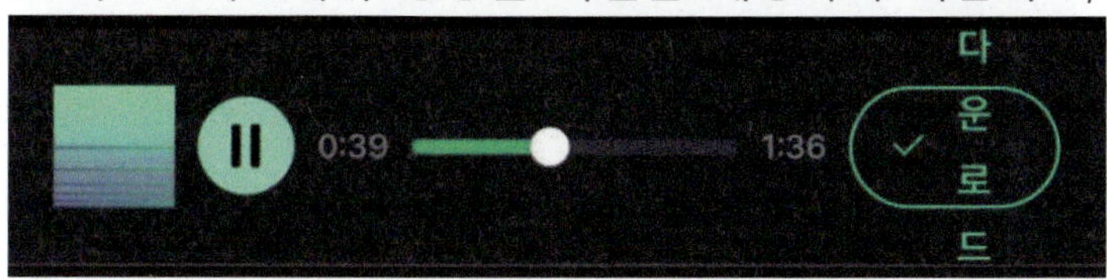

3. 설정에서 **미디어** 선택하고 **녹화시작** 누른다.

*__미디어 및 마이크__는 스마트폰의 소리와 마이크 소리를 동시에 녹음한다.

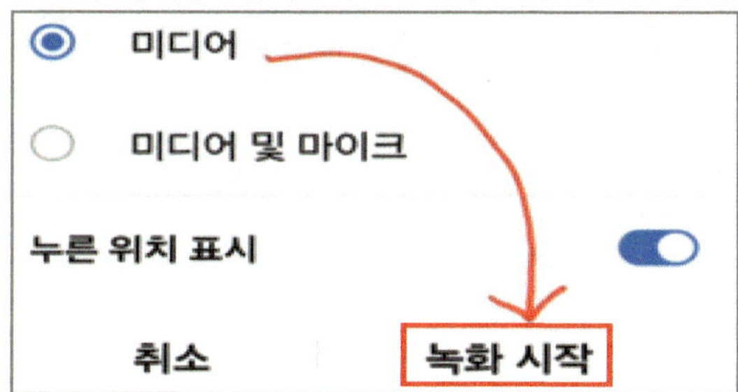

<Convertio(컨버티오)에서 음원 추출하기>

1. 구글에서 '컨버티오' 검색하고 온라인으로 열기한다.

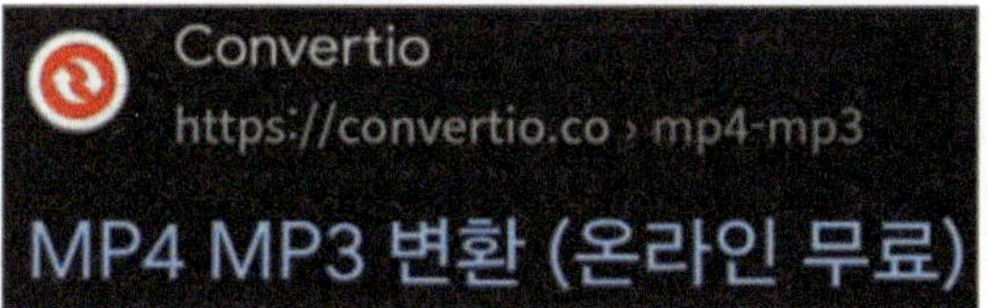

2. [MP4 에 [MP3] 선택하고 [파일 선택] 누른다. [변환] 누른다.

3. 변환 완료 창에서 [다운로드] 누르면 스마트폰의 내파일에 저장이 된다.

[96] TDR Nova 음정 보정

TDR Nova 는 무료 그래픽 이퀄라이저로 특정 대역만 모니터링하는 Band Solo 와 스펙트럼
애널라이저(spectrum analyzer)는 PC 에서 믹싱 작업하고, 목소리 치잘음 제거에 유리하다.

<TDR Nova 무료다운 설치>

1. 구글에서 'tdrnova' 검색하고, Free Download 에서 [Windows installer] 클릭하여
   [Accept and Download] 눌러 다운로드한다. 압축을 풀고, [TDR Nova – setup] 설치한다.

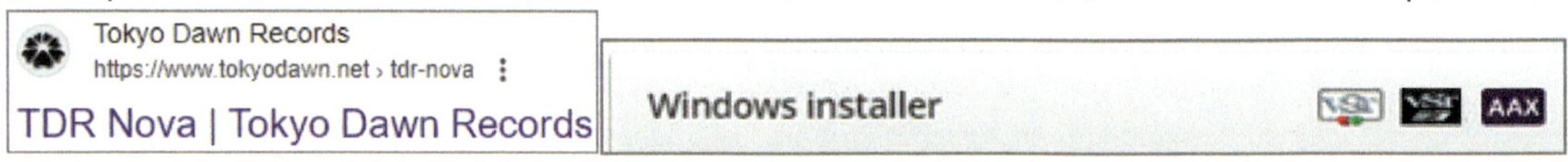

https://www.kvraudio.com/product/tdr-nova-by-tokyo-dawn-labs

2. 설치 경로: Program Files/**VSTPlugins** 폴더를 선택하고 설치한다.

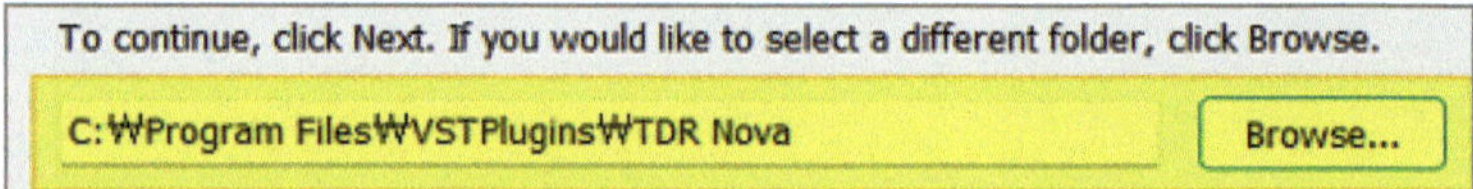

<TDR Nova 로 EQ 효과 주기>

1. [Insert Audio FX/**TDR Nova**] 클릭한다. **TDR Nova** 없으면, *[Uncategorized]에서 클릭한다.

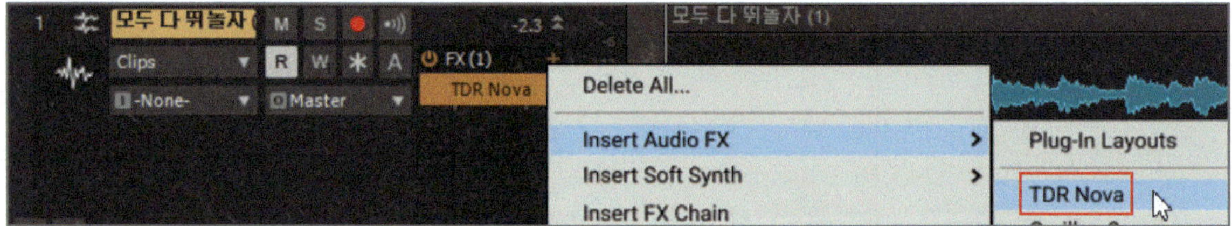

2. [SC(스코프)] 선택하고 재생하면 파형이 보이고, HP(High Pass Filter), LP(Low Pass Filter)
   선택하고 주파수를 조절한다. HP 는 차단 주파수 이상의 음만 통과 아래 세기는 차단, LP 는 이하 통과

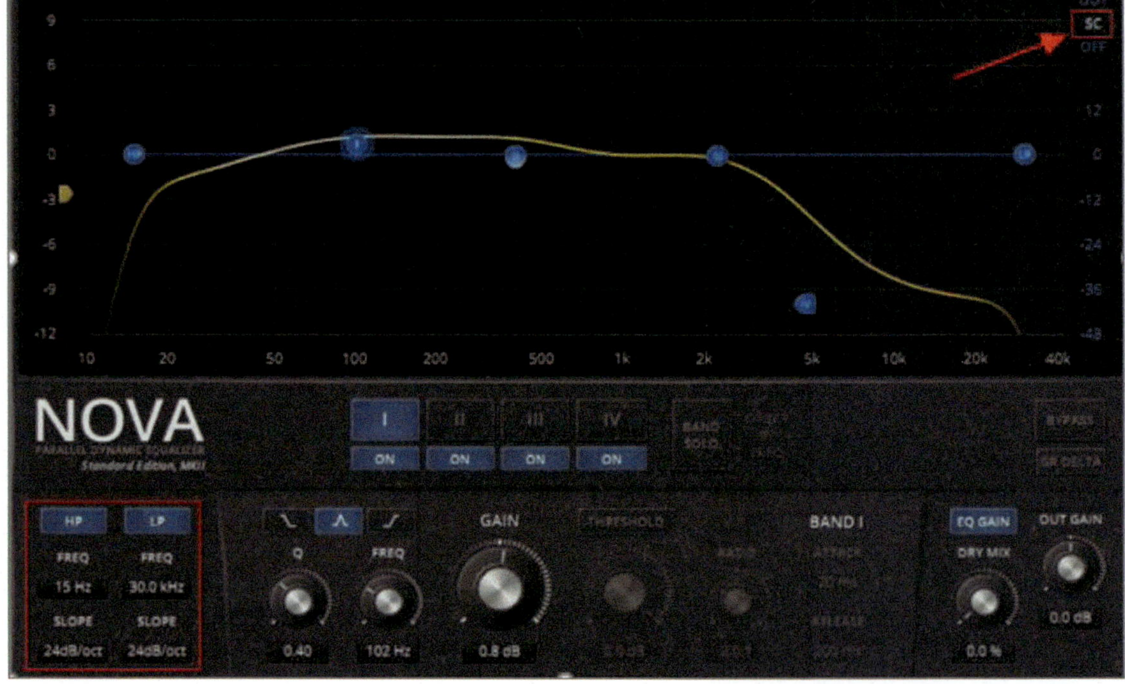

[97] 픽사베이(Pixbay) 음향효과 무료다운과 Royalty-free

픽사베이는 이미지, 동영상, 효과음을 로열티 없이 스마트폰과 PC 에서 무료다운한다.

<PC 에서 효과음 무료 다운로드하기>

1. 구글에서 '픽사베이' 검색하고 온라인으로 가입 없이도 Pixbay 를 실행한다.

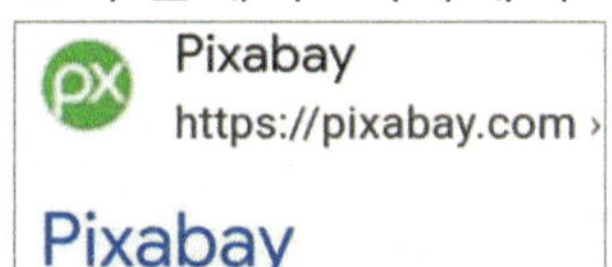
https://pixabay.com/ko/sound-effects/

2. [음향 효과(Sound Effects)] 메뉴에서 **사운드 효과 검색**을 클릭한다.

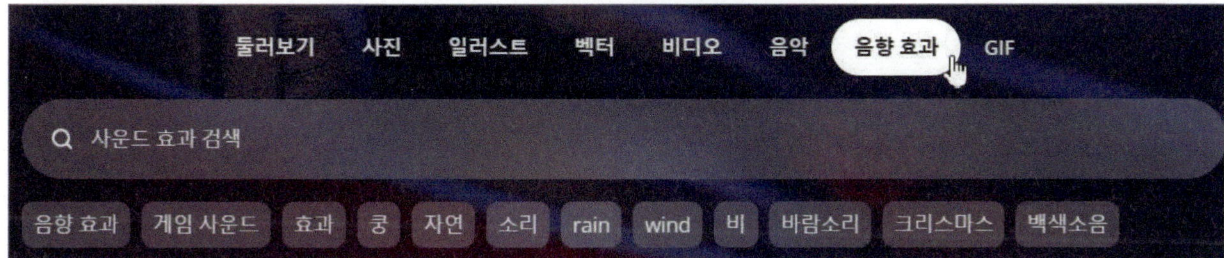

3. [음향 효과]에서 '빗소리' 넣고, Enter 키 눌러 검색한다.

4. 소리 듣고 [다운로드] 클릭하여 PC 에 저장한다.

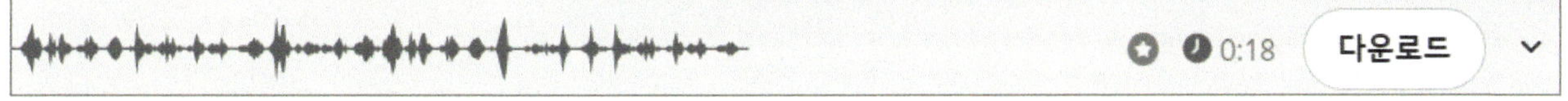

5. [자연] 선택하고 프로젝트(project)에서 **Royalty-free**(로열티 없는 음향 효과) 다운로드한다.

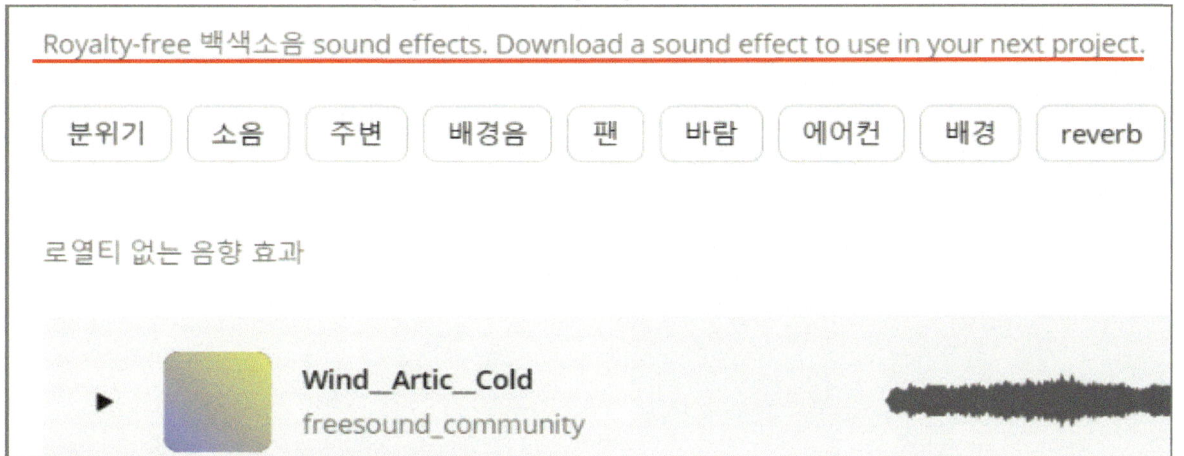

<스마트폰에서 효과음 무료 다운로드하기>

[음향 효과]에서 '소나기' 검색하고 [Enter] 키 누르고, 로열티 없는 음향효과를 다운로드한다.

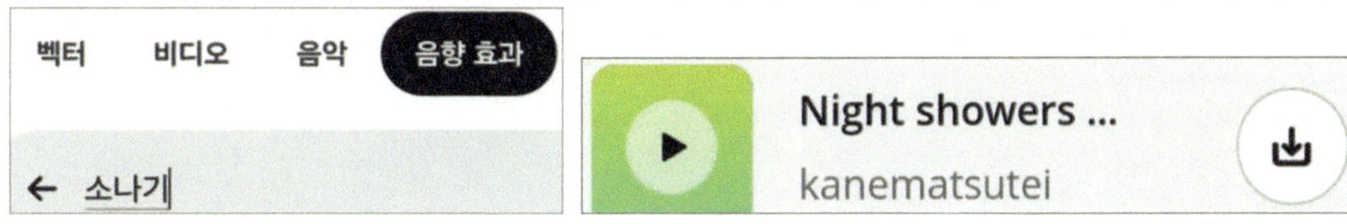

[98] 파일 확장자 변경, 벨소리 생성

스마트폰에서 동영상을 사운드 파일로 확장자를 변경하고, 벨소리를 만들어 바꾸기

<동영상을 사운드 파일로 변경하기>

1. 스마트폰에서 동영상 파일을 불러온다. 우마우스 눌러서 하단의 [더보기] 누른다.

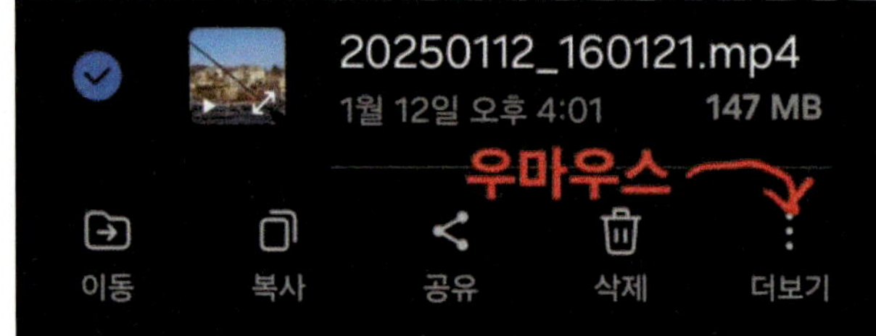

2. [이름 변경] 누르고, 파일 이름 수정에서 '소리 1.mp3' 적고, **확장자 변경**에서 [변경] 누른다.

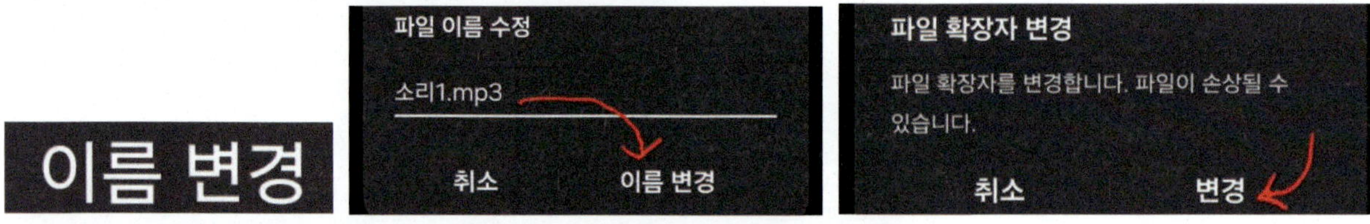

3. mp3 파일로 변경된 것이 스마트폰의 내파일에 저장이 된다.

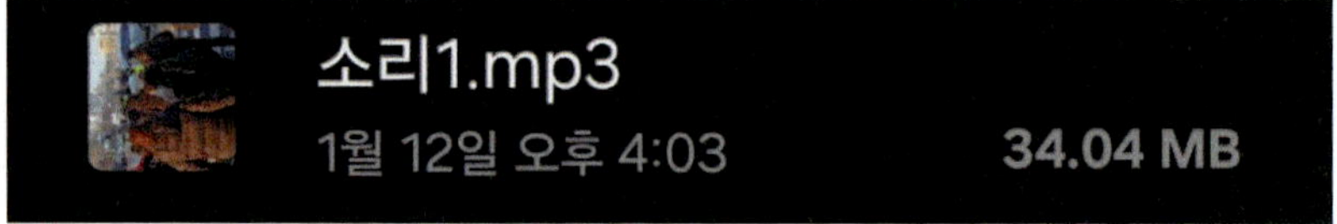

<벨소리 바꾸기>

1. 우측 상단에 놓인 톱니바퀴 [설정] 누르고, 설정을 실행한 뒤 [소리 및 진동] 누른다.

3. 소리 및 진동 메뉴에서 [벨소리] 항목을 선택한다.

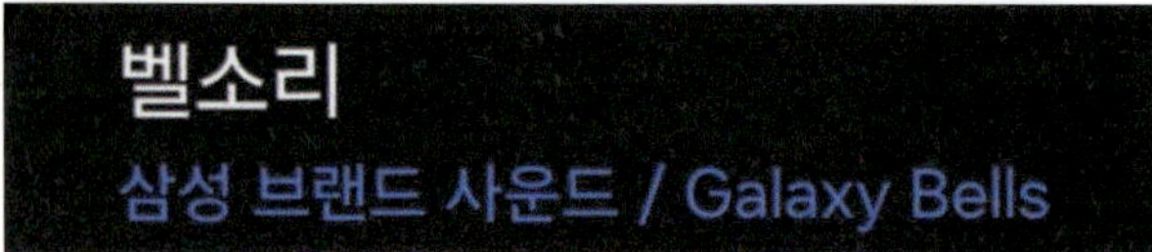

4. 우측 상단의 [+] 아이콘을 누르고, 사운드 선택기에서 음원을 선택하고 완료한다.

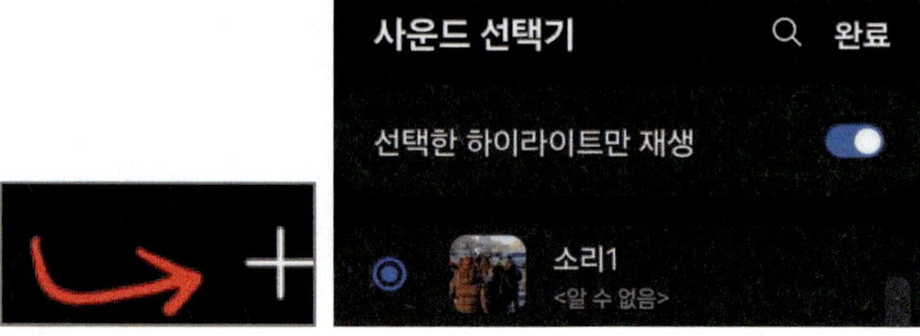

[99] 수노(Suno) Upload Audio 내목소리 자동 생성

<스마트폰에서 텍스트로 음악 자동 생성하기>

1. 구글에서 '수노' 검색하고, 하단의 [Create] 누른다.

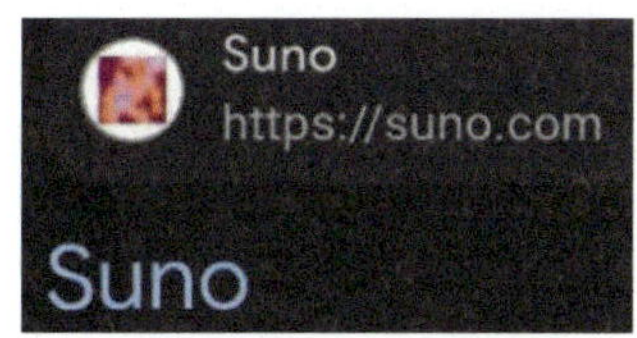

2. Song Description 에 텍스트(관악기)를 넣고, [**Instrumental**] 선택하고, [Create] 누른다.

3. 음악이 만들어지면, [더보기] 누르고, Download 의 [MP3 Audio] 눌러 스마트폰에 저장한다.

4. 밴드랩(BandLab) 실행하고 Splitter 에서 음악을 분리하고, 스튜디오(Studio)에서 편집한다.

<Upload Audio 에 내목소리 넣어 음악 자동 생성하기>

1. PC 에서 [Create] 클릭한다. [**Custom**] 모드를 선택하고, [Upload Audio] 클릭한다.

2. [select a file] 눌러 오디오를 불러와서 Trim Audio 에서
클립 앞뒤에 공간을 남기고, [Save trimmed audio] 클릭한다.

3. Title 적고, [Confirm & Save] 클릭한다.

4. 생성된 음악에 [**Extend**] 클릭하여 음악의 길이를 연장한다.

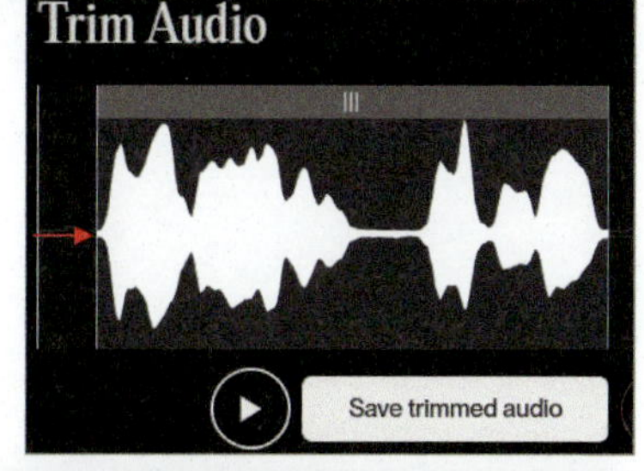

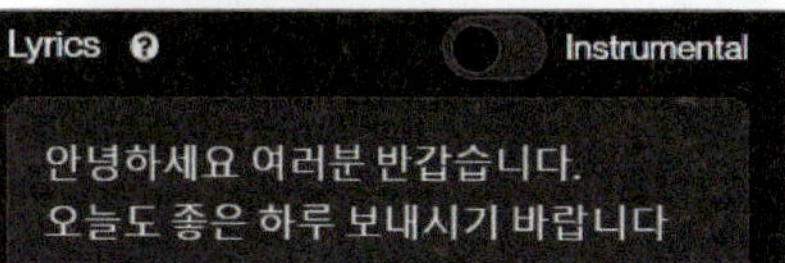

5. **Lyrics** 에 가사 넣고, **Instrumental** 은 배경음악 생성한다.

6. [Extend] 클릭하여 Extend from 에 연장하는 시점을 적고 생성하면, **Part2** 가 표기된다.

7. [더보기] 눌러서 [**Get Whole Song**] 누르고, 음악을 연장하면, 'Full Song'이 표기된다.

AI 음악 프로그램

[100] Samplab 오디오의 미디파일 자동 변환, 악보 생성

Samplab 으로 오디오 파일을 미디(MIDI) 파일로 자동 변환하고, 케이크워크 밴드랩으로 악보 열기

<Samplab 설치와 오디오를 미디로 자동변환하기>

1. PC 에서 'Samplab' 검색하고 아래 사이트를 열거나 링크를 눌러 다운 받는다.

https://samplab.com/download

2. [Get Started] 클릭하고, [Download] 눌러 저장한다. [SamplabSet] 설치한다.

3. 바탕화면의 [Samplab] 클릭하여 실행한다.

4. 폰에서 녹음한 오디오파일을 드래그하여 불러오고, 파형의 시작점, 끝점의 조정하고,
악기 소리, 드럼, 베이스, 보컬로 체크 옵션을 선택 후 [O]K 한다. 반주와 노래 분리 가능

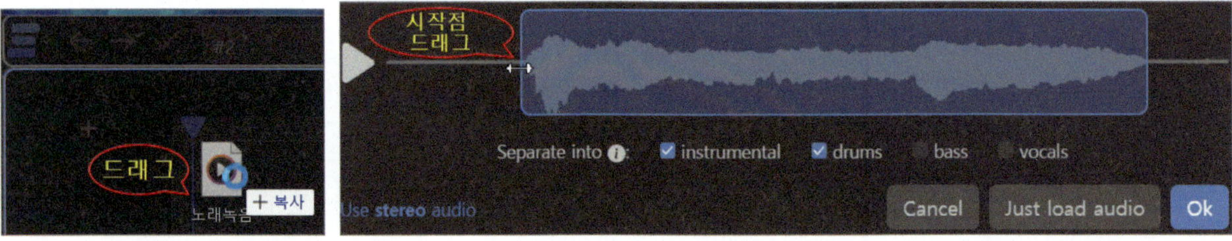

5. 박자(3/4) 조성(C) 확인하고, 노트를 드래그하여 수정하거나 [Del] 키를 눌러 삭제한다.
[export] 클릭하고, [MIDI]를 드래그하여 바탕화면에 저장한다.

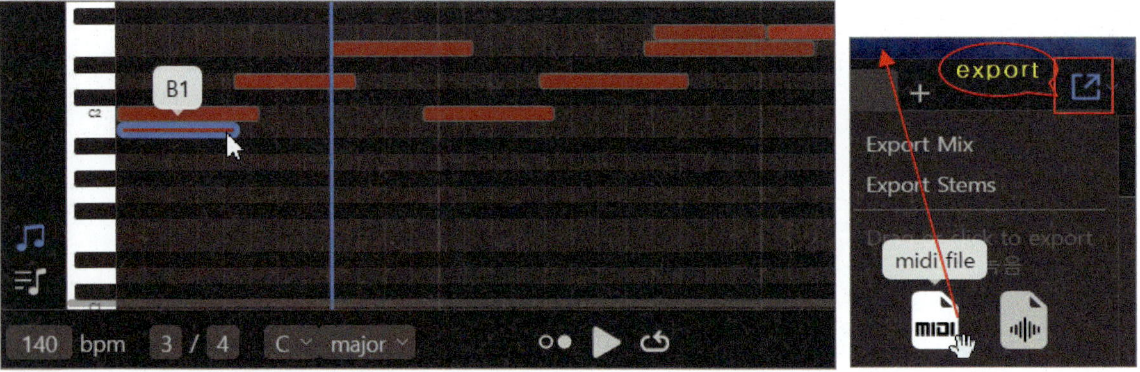

6. **Cakewalk by BandLab** 실행하고, Piano Roll View 에서 [Staff View] 클릭하고 악보를 본다.

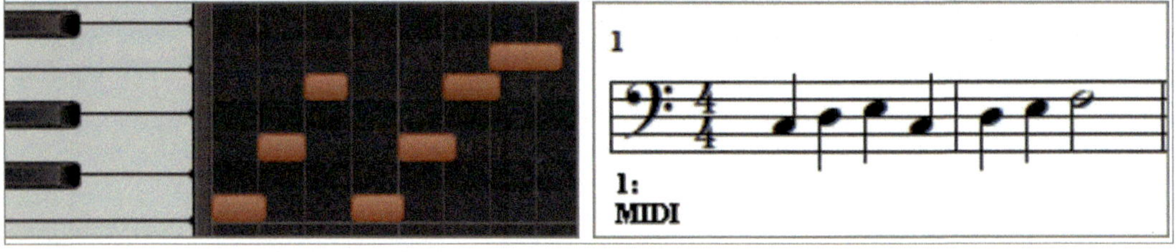

찾아보기(INDEX)

찾아보기(INDEX) / 한글

찾아보기(INDEX) / 영문

발행인 최우진
발행일 2025년 2월 25일
저자 송택동
편집 · 디자인 편집부
발행처 그래서음악(somusic)
출판등록 2020년 6월 11일 제 2020-000060호

ISBN 979-11-93978-62-7(03670)

이 도서의 국립중앙도서관 출판예정도서목록(CIP)은
서지정보유통지원시스템 홈페이지(http://seoji.nl.go.kr)와
국가자료종합목록 구축시스템(http://kolis-net.nl.go.kr)에서 이용하실 수 있습니다.